Der Schutz der journalistischen Recherche
im Strafprozeßrecht

Europäische Hochschulschriften
Publications Universitaires Européennes
European University Studies

Reihe II
Rechtswissenschaft

Série II Series II
Droit
Law

Bd./Vol. 2889

PETER LANG
Frankfurt am Main · Berlin · Bern · Bruxelles · New York · Oxford · Wien

Friederike Rotsch

Der Schutz der journalistischen Recherche im Strafprozeßrecht

PETER LANG
Europäischer Verlag der Wissenschaften

Die Deutsche Bibliothek - CIP-Einheitsaufnahme

Rotsch, Friederike:

Der Schutz der journalistischen Recherche im Strafprozeßrecht / Friederike Rotsch. - Frankfurt am Main ; Berlin ; Bern ; Bruxelles ; New York ; Oxford ; Wien : Lang, 2000
(Europäische Hochschulschriften : Reihe 2, Rechtswissenschaft ; Bd. 2889)
Zugl.: Passau, Univ., Diss., 2000
ISBN 3-631-36422-9

D 739
ISSN 0531-7312
ISBN 3-631-36422-9

Meiner Familie

Vorwort

Die vorliegende Arbeit wurde im Wintersemester 1999/2000 von der Juristischen Fakultät der Universität Passau als Dissertation angenommen.

Mein besonderer Dank gilt Herrn Prof. Dr. Werner Beulke, der die Fertigstellung der Arbeit in vielfältiger Weise gefördert hat und mir jederzeit mit gutem Rat zur Seite stand. Herrn Prof. Dr. Bernhard Haffke danke ich für die zügige Erstellung des Zweitgutachtens, aber auch für die interessanten Gespräche über die Arbeit. Nicht zuletzt gilt mein Dank Herrn Prof. Dr. Ulrich Manthe, an dessen Lehrstuhl ich während der Promotion gearbeitet habe. Indem er mir die entsprechenden Freiräume ließ, trug er erheblich zum Gelingen des Vorhabens bei.

Für die vielen Diskussionen, Hinweise und Anregungen sowie vor allem die Durchsicht des Manuskripts danke ich meinen Eltern, Herrn Christian von Coelln, Herrn Dr. Arne Ott und Herrn Robert Wienken. Ihre Unterstützung in privater wie in fachlicher Hinsicht war für mich bei der Anfertigung der Arbeit unentbehrlich.

Passau, im Februar 2000 *Friederike Rotsch*

Inhaltsverzeichnis

Einleitung

„... zur Pressefreiheit ... (gehört) ... ein gewisser Schutz des Vertrauensverhältnisses zwischen Presse und privaten Informanten. Er ist unentbehrlich, da die Presse auf private Mitteilungen nicht verzichten kann, diese Informationsquelle aber nur dann ergiebig fließt, wenn sich der Informant grundsätzlich darauf verlassen kann, daß das 'Redaktionsgeheimnis' gewahrt bleibt." [1]

Diesen Grundsatz stellte das Bundesverfassungsgericht im Jahr 1966 in seiner „SPIEGEL-Entscheidung" auf, die den Abschluß des schwersten Zeugniszwangs- und Beschlagnahmefalles der jüngeren Pressegeschichte bildete.[2] Seitdem reißt die Diskussion um den Schutz der Medien vor strafprozeßrechtlichen Ermittlungsmaßnahmen nicht ab. Der Hauptgrund dieser nicht enden wollenden Auseinandersetzungen liegt in den immer häufiger auftretenden Fällen, in denen die Strafverfolgungsbehörden Presse und Rundfunk zur Gewinnung von Beweismaterial nutzen. Während es 1988 noch fünf Durchsuchungen von Redaktionen und Beschlagnahmen von Material gab,[3] wurden 1998 dreizehn derartige Maßnahmen angeordnet. Dabei ging es zum Beispiel um die Sicherstellung von Aufzeichnungen einiger Demonstrationen und von Sendemitschnitten wegen angeblich in der Sendung begangener Straftaten. So gerieten das „heute journal" (ZDF), die „Harald Schmidt Show" (RTL) und „Talk im Turm" (SAT 1) in das Visier der Ermittler.[4] Aber auch durch andere Maßnahmen wurden Presse und Rundfunk für Ermittlungszwecke in Anspruch genommen. So ließen sich die Strafverfolgungsbehörden auf der Suche nach dem untergetauchten Terroristen Hans-Joachim Klein Auskunft über die Telefongespräche einer „Stern"-Journalistin bei deren Telekommunikationsdienst-Anbieter erteilen.[5]

Dabei sind die Anordnungen des Jahres 1998 nur eine konsequente Fortsetzung der bisherigen Ermittlungspraxis. Fast jeder Fernsehsender und jede große politische Wochenzeitschrift war schon einmal von einer strafprozessualen Zwangsmaßnahme betroffen.[6] So wurden das ZDF nach Aufnahmen einer Polizeiaktion durchsucht,[7] bei RTL und bei Pro Sieben Sendebänder mit angeblich beleidigendem (RTL) bzw. pornographischem Inhalt (Pro Sieben) beschlagnahmt[8], eine „Stern"-Journalistin beim Filmen eines Polizeieinsatzes im Verlagshaus festgenommen,[9] beim Hessischen Rundfunk die Aufnahmen einer nicht genehmigten Demonstration sichergestellt,[10] und in der „Focus"-Redaktion die kompletten Daten einer Computerfestplatte kopiert, da darauf Beweise für ein durch einen BKA-Beamten begangenes Amtsdelikt vermutet wur-

1 BVerfGE 20,162 (176).
2 Mehr zu dieser sogenannten „SPIEGEL-Affäre" S. 96 f. dieser Arbeit.
3 Wilde, Fälle 1988.
4 Auskunft des Justitiars des Deutschen Journalistenverbandes, Benno H. Pöppelmann. Für 1999 lagen noch keine Zahlen vor.
5 Journalist Heft 10/1998 S. 6 (Nachricht ohne Verfasserangabe).
6 Anordnungen von Zwangsmaßnahmen, die sich gegen große Tageszeitungen richteten, sind abgesehen von der taz und der BILD-Zeitung nicht bekannt.
7 Wilde, Fälle 10.1988.
8 Ul. Kaiser journalist Heft 4/1994 S. 13; Wilde, Fälle (01.1995).
9 Wilde, Fälle 10.1990.
10 Wilde, Fälle 10.1993.

den.[11] Über einhundert derartige Fälle gab es in den letzten zehn Jahren[12]. Ein Rückgang ist nicht absehbar.

Vielmehr bedarf es keiner hellseherischen Fähigkeiten, um vorauszusagen, daß insbesondere die Zahl der Überwachungen der Telekommunikation von Journalisten nach § 100 a StPO und § 12 FAG in nächster Zeit sogar beträchtlich steigen wird. Die Verbreitung von E-Mail und Internet und deren vermehrte Nutzung, eröffnen den Strafverfolgungsbehörden gänzlich neue Möglichkeiten. Dadurch, daß zunehmend vor allem freie Journalisten in einem eigenen Büro arbeiten und via E-Mail mit den Redaktionen korrespondieren, können die Ermittler, indem sie die Nachrichten abfangen, Informationen erlangen, die dem Redaktionsgeheimnis unterliegen und ihnen sonst verborgen blieben. Die Tatsache, daß mittlerweile nahezu jeder Außenmitarbeiter der Medien ein Mobiltelefon hat, kommt den Strafverfolgungsbehörden ebenfalls zustatten. So sind Handybesitzer leicht zu überwachen, da sich die Telefone bei der jeweils nächstliegenden Sendestation anmelden und dadurch festzustellen ist, wo sich der Nutzer aufhält und wohin er sich bewegt. Für eine derartige Überwachung der Telekommunikation genügt es, daß sich das Mobiltelefon im „Stand-by-modus" befindet. Schließlich macht auch die moderne Technik, nach der die Verbindungsdaten bei den Telekommunikationsanbietern zumindest eine Zeitlang gespeichert werden, das Ermittlungsinstrument der Telekommunikationsüberwachung für die Strafverfolgungsbehörden attraktiv. Schon jetzt ist ein Anstieg der Maßnahmen, die sich gegen die Medien richten, zu verzeichnen. 1995 und 1998 wurde immerhin jeweils ein Fall bekannt, in dem die Strafverfolger die Verbindungsdaten des Telefonanschlusses von Journalisten bei deren Telekommunikationsanbietern herausverlangten;[13] davor hatte es jahrezehntelang nicht eine einzige derartige Maßnahme gegeben.[14]

Die Zahl der gegen Medienmitarbeiter angeordneten Zwangsmaßnahmen steigt, obwohl der Schutz der journalistischen Recherche seit den siebziger Jahren wesentlich verbessert ist. Mit dem Gesetz über das Zeugnisverweigerungsrecht der Mitarbeiter von Presse und Rundfunk vom 25. Juli 1975[15] wurde das Zeugnisverweigerungsrecht der Journalisten beträchtlich erweitert. So sind vom Schutz des § 53 Abs. 1 Nr. 5 StPO nunmehr nicht nur die Person des Informanten selbst, sondern auch die von ihm gemachten Mitteilungen umfaßt. Auch das sogenannte „privilegium miserabile" entfiel, eine Regelung nach der das Schweigerecht nur bestand, wenn eine Veröffentlichung strafbaren Inhalts, zum Beispiel ein verleumderischer Artikel, vorlag. In § 97 Abs. 5 StPO wurde ein dem Zeugnisverweigerungsrecht korrespondierendes Beschlagnahmeverbot verankert. So weit dieses reicht, sind auch Durchsuchungen bei den Medien unstatthaft. Die durch den technischen Fortschritt ermöglichten neuen Ermittlungsmethoden machten außerdem die Schaffung eines weiteren medialen Schutzrechts notwendig - des Verbots der akustischen Wohnraumüberwachung. Die in § 100 d Abs. 3 S. 1 StPO geregelte Ausnahmeklausel verweist ebenso wie die Vorschrift zum Beschlagnahmeverbot auf § 53 Abs. 1 StPO.

---

11 Wilde, Fälle 01.1994.

12 Vgl. Stellungnahme von ARD und ZDF zum Gesetzentwurf des Bundesrates (BT-Drucksache 13/195) S. 4 f.; Begründung zum Gesetzentwurf der Medienverbände S. 5 f.; Ul. journalist Heft 4/1994 S. 13; Löffler § 23 Rdnr. 23; Dörr AfP 1995, 378 (379); Ollendorff S. 181 ff.; Wilde, Fälle.

13 Wilde, Fälle 1995; journalist Heft 10/1998 S. 6 (Nachricht ohne Verfasserangabe).

14 Im Gegensatz zur Überwachung der Telekommunikation nach § 100 a StPO gibt es die Möglichkeit gemäß § 12 FAG, die Verbindungsdaten eines Anschlusses beim Telekommunikationsanbieter zu beschlagnahmen, schon seit 1928.

15 BGBl. 1975 I Nr. 89 S. 1973.

Da die Schutzrechte die Ermittler in ihren Möglichkeiten zur Aufklärung von Straftaten beschränken, kollidiert insoweit das Interesse am Schutz des Redaktionsgeheimnisses mit dem staatlichen Interesse an einer effektiven Strafverfolgung. Um diesem Konflikt Rechnung zu tragen, wurden die Schutznormen ihrerseits in vielerlei Hinsicht beschränkt. So sind Buchautoren und Filmschaffende ebenso von § 53 Abs. 1 Nr. 5 StPO und damit auch den anderen Vorschriften ausgenommen wie nur gelegentlich und nicht berufsmäßig an Veröffentlichungen mitarbeitende Personen. Auch dürfen die von den Journalisten selbst erarbeiteten Materialien und die Unterlagen, die aus einer Straftat herrühren, beschlagnahmt werden. Von diesen Restriktionen sind besonders jüngere Medien betroffen. Zum Beispiel beeinträchtigt der Ausschluß des selbstrecherchierten Materials besonders Bildjournalisten,[16] da sich Fotografen und Kameramänner nicht darauf verlassen können, daß ihre Aufnahmen nicht von den Strafverfolgern sichergestellt und zu Ermittlungszwecken verwendet werden.[17]

Die Problematik des selbstrecherchierten Materials ist seit der Neufassung der §§ 53 Abs. 1 Nr. 5, 97 Abs. 5 StPO der am meisten erörterte Punkt. Trotz aller Bemühungen ist es noch nicht gelungen, einen sachgerechten Ausgleich zwischen dem staatlichen Strafverfolgungsinteresse und den Interessen der Presse- und Rundfunkfreiheit zu finden. So hat die Beschränkung des Zeugnisverweigerungsrechts bei den Fachgerichten vor allem in den letzten Jahren zu einer Reihe umstrittener Entscheidungen geführt.[18] Dabei geht es in zunehmendem Maße nicht mehr um das Zeugnisverweigerungsrecht an sich, sondern um das daran anknüpfende Durchsuchungs- und Beschlagnahmeverbot.[19] Eine jeden zufriedenstellende Lösung des Problems ist wohl nicht möglich. Jedoch soll hier versucht werden, einen den unterschiedlichen Interessen weitgehend gerecht werdenden Kompromiß zu finden.

Der Konflikt zwischen Strafverfolgungsbehörden und Medien wird dadurch verschärft, daß eine Reihe von Zwangsmaßnahmen, die ebenso zur Erlangung von Beweismaterial bei den Medien eingesetzt werden können, bis heute unbeschränkt anwendbar sind. So enthalten weder die Regelung über die Postbeschlagnahme in § 99 StPO, noch die Regelungen über die Überwachung der Telekommunikation in § 100 a StPO und § 12 FAG[20] noch die Regelung über den Einsatz technischer Mittel außerhalb von Wohnungen in § 100 c Abs. 1 Nrn. 1 und 2 StPO eine ausdrückliche Schutznorm. Dies wird seit Jahren kritisiert: Es sei inkonsequent, ein und denselben Kommunikationsbereich gegenüber den einzelnen Zwangsmaßnahmen unterschiedlich zu schützen. Zum Beispiel werde der mündliche und schriftliche Verkehr vor Zeugniszwang und Beschlagnahme geschützt, die fernmündlichen und die außerhalb der Redaktion überwachten Gespräche zwischen denselben Personen jedoch nicht.[21] Vor allem könne der Hinweis auf das auch bei diesen Maßnahmen ohnehin geltende Verhältnismäßigkeitsprinzip

---

16 Gemeint sind Foto- und Fernsehjournalisten, nicht zu verwechseln mit BILD-Zeitungsjournalisten.

17 Bei den Aufnahmen handelt es sich fast immer um selbstrecherchiertes Material. Mehr dazu S. 91 ff. dieser Arbeit.

18 Beispielhaft BVerfGE 77, 65 (Beschlagnahme selbsterarbeiteten Filmmaterials als Beweismittel für auf einer Anti-Kernkraft-Veranstaltung begangene Straftaten, siehe Fn. 578 S. 94); BGHSt 28, 240 (Zeugnisverweigerungsrecht, wenn die Identität des Informanten preisgegeben worden ist, siehe S. 56); 36, 298 (Zeugnisverweigerungsrecht über Umstände, die mittelbar zur Enttarnung des Informanten führen können, siehe Fn. 507 S. 84); LG Berlin AfP 1981, 417 und LG Bremen StV 1981, 15 (Beschlagnahme selbsterarbeiteten Filmmaterials als Beweismittel für auf Demonstrationen begangene Straftaten).

19 Ollendorff S. 198.

20 Dieser ist als einzige Vorschrift des Fernmeldeanlagengesetzes noch in Kraft (BR-Drucksache 860/97 S. 12; § 28 FAG).

21 Weigend in Verhandlungen des 62. Deutschen Juristentages, C 1 (C 107, 118).

mangels eindeutiger Kriterien nicht überzeugen und das Problem nicht lösen,[22] weshalb vorgeschlagen wird, für die genannten Maßnahmen eine den bereits bestehenden medialen Schutznormen ähnliche Regelung einzuführen.[23] In der Praxis sind allerdings Fälle, in denen Ermittlungsmaßnahmen nach den §§ 99, 100 c Abs. 1 Nrn. 1 und 2 StPO und § 12 FAG gegen Journalisten eingesetzt wurden, bislang nur vereinzelt aufgetreten. Dies ist jedoch kein Grund, die Regelungsbedürftigkeit pauschal zu verneinen, da eine quantitative Argumentation die Grundrechtsrelevanz unberührt läßt.[24]

Krombacher weist darauf hin, daß auch durch andere Maßnahmen, wie den Einsatz verdeckter Ermittler (§ 110 a ff. StPO) oder die Rasterfahndung (§§ 98 a f. StPO) ein Eingriff in das Grundrecht aus Art. 5 Abs. 1 S. 2 GG theoretisch denkbar ist.[25] Die Wahrscheinlichkeit, daß diese zur Ermittlung bei den Medien eingesetzt werden, ist jedoch ausgesprochen gering. So dürfte es zum Beispiel nahezu unmöglich, jedenfalls mit einem kaum vertretbaren Aufwand verbunden sein, in eine Redaktion einen verdeckten Ermittler einzuschleusen. Die vorliegende Arbeit beschränkt sich deshalb auf eine Diskussion der Zwangsmaßnahmen, von denen Presse und Rundfunk regelmäßig betroffen sind bzw. bei denen dies naheliegt.

Im ersten Kapitel wird nach einer kurzen Darstellung der Geschichte der relevanten Zwangsmaßnahmen und der medialen Schutznormen die Notwendigkeit einer Beschränkung der strafprozessualen Ermittlungsmaßnahmen, bei denen Presse und Rundfunk in Anspruch genommen werden, begründet. Das zweite und dritte Kapitel dienen der Darstellung und kritischen Betrachtung von Zeugniszwang und Beschlagnahme mit den zugehörigen Schutznormen, Zeugnisverweigerungsrecht und Beschlagnahmeverbot. Dabei wird dem Ausschluß des selbstrecherchierten Materials besondere Aufmerksamkeit gewidmet. Im vierten und fünften Kapitel werden hauptsächlich die bisher nicht mit einem medialen Abwehrrecht versehenen Zwangsmaßnahmen auf die Notwendigkeit hin untersucht, ob und inwieweit auch sie zum Schutz der Presse- und Rundfunkfreiheit durch eine ausdrückliche Regelung einzugrenzen sind. Soweit die Arbeit zu dem Ergebnis kommt, daß eine Zwangsmaßnahme der Beschränkung bedarf, werden verschiedene Reformvorschläge zur Diskussion gestellt und eine Lösung angeboten. Dabei dienen die bereits bestehenden Schutznormen als Anhaltspunkte und Vergleichsbasis. Den Abschluß bildet die Erörterung der akustischen Wohnraumüberwachung und des Verbots, sie gegen Journalisten einzusetzen.

---

22 J. Meyer/Hetzer NJW 1998, 1017 (1026).
23 Krombacher Protokoll des Rechtsausschusses Nr. 101, Stellungnahmen S. 38 (49).
24 J. Meyer/Hetzer NJW 1998, 1017 (1026).
25 Krombacher Protokoll des Rechtsausschusses Nr. 101, Stellungnahmen S. 38 (49).

Kapitel 1: Grundlagen

A. Kurzer historischer Abriß

I. Die Zeugnispflicht

Die Zeugnispflicht ist als eine für das Strafverfahren unentbehrliche Pflicht allgemein anerkannt.[26] Dies galt schon im römischen Recht und wurde zu allen Zeiten auch in unserem Rechtsraum für gültig erachtet,[27] so daß es aufgrund dieser langen Tradition nicht notwendig war, die Zeugnispflicht explizit in die Strafprozeßordnung aufzunehmen. Lediglich über die Folgen der unberechtigten Zeugnisverweigerung wurden Vorschriften eingefügt.[28]

Auch die Beschränkungen der Zeugnispflicht bedurften einer ausdrücklichen Regelung. So wurde 1926 durch das Gesetz zur Abänderung der Strafprozeßordnung[29] das Zeugnisverweigerungsrecht der Medienmitarbeiter[30] in § 53 Abs. 1 Nr. 4 StPO verankert.

Das Zeugnisverweigerungsrecht der Medienmitarbeiter in seiner heutigen Form ist aber keinesfalls eine Selbstverständlichkeit. Die Einsicht, daß ein solches notwendig ist, setzte sich erst in diesem Jahrhundert vollständig durch. Zunächst war versucht worden, die Presse unter obrigkeitsstaatlicher Kontrolle zu halten.

1. Die Entwicklung des Zeugnisverweigerungsrechts bis 1975

a. Die Anfänge

Die Erfindung des Buchdrucks durch Gutenberg um das Jahr 1450 ermöglichte die massenhafte Herstellung von Schriften und damit das Aufkommen der ersten Zeitungen. Dem autoritären Staat war die Presse als Verfechterin neuer, freiheitlicher Ideen von Anfang an suspekt. Zunächst bediente man sich zu ihrer Beherrschung der Vorzensur. Den ersten historisch nachweisbaren Zensurvermerk trägt eine 1475 gedruckte Schrift.[31] Als weitere Maßnahme wurde der Konzessionszwang, das heißt die vom jeweiligen Souverän gegebene Erlaubnis zur Ausübung des Druckgewerbes, eingeführt.[32]

1848 wurde in den meisten deutschen Ländern die Vorzensur aufgehoben. Um die Presse weiterhin überwachen zu können, wurde nunmehr vom Zeugniszwang Gebrauch gemacht.[33] Zwar war es nicht mehr möglich, unliebsame Veröffentlichungen durch staatliche Maßnahmen im Vorfeld zu verhindern, jedoch konnte nachträglich gegen Verfasser und Gewährsleute vorgegangen werden.

---

26 Hahn, Materialien 3,1 S. 99.

27 Zachariae Bd. II S. 181 ff.

28 Hahn, Materialien 3,1 S. 11, 114 ff.

29 RGBl. 1926 I Nr. 70 S. 529

30 Hiermit sind im wesentlichen Journalisten gemeint. Zur genauen Definition des erfaßten Personenkreises vgl. 46 ff. dieser Arbeit

31 Groß S. 32.

32 Barton Zeitungen '94, 74 (77).

33 Möhl S. 22.

Der erste nachweisbare Zeugniszwangsfall gegen einen Journalisten ereignete sich 1850 in Coburg, wo der für eine Mitteilung zuständige Redakteur des „Coburger Tageblatt“ [34], Feodor Streit, unter Verhängung wiederholter, stets gesteigerter und sofort zwangsweise beigetriebener Geldstrafen aufgefordert wurde, den Namen des Einsenders der Mitteilung zu nennen. Außerdem wurde er in Haft genommen. Die Verwaltungsbehörde hatte den Verdacht, daß die Mitteilung auf der Indiskretion eines Beamten beruhte. Die Maßnahmen gegen Streit mußten schließlich aufgehoben werden.[35]

Auch in den Jahren danach ereigneten sich zahlreiche Zeugniszwangsfälle, bei denen teilweise erhebliche Geld- und Haftstrafen verhängt wurden. Daraufhin angestrengte Versuche, ein Zeugnisverweigerungsrecht für Medienmitarbeiter einzuführen, scheiterten zunächst am Widerstand der Regierenden.[36]

Erst Ende der sechziger Jahre des vergangenen Jahrhunderts entstand in Deutschland ein Gesetz, das das Recht enthielt, über den Verfasser einer Veröffentlichung nicht aussagen zu müssen - das Badische Pressegesetz vom 2. April 1868. Andere Länder folgten diesem Beispiel und erließen ähnliche Regelungen.

Jedoch wiesen nach wie vor weder die Reichsstrafprozeßordnung (RStPO) vom 1. Februar 1877[37] noch das „Reichspreßgesetz“ vom 17. Mai 1874[38] eine Form des Zeugnisverweigerungsrecht für Pressemitarbeiter auf. Sämtliche Pläne des Reichstages, ein reichseinheitliches Zeugnisverweigerungsrecht zu schaffen, wurden von der Regierung durchkreuzt unter anderem, weil man sich über die genaue Ausgestaltung der Regelung nicht einigen konnte.[39]

Erst durch das Gesetz zur Abänderung der Strafprozeßordnung vom 27. Dezember 1926[40] wurde ein Zeugnisverweigerungsrecht gewährt, wenn auch nur begrenzt auf Redakteure, Verleger und Drucker. Auch bestand das Zeugnisverweigerungsrecht nur hinsichtlich der Person des Informanten; der Inhalt der von diesem erhaltenen Information blieb weiterhin ungeschützt.

Schließlich enthielt die Regelung das sogenannte „privilegium miserabile“. Danach galt das journalistische Zeugnisverweigerungsrecht nur dann, wenn es sich um eine Veröffentlichung strafbaren Inhalts handelte und der Redakteur entweder schon bestraft worden war oder seiner Bestrafung keine rechtlichen und tatsächlichen Hindernisse entgegenstanden. Diese zweifache Bedingung wurde damit begründet, daß das öffentliche Interesse an der Ermittlung des Einsenders oder Verfassers hinter das Interesse an der Wahrung des Redaktionsgeheimnisses zurücktrete, soweit durch die Bestrafung des Redakteurs schon „Sühne eintritt“.[41] Tatsächlich führte die Regelung aber dazu, daß das Zeugnisverweigerungsrecht immer dann versagt wurde, wenn die Presse wahrheitsgemäß berichtet hatte, also ihrer publizistischen Pflicht nachgekommen war.[42] Das „privilegium miserabile“ wird deshalb in der Literatur auf das Interesse der Bürokratie zurückgeführt, den Informanten gerade in den Fällen zur Rechenschaft zu ziehen, in de-

34 In der Literatur wird die Zeitung fälschlicherweise „Koburger Tageblatt“ genannt (Giesen S. 24, Möhl S. 23). Zwar wurde die Stadt Coburg im Laufe ihrer Geschichte alternierend mit „K“ oder „C“ geschrieben, dies trifft auf die genannte Zeitung nach Auskunft des Coburger Stadtarchivs jedoch nicht zu.

35 Eine genaue Beschreibung dieses Falles findet sich bei Giesen S. 24.

36 Vgl. für Preußen Keller S. 21.

37 RGBl. 1877 Nr. 8 S. 253.

38 RGBl. 1874 Nr. 16 S. 65.

39 Vgl. Hahn, Materialien 3,1 S. 1521 ff., 2384.

40 RGBl. 1926 I Nr. 70 S. 529.

41 Zitiert nach Möhl S. 33.

42 Kohlhaas NJW 1958, 41 (42 ff.).

nen er zutreffend öffentliche Mißstände aufgedeckt und damit die Verwaltung bloßgestellt hatte.[43]

In der Zeit des Nationalsozialismus wurde die Regelung über das Zeugnisverweigerungsrecht zwar nicht aufgehoben, aber durch das Schriftleitergesetz[44] weitgehend ausgehöhlt. Dieses sah eine besondere Auskunftspflicht für den Hauptschriftleiter vor, so daß die Presse ihren Informanten keine Vertraulichkeit mehr garantieren konnte.[45]

b. Die Rechtsentwicklung seit 1945

aa. Die Regelungen in den Ländern

Nach 1945 waren es zuerst die einzelnen Bundesländer, die sich um ein zeitgemäßes Presserecht bemühten. So wurden 1949 in Hessen[46] und Bayern[47] Pressegesetze geschaffen, die ein Zeugnisverweigerungsrecht enthielten. Am 10. Januar 1963 wurde außerdem der Modellentwurf für ein Landespressegesetz durch die Ständige Konferenz der Innenminister gebilligt,[48] der auf den Regelungen Hessens und Bayerns basierte und als Grundlage für die in den folgenden Jahren von den anderen Ländern erlassenen Pressegesetze diente. Er enthielt jedoch kein Zeugnisverweigerungsrecht, da man sich über eine einheitliche Regelung nicht einigen konnte.[49] Dennoch wurde in den neuen Pressegesetzen ein Zeugnisverweigerungsrecht nach dem Vorbild der in Bayern geltenden Regelung verankert.[50]

Die meisten Landespressegesetze galten jedoch kaum zehn Jahre. Von Anfang an war umstritten, ob den Ländern oder dem Bund die Gesetzgebungskompetenz zusteht.[51] Der Beschluß des Bundesverfassungsgerichts vom 28. November 1973 zur Verfassungsmäßigkeit der hessischen Regelung über das Zeugnisverweigerungsrecht entschied diese Frage zugunsten des Bundes. Das Gericht stellte fest, daß die landesgesetzlichen Regelungen kompetenzrechtlich zum Bereich des gerichtlichen Verfahrens (Art. 74 Nr. 1 GG), nicht des Presserechts (Art. 75 Abs. 1 Nr. 2 GG) gehören. Durch die Regelung des Zeugnisverweigerungsrechts in der Strafprozeßordnung habe der Bund von seiner Gesetzgebungsbefugnis nach Art. 72 Abs. 1 GG Gebrauch gemacht, so daß die Bestimmung gegenüber den Bestimmungen der Länder Sperrwirkung entfalte.[52] Das bestätigte das Bundesverfassungsgericht in seinem Beschluß vom 8. Oktober 1974 noch einmal, in dem es die Beschlagnahmeregelung des Hamburgischen Landespressegesetzes für nichtig erklärte.[53]

---

43 Löffler/Achenbach Rdnr. 13; Löffler NJW 1958, 1215 (1218).

44 § 20 Abs. 3 c) des Schriftleitergesetzes vom 4. Oktober 1933 (in Kraft seit 1. Januar 1934), nähere Erläuterungen Schmidt-Leonhardt/Gast S. 125 ff.

45 Badewitz S. 32.

46 § 12 des Hessischen Gesetzes über Freiheit und Recht der Presse vom 23. Juni 1949 (Gesetz und Verordnungsblatt über das Land Hessen 1949, Nr. 20, S. 75).

47 § 12 des Bayerischen Gesetzes über die Presse vom 3. Oktober 1949 (Bayerischer Landtag, Beilagen 1948/49 Nr. 2355 S. 2, 6 f.).

48 Abgedruckt bei Löffler Band II 2. Aufl. S. 605.

49 Fuhrmann JR 1963, 459 (460).

50 § 23 LPG Baden-Württemberg, Bremen, Niedersachsen, Rheinland-Pfalz, Saarland und Schleswig-Holstein; § 18 LPG Berlin; § 22 LPG Hamburg; § 24 LPG Nordrhein-Westfalen.

51 Fuhrmann JR 1963, 459 (460); Möhl S. 43 ff.

52 BVerfGE 36, 193 (193, 210).

53 BVerfGE 36, 314.

Die Landespressegesetze sind daher gegenstandslos, soweit es um die Verfolgung bundesrechtlich geregelter Strafsachen geht. Darüber hinaus sind sie aber auch bei der Verfolgung landesrechtlich geregelter Straftaten unanwendbar, da nach § 3 Abs. 1 EGStPO i.V.m. § 13 GVG die Strafprozeßordnung auf sämtliche Strafsachen Anwendung findet.[54] In den meisten Bundesländern hat der Landesgesetzgeber daraus die Konsequenz gezogen und die entsprechenden Vorschriften aufgehoben.

bb. Die bundesrechtliche Regelung

Nach 1945 blieb das Zeugnisverweigerungsrecht nach § 53 Abs. 1 Nr. 4 StPO nur in der französischen Besatzungszone bestehen. Die in der amerikanischen und britischen Zone geltenden Fassungen der Strafprozeßordnung enthielten eine derartige Regelung nicht. Erst durch das Vereinheitlichungsgesetz vom 12. September 1950[55] wurde die Geltung für das ganze Bundesgebiet beschlossen.[56]

Das Dritte Strafrechtsänderungsgesetz vom 4. August 1953[57] brachte eine geringfügige Verbesserung der presserechtlichen Situation. Es billigte allen Medienmitarbeitern, nicht nur der Presse, sondern auch des Rundfunks, ein Zeugnisverweigerungsrecht zu. Inhaltlich war es aber weiter auf das Recht zur Verweigerung der Aussage über die Person des Informanten beschränkt.[58]

2. Die seit 1975 geltende Regelung

Der Bundesgesetzgeber ergänzte und änderte diesen Bereich der Strafprozeßordnung durch das Gesetz über das Zeugnisverweigerungsrecht der Mitarbeiter von Presse und Rundfunk vom 25. Juli 1975[59]. Die neue Fassung schützt das Redaktionsgeheimnis gemessen an der bis dahin geltenden Regelung in einem wesentlich weiteren Umfang. Das Zeugnisverweigerungsrecht bezieht sich nun nicht nur auf die Person des Informanten, sondern auch auf den Inhalt der Mitteilung selbst. Wegen der erwähnten Bedenken wurde auch das „privilegium miserable" abgeschafft.[60]

a. Die Beschränkungen des Zeugnisverweigerungsrechts

Der Gesetzgeber wollte zwar ein unbeschränktes Zeugnisverweigerungsrecht schaffen, jedoch mußten auch die berechtigten Interessen einer funktionstüchtigen Rechtspflege berücksichtigt

---

54 Einzige Ausnahme ist § 3 Abs. 3 EGStPO für Forst- und Feldrügesachen.

55 BGBl. 1950 I Nr. 40 S. 455.

56 Möhl S. 39.

57 BGBl. 1953 I Nr. 44 S. 735.

58 Die damalige Fassung des § 53 Abs. 1 Nr. 5 und Nr. 6 StPO lautete: „Zur Verweigerung des Zeugnisses sind ferner berechtigt: ...
Redakteure, Verleger, Herausgeber, Drucker und andere, die bei der Herstellung oder Veröffentlichung einer periodischen Druckschrift mitgewirkt haben, über die Person des Verfassers, Einsenders oder Gewährsmanns einer Veröffentlichung strafbaren Inhalts, wenn ein Redakteur der Druckschrift wegen dieser Veröffentlichung bestraft ist oder seiner Bestrafung keine Hindernisse entgegenstehen;
Intendanten, Sendeleiter und andere, die bei der Vorbereitung oder Durchführung von Rundfunksendungen mitgewirkt haben, über die Person des Verfassers, Einsenders oder Gewährsmanns einer Rundfunksendung strafbaren Inhalts, wenn ein für die Sendung Verantwortlicher wegen dieser Sendung bestraft ist oder seiner Bestrafung keiner Hindernisse entgegenstehen; über die Person des Verfassers, Einsenders oder Gewährsmanns, die selbst im Rundfunk spricht, darf das Zeugnis nicht verweigert werden."

59 BGBl. 1975 I Nr. 89 S 1973; BT-Drucksachen 7/2539, 7/3118.

60 BT-Drucksache 7/2539 S. 10.

werden.[61] Daher enthält auch die neue Regelung wesentliche Beschränkungen; einige von ihnen waren der früheren Regelung unbekannt.

Besonders umstritten war im Gesetzgebungsverfahren die Problematik des selbstrecherchierten Materials. Insbesondere Hessen wollte das gesamte Redaktionsmaterial, das fremdrecherchierte wie das eigenrecherchierte, schützen.[62] Dies hätte durch eine Anlehnung des Zeugnisverweigerungsrechts der Medienmitarbeiter an die bereits nach § 53 Abs. 1 Nr. 1 bis 3 StPO bestehenden Zeugnisverweigerungsrechte erreicht werden können, durch die „anvertraute“ und „bekanntgewordende“ Informationen geschützt waren. Der Gesetzgeber beschränkte das Zeugnisverweigerungsrecht jedoch neben Informationen über die Person des Informanten auf die von diesem gemachten Mitteilungen.[63] Daher sind nur Drittrecherchen, nicht aber die Eigenrecherchen der Medienmitarbeiter selbst geschützt.[64]

Die bundesgesetzliche Regelung ist insoweit wesentlich enger, als es die meisten Landespressegesetze waren. Bei diesen war auch das selbstrecherchierte Material geschützt. So bestimmte § 22 Abs. 1 des hessischen Pressegesetzes lapidar: „...(Die Medienmitarbeiter, Anm. d. Verfasserin) sind zur Verweigerung des Zeugnisses über die Person des Verfassers, des Einsenders oder des Gewährsmannes von Mitteilungen, über deren Inhalt sowie über den Inhalt von Unterlagen berechtigt.“

Auch für den Anzeigenteil wird kein Zeugnisverweigerungsrecht gewährt. Damit steht die neue Regelung in Gegensatz zur alten Regelung und zu den Regelungen in den meisten Ländern. Diese sahen ein Zeugnisverweigerungsrecht für den gesamten Inhalt des Druckwerks vor.

Schließlich haben nur die berufsmäßig Mitwirkenden der periodischen Presse und des Rundfunks ein Zeugnisverweigerungsrecht. Vom Schutz ausgeschlossen sind damit nur gelegentlich Mitwirkende, die Filmberichterstatter sowie die Mitarbeiter nicht periodisch erscheinender Druckwerke, wie zum Beispiel Buchautoren.

Mit diesen Beschränkungen in wichtigen Punkten blieb die Neuregelung größtenteils hinter den Regelungen der Landespressegesetze zurück. Ob dies sachgerecht ist oder ob die neue Vorschrift „beklagenswerte Mängel und Lücken“ [65] enthält, ist bis heute umstritten.[66]

b. Der Ausschluß des Zeugnisverweigerungsrechts bei schwerer Kriminalität

Ein 1974 von der CDU/CSU-Fraktion eingebrachter Gesetzentwurf enthielt den Vorschlag, kein Zeugnisverweigerungsrecht zu gewähren, wenn Gegenstand der Untersuchung eines der in § 100 a StPO bezeichneten Verbrechen oder Vergehen ist und die Erforschung des Sachverhalts oder die Ermittlung des Aufenthalts des Beschuldigten auf andere Weise aussichtslos oder wesentlich erschwert wäre.[67]

Ein gleichlautender Antrag Bayerns[68] konnte sich im Bundesratsplenum nicht durchsetzen.[69] Der Vorschlag des Bundesrates zur Neuregelung des Zeugnisverweigerungsrechts enthielt die-

---

61 BT-Drucksache 7/2539 S. 8.

62 Krollmann BR-Protokoll 404/74 S. 128 f.

63 BT-Drucksachen 7/2539 S. 4 und 7/3118 S. 7.

64 Löffler NJW 1978, 911(915); Pöppelmann AfP 1997, 485.

65 Vgl. Löffler/Achenbach § 23 Rdnr. 21.

66 Gehrhardt AfP 1975, 843; Kunert MDR 1975, 885; Delitz AfP 1976, 106; Rehbinder FuR 1980, 113; Erhard, Medienfreiheit S. 5; Gössel, Medienfreiheit S. 49 ff.; Pöppelmann AfP 1997, 485.

67 BT-Drucksache 7/1681 S. 3.

68 BR-Drucksache 124/2/74

69 BR-Protokoll 404/74 S. 129

se Einschränkung daher nicht.[70] Auch der Rechtsausschuß des Bundestages riet, keine Beschränkung des Zeugnisverweigerungsrechts bei Ermittlungen wegen bestimmter schwerer Straftaten in das Gesetz aufzunehmen.[71] Der Bundestag folgte dieser Empfehlung.

3. Versuche einer erneuten Gesetzesänderung

Vor dem Hintergrund der Entscheidung des Bundesverfassungsgerichts vom 1. Oktober 1987[72] zum Offenbarungsschutz bei eigenrecherchierten Informationen wurden von Parteien, publizistischen Standesorganisationen, Verlegerverbänden und Rundfunkanstalten Initiativen zur Novellierung des Zeugnisverweigerungsrechts ergriffen. Diese richteten sich vor allem auf einen wesentlich erweiterten und insbesondere auch gesetzlich verankerten Schutz des eigenrecherchierten Materials. Am 11. März 1988 legte die Fraktion „Die Grünen" einen entsprechenden Gesetzentwurf[73] vor; am 12. Oktober 1989 zog die SPD-Bundestagsfraktion mit einem eigenen Gesetzentwurf nach[74]. Ihm folgte auf Grund von Anträgen der Länder Hamburg und Saarland[75] sowie Berlin und Bremen[76] ein Initiativgesetzentwurf des Bundesrates[77]. Die Gesetzentwürfe führten aber nicht zum Erlaß eines neuen Gesetzes, sondern wurden nach der ersten Lesung zur Seite gelegt. Dem 12. Bundestag wurde ein entsprechender Entwurf der SPD-Fraktion[78] vorgelegt, in der 13. Legislaturperiode erarbeiteten der Bundesrat sowie das Bündnis 90/Die Grünen jeweils einen Gesetzentwurf.[79] Sie alle unterfielen jedoch der Diskontinuität. Neben diesen Gesetzentwürfen wurde von verschiedenen Medienverbänden ein eigener Vorschlag erarbeitet, der sich an den Entwurf des Bundesrates anlehnte.[80]

Dem 14. Bundestag hat zunächst die F.D.P.-Fraktion einen Gesetzentwurf vorgelegt. Dieser ähnelt den Gesetzentwürfen der SPD-Fraktion, des Bundesrates sowie der Medienverbände.[81] Wie diese sieht er wesentliche Änderungen des Zeugnisverweigerungsrechts insbesondere hinsichtlich des Schutzes selbstrecherchierten Materials vor. Ein Regierungsentwurf, der ebenfalls zu einer Verbesserung des Schutzes der journalistischen Recherche führen soll, wird erarbeitet.[82]

---

70 BT-Drucksache 7/2377

71 BT-Drucksache 7/3118 S. 4.

72 BVerfGE 77, 65 („ZDF/Brokdorf-Beschluß") Mitarbeiter des ZDF hatten während einer Demonstration schwerer Ausschreitungen dokumentiert. Die Staatsanwaltschaft forderte den Sender auf, Kopien des bis dahin noch nicht gesendeten Materials für Ermittlungszwecke zur Verfügung zu stellen. Nachdem das Amtsgericht Mainz eine Durchsuchung der Redaktionsräume angeordnet hatte und eine Beschwerde hiergegen vor dem Landgericht Mainz erfolglos geblieben war, gab der Sender das Material an die Staatsanwaltschaft heraus, um die Durchsuchung abzuwenden.

73 BT-Drucksache 11/2000 vom 11. 3. 1988.

74 BT-Drucksache 11/5377 vom 12. 10. 1989.

75 BR-Drucksache 479/89 vom 11. 9. 1989.

76 BR-Drucksache 486/89 vom 14. 9. 1989.

77 BR-Drucksache 479/1/89 vom 2. 2. 1990; BT-Drucksache 11/7031 vom 27. 4. 1990.

78 BT-Drucksache 12/1112 vom 4. 9. 1991.

79 BT-Drucksache 13/195 vom 12. 1. 1995 (Bundesrat) und BT-Drucksache 13/5285 vom 15. 7. 1996 (Bündnis 90/Die Grünen).

80 Gesetzentwurf von ARD (Arbeitsgemeinschaft der öffentlich-rechtlichen Rundfunkanstalten der Bundesrepublik Deutschland), BDZV (Bundesverband Deutscher Zeitungsverleger), DJV (Deutscher Journalistenverband), Deutscher Presserat, IG Medien, VDZ (Verband Deutscher Zeitschriftenverleger), VPRT (Verband Privater Rundfunk und Telekommunikation), ZDF (Zweites Deutsches Fernsehen) abgedruckt in Anhang 1 S. 215 ff. dieser Arbeit.

81 BT-Drucksache 14/1602.

82 J. Meyer BT-Protokoll 14/77 S. 5474 ff.

II. Die Beschlagnahme und die Durchsuchung

1. Die Beschlagnahme als Beweissicherungsmittel

Die Beschlagnahme der bei einer Durchsuchung gefundenen Beweisgegenstände soll einen Beweisverlust verhindern[83] und so der Wahrheitsfindung im Strafprozeß dienen. Zunächst war dieses Mittel zur Beweiserlangung in unserem Rechtsraum nahezu unbekannt. Bis zum Aufkommen der Inquisitionsprozesse im 13. bis 15. Jahrhundert wurden lediglich auf dem Prinzip der formellen Wahrheit beruhende Gerichtsverfahren geführt, in denen durch Reinigungseid, Eideshelfer und Gottesurteil die Integrität des Angeklagten festgestellt wurde. Nur beim Diebstahl konnte das Opfer im Wege der Selbsthilfe zu Rechtsmitteln greifen, die der Beschlagnahme ähnelten.[84]

Auch in der Zeit der Inquisitionsprozesse spielte die Beschlagnahme nur eine untergeordnete Rolle, wurden Urteile doch meist aufgrund eines notfalls durch die Folter erzwungenen Geständnisses des Angeklagten oder der Aussage zweier Zeugen gefällt.[85] Seit wann die beweissichernde Beschlagnahme genau genutzt wurde, läßt sich der einschlägigen Literatur nicht entnehmen.[86] Fest steht, daß weder die Bambergische Halsgerichtsordnung noch die Constitutio Criminalis Carolina Vorschriften über die Beschlagnahme enthielten, sondern den Richter lediglich generalklauselartig anwiesen, alles zur Erforschung der Wahrheit Erforderliche von Amts wegen zu tun. Daher ist anzunehmen, daß auch schon vor der gesetzlichen Verankerung der Beschlagnahme Beweismittel zwangsweise beschafft wurden, wenn der Gewahrsamsinhaber seiner Editionspflicht, also der Pflicht, dem Gericht die Beweismittel vorzulegen, nicht nachkam.[87]

Die ersten ausdrücklichen Beschlagnahmeregelungen enthielten einige Partikulargesetze aus dem 18. Jahrhundert. Die später erlassenen weiteren Prozeßordnungen der Länder bestätigten durch ihre Bestimmungen das bestehende Recht oder verwiesen schlicht darauf.[88] Auf sie stützte sich die Reichsstrafprozeßordnung von 1877, die in den §§ 94 ff. RStPO die Beschlagnahme ganz selbstverständlich als Mittel zur Beweiserlangung vorsah. Diese Vorschriften blieben im wesentlichen bis heute unverändert.

2. Das Beschlagnahmeverbot

In der Reichsstrafprozeßordnung wurde in § 97 RStPO ein Verbot der Beschlagnahme von Sachen verankert, die sich im Gewahrsam eines nach den §§ 51, 52 RStPO Zeugnisverweigerungsberechtigten befinden. Dieses Verbot sollte der Wahrung des Vertrauens zwischen dem Zeugnisverweigerungsberechtigten und dem Beschuldigten dienen[89]. Es galt zunächst jedoch nicht für Journalisten, da diese nicht unter die §§ 51, 52 RStPO fielen.

---

83 Beulke Rdnr. 245.

84 Freyberg S. 39 ff.

85 Rüping S. 24 ff.

86 Vgl. Hahn, Materialien 3,1 S. 124 ff.; Rüping; Eb. Schmidt, Einführung in die Geschichte; Zachariae Bd. II S. 162 ff.

87 Freyberg S. 46 ff.

88 Zachariae Bd. II S. 163, 174 f.; Baden: § 45 Strafprocessordnung (abgedruckt in Haeberlin S. 376); Sachsen-Weimar: Art. 81 Strafprocessordnung (abgedruckt in Haeberlin S. 771); Württemberg: Art. 228, 238 ff. Strafprocessordnung (abgedruckt in Haeberlin S. 563).

89 Hahn, Materialien 3,1 S. 125.

Für die Unterlagen der Medienmitarbeiter wurde erstmals in den nach 1945 erlassenen Pressegesetzen der Länder ein Verbot der beweissichernden Beschlagnahme verankert. In die Strafprozeßordnung fand das Beschlagnahmeverbot durch das Gesetz vom 4. August 1953[90] Eingang.[91] Das Zeugnisverweigerungsrecht sollte nicht dadurch umgangen werden können, daß Schriftstücke, Aufzeichnungen und ähnliches Beweismaterial in den Prozeß eingeführt werden, aus deren Inhalt sich gerade die Tatsachen ergeben, die der zur Verweigerung des Zeugnisses Berechtigte dem Gericht verschweigen darf.[92]

Durch das 1975 erlassene Gesetz[93] erhielt die Beschränkung der Beschlagnahme im Medienbereich eine für Presse und Rundfunk günstigere generalisierende Fassung, da sich die Erweiterungen des Zeugnisverweigerungsrechts auf das Beschlagnahmeverbot niederschlugen. Allerdings wurde durch die Änderung auch der sogenannten „Strafverstrickungsklausel" Geltung verschafft. Nach dieser durch die Verweisung in § 97 Abs. 5 S. 2 StPO nun auch für die Medienmitarbeiter gültigen Klausel entfällt das Beschlagnahmeverbot, wenn der Zeugnisverweigerungsberechtigte der Beteiligung an der Tat des Beschuldigten verdächtig ist oder es sich bei den beschlagnahmten Gegenständen um Tatwerkzeuge oder Produkte der Tat handelt. Diese Ausnahme vom Beschlagnahmeverbot geht auf die Königlich-Preußische Strafprozeßordnung von 1867 zurück, nach der das Beschlagnahmeverbot entfiel, wenn gegen den Beichtvater oder Verteidiger der Verdacht der Mitschuld vorlag.[94] Die Reichsstrafprozeßordnung erhielt 1877 ohne Begründung eine ähnliche Formulierung.[95] Die Strafverstrickungsklausel wurde seither bei jeder Änderung der Strafprozeßordnung in ihren Grundzügen beibehalten. Überlegungen zu ihrem Sinn und Zweck finden sich in den amtlichen Begründungen der Gesetzesnovellen nicht.

Seit dieser Modifikation des Beschlagnahmeverbots wurden verschiedene Vorschläge zu seiner weiteren Novellierung gemacht.[96] So sieht der Entwurf der Fraktion Bündnis 90/Die Grünen[97], der Entwurf der Medienverbände[98] und der Entwurf der F.D.P.-Fraktion[99] einen Ausschluß des Beschlagnahmeverbots nur noch bei dringendem Verdacht der Beteiligung vor. Bisher konnte sich jedoch keiner der Vorschläge durchsetzen.

III. Die Postbeschlagnahme

1. Das Postgeheimnis

Das Bestreben, den Inhalt eines Briefes geheim zu halten, besteht schon sehr lange. In unserem Rechtskreis wurde der Schutz zunächst nur strafrechtlich abgesichert, indem das Erbrechen von Siegeln unter Strafe gestellt wurde. Auch der absolutistische Staat gewährte nur einen unvollkommenen Schutz des Briefgeheimnisses. So wurden sogenannte „schwarze Kabinette"

---

90 BGBl. 1953 I Nr. 44 S. 735; BT-Drucksache 1/3713.

91 § 97 Abs. 5 StPO lautete: Zu dem Zweck, die Person des Verfassers, Einsenders oder Gewährsmanns einer Veröffentlichung oder Sendung strafbaren Inhalts zu ermitteln, ist die Beschlagnahme von Schriftstücken unzulässig, die sich im Gewahrsam der nach § 53 Abs. 1 Nr. 5 und 6 zur Verweigerung des Zeugnisses Berechtigten befinden.

92 Eb. Schmidt Nachtr. § 97 Anm. 2; Göggerle BB 1986, 41 (42).

93 BGBl. 1975 I Nr. 89 S. 1973; BT-Drucksachen 7/2539, 7/3118.

94 Königlich-Preußische StPO 1867, § 92 Satz 2 [Gesetz-Sammlung für die Königlichen Preußischen Staates 1867, 933 (956)].

95 Vgl. Hahn, Materialien 3,1 S. 14, 124 f., 624 und Materialien 3,2 S. 1240, 1773, 2056.

96 Vgl. die auf den S. 26 ff. genannten Gesetzentwürfe.

97 BT-Drucksache 13/5285.

98 Siehe Anhang 1 S. 215 ff. dieser Arbeit.

99 BT-Drucksache 14/1602.

unterhalten, in denen die Post in- und ausländischer Gegner geöffnet wurde.[100] Nach heftiger bürgerlicher Kritik wurde das Briefgeheimnis zunächst einfachgesetzlich geschützt.[101] Die erste Grundrechtsnorm auf deutschem Boden enthielt die Kurhessische Verfassung von 1831[102]; die erste gesamtdeutsche Regelung findet sich in der Paulskirchenverfassung von 1848/49[103].

2. Die Postbeschlagnahme als Beweissicherungsmittel

Die liberalen partikularstaatlichen Strafprozeßordnungen des 19. Jahrhunderts knüpften die Beschlagnahme und Eröffnung von Briefen meist an strengere Voraussetzungen als die normale Beschlagnahme. So war in Württemberg eine Beschlagnahme von Briefen vor Versetzung des Verdächtigen in den „Anschuldigungsstand“ [104] nur zulässig, wenn der Verdacht erheblich war oder Gefahr im Verzug bestand.[105]

Bei der Schaffung der reichseinheitlichen Strafprozeßordnung war die Postbeschlagnahme besonders stark umstritten.[106] Die schließlich gefundene Regelung blieb erheblich hinter den Partikularstrafprozeßordnungen zurück. Den Schwerpunkt des Schutzes legte man auf die Brieföffnung, die man ausschließlich dem Richter übertrug.[107]

Im 20. Jahrhundert wurde die Postbeschlagnahme durch die Eingliederung der sogenannten Übertretungen in das Ordnungswidrigkeitenrecht, das keine Postbeschlagnahme zuläßt, eingeschränkt. Man lockerte jedoch die ausschließliche Zuständigkeit des Richters für die Brieföffnung durch die Möglichkeit der Übertragung auf den Staatsanwalt.

IV. Die Überwachung der Telekommunikation[108]

Die Fernmeldeüberwachung gibt es wahrscheinlich schon, seit es den Fernmeldeverkehr gibt.[109] Da sie jedoch ein erheblicher Eingriff in die Privatsphäre des Menschen ist,[110] stellte schon Art. 117 WRV das Fernsprechgeheimnis unter grundrechtlichen Schutz. Im Grundgesetz wurde dieser in Art. 10 GG verankert. Allerdings schränkte man den zunächst sehr weitgehenden Schutz im Zuge der Novellierung des Art. 10 GG durch das „Siebzehnte Gesetz zur Ergänzung des Grundgesetzes“ [111] vom 24. Juni 1968 ein.

---

100 AK-Amelung Vor § 99 Rdnr. 6.

101 Eberhardt S. 15, 37 ff.

102 § 38 Kurhessische Verfassung (zitiert nach Polley S. 33).

103 § 142 Paulskirchenverfassung (zitiert nach Schuster S. 49).

104 Begründung der Eigenschaft als Angeklagter vgl. Art. 75 f. Strafprocessordnung Würtemberg (abgedruckt in Haeberlin S. 541).

105 Vgl. Art. 246 Strafprocessordnung Würtemberg (abgedruckt in Haeberlin S. 565 f.).

106 Vgl. Hahn, Materialien 3,2 S. 1774 ff., 2057 ff.

107 Hahn, Materialien 3,2 S. 1777, 2390.

108 Durch Art. 2 Abs. 9 Ziff. 2 des Begleitgesetzes zum Telekommunikationsgesetz (BegleitG) wurde der bisherige Begriff „Fernmeldeverkehr“ durch „Telekommunikation“ ersetzt. Dabei handelt es sich jedoch um keine inhaltliche Änderung, sondern nur eine redaktionelle Anpassung an den Sprachgebrauch des Telekommunikationsgesetzes (TKG) [BGBl. 1997 I Nr. 86 S. 3108 (3113); BR-Drucksache 369/97 S. 46].

109 Kubicek DuD 1998, 656 (658).

110 Sachs/Krüger Art. 10 Rdnr. 6.

111 BGBl. 1968 I Nr. 41 S. 709.

Durch das dazu begleitend erlassene sogenannte G 10 Gesetz[112] wurde der § 100 a StPO in die Strafprozeßordnung eingeführt. Diese Regelung, die im Gegensatz zu der sonst liberalen Gesamtentwicklung im Strafrecht Ende der sechziger und Anfang der siebziger Jahre steht,[113] schloß eine Lücke in der Strafprozeßordnung, die zu erheblicher Rechtsunsicherheit geführt hatte. Da § 12 FAG nur ein Auskunftsrecht über bereits stattgefundene Telefongespräche gewährt, wurde die Telefonüberwachung auf allgemeine Rechtfertigungsgründe gestützt.[114] Durch Aufnahme der §§ 100 a f. StPO wollte der Gesetzgeber „die Überwachung des Fernmeldeverkehrs ... auf eine gesetzliche Grundlage stellen" [115].

Insbesondere der in § 100 a S. 1 StPO enthaltene Straftatenkatalog stieß auf erhebliche Kritik. Seine Anlehnung an den Katalog des § 138 StGB sei systemwidrig und er sei insgesamt zu weit.[116] Dennoch wurde § 100 a StPO seit seiner Einführung noch fünfzehn Mal erweitert,[117] unter anderem durch Strafvorschriften des Waffenrechts, Vorschriften aus dem Wehrstrafrecht und Drogendelikte.[118] Die bislang letzte Änderung betraf die Einfügung der vorsätzlich begangenen Geldwäsche nach § 261 StGB durch das Gesetz zur Verbesserung der Bekämpfung der Organisierten Kriminalität[119].

V. Das Auskunftsersuchen nach § 12 FAG und seine Nachfolgeregelung

Das Fernmeldeanlagengesetz wurde 1928 erlassen. Nach § 12 dieses Gesetzes kann der Richter bei strafgerichtlichen Untersuchungen Auskunft über den Fernmeldeverkehr verlangen. Die Vorschrift beruht darauf, daß bei den Anfang des Jahrhunderts noch durch „das Fräulein vom Amt" handvermittelten Gesprächen Notizen entstanden, die für Ermittlungszwecke verwendet werden konnten.[120]

Mit der Automatisierung des Fernsprech- und -schreibverkehrs verlor die Vorschrift zunächst an Bedeutung. Erst mit der Digitalisierung des Netzes und der damit einhergehenden automatischen Speicherung der Verbindungsdaten in den achtziger Jahren erinnerten sich die Strafverfolgungsbehörden an § 12 FAG, da die moderne Technik es nun erlaubt, bei jedem telefonischen Kontakt den angerufenen Anschluß sowie die Zeit und Dauer der Verbindung automatisch zu ermitteln. Bei Mobiltelefonen läßt sich außerdem über die Funkzelle der ungefähre Aufenthaltsort des Nutzers feststellen.[121]

Wegen dieser neugeschaffenen Möglichkeiten bedienten sich die Strafverfolgungsbehörden des § 12 FAG in den letzten Jahren immer häufiger. Das sollte allerdings 1998 ein Ende haben, da nach § 28 FAG das Fernmeldeanlagengesetz mit Ablauf des 31. Dezember 1997 außer Kraft trat.[122] An die Stelle der Auskunftsersuchens nach § 12 FAG sollte eine Nachfolgeregelung treten, die nach § 99 StPO als § 99 a StPO einzufügen gewesen wäre. Vorgeschlagen wurden

---

112 Gesetz zur Beschränkung des Brief-, Post- und Fernmeldegeheimnisses vom 13. 8. 1968, BT-Drucksache 5/1880.

113 Staechlin KritJ 1995, 467.

114 Gross-Spreitzer S. 234 f.

115 BT-Drucksachen 5/1880 S. 7.

116 Arzt S. 76; Lehmann S. 108 f.; Schüle JZ 1968, 159 (162); Schumacher S. 164.

117 Kiper/Ruhmann DuD 1998, 155 (156).

118 Vgl. im Einzelnen Staechlin KritJ 1995, 466 (470 ff.).

119 BT-Drucksache 13/8651 S. 4.

120 Kubicek DuD 1998, 656 (658).

121 Freilich ist dies auch bei Festnetzanschlüssen möglich. Dort ist dies für die Strafverfolgung jedoch weniger interessant, weil sich daraus keine Bewegungsmuster erstellen lassen.

122 Klesczewski JZ 1997, 719.

Regelungen, die die bisherigen Möglichkeiten der Strafverfolgungsbehörden stark begrenzt hätten. So legte die Bundesregierung einen Entwurf vor, nach dem ein unbegrenzter Auskunftsanspruch nur noch bei mittels Endeinrichtungen begangenen Straftaten, etwa belästigenden oder beleidigenden Anrufen, bestanden hätte. Bei allen anderen Formen der Kriminalität wäre eine Straftat von nicht unerheblicher Bedeutung notwendig gewesen.[123] Der Ausschuß für Post- und Telekommunikation forderte außerdem, die Schutzrechte zeugnisverweigerungsberechtigter Personen stärker zu berücksichtigen.[124]

Da der Bundesrat durch diese Neuregelungen unangemessene Behinderungen der Ermittlungen befürchtete und daher die Beibehaltung des Wortlauts des § 12 FAG für die neue Regelung forderte, konnte man sich nicht rechtzeitig auf eine einheitliche Linie einigen. Um zeitliche Verzögerungen beim Inkrafttreten des Begleitgesetzes zum Telekommunikationsgesetz zu verhindern, verständigte man sich darauf, die Geltungsdauer des § 12 FAG bis zum 31. Dezember 1999 zu verlängern.[125] Die Frist drohte abzulaufen, ohne daß man sich über eine Neuregelung verständigt hätte. Um die Möglichkeit des Auskunftsverlangens über Verbindungsdaten zu erhalten, beschloß der Bundestag am 3. Dezember 1999 die Fortgeltung des § 12 FAG um weitere zwei Jahre.[126]

VI. Der Einsatz technischer Mittel

1. Die Einführung des § 100 c Abs. 1 Nr. 1 und Nr. 2 StPO

Die §§ 100 c und 100 d StPO wurden durch das Gesetz zur Bekämpfung des illegalen Rauschgifthandels und anderer Erscheinungsformen der Organisierten Kriminalität (OrgKG)[127] vom 15. Juli 1992 eingefügt. Bis dahin war der Einsatz technischer Mittel in der StPO nur vereinzelt geregelt.[128] Der Gesetzgeber schuf eine Vorschrift für Maßnahmen, die teilweise in Rechtsprechung, Literatur und Praxis schon für rechtens gehalten und deshalb auch angewendet worden waren.[129]

Der § 100 c Abs. 1 StPO enthielt zunächst nur die Nummern 1 und 2. Beide sind anhand des Art. 13 GG dahingehend verfassungskonform auszulegen, daß durch sie der Einsatz technischer Mittel nur bezüglich außerhalb der Wohnung vorgenommener Handlungen gestattet wird.[130] Zwar sah der Entwurf des Gesetzes zum OrgKG in § 100 c Abs. 2 StPO auch das Abhören und Aufzeichnen des innerhalb von Wohnungen nichtöffentlich gesprochenen Wortes vor, soweit es im Beisein eines nicht offen ermittelnden Beamten geäußert wird (teilweise als „Kleiner Lauschangriff" oder „bemannte Wanze" bezeichnet)[131], dieser fand jedoch in der

---

123 BT-Drucksache 13/8016 S. 9 und 26.

124 BT-Drucksache 13/8776 S. 36.

125 BR-Drucksache 860/97 S. 12; § 28 FAG.

126 BT-Protokoll 14/77 S. 7109; BT-Drucksache 14/2258.

127 BT-Drucksache 12/989.

128 §§ 81 b, 100 a, 163 d StPO; Im übrigen wurde der Einsatz auf die §§ 161, 163 StPO gestützt.

129 Körner NJW 1993, 233 (237).

130 BT-Drucksache 12/989 S. 39; Kleinknecht/Meyer-Goßner § 100 c Rdnr. 4; Eisenberg NJW 1993, 1033 (1038); Hilger NStZ 1992, 457 (462) Fn. 95; Krey VE Rdnr. 368; Krey/Haubrich JR 1992, 308 (313); Möhrenschlager wistra 1992, 326 (329); Wolter StV 1989, 358 (364); derselbe hält in NStZ 1993, 1 (2) Fn. 20 sogar eine Grundgesetzänderung wegen Verstoßes gegen Art. 1 Abs. 1, 79 Abs. 3 GG für nicht verfassungsgemäß; insoweit zweifelnd auch Glauben DRiZ 1993, 41; vgl. ferner Böttger/Pfeiffer ZRP 1994, 7 (17): Ver-fassungsänderung höchstens unter bestimmten Voraussetzungen verantwortbar.

131 KK-Nack 3. Aufl. § 100 c Rdnr. 2.

Stellungnahme der Bundesregierung zum Gesetzentwurf des Bundesrates keine Zustimmung.[132]

Das OrgKG löste eine heftige Diskussion aus. Einerseits wurde es insbesondere von den Ermittlungsbehörden als nicht weitgehend genug empfunden. So urteilte der frühere Präsident des Landeskriminalamtes Baden-Württemberg: „Statt einer brandgefährlichen Entwicklung Paroli zu bieten und mafiosem Tun ernsthaft an den Kragen zu gehen, werden nichts als bereichsspezifische Regelungen zum Schutz des Rechts auf informationelle Selbstbestimmung eingeführt." [133]

Andererseits wurde die Regelung wegen ihres teilweise unbestimmten Wortlauts als problematisch eingestuft. So stößt der in Abs. 1 Nr. 1b verwendete Begriff der „Straftat von erheblicher Bedeutung" auf Kritik. Der Gesetzgeber wollte jedoch insoweit den Erfordernissen der Strafverfolgungsbehörden entgegenkommen und verweist auf die entsprechenden Formulierungen in den einzelnen Polizeigesetzen.[134]

Letztlich erwiesen sich die Möglichkeiten, die die neue Regelung zur effektiven Strafbekämpfung bietet, nach Ansicht des Gesetzgebers als nicht ausreichend, weshalb eine Erweiterung auf Wohnräume angestrebt wurde. Um das Abhören innerhalb der Wohnung zu ermöglichen, war jedoch eine Grundgesetzänderung nötig, denn Art. 13 Abs. 2 GG erlaubte eine Durchbrechung des durch Art. 13 Abs. 1 GG gewährten Schutzes nur für offene Durchsuchungen. Heimliche Abhörmaßnahmen haben aber eine andere Qualität.[135]

2. Das Abhören innerhalb des durch Art. 13 GG geschützten Bereichs

Die Nummer 3 des § 100 c Abs. 1 StPO, durch die auch das Abhören von durch Art. 13 GG geschützten Räumen gestattet wurde, kam im Zuge des Gesetzes zur Verbesserung der Bekämpfung der Organisierten Kriminalität[136] hinzu. Diese Maßnahmen wurden als der „Große Lauschangriff" [137] bekannt. Mit ihr gingen Sonderregelungen für Zeugnisverweigerungsberechtigte nach § 100 d Abs. 3 StPO, die Berichtspflicht nach § 100 e StPO sowie spezielle Verwertungsregeln nach § 100 f StPO einher.

In der Debatte zu diesem Gesetz war die Frage, ob bezüglich der nach § 53 Abs. 1 StPO Zeugnisverweigerungsberechtigten ein generelles Abhörverbot gelten solle, besonders umstritten.[138] Der zunächst von den Fraktionen CDU/CSU, SPD und F.D.P. vorgeschlagene Gesetzentwurf enthielt keine Vorschriften zum Schutz des Vertrauens in die Zeugnisverweigerungsberechtigten.[139] Die nach heftiger Kritik durch den Rechtsausschuß modifizierte Fassung sah ein Beweiserhebungsverbot nur für Geistliche, Strafverteidiger und Abgeordnete vor.[140] Für

---

132 BT-Drucksache 12/989 S. 58; ebenso der Rechtsausschuß BT-Drucksache 12/2720 S. 22, 43.

133 Krüger Kriminalistik 1992, 594.

134 BT-Drucksache 12/989 S. 39; Kleinknecht/Meyer-Goßner § 100 c Rdnr. 3 (vgl. z.B. §§ 16, 17 PolG NW).

135 Hilger NStZ 1992, 457 (462).

136 BT-Drucksache 13/8651 und BT-Drucksache 13/10004.

137 Zachert DRiZ 1992, 355 wendet sich mit überzeugenden Argumenten gegen die Verwendung dieses Begriffs als polemisch und schlägt statt dessen vor, von „elektronischer Aufklärung" bzw. „elektronischer Überwachung" zu sprechen. In dieser Arbeit wird zur Abgrenzung zu der Überwachung außerhalb von Wohnungen der Begriff „akustische Wohnraumüberwachung" verwendet.

138 BT-Protokoll 13/214.

139 BT-Drucksache 13/8651.

140 BT-Drucksache 13/9644; Krombacher regte bei der Anhörung der Sachverständigen im Rechtsausschuß an, eine einheitliche Regelung für alle Bereiche der sogenannten verdeckten Ermittlungen zu suchen. Das Problem des mangelnden Schutzes des Vertrauens in die Zeugnisverweigerungsberechtigten könne nicht

die anderen Zeugnisverweigerungsberechtigten, also auch die in § 53 Abs. 1 Nr. 5 StPO genannten Medienschaffenden, sollte ein Verwertungsverbot nach Maßgabe des Verhältnismäßigkeitsgrundsatzes gelten, was jedoch als „inkonsequent und willkürlich" [141] bewertet wurde. Ein Vorschlag der Fraktion Bündnis 90/Die Grünen, ein Abhörverbot für sämtliche zeugnisverweigerungsberechtigte Personen, auch die nach § 52 und § 53a StPO Berechtigten, bereits in Art. 13 GG zu verankern,[142] scheiterte.[143]

Zwar passierte der Entwurf in der Fassung des Rechtsausschusses den Bundestag, der Bundesrat beschloß jedoch, den Vermittlungsausschuß anzurufen. Dessen Aufgabe sollte es unter anderem sein, die Regelung hinsichtlich der Berufsgruppen, für die ein Abhörverbot gelten soll, zu überarbeiten.[144] Er legte eine Beschlußempfehlung vor, nach der die akustische Überwachung von nach Art. 13 GG geschützten Räumen bei den nach § 53 Abs. 1 StPO Zeugnisverweigerungsberechtigten unzulässig ist.[145] Dieser Vorschlag konnte sich in der Abstimmung im Bundestag am 5. März 1998 durchsetzen,[146] weil viele Gegner der akustischen Wohnraumüberwachung zur „Schadensbegrenzung" [147] für diese Beschränkung der Abhörmöglichkeiten gestimmt hatten, nachdem die Grundgesetzänderung nun einmal beschlossen war.[148]

B. Der Schutz der journalistischen Recherche als Ausprägung des Art. 5 GG

I. Der Schutzbereich des Art. 5 Abs. 1 S. 2 GG

1. Allgemein

Die in Artikel 5 Abs. 1 S. 2 GG verankerte Presse- und Rundfunkfreiheit ist ein Jedermannsrecht. Grundrechtsträger sind alle Personen[149], die in nicht nur beiläufiger Weise an der Erzeugung und Verbreitung von Druckerzeugnissen und Rundfunksendungen beteiligt sind[150]. Dies sind zum Beispiel Journalisten, Drucker, Verleger und Vertriebsunternehmer. Eine berufsmäßige Mitwirkung ist jedoch nicht erforderlich.[151]

2. Presse

Presse im Sinne des Art. 5 Abs. 1 S. 2 GG sind nicht nur Zeitungen und Zeitschriften, sondern alle zur Verbreitung bestimmten Druckerzeugnisse, gleichgültig ob sie periodisch oder nicht

---

isoliert für die akustische Wohnraumüberwachung gelöst werden [Krombacher Protokoll des Rechtsausschusses Nr. 10, Stellungnahmen S. 38 (49)]. Dies wäre in der Tat mehr als wünschenswert gewesen, war jedoch angesichts der ohnehin schon schwer errungenen Lösung bei Maßnahmen nach § 100 c Abs. 1 Nr. 3 StPO praktisch nicht durchsetzbar.

141 Leutheusser-Schnarrenberger ZRP 1998, 87 (91).

142 BT-Drucksache 13/9663 S. 1.

143 BT-Protokoll 13/214 S. 19560.

144 BT-Drucksache 13/9841 S. 1.

145 BT-Drucksache 13/10004.

146 BT-Protokoll 13/222 S. 20305 ff.

147 Such BT-Protokoll 13/214 S. 19527; Müller BT-Protokoll 13/222 S. 20297.

148 Vgl. im BT-Protokoll 13/222 die Erklärungen der MdB's Bachmaier/Kuhlwein/u.a. (S. 20376 f.), Braun (S. 20379), Enkelmann (S. 20302), Gysi (S. 20299 f.), Hirsch (S. 20300), Köhne (S. 20302), Leutheusser-Schnarrenberger/Schwaetzer (S. 20378), Stadler/Graf Lambsdorff/Genscher (S. 20379 f.), Such (S. 20377 f.), Terborg (S. 20377), Wolf (S. 20378 f.).

149 Dies gilt für natürliche sowie nach Maßgabe des Art. 19 Abs. 3 GG auch für juristische Personen.

150 BVerfGE 77, 346 (354); Sachs/Bethge Art. 5 Rdnr. 75.

151 AK-GG/Hoffmann-Riem Art. 5 Rdnr. 132; Dunkhase S. 129.

periodisch erscheinen.[152] Druckerzeugnisse sind alle auf mechanischem oder chemischem Weg hergestellten körperhaften Massenvervielfältigungen geistigen Sinngehalts,[153] weshalb neben Flugblättern und Plakaten auch Bild- und Tonträger wie CDs und Videobänder zur Presse zählen.[154] Die sogenannten „Neuen Medien" lassen sich ebenfalls unter diese Definition subsumieren.[155]

Keine Rolle spielt bei der Definition der Presse der Inhalt des Druckwerks. Die Ansicht, wonach Presse „nur die Veröffentlichung politisch-kulturell-weltanschaulicher Nachrichten und Stellungnahmen sowie die sonstige sachliche Berichterstattung in Zeitungen und Zeitschriften ist" [156], wurde weitgehend aufgegeben.[157]

3. Rundfunk

Wie der Begriff der Presse wird auch der Rundfunkbegriff nicht nach seinem Inhalt, sondern nach der Herstellungs- und Verbreitungsmethode bestimmt. Eine genaue Definition des Begriffes gibt es jedoch nicht. Am häufigsten wird der Rundfunk als „die für die Allgemeinheit bestimmte Veranstaltung und Verbreitung von Darbietungen aller Art in Wort, in Ton und in Bild unter Benutzung elektrischer Schwingungen ohne Verbindungsleitung oder längs oder mittels eines Leiters" [158] definiert. Fest steht, daß der Rundfunk sowohl Sendungen des Hör- als auch des Bildfunks, also auch des Fernsehens, umfaßt.[159]

4. Geschützte Tätigkeiten

Dem Schutz der Presse- und Rundfunkfreiheit unterfallen alle wesensmäßig mit der journalistischen Arbeit zusammenhängenden Tätigkeiten. Neben der Informationsverbreitung zählt hierzu in erster Linie die Informationsbeschaffung, also die journalistische Recherche.[160] Das Bundesverfassungsgericht hat diesbezüglich auch den Schutz des Redaktionsgeheimnisses sowie den Informantenschutz genannt.[161]

Unter dem Redaktionsgeheimnis versteht man die gesamte Vertraulichkeitssphäre der Medien.[162] Es umfaßt daher beispielsweise die Unterlagen der Medienmitarbeiter, das Pressear-

---

152 V. Mangoldt/Klein/Starck Art. 5 Rdnr. 59; v. Münch/Kunig/Wendt Art. 5 Rdnr. 30; Sachs/Bethge Art. 5 Rdnr. 68.

153 Löffler/Bullinger Einl. Rdnr. 1.

154 Sachs/Bethge Art. 5 Rdnr. 68.

155 Löffler/Bullinger Einl. Rdnr. 4; Sachs/Bethge Art. 5 Rdnr. 88.

156 V. Mangoldt/Klein 2. Aufl. Art. 5 Anm. VI 3 S. 245.

157 Löffler/Bullinger § 1 Rdnr. 70; v. Mangoldt/Klein/Starck Art. 5 Rdnr. 60; v. Münch/Kunig/Wendt Art. 5 Rdnr. 31; Sachs/Bethge Art. 5 Rdnr. 69; a.A. Hesse Rdnr. 394; Eine Differenzierung nach dem Inhalt der Veröffentlichung ist nur auf der Schrankenseite zulässig. So hat der BGH im Klein-Beschluß ein Zeugnisverweigerungsrecht trotz Preisgabe der Identität des Informanten dann angenommen, wenn „ die Veröffentlichung ersichtlich nicht der Unterhaltung einer sensationsfreudigen Menge, sondern der sachlichen Erhellung von Vorgängen dienen soll, an denen die politisch interessierte Öffentlichkeit ernsthaften Anteil nimmt" [BGHSt 28, 240 (248)].

158 § 2 Abs. 1 des Staatsvertrages über den Rundfunk im vereinten Deutschland; v. Mangoldt/Klein/Starck Art. 5 Rdnr. 93.

159 LR-Dahs § 53 Rdnr. 40; Kunert MDR 1975, 885 (886).

160 BVerfGE 10, 118 (121); 91, 125 (134); v. Münch/Kunig/Wendt Art. 5 Rdnr. 33.

161 BVerfGE 20, 162 (176); 36, 193 (204); 50, 234 (240); BVerfGE 66, 116 (133); BVerfG NStZ 82, 253.

162 Dunkhase S. 15, der jedoch den Begriff des „Pressegeheimnisses" bevorzugt. Den Begriff des Redaktionsgeheimnisses hält er für zu eng, da auch das technische Personal und das Archiv in den Schutz einbezogen

chiv und das innerhalb der Redaktion Gesprochene. Informantenschutz ist der Schutz des Vertrauensverhältnisses zwischen dem Journalisten und den Personen, die ihm Mitteilungen für seine Veröffentlichungen machen.[163] Er bezieht sich vor allem auf die Person des Informanten selbst, die von ihm gemachten Mitteilungen und übergebenen Materialien. Somit ist der Informantenschutz ein Teilbereich des insgesamt durch Art. 5 Abs. 1 S. 2 GG geschützten Redaktionsgeheimnisses.

Dieser Schutzumfang bedarf einer Begründung:

Presse- und Rundfunkfreiheit sind nicht nur Individualgrundrechte, sondern haben auch eine objektiv-rechtliche Seite,[164] die das subjektive Recht verstärkt.[165] Daraus ergeben sich Schutzpflichten des Staates gegenüber den Medien.[166] So muß der Gesetzgeber die Rahmenbedingungen dafür schaffen, daß die Medien ihrer Funktion der Information, Meinungsbildung und Kontrolle[167] gerecht werden können.[168]

Diese Meinungsbildungs- und Kontrollfunktion basiert darauf, daß es in einer Gesellschaft wie der unseren unmöglich ist, ohne Vermittlung der Medien das politische, gesellschaftliche, kulturelle und wirtschaftliche Geschehen zu überblicken. Zu der Funktion gehört besonders die kritische Beobachtung zum Beispiel der drei Staatsgewalten und der Wirtschaft, die Aufdeckung von Mißständen und „Skandalen" und die Berichterstattung darüber.[169]

Der Staat hat die Pflicht, den Medien die Wahrnehmung ihrer Funktion zu ermöglichen. Um in ausreichendem Maße informieren zu können, sind die Medien auf die Mitteilungen offizieller Stellen[170] vor allem aber auch Privater angewiesen. So können die Medien zum Beispiel Mißstände innerhalb der Verwaltung oft nur aufdecken, wenn ihnen behördeninterne Informationen zugespielt werden. Nur dadurch daß den Medien auch „private" Mitteilungen gemacht werden, können sie ihrer Informations- und Kontrollfunktion möglichst umfassend gerecht werden. Diese Mitteilungen erhalten Presse und Rundfunk jedoch nur, wenn sich der Informant auf die Wahrung des Redaktionsgeheimnisses verlassen kann.[171] Muß der Amtsträger, der einer Redaktion oder einem Sender solche Unterlagen übergibt, mit seiner Entdeckung rechnen, unterläßt er die Benachrichtigung der Medien wahrscheinlich. Zur vollständigen Absicherung der Funktion der Presse und des Rundfunks müßte daher jedes staatliche Verhalten unterbleiben, das in die Vertraulichkeitssphäre der Medien eingreift; nur so kann ein Ansehensverlust bei der Allgemeinheit verhindert werden.

Daraus ergibt sich zwangsläufig, daß der Schutz des einzelnen Vertrauensverhältnisses zwischen Journalist und Informant nicht der eigentliche Sinn medialer Schutznormen sein kann.[172] Weder muß ein solches Vertrauensverhältnis in jedem Einzelfall bestehen, noch ist der Schutz der bestehenden Vertrauensverhältnisse zwangsläufig ausreichend. Entscheidend ist allein, ob

---

sei. Die vorliegende Arbeit bleibt beim Begriff des „Redaktionsgeheimnisses", da in ihr nicht nur die Presse, sondern auch die anderen Medien Gegenstand der Erörterung sind.

163 Sachs/Bethge Art. 5 Rdnr. 85a.

164 Sachs/Bethge Art. 5 Rdnr. 71, 94.

165 V. Mangoldt/Klein/Starck 3. Aufl. Art. 5 Rdnr. 53; Dunkhase S. 136.

166 BVerfGE 80, 124 (133); Sachs/Bethge Art. 5 Rdnr. 73.

167 Teilweise werden die Medien konkretisierend auch als „Verbindungs- und Kontrollorgan zwischen Volk, Parlament und Regierung" bezeichnet [BVerfGE 20, 162 (175)].

168 Sachs/Bethge Art. 5 Rdnr. 73.

169 Maunz/Dürig/Herzog Art. 5 Rdnr. 119; Dunkhase S. 146 f.; Faller AfP 1981, 430 (434).

170 Gemeint sind hiermit zum Beispiel Pressestellen von Behörden, Parteien oder Firmen.

171 BVerfGE 20, 162 (176); BVerfG ZUM 1999, 633 (635).

172 Weigend in Verhandlungen des 62. Deutscher Juristentag, C 1 (C 99).

durch eine Verletzung des Vertrauens des Informanten das Ansehen der Medien in der Öffentlichkeit geschädigt wird. [173] Wenn die medialen Schutzvorschriften die einzelne Vertrauensbeziehung zwischen dem Informanten und dem Journalisten bewahren helfen, dient dies lediglich dazu, daß auch weiterhin private Informanten den Medien vertrauen und ihnen Mitteilungen machen. Der Schutz des konkreten Vertrauensverhältnisses ist daher insoweit nur ein Reflex, eine notwendige Begleiterscheinung, damit die Medien ihrer Informations- und Kontrollfunktion nachkommen können.

Aus dieser Funktion kann jedoch nicht unmittelbar eine „öffentliche Aufgabe“ der Medien in Form einer Pflicht zur Information, Meinungsbildung und Kontrolle abgeleitet werden.[174] Zwar gibt es Stimmen in der Literatur, die das Grundrecht aus Art. 5 Abs. 1 S. 2 GG nur insoweit gewähren wollen, als die Medien diese Funktion erfüllen,[175] das hieße allerdings, daß die Medien letztlich doch über ihren Inhalt definiert werden, was nicht zulässig ist.[176] Die „öffentliche Aufgabe" der Medien ist daher „ein Faktum, das die Rechtsordnung nicht schafft, sondern nutzt und anerkennt“ [177]. Keinesfalls können die Medien dadurch zum Träger eines öffentlichen Amtes oder zu einer vierten Staatsgewalt gemacht werden.[178]

Dennoch sprechen die Landespressegesetze - allerdings mit jeweils unterschiedlichen Formulierungen - von der „öffentlichen Aufgabe" der Presse,[179] die dann auch meist näher beschrieben wird. Danach dient die Presse der Information und auf diesem Wege der Meinungsbildung und der (Fort-)Bildung.[180] Aus dieser einfachgesetzlichen Beschreibung lassen sich jedoch keine Schlüsse auf die verfassungsrechtliche Funktion der Medien ziehen.[181] Die entsprechenden Regelungen in den Landespressegesetzen sind lediglich eine Anerkennung, daß die Medien die Informations-, Meinungsbildungs- und Kontrollfunktion real erfüllen.[182]

II. Der Eingriff in den Schutzbereich

Durch Ermittlungsmaßnahmen der Strafverfolgungsbehörden wird in die Vertraulichkeitssphäre der Medien eingegriffen. Ein Eingriff ist nach modernem Verständnis jedes staatliche Handeln, das ein Verhalten, das in den Schutzbereich eines Grundrechts fällt, unmöglich macht oder erschwert.[183]

Bei der Vernehmung als Zeuge werden die Journalisten gezwungen, den Ermittlern Informationen unmittelbar preiszugeben, bei der akustischen Überwachung geschieht dies mittelbar. Im Wege der Beschlagnahme, Telefonüberwachung und Observation werden Beweise aus dem Bereich der Redaktionen erlangt. Informationen und Unterlagen sind so dem staatlichen Zugriff ausgesetzt; das Redaktionsgeheimnis wird nicht gewahrt.

---

173 Dunkhase S. 138 f.

174 Löffler/Bullinger Einl. Rdnr. 3; Maunz/Dürig/Herzog Art. 5 Rdnr. 120.

175 Schneider, Franz S. 142 m.w.N.

176 Ausführlich zu dieser Thematik Dunkhase S. 134 ff.

177 V. Mangoldt/Klein/Starck Art. 5 Rdnr. 74.

178 Sachs/Bethge Art. 5 Rdnr. 67; Faller AfP 1981, 430 (437 f.).

179 Vgl. § 3 der einzelnen Landespressegesetze (abgedruckt bei Löffler/Bullinger § 3); Lediglich in Hessen gibt es keine derartige Norm. § 3 des bayerischen Pressegesetzes spricht lediglich von der „Aufgabe“ der Presse.

180 Vgl. z.B. die Pressegesetze von Hamburg, Mecklenburg-Vorpommern, Rheinland-Pfalz oder Thüringen.

181 V. Mangoldt/Klein/Starck Art. 5 Rdnr. 73; Sachs/Bethge Art. 5 Rdnr. 67.

182 Löffler/Bullinger Einl. Rdnr. 3, § 1 Rdnr. 17.

183 Pieroth/Schlink Rdnr. 240 ff.; Der klassische Begriff verlangte für einen Eingriff einen finalen, unmittelbaren, Rechtsakt mit rechtlicher Wirkung, der auf Befehl und mit Zwang angeordnet bzw. durchgesetzt wird.

Durchsuchungen und Beschlagnahmen stören außerdem die Arbeit der Medien. So stehen beschlagnahmte Materialien nicht mehr zur Verfügung, es kommt zu Verzögerungen im Ablauf und möglicherweise sogar zum Ausfall ganzer Auflagen oder Sendungen. Auch dies beeinträchtigt die Medien in der Wahrnehmung ihrer Funktion.

III. Schranken der Presse- und Rundfunkfreiheit

Würde man Art. 5 Abs. 1 S. 2 GG separat betrachten, käme man zu dem Schluß, daß der Einsatz strafprozessualer Zwangsmaßnahmen gegen die Medien unzulässig ist. Es müßte ein absoluter Schutz der journalistischen Recherche gewährleistet werden, damit Presse und Rundfunk frei agieren können. Dabei würden jedoch andere verfassungsrechtlich geschützte Interessen außer acht gelassen, so daß die Presse- und Rundfunkfreiheit nicht schrankenlos gewährleistet werden kann. Zum Schutz der anderen Interessen ermöglicht Art. 5 Abs. 2 GG die Beschränkung der Presse- und Rundfunkfreiheit durch allgemeine Gesetze.

1. Der staatliche Strafverfolgungsanspruch

Wird es den Strafverfolgungsbehörden verwehrt, in die Vertraulichkeitssphäre der Medien einzudringen, kann dadurch die Ermittlung des Sachverhalts oder die des Aufenthaltsortes des Täters unmöglich gemacht oder zumindest erheblich erschwert werden. Gibt zum Beispiel ein Straftäter ein Interview oder liefert er Informationen für eine Veröffentlichung, wissen die Journalisten in aller Regel, wo er zu finden ist, und kennen weitere Details, die für die Ermittlungen von Nutzen sind.

Relativ häufig sind Fälle, in denen die Medien zur Aufdeckung vermeintlich oder tatsächlich bestehender Mißstände Unterlagen zugesandt bekommen, die ein Dienstgeheimnis enthalten. Oft kann anhand dieser Unterlagen ermittelt werden, welcher Amtsträger das Dienstgeheimnis gebrochen hat.[184] Sind die Medien jedoch nicht verpflichtet, über die Herkunft der Unterlagen auszusagen, sie herauszugeben oder zumindest Einblick zu gewähren, wird die Verfolgung derartiger Delikte nahezu unmöglich.

Insbesondere in den Fällen schwerer Kriminalität ist eine Einschränkung der Möglichkeiten der Strafverfolgung durch den Schutz der journalistischen Recherche heikel. Daß es in den Händen eines Journalisten liegen soll, ob beispielsweise bei einer vorsätzlichen Tötung eine erfolgreiche Strafverfolgung ermöglicht wird oder nicht,[185] stimmt nachdenklich; dies um so mehr als die Funktionsfähigkeit der Strafrechtspflege zu den überwiegenden Allgemeininteressen unserer Gesellschaft gehört.[186] Die Bedürfnisse einer wirksamen Strafverfolgung, das Interesse an einer möglichst umfassenden Wahrheitsermittlung im Strafverfahren und das Interesse an der Aufklärung schwerer Straftaten haben deshalb Verfassungsrang.[187] Dahinter steht der übergeordnete Gedanke der Wahrung des Rechtsstaatsprinzips.[188]

---

184 Vgl. die bei Giesen (S. 9-103) geschilderten Fälle aus dem letzten Jahrhundert, die Durchsuchung des Nachrichtenmagazins „DER SPIEGEL" und Zeugniszwangshaft von Redakteuren (BVerfGE 20, 162) sowie Wilde, Fälle 06.1990, 08.1991, 01.1994, 03.1994, 08.1996 (Durchsuchung Bremer Medien zur Beschlagnahme eines Rechnungshofsberichts siehe S. 96 Fn. 587 dieser Arbeit), 03.1997.

185 Macht der Journalist von seinem Zeugnisverweigerungsrecht Gebrauch oder verzichtet er nicht auf das Beschlagnahmeverbot, ist es den Ermittlern unter Umständen unmöglich, die Tat, die Gegenstand der Untersuchung ist, aufzuklären. Dies gilt auch, wenn wegen Verbrechen und anderer schwerer Straftaten ermittelt wird, da das Gesetz für diese Fälle keine Ausnahme vorsieht.

186 BVerfGE 38, 105 (115); 44, 353 (374); 74, 257 (262).

187 BVerfGE 19, 342 (347); 29, 183 (194); Dörr AfP 95, 378 (381).

188 BVerfGE 77, 65 (76).

Räumt man den Medien Sonderrechte[189] ein, so werden diese Interessen stark zurückgedrängt.[190] Ein absoluter Schutz der Vertraulichkeitssphäre der Medien würde bedeuten, die Interessen der Aufklärung und Verfolgung von Straftaten insoweit gänzlich unberücksichtigt zu lassen. Sie müßten in jedem Fall hinter dem Interesse am Schutz des Redaktionsgeheimnisses zurückstehen.

Andererseits führte eine vollständige Sicherung der Strafverfolgung dazu, daß den Medien kein Bereich zugestanden werden könnte, der frei von staatlichen Eingriffen ist. Insoweit würden die Interessen der Medien vernachlässigt. Daher muß zwischen den verfassungsrechtlich geschützten Interessen ein Ausgleich im Wege der praktischen Konkordanz gefunden werden.

2. Der Eingriff in Opferrechte

Die Behinderung der Möglichkeiten der Strafverfolgung könnte gleichzeitig einen Eingriff in die Rechte der Opfer bedeuten. Können Täter nicht festgestellt werden oder können ihnen ihre Straftaten nicht in vollem Umfang nachgewiesen werden, wird dadurch das Interesse der Opfer an der Wahrheitsermittlung und Bestrafung der Schuldigen verletzt.

Jedoch ist es in unserer Rechtsordnung grundsätzlich Aufgabe des Staates, Ermittlungen zu führen und den Täter seiner gerechten Strafe zuzuführen.[191] Nicht der durch die Tat Verletzte, sondern die Staatsanwaltschaft erhebt Anklage und nimmt die Rechte der Opfer wahr. Aus dieser Aufgabe folgt die Pflicht staatlicher Organe, tätig zu werden. Allerdings korrespondiert dem kein Anspruch des Verletzten auf ein Tätigwerden des Staates.[192] Den Opferrechten kommt insoweit im Strafverfahren keine selbständige Bedeutung zu.

3. Der Eingriff in Beschuldigtenrechte

Die Interessen des Beschuldigten, die sich ebenfalls aus dem Rechtsstaatsprinzip ableiten lassen,[193] kollidieren mit einem absoluten Schutz des Redaktionsgeheimnisses. Die Staatsanwaltschaft ist verpflichtet, sämtliches Beweismaterial zur Aufklärung einer Straftat zu sammeln, auch das entlastende. Haben die Medien aber weitgehende Sonderrechte, ist dies den Ermittlern unter Umständen nicht möglich. Dadurch wird die Gefahr geschaffen, daß die Gerichte ihre Entscheidungen auf mangelhafter Tatsachengrundlage fällen und möglicherweise ein Unschuldiger bestraft bzw. eine unangemessene Strafe ausgesprochen wird. Auch sind Informationen und Gegenstände, die nicht preisgegeben werden müssen, grundsätzlich nicht nur der Anklage, sondern auch der Verteidigung entzogen. Die Möglichkeiten des Bürgers, einen gegen ihn bestehenden Verdacht in einem rechtsstaatlichen Verfahren auszuräumen, werden somit stark eingeschränkt.[194]

Dem wird entgegengehalten, es sei eher unwahrscheinlich, daß Journalisten entlastende Informationen zurückhalten.[195] In der Tat ist bisher kein einziger Fall bekannt, in dem ein Journalist Sonderrechte zu Ungunsten des Beschuldigten gebraucht hat. Auch wird darauf verwiesen, daß

---

189 Gegen den Terminus „Privileg“ für die medialen Schutzvorschriften zu Recht Dunkhase (S. 138), der darauf hinweist, daß es sich keineswegs um gleichheitswidrige Vorrechte, sondern Rechte zur Gewährleistung der Presse- und Rundfunkfreiheit handelt.

190 Froschauer Protokoll des Rechtsausschusses Nr. 101, Stellungnahmen S. 12 (17).

191 Beulke Rdnr 3 f., 16.

192 BVerfG NJW 1979, 1591 (1592); NJW 1993, 915.

193 BVerfGE 77, 65 (76).

194 BVerfGE 77, 65 (76).

195 Pöppelmann AfP 1997, 485 (491).

ein Medienmitarbeiter, der entlastende Informationen zurückhalte, dafür gute Gründe habe, die zum Beispiel darin liegen könnten, daß er auch belastende, den Strafverfolgungsbehörden bisher verborgen gebliebene Tatsachen kenne.[196]

Trotzdem sind die Bedenken dagegen, in allen Fällen den Journalisten die Entscheidung über die Preisgabe ihre Informationen zu überlassen, berechtigt. Wenn es bisher keinen Fall gegeben hat, in dem ein Medienmitarbeiter Informationen zu Ungunsten des Beschuldigten zurückgehalten hat, heißt das nicht, daß dies auch in Zukunft so bleiben wird. Journalisten könnten aus verschiedenen Überlegungen heraus die Aussage verweigern. Der harmloseste Fall ist noch, daß der Journalist die entlastende Wirkung seiner Aussage oder seines Materials nicht kennt oder deren Beweiskraft unterschätzt. Nicht von der Hand zu weisen ist aber auch die Möglichkeit, daß Journalisten mediale Schutzrechte nutzen, um ihre „Geschichte" nicht schon vor deren Veröffentlichung bekanntzumachen. Schließlich ist denkbar, daß Journalisten entlastende und einen anderen möglicherweise belastende Beweise nicht weitergeben, um den eigentlichen Täter zu schützen, beispielsweise weil dieser ein guter Informant ist.

Die Gefahr, daß ein derartiger Mißbrauch betrieben wird, steigt jedoch im Zuge eines schärfer werdenden Wettbewerbs zwischen den Medien, in dem Journalisten zunehmend darauf angewiesen sind, Tatsachen zu ermitteln, die die Konkurrenz noch nicht kennt. Die Versuchung ist groß, für eine Exclusivstory einen Unschuldigen „ans Messer zu liefern". Auch dies muß bei der Festsetzung der Schranken der Presse- und Rundfunkfreiheit berücksichtigt werden.

4. Prozeßsteuerung durch die Medien

Nach Ansicht von *Lisken* spricht gegen die Einräumung von Sonderrechten außerdem die Möglichkeit, daß die Medien über ihre Berichterstattung verstärkt Einfluß auf den Prozeß nehmen.[197] Es kann nicht bestritten werden, daß es in der Vergangenheit immer wieder Fälle von Vorverurteilungen und anderen Einflußnahmen auf den Prozeß gegeben hat und wohl auch in Zukunft geben wird. Nicht ohne Grund werden die Geschworenen in den USA bei besonders spektakulären Verfahren über Wochen von der Außenwelt abgeschirmt, erhalten weder Zeitungen noch haben sie die Möglichkeit fernzusehen.[198] Der deutsche Gesetzgeber trägt der Gefahr einer Prozeßsteuerung teilweise durch § 169 GVG Rechnung, wonach Ton- und Filmaufnahmen während der Verhandlung verboten sind. Da aber Art. 5 Abs. 1 S. 2 und 3 GG einer Aufstellung strengerer Regeln von staatlicher Seite entgegensteht, bleibt nur, auf den Ehrenkodex der Journalisten zu vertrauen.[199]

Es ist jedoch auch nicht ersichtlich, wie der Schutz der journalistischen Recherche die Prozeßsteuerung durch die Medien verstärken könnte. Die medialen Schutznormen sichern die Informationen, die der Journalist bereits hat, gegen staatliche Zugriffe. Die beweissichernden Maßnahmen der Ermittler führen aber in aller Regel nicht dazu, daß er die Informationen verliert. Selbst wenn Materialien beschlagnahmt werden, müssen nach Möglichkeit Kopien der betroffenen Gegenstände, wie Schriftstücke, Tonbänder oder Fotos angefertigt werden.[200] Die Pro-

---

196 Rengier S. 93.

197 Lisken ZRP 1988, 193 (196).

198 Zum Beispiel wurden die Geschworenen im Prozeß um den amerikanischen Football-Star Orenthal James Simpson, der verdächtigt wurde, seine Frau und ihren Freund ermordet zu haben, rund 260 Tage unter Bewachung von der Außenwelt isoliert (DIE WELT vom 25. September 1995 S. S. 12).

199 Pressekodex Grundsatz 13 (abgedruckt in Anhang 2 S. 219 f. dieser Arbeit).

200 Dies ergibt sich aus dem Verhältnismäßigkeitsprinzip, wonach staatliche Eingriffe so gering wie möglich ausfallen müssen (KK-Nack § 94 Rdnr. 13, Kleinknecht/Meyer-Goßner § 94 Rdnr. 18 f.).

zeßsteuerung wird dadurch ebensowenig behindert, wie ihr durch die Einräumung medialer Schutznormen Vorschub geleistet wird.

5. Interessenabwägung

Es ergibt sich die Notwendigkeit, die verschiedenen Rechtsgüter und betroffenen Interessen im Wege der praktischen Konkordanz zum Ausgleich zu bringen.[201] „Der Gesetzgeber ist weder gehalten noch steht es ihm frei, der Presse- und Rundfunkfreiheit absoluten Vorrang vor den anderen wichtigen Gemeinschaftsgütern einzuräumen.“ [202] Die Grundrechte aus Art. 5 Abs. 1 S. 2 GG dürfen nicht nur vom Standpunkt der Medien aus betrachtet werden, so daß durch sie nicht jede der Nachrichtensammlung und -verbreitung dienende Handlung gerechtfertigt wird.

Nach Art. 5 Abs. 2 GG können allgemeine Gesetze die Pressefreiheit beschränken. Der Terminus „allgemeine Gesetze“ wird meist in Bezug auf die Meinungsfreiheit (Art. 5 Abs. 1 S. 1 Alt. 1 GG) als Gesetze definiert, die sich weder gegen bestimmte Meinungen als solche richten noch Sonderrecht gegen den Prozeß freier Meinungsbildung darstellen.[203] Sie dienen statt dessen dem Schutz eines schlechthin, ohne Rücksicht auf eine bestimmte Meinung, zu schützenden Gemeinschaftswertes, der gegenüber der Betätigung der Meinungsfreiheit Vorrang hat.[204] Auf die Presse- und Rundfunkfreiheit bezogen liegt ein allgemeines Gesetz demnach dann vor, wenn es kein speziell die Medien betreffendes Sonderrecht enthält, also kein gezielter Eingriff in Art. 5 Abs. 1 S. 2 GG stattfindet.[205] Die Strafprozeßordnung mit ihrer prinzipiellen Verpflichtung für jeden Staatsbürger, zur Wahrheitsfindung beizutragen und die im Gesetz vorgesehenen Ermittlungsmaßnahmen zu dulden, ist nach Ansicht des Bundesverfassungsgerichts ein solches allgemeines Gesetz.[206] Sie sieht, um den Interessen der Strafverfolgung und des Beschuldigten gerecht zu werden, eine Reihe von Ermittlungsmaßnahmen vor, durch die die Presse- und Rundfunkfreiheit eingeschränkt wird. Vor allem der Zeugniszwang mit seiner Androhung von Ordnungsmaßnahmen nach § 70 StPO, die Beschlagnahme nach §§ 94 f. StPO, der Einsatz technischer Mittel nach §§ 100 c ff. StPO sowie die Durchsuchung nach §§ 102 f. StPO greifen in die Vertraulichkeitssphäre der Medien ein. Aber auch die Postbeschlagnahme nach § 99 f. StPO und die Telefonüberwachung nach § 100 a f. StPO können sich einschränkend auswirken. Zu diesen Maßnahmen ist außerdem das Auskunftsverlangen nach § 12 FAG zu zählen, auch wenn dieses nicht in der Strafprozeßordnung geregelt ist. Ebenso wie die Vorschriften der Strafprozeßordnung richtet sich § 12 FAG nicht speziell gegen die Medien, sondern dient ohne Rücksicht darauf dem staatlichen Strafverfolgungsinteresse und den Interessen des Beschuldigten. Somit ist konsequenterweise auch § 12 FAG als allgemeines Gesetz im Sinne des Art. 5 Abs. 2 GG anzusehen.[207]

---

201 Hesse Rdnr. 317 ff.

202 BVerfGE 77, 65 (76 f.).

203 BVerfG EuGRZ 1997, 121 (125).

204 BVerfGE 7, 198 (209 f.); Pieroth/Schlink Rdnr. 592.

205 V. Mangoldt/Klein/Starck Art. 5 Rdnr. 182.

206 BVerfGE 64, 108 (115); 77, 65 (75).

207 Zur Problematik der Definition für „allgemeine Gesetze“: Sachs/Bethge Art. 5 Rdnr. 142 f.; v. Mangoldt/Klein/Starck Art. 5 Rdnr. 178 ff.

IV. Schranken-Schranken

1. Gesetzliche Schranken-Schranken

Der Gesetzgeber hat zum Schutz der Presse- und Rundfunkfreiheit den Zeugniszwang durch das Zeugnisverweigerungsrecht nach § 53 Abs. 1 Nr. 5 StPO beschränkt. Bei der Beschlagnahme und der Durchsuchung ist dies durch das Beschlagnahmeverbot nach § 97 Abs. 5 StPO und bei der akustische Wohnraumüberwachung durch das Abhörverbot nach § 100 d Abs. 3 S. 1 StPO geschehen. Die anderen strafprozessualen Zwangsmaßnahmen wurden hingegen nicht ausdrücklich beschränkt.

Durch die genannten medialen Schutznormen soll das Vertrauen der Allgemeinheit in die Medien erhalten bleiben. Zu diesem Zweck wird der Informantenschutz gewährleistet,[208] im übrigen aber dem staatlichen Strafverfolgungsinteresse der Vorrang eingeräumt. Damit ist nicht die gesamte Vertraulichkeitssphäre der Medien geschützt, sondern nur der Teilausschnitt des Vertrauensverhältnisses zwischen dem Journalisten und dem Informanten.[209] Dies äußert sich darin, daß ein Zeugnisverweigerungsrecht nur hinsichtlich der Person des Informanten und der von diesem gemachten Mitteilungen besteht, nicht jedoch hinsichtlich des von dem Journalisten selbstrecherchierten Materials.

Auch in anderer Hinsicht hat der Gesetzgeber den Schutz des Redaktionsgeheimnisses im Interesse der Strafverfolgung beschränkt. So besteht das Zeugnisverweigerungsrecht nur hinsichtlich des redaktionellen Teils, nicht jedoch für den Anzeigen- und Werbeteil. Auch ist zum Beispiel nur die periodisch erscheinende Presse geschützt, nicht jedoch die Buchpresse.

Das Bundesverfassungsgericht hat die bestehenden Regelungen zum Schutz der Vertrauenswürdigkeit der Medien in mehreren Entscheidungen grundsätzlich für ausreichend gehalten.[210] Daran haben Teile des Schrifttums heftige Kritik geübt:[211] Art. 5 Abs. 1 S. 2 GG schütze das Redaktionsgeheimnis als Ganzes, so daß die Begrenzung auf den Teilbereich des Informantenschutzes eine „unzulässige Schwerpunktverschiebung“ [212] sei. Bezüglich des Ausschlusses der nicht periodisch erscheinenden Druckwerke sowie der Filmschaffenden wurde moniert, daß das Grundgesetz keinen Unterschied zwischen den einzelnen an der Meinungsbildung beteiligten Berufsgruppen mache.[213]

Im Gegensatz dazu wird die Ansicht vertreten, aus Art. 5 Abs. 1 S. 2 GG ergebe sich nicht zwangsläufig die Notwendigkeit medialer Schutznormen. Soweit diese bestünden, geschehe dies aus freiwilliger Rücksicht auf die politische Funktion der Medien.[214] *Hennemann* ist sogar der Ansicht, das Zeugnisverweigerungsrecht sei wegen Verstoßes gegen das Gebot des effek-

---

208 BT-Drucksache 7/2539 S. 10.

209 Darauf, daß das Zeugnisverweigerungsrecht und das Beschlagnahmeverbot entgegen der Behauptung des Gesetzgebers (BT-Drucksachen 7/2539 S. 8 f. und 7/3118 S. 4) nicht grundsätzlich uneingeschränkt sind, wurde bereits hingewiesen (siehe S. 24 dieser Arbeit).

210 BVerfGE 56, 247; 64, 108; 77, 65; vgl. auch BVerfG NStZ 1982, 253; ausführlich zur Rechtsprechung des Bundesverfassungsgerichts über das Zeugnisverweigerungsrecht und das Beschlagnahmeverbot Dunkhase S. 62 ff. und 115 ff.

211 Löffler/Achenbach § 23 z.B. Rdnrn. 41 und 68; Löffler/Ricker S. 169, 176; Dörr AfP 1995, 378 (381); Dunkhase S. 194; Eb. Kaiser NJW 1968, 1260; Pöppelmann AfP 1997, 485.

212 Löffler § 23 Rdnr. 36; ausführlich zu dieser Problematik S. 81 ff. dieser Arbeit.

213 V. Mangoldt/Klein/Starck Art. 5 Rdnr. 77 m.w.N.; ausführlich zu dieser Problematik S. 49 ff. dieser Arbeit.

214 Scheuner VVDStRL 22, 1 (73); Schnur VVDStRL 22, 101 (147 ff.).

tiven Rechtsschutzes verfassungswidrig.[215] Dem ist entgegenzuhalten, daß aus der objektiv-rechtlichen Seite der Presse- und Rundfunkfreiheit eine Schutzpflicht des Staates folgt,[216] deren Erfüllung nicht in seinem Belieben liegt. Lediglich die konkrete Ausgestaltung dieser Schutzpflicht ist dem Ermessen des Gesetzgebers unterstellt.[217] So wären auch andere Regelungen zum Schutz des Redaktionsgeheimnisses denkbar gewesen, beispielsweise hätte der Medienschutz bei bestimmten schweren Delikten entfallen können.[218] Auch eine solche Lösung hätte den Interessen der Presse- und Rundfunkfreiheit in ausreichendem Maße Rechnung getragen, ohne dabei andere wichtige Gemeinschaftsgüter zu vernachlässigen. Der Gesetzgeber war nur dazu verpflichtet, einen „Minimalschutz" des Redaktionsgeheimnisses zu sichern.[219]

2. *Die Wechselwirkungslehre*

Die Beschränkung der Presse- und die Rundfunkfreiheit durch die allgemeinen Gesetze der Strafprozeßordnung und des § 12 FAG, die ihrerseits teilweise durch mediale Schutznormen begrenzt sind, kann im Einzelfall unverhältnismäßig sein. So würde die Überwachung des Telefons einer Redaktion oder die Beschlagnahme selbstrecherchierten Materials zu Beweiszwecken in einem Verfahren wegen leichter Delikte das Interesse am Schutz des Redaktionsgeheimnisses unangemessen beeinträchtigen.[220] Zur Lösung derartiger Fälle hat das Bundesverfassungsgericht als spezielle Ausbildung des Verhältnismäßigkeitsgrundsatzes die Wechselwirkungslehre entwickelt,[221] nach der die sich aus den allgemeinen Gesetzen ergebenden Grenzen der Grundrechte ihrerseits wiederum in Lichte des Art. 5 Abs. 1 S. 2 GG zu sehen und somit selbst wieder einzuschränken sind.[222]

Eine Abwägung der kollidierenden Interessen anhand der konkreten Umstände des Einzelfalles ist unverzichtbar.[223] Der mit Verfassungsrang ausgestattete[224] Grundsatz der Verhältnismäßigkeit von Mittel und Zweck ist somit bei Anordnung der strafprozessualen Zwangsmaßnahmen von vornherein zu beachten.[225] Das Bundesverfassungsgericht hat statuiert, daß bei der

---

215 Hennemann S. 123.

216 BVerfGE 80, 124 (133); Sachs/Bethge Art. 5 Rdnr. 73.

217 So das Bundesverfassungsgericht schon in seiner „SPIEGEL-Entscheidung" [BVerfGE 20, 162 (216)], in der es feststellte, daß es kein verfassungsrechtliches Gebot des Informantenschutzes mit festbestimmtem Inhalt gebe.

218 Vgl. den Gesetzentwurf der CDU/CSU-Fraktion für das Zeugnisverweigerungsrecht und das Beschlagnahmeverbot, BT-Drucksache 7/1681 S. 3.

219 BVerfGE 71, 206 (215 f.); v. Mangoldt/Klein/Starck Art. 5 Rdnr. 78.

220 Daß in Verfahren wegen geringer Vergehen insbesondere die Beschlagnahme selbstrecherchierten Materials als Mittel zur Beweisgewinnung eingesetzt wird, ist nicht nur ein hypothetisches Beispiel. Dies belegen die von Pöppelmann [AfP 1997, 485 (489)] und Wilde, Fälle aufgeführten Fälle.

221 BVerfGE 67, 157 (172); Sachs/Bethge Art. 5 Rdnr. 146 m.w.N.; Jarass/Pieroth Vorb. vor Art. 1 Rdnr. 36.

222 BVerfGE 50, 234 (241); v. Münch/Kunig/Wendt Art. 5 Rdnr. 75; Sachs/Bethge Art. 5 Rdnr. 145.

223 BK-Degenhart Art. 5 Rdnr. 173; Jarass/Pieroth Art. 5 Rdnr. 47 f. ; v. Münch/Kunig/Wendt Art. 5 Rdnr. 76.

224 BVerfGE 19, 342 (348); 34, 261 (267); 36, 258 (264); Kleinknecht/Meyer-Goßner Einl. Rdnr. 20; LR-Schäfer Kap. 6 Rdnr. 10; zur Herleitung Degener S. 46 m.w.N.

225 BVerfGE 20, 162 (186); 56, 247 (248); BVerfG NJW 1998, 2131; StV 1981, 16; Dieser Rechtsgrundsatz wird von der Rechtsprechung ebenso wie von der herrschenden Meinung in der Literatur anerkannt. Er leitet sich aus dem Wesen der Grundrechte, namentlich der Art. 1 und 2 GG in Verbindung mit der Unschuldsvermutung des Art. 6 Abs. 2 der Menschenrechtskonvention ab (BVerfGE 16, 194; 17, 108 (117); 20, 162 (187); LR-Schäfer Einl. Kap. 6 Rdnr. 10).
Allerdings gibt es bis heute gewichtige Stimmen, die einer Anwendung des Verhältnismäßigkeitsgrundsatzes im Strafrecht kritisch gegenüberstehen. Im Rahmen dieser Arbeit würde eine Darstellung dieses Streits zwangsläufig nur kurz ausfallen und könnte seiner Bedeutung nicht gerecht werden. Ein ausführli-

Abwägung neben der Schwere der Tat und der Stärke des bestehenden Tatverdachts „zusätzlich der mögliche und wahrscheinliche Eingriff in die Pressefreiheit“ [226] zu beachten ist. Es bedarf daher einer an Art. 5 Abs. 1 S. 2 GG orientierten verfassungskonformen Auslegung der §§ 70, 94 f., 99 f., 100 a f., 100 c ff. StPO und § 12 FAG.[227] Im Einzelfall kann sich somit ein Verbot der Maßnahme direkt aus Art. 5 Abs. 1 S. 2 GG ergeben.[228]

Die Abwägung im Einzelfall ist auch dann erforderlich, wenn die Zwangsmaßnahme grundsätzlich schon durch eine mediale Schutznorm begrenzt ist, diese im Einzelfall aber nicht greift. Das Bundesverfassungsgericht hat ausdrücklich darauf hingewiesen, daß die Schutzvorschriften nicht abschließend sind. Sie treffen lediglich eine generalisierende Bestimmung darüber, in welchen Fällen typischerweise dem Redaktionsgeheimnis der Vorrang gebührt.[229] Es besteht daher die Gefahr, daß der Zeugniszwang, die Beschlagnahme oder die akustische Überwachung unverhältnismäßig wären, obwohl die Schutznorm nicht eingreift. Eine Einzelfallabwägung ist daher auch hier unentbehrlich.

---

che Erörterung mit weiteren Nachweisen findet sich bei Degener „Grundsatz der Verhältnismäßigkeit und strafprozessuale Zwangsmaßnahmen“. Zur grundsätzlichen Kritik: Eb. Schmidt NJW 1969, 1137 (1141), der von der Gewaltherrschaft des Verhältnismäßigkeitsgrundsatzes spricht.

226 BVerfGE 20, 162 (187).

227 Dunkhase S. 143.

228 BVerfGE 36, 193 (211); 38, 103 (105); 64, 108 (116); 77, 65 (82); a.A. Fezer JZ 1983, 797; Gössel, Medienfreiheit S. 65 f.; ausführlich zu diesem Streit S. 104 ff. dieser Arbeit.

229 BVerfGE 20, 162 (189); 25, 296 (305); 36, 193 (211); 64, 108 (116); 77, 65 (81); a.A. KK-Senge § 53 Rdnr. 28.

Kapitel 2: Der Zeugniszwang

A. Die Regelung

I. Allgemeines

Der Zeugenbeweis ist neben dem Beweis durch Urkunden, durch Sachverständige und durch Augenscheinsnahme eines der vier Strengbeweismittel, die das Strafverfahren kennt.

Zeuge im Sinne der §§ 48 ff. StPO ist, wer in einer nicht gegen ihn selbst gerichteten Strafsache seine Wahrnehmungen über Tatsachen durch eine Aussage kundgeben soll.[230] Seine primären Pflichten bestehen darin, zur Vernehmung zu erscheinen, auszusagen und die Aussage gegebenenfalls zu beeiden.[231] Diese Pflichten sind staatsbürgerliche Pflichten, die von der Strafprozeßordnung nicht ausdrücklich geregelt, sondern vorausgesetzt werden.[232]

II. Die Aussagepflicht

Die Pflicht, Zeugnis abzulegen, ist die Hauptpflicht des Zeugen. Sie reicht nicht weiter als das Beweisthema, zu dem der Zeuge Auskunft geben soll.[233] Der Inhalt der Aussagepflicht besteht in erster Linie darin, die Kenntnis vom Gegenstand der Vernehmung im Zusammenhang zu vermitteln (§ 69 Abs. 1 S. 1 StPO), also zur Sache auszusagen. Nur insoweit legitimiert der Wahrheitserforschungszweck den Zeugniszwang.[234] Darüber hinaus ist der Zeuge grundsätzlich verpflichtet, sich zu seiner Person zu erklären (§ 68 StPO) und erforderlichenfalls weitere Fragen zu beantworten (§§ 68 Abs. 4, 69 Abs. 2 StPO).[235]

Kommt er der Aussagepflicht nicht nach, können die in § 70 StPO erwähnten Maßnahmen gegen ihn angewendet werden. So kann zum Beispiel ein Ordnungsgeld von bis zu 1.000 DM (Art. 6 Abs. 1 EGStGB) verhängt werden (§ 70 Abs. 1 S. 2 StPO). Diese Maßnahme steht im Gegensatz zur Erzwingungshaft auch der Staatsanwaltschaft zur Verfügung (§ 161 a Abs. 2 S. 1, 2 StPO).

Die Aussagepflicht besteht nicht, wenn der Zeuge einen „gesetzlichen Grund" (§ 70 Abs. 1 StPO) zur Verweigerung des Zeugnisses hat.[236] Dieser gesetzliche Grund sind Zeugnisverwei-

230 RGSt 52, 289; KMR-Paulus Vor § 48 Rdnr. 14 ff.; LR-Dahs Vor § 48 Rdnr. 1; Alsberg/Nüse/Meyer S. 171 ff.

231 AK-Kühne Vor § 48 Rdnr. 19; Kleinknecht/Meyer-Goßner Vor § 48 Rdnr. 5; LR-Dahs Vor § 48 Rdnr. 6; Beulke Rdnr. 187 ff.; J. Meyer ZStW 1995, 834; Peters § 42 III S. 346; Roxin § 26 B Rdnr. 11 ff. S. 177 ff.

232 BVerfGE 49, 280 (284); 76, 363 (383); RGSt 18, 350 (351); KMR-Paulus Vor § 48 Rdnr. 26; SK- Rogall Vor § 48 Rdnr. 125; Eisenberg Rdnr. 555; Geppert Jura 1991, 132; Günter JA 1979, 427; Eb. Schmidt I Rdnr. 64 und II Vorbem. zum 6. Abschnitt Rdnr. 16 a; a.A. Henkel S. 201 Fn. 3.

233 SK-Rogall Vor § 48 Rdnr. 127; Henkel S. 202.

234 KMR-Paulus Vor § 48 Rdnr. 26.

235 SK-Rogall Vor § 48 Rdnr. 127.

236 LR-Dahs Vor § 48 Rdnr. 8; SK-Rogall Vor § 48 Rdnr. 127; Durch ein Zeugnisverweigerungsrecht entfällt allerdings nicht die Pflicht, zur Vernehmung zu erscheinen (SK-Rogall Vor § 48 Rdnr. 126; Geppert Jura 1991, 132 f.; Günter JA 1979, 427 (429 f.); Ranft Rdnr. 459; Roxin § 26 B I Rdnr. 11 S. 177; Schlüchter Rdnr. 482). Außerdem läßt ein Zeugnisverweigerungsrecht die Pflicht zur Anzeige geplanter Verbrechen (§ 138 StGB) unberührt.

gerungsrechte, die klassischen Beweiserhebungsverbote.[237] Sie können sich nicht nur aus der Strafprozeßordnung, sondern auch aus dem Grundgesetz ergeben.[238]

Für Medienmitarbeiter folgt ein Zeugnisverweigerungsrecht in erster Linie aus § 53 Abs. 1 Nr. 5 StPO. Dieses wurde eingefügt, da das Redaktionsgeheimnis eines gewissen Schutzes bedarf. Andernfalls sinkt das Vertrauen in die Medien mit der Folge, daß diese nicht mehr die zur Erfüllung ihrer Informations- und Kontrollfunktion notwendigen Mitteilungen erhalten.[239]

Ein Zeugnisverweigerungsrecht kann sich für Medienmitarbeiter auch ohne ausdrückliche Regelung bei konkreter, einzelfallbezogener Abwägung unmittelbar aus dem rechtsstaatlichen Übermaßverbot ergeben.[240] Keine Aussagepflicht besteht daher, wenn angesichts der Art oder Intensität des Eingriffs das Mittel des Zeugniszwanges außer Verhältnis zum Wahrheitserforschungszweck steht.[241]

B. Das Zeugnisverweigerungsrecht nach § 53 Abs. 1 Nr. 5 StPO

Um das Zeugnisverweigerungsrecht der Medienmitarbeiter gibt es seit seiner Entstehung immer wieder heftige Debatten. Es wird sowohl darum gestritten, wer zur Zeugnisverweigerung berechtigt ist oder vielmehr berechtigt sein sollte, als auch darum, wie weit dieses Recht reicht.

I. Der berechtigte Personenkreis

1. Allgemeines

Die Strafprozeßordnung führt - anders als in früheren Fassungen - die zur Zeugnisverweigerung berechtigten Personen nicht mehr einzeln auf, sondern enthält eine generalisierende Umschreibung des erfaßten Personenkreises. Zur Zeugnisverweigerung sind nach der seit 1975 gültigen Fassung alle Personen berechtigt, „die bei der Vorbereitung, Herstellung oder Verbreitung von periodischen Druckwerken oder Rundfunksendungen berufsmäßig mitwirken oder mitgewirkt haben".

Zu beachten ist, daß das Zeugnisverweigerungsrecht nur für diejenigen besteht, die im konkreten Verfahren überhaupt Zeuge sind. Wird gegen den Medienmitarbeiter selbst ermittelt, so ist er nicht Zeuge und der Schutz steht ihm nicht zu.[242] Er hat dann aber die sogar weitergehenden Beschuldigtenrechte.

2. Das Erfordernis der berufsmäßigen Mitwirkung

a. Mitwirkende

§ 53 Abs. 1 Nr. 5 StPO setzt die Mitwirkung bei der Herstellung oder Verbreitung des Druckwerkes oder der Sendung voraus. Der bewußt weit gefaßte Wortlaut schließt somit nicht nur Journalisten im eigentlichen Sinne, Intendanten, Sendeleiter und Archivare ein, sondern

---

237 KMR-Paulus Vor § 48 Rdnr. 78.
238 BVerfGE 77, 65 (82).
239 BVerfGE 20, 162 (176).
240 Siehe S. 42 ff. dieser Arbeit.
241 BVerfG NJW 1972, 2214 f.; 1977, 1489 m. Anm. Knapp S. 2119; 1981, 1431 (1433); BayObLG NJW 1979, 2624; LG Hamburg NStZ 1983, 182 m. Anm. Dahs; KMR-Paulus Vor § 48 Rdnr. 80 m.w.N.
242 BVerfGE 20, 162 (216).

auch alle Angehörigen des redaktionellen, kaufmännischen und technischen Personals sowie Hilfspersonen, zum Beispiel Stenotypisten, Setzergehilfen und Volontäre. Zeugnisverweigerungsberechtigt sind daher alle, die aufgrund ihrer beruflichen oder dienstlichen Stellung von der Person des Verfassers, Einsenders, Gewährsmannes oder von dem Inhalt der Mitteilung Kenntnis erlangen können.[243] Würden nur die Journalisten im eigentlichen Sinn die Aussage verweigern dürfen, könnten die Strafverfolgungsbehörden das Zeugnisverweigerungsrecht umgehen, indem sie die bei der Veröffentlichung tätigen Hilfspersonen vernehmen. Für die Berufung auf das Schutzrecht ist es deshalb auch nicht Voraussetzung, daß der Presse- oder Rundfunkmitarbeiter an der konkret in Frage stehenden Veröffentlichung mitgewirkt hat.[244]

Um eine Umgehung zu verhindern, ist es ferner gleichgültig, ob der Medienmitarbeiter die Kenntnis vor oder nach der Veröffentlichung oder Verbreitung des Druckwerks oder der Sendung erlangt. Ebenso kommt es nicht darauf an, ob er noch Presse- oder Rundfunkmitarbeiter ist.[245] Dies bringt das Gesetz durch die Formulierung „mitwirken oder mitgewirkt haben“ zum Ausdruck.

b. Die Berufsmäßigkeit der Mitwirkung

aa. Begriffsbestimmung

Berufsmäßig vollzieht sich eine haupt- oder nebenberufliche Tätigkeit dann, wenn sie in der Absicht geschieht, daraus durch wiederholte Ausübung eine dauernde oder doch wiederkehrende Beschäftigung zu machen.[246] Somit gilt das Zeugnisverweigerungsrecht auch bei freiberuflich schaffenden Journalisten,[247] wobei es nicht auf die Absicht der Gewinnerzielung ankommt.[248] Die Mitwirkung in einem Einzelfall kann ausreichen, wenn eine weitere Tätigkeit ins Auge gefaßt wurde.[249]

bb. Problemstellung

(a) Die Kritik

Weil die Mitarbeit zumindest in der Absicht der wiederholten Ausübung erfolgen muß, hat, wer nur gelegentlich Beiträge einsendet, kein Zeugnisverweigerungsrecht.[250] Die Konsequenzen dieser Rechtslage zeigt *Löffler* an einem einfachen Beispiel auf: Ein früherer Minister kann sich bezüglich seiner Veröffentlichung nicht auf § 53 Abs. 1 Nr. 5 StPO berufen, während dies jedem Redaktionsvolontär möglich ist.[251] Dieses Ergebnis betrachtet *Löffler* als zu weitgehende Einschränkung, da das im öffentlichen Interesse bestehende Zeugnisverweigerungsrecht

---

243 Kleinknecht/Meyer-Goßner § 53 Rdnr. 31; Dallinger JZ 1953, 432 (436); Im folgenden werden die Medienmitarbeiter (dogmatisch nicht ganz präzise) auch als „Journalisten“ bezeichnet. Um der Lesefreundlichkeit willen wird bei den Berufsbezeichnungen außerdem ausschließlich die männliche Form verwandt. Journalistinnen, Ermittlerinnen etc. sind dabei selbstverständlich ebenso gemeint wie ihre Kollegen.

244 Schiwy/Schütz/Krone S. 522.

245 Löffler/Achenbach § 23 Rdnr. 28 f.; Kohlhaas Löffler-FS S. 147.

246 BT-Drucksache 7/2539 S. 10.

247 Kunert MDR 1975, 885 (886).

248 Vgl. Kohlhaas NJW 1958, 41.

249 BGHSt 7, 129; KMR-Paulus § 53 Rdnr. 29.

250 Kunert MDR 1975, 885 (886).

251 Löffler 3. Aufl. § 23 Rdnr. 47.

nicht nur ein Berufsstandsprivileg etablierter Presse- und Rundfunkmitarbeiter sein dürfe.[252] Es müsse - wie nach den Fassungen vor 1975 - jedem gewährt werden, der in der Presse oder im Rundfunk öffentlich Stellung beziehe. Das allein entspreche dem Sinn und Zweck des die Privilegierung rechtfertigenden Grundrechts auf Informationsfreiheit.[253]

Im Gegensatz zum Bundesrat[254] hält auch die Fraktion Bündnis 90/Die Grünen das Erfordernis der berufsmäßigen Mitwirkung nicht für sachgerecht. In der Begründung zu dem von ihr vorgelegten Gesetzentwurf wird angeführt, für den Schutz aus Art. 5 Abs. 1 S. 2 GG sei die Mitwirkung an der Herstellung von Medienprodukten, nicht aber der regelmäßig ausgeübte Beruf der Person entscheidend.[255]

(b) Rechtfertigung der Regelung

Dem muß jedoch entgegengehalten werden, daß aus der Presse- und Rundfunkfreiheit als institutioneller Garantie eben gerade nicht jedermann ein Zeugnisverweigerungsrecht ableiten kann. Vielmehr muß dieses Recht den in den organisatorischen Zusammenhang der Medien eingebundenen Mitarbeitern vorbehalten bleiben.[256]

Die medialen Schutznormen und somit auch das Zeugnisverweigerungsrecht bezwecken die Aufrechterhaltung des Informationsflusses zu den Medien. Deshalb wird das Vertrauensverhältnis zwischen dem Journalisten und seinem Informanten geschützt.[257] Dies ist aber bei einer nur gelegentlich veröffentlichenden Person nicht nötig. Diese Personen sind nicht wie die ständigen Mitarbeiter der Medien für die Ausübung ihres Berufes und für ihre künftige Arbeit auf das Vertrauen der Informanten angewiesen. Werden sie dem Aussagezwang unterworfen, so wird dadurch nicht das Ansehen der Medien geschädigt. Um bei dem von *Löffler* angeführten Beispiel zu bleiben: Der ehemalige Minister wird von der Öffentlichkeit als ehemaliger Minister, nicht als Journalist wahrgenommen.

Zwar trifft es zu, daß die Presse- und Rundfunkfreiheit ein Jedermannsrecht ist,[258] und von ihm auch nicht berufsmäßig Mitwirkende erfaßt werden,[259] das heißt aber nicht, daß es auch unbegrenzt jedem zur Verfügung steht. Dieses Jedermannsrecht wird durch die für alle geltenden Gesetze im Sinne des Art. 5 Abs. 2 GG beschränkt. § 70 StPO mit seiner implizit verankerten Zeugnispflicht ist ein solches allgemeines Gesetz. Eine Ausnahme davon ist hier nur zulässig, soweit dies zum Schutz der Informations- und Kontrollfunktion der Medien nötig ist,[260] was wie aufgezeigt, bei nur gelegentlich veröffentlichenden Personen nicht der Fall ist.

Löffler hat auch Unrecht, wenn er behauptet, die ältere Regelung des Zeugnisverweigerungsrechts sei weitergehend gewesen.[261] Diese nannte konkret die Personengruppen, denen ein solches Recht zustand.[262] Von dieser enumerativen Aufzählung, die im wesentlichen redaktionelle Mitarbeiter erfaßte, waren Personen, die den Medien nicht angehörten, erst recht ausgenommen.

---

252 Löffler 3. Aufl. Rdnr. 33a; 46 f. und NJW 1978, 913 (914).
253 Löffler NJW 1978, 913 (914).
254 BT-Drucksache 13/195 S. 4.
255 BT-Drucksache 13/5285 S. 5.
256 Löffler/Achenbach § 23 Rdnr. 39; Rehbinder FS-Oehler S. 411 (413); Gössel, Medienfreiheit S. 49 (57).
257 BVerfGE 20,162 (187); siehe auch S. 35 f. dieser Arbeit.
258 Löffler 3. Aufl. §23 Rdnr. 47.
259 AK-GG/Hoffmann-Riem Art. 5 Rdnr. 132.
260 Rehbinder FS-Oehler S. 411 (413).
261 Löffler NJW 1978, 913 (914).
262 BT-Drucksache 1/3713.

Schließlich würde ein solch weitgefaßtes Zeugnisverweigerungsrecht zum Mißbrauch verleiten. Jeder könnte sich der Zeugnispflicht entziehen, indem er behauptet, er habe die Information zur Vorbereitung eines Beitrags erlangt[263] oder indem er gar Beiträge über begangene Straftaten veröffentlicht. Dies kann nicht Sinn und Zweck des Zeugnisverweigerungsrechtes sein und hat mit dem Schutz des Informanten und der Vertrauenswürdigkeit der Medien nichts mehr zu tun. An dem Merkmal der berufsmäßigen Mitwirkung muß somit festgehalten werden.

3. Der Ausschluß der Buchpresse und der Filmberichterstattung

Seinem Wortlaut nach schützt § 53 Abs. 1 Nr. 5 StPO nur die periodisch erscheinende Presse und den Rundfunk. Damit besteht insbesondere für die Buchpresse und die Filmberichterstattung kein Zeugnisverweigerungsrecht.

a. Die periodische Presse

aa. Begriffsbestimmung und Problemdarstellung

Periodische Druckwerke sind nach der Legaldefinition der Landespressegesetze[264] Zeitungen, Zeitschriften und andere Druckwerke jeder Art, die in ständiger, wenn auch unregelmäßiger Folge und im Abstand von nicht mehr als sechs Monaten erscheinen. Da diese Definition auch für § 53 Abs. 1 Nr. 5 StPO als maßgeblich betrachtet wird,[265] sind also die gesamte Buchpresse, sowie Mitarbeiter bei der Produktion von Plakaten und Flugblättern vom Zeugnisverweigerungsrecht ausgeschlossen.[266]

bb. Die historischen Wurzeln der Unterscheidung

Daß nur die Mitarbeiter der periodischen Presse ein Zeugnisverweigerungsrecht genießen, ist auf einen Kompromiß zwischen Exekutive und Legislative zurückzuführen. Dieser mußte eingegangen werden, um wenigstens einem Teil der Medienmitarbeiter ein derartiges Recht zu sichern. Bereits 1862 beschloß das Preußische Abgeordnetenhaus eine Regelung des Zeugnisverweigerungsrechts, die auch nicht periodisch erscheinende Presseerzeugnisse umfaßte.[267] Diese scheiterte jedoch an der Ablehnung des Preußischen Herrenhauses und der Preußischen Regierung.[268] Um eine erneute Zurückweisung zu verhindern wurde bei den Beratungen zur Reichsstrafprozeßordnung von 1877 das Zeugnisverweigerungsrecht auf periodische Druckschriften beschränkt.[269] Damit ist der Ausschluß der nicht periodischen Presse direkt auf die restriktive bismarcksche Pressepolitik zurückzuführen und somit letztlich eine „Niederlage" der Legislative gegenüber der Exekutive.[270]

---

263 Weigend in Verhandlungen des 62. Deutschen Juristentages, C 1 (C 100).

264 § 4 Abs. 1 HessLPG; § 6 Abs. 1 LPG (Bayern, Berlin, Mecklenburg-Vorpommern, Sachsen, Sachsen-Anhalt, Thüringen); § 7 Abs. 4 LPG (Baden-Württemberg, Brandenburg, Bremen, Hamburg, Niedersachsen, Nordrhein-Westfalen, Rheinland-Pfalz, Saarland, Schleswig-Holstein).

265 KK-Nack § 53 Rdnr. 29; Kleinknecht/Meyer-Goßner § 53 Rdnr. 29; KMR-Paulus § 53 Rdnr. 27.

266 Soehring Kap. 8.10.

267 Der Entwurf lautete: „Drucker, Verleger, Kommissionsverleger und Redakteure dürfen nicht durch Zwangsmaßregeln angehalten werden, über die Verfasser oder Herausgeber von Druckschriften, Artikeln oder Inseraten oder über den Ursprung der in solchen enthaltenen Mitteilungen Zeugnis abzulegen."

268 BT-Drucksache. 7/2539 S. 7.

269 Hahn, Materialien 3,2 S. 1215, 1218.

270 Pauli S. 110.

Die Begründungen der folgenden Regelungen enthalten keinen Hinweis darauf, warum es bei dieser Einschränkung geblieben ist. Es wird angenommen, daß vom Gesetzgeber der bisherige Wortlaut übernommen worden ist, ohne noch einmal über die Zielsetzung der Regelung nachzudenken.[271]

cc. Pro und Kontra

(a) Sinn und Zweck der Unterscheidung

Vom Begriff der Presse nach Art. 5 Abs. 1 S. 2 GG sind alle zur Verbreitung geeigneten und bestimmten Druckerzeugnisse und Informationsträger umfaßt, die nicht unter den Film- und Rundfunkbegriff fallen, womit die Buchpresse[272] ebenso gemeint ist wie die periodische Presse.[273] Ihr Ausschluß aus dem Zeugnisverweigerungsrecht ließe sich nur begründen, wenn zwischen der periodischen und der Buchpresse Unterschiede bestünden, die trotz der Gleichstellung im Grundgesetz eine Differenzierung rechtfertigen.

In der Literatur wird versucht, den Ausschluß der nicht periodisch erscheinenden Veröffentlichungen damit zu begründen, daß ihnen nicht die gleiche Funktion zuerkannt werden könne wie den periodischen. Jene stünden nicht „generell im Dienste des der Demokratie immanenten unparteiisch-freiheitlichen Meinungsbildungsprozesses“ [274]. Diese Ansicht verkennt aber, daß Information und Kritik auch über die nicht periodisch erscheinende Presse erfolgen kann.[275] Für Flugblätter ist dies sogar geradezu typisch, während Bücher zu einem großen Teil lediglich der Unterhaltung dienen. Soweit sie jedoch über gesellschaftliche und politische Zusammenhänge unterrichten, trägt dies genauso zur Meinungsbildung bei wie ein entsprechender Beitrag in einer Tageszeitung. Die Funktion der Buchpresse unterscheidet sich insofern nicht von der der periodischen Presse, so daß der grundgesetzliche Schutzumfang der gleiche ist.

Möglicherweise läßt sich die Unterscheidung jedoch durch den Sinn der Regelung rechtfertigen. Die medialen Schutznormen dienen dem Informantenschutz und sollen die Vertrauenswürdigkeit der Medien erhalten.[276] Dadurch wird die Funktionsfähigkeit der Presse gewahrt. Buchautoren sind aber ebenso wie ihre Kollegen bei periodisch erscheinenden Druckwerken auf die Mitteilungen von Informanten angewiesen. Muß der Informant damit rechnen, daß der Buchautor einem Aussagezwang unterworfen wird, ist das Vertrauen zumindest erheblich gestört. Die Folge ist, daß der Autor möglicherweise nicht die Informationen erhält, auf die er für seine Arbeit dringend angewiesen ist. Damit wird die Wahrnehmung der Meinungsbildungs- und Kontrollfunktion durch die Buchpresse empfindlich getroffen.

Im Rahmen der Festlegung der Schranken der Pressefreiheit könnte eine Abwägung zwischen den Interessen der Strafverfolgung sowie des Beschuldigten und dem Interesse an der Wahrung des Redaktionsgeheimnisses jedoch ergeben, daß ersteren im Fall der nicht periodisch erscheinenden Presse der Vorrang einzuräumen ist. Dies könnte daraus abzuleiten sein, daß viele Bücher einen reinen Unterhaltungswert haben und so oft nicht der Information über Vor-

---

271 Pauli S. 112.

272 Da die Buchpresse der wichtigste Teil der nicht periodischen Presse ist, wird im folgenden häufig nur noch sie stellvertretend für die anderen Formen nicht periodisch erscheinenden Druckwerke genannt.

273 V. Münch/Kunig /Wendt Art. 5 Rdnr. 30 GG, vgl. S. 33 dieser Arbeit.

274 Gössel, Medienfreiheit S. 57; Weigend in Verhandlungen des 62. Deutschen Juristentages, C 1 (C 100).

275 Löffler/Achenbach § 23 Rdnr. 41.

276 BVerfGE 20, 162; amtliche Begründung des Gesetzes über das Zeugnisverweigerungsrecht der Mitarbeiter von Presse und Rundfunk (BT-Drucksache 7/2539); siehe auch S. 35 f. dieser Arbeit.

gänge in unserer Gesellschaft und politische oder kulturelle Hintergründe dienen. Dies trifft jedoch auf eine ganze Reihe der Produkte der periodischen Presse ebenfalls zu. Daß Zeitungen und Zeitschriften erheblich mehr zur Meinungsbildung beitragen als die nicht periodisch erscheinende Presse, läßt sich schon aufgrund der großen Anzahl politischer Sachbücher nicht feststellen. Auch zum Beispiel historische Romane oder Biographien sollten in ihrem Wert bei der Erklärung geschichtlicher Zusammenhänge nicht unterschätzt werden. Derartige Kenntnisse sind zur politischen Meinungsbildung notwendig. Ein Grund dafür, bei Abwägung der unterschiedlichen Interessen für die Buchpresse zu einem anderen Ergebnis zu kommen als für die periodisch erscheinende, ist daher nicht ersichtlich.

Anders als von *Rehbinder* befürchtet,[277] würde eine Einbeziehung der nicht periodischen Druckwerke auch nicht dazu führen, daß aus dem Zeugnisverweigerungsrecht ein Jedermannsrecht wird. Das Merkmal der berufsmäßigen Mitwirkung verhindert, daß sich jeder Flugblattproduzent auf § 53 Abs. 1 Nr. 5 StPO berufen kann.[278]

(b) Praktische Probleme

Wenn die Mitteilungen eines Informanten sowohl in einem Buch als auch in verschiedenen Veröffentlichungen einer Zeitung verarbeitet wurden, stellt sich die Frage, ob bezüglich dieses Informanten ein Zeugnisverweigerungsrecht besteht. Delitz schlägt vor, in derartigen Fällen darauf abzustellen, welches Medium der Informant hatte unterrichten wollen.[279] Diese Abgrenzung ist jedoch unpraktikabel. Kaum jemand wird sich, bevor er einen Autor informiert, Gedanken darüber machen, ob dieser die erhaltene Information für ein Buch oder eine Veröffentlichung in der periodischen Presse nutzt. In den meisten Fällen behält sich der Autor außerdem die Entscheidung vor, wofür er die erhaltenen Informationen verwendet.[280] Auch führt diese Auffassung dann zu einem seltsamen Ergebnis, wenn der Informant zwar an einen Mitarbeiter eines periodisch erscheinenden Druckwerks herangetreten ist, dieser die erhaltenen Mitteilungen aber für ein Buch verwendet hat. Würde man den Vorschlag von Delitz konsequent weiterdenken, müßte auch dann ein Zeugnisverweigerungsrecht gewährt werden. Dieses bestünde hingegen nicht, wenn sich der Informant an einen Buchautor wendet, der die Information für eine Veröffentlichung in einem periodischen Druckwerk verwendet, was zu einer völligen Negierung des Gesetzeswortlautes führen würde. Über die Absicht des Informanten, die Mitteilungen einem bestimmten Medium zu machen, kann eine Abgrenzung daher nicht erfolgen.

Ein weiteres Problem ist, daß insbesondere die Memoiren von Politikern und Journalisten oft (zumindest auszugsweise) zunächst in Zeitungen und Zeitschriften veröffentlicht werden, bevor sie in Buchform erscheinen. Es ist nicht einzusehen, daß die Veröffentlichungen in einem periodischen Druckwerk einen Schutz genießen, den sie verlieren, sobald sie in Buchform erscheinen.[281] Deshalb ist davon auszugehen, daß in den Fällen, in denen der Autor identisch ist, das Zeugnisverweigerungsrecht auch bezüglich des Buches besteht.[282] Doch selbst dann stehen die Ermittler vor einem schier unlösbaren praktischen Problem. Wenn zunächst nur ein Buch erscheint, müssen sich die Strafverfolgungsbehörden die Frage stellen, ob auch Zeitungsbeiträge geplant sind, da der Autor in diesem Fall ein Zeugnisverweigerungsrecht hätte. Wer

277 Rehbinder FS-Oehler S. 411 (414).
278 Löffler/Achenbach § 23 Rdnr. 41.
279 Delitz AfP 1976, 106.
280 Pauli S. 79.
281 Löffler NJW 1978, 913 (914).
282 Delitz AfP 1976, 106; Pauli S. 110.

dabei die Beweislast trägt, welche Kriterien bei der Entscheidungsfindung eine Rolle spielen und welche Anforderungen an eine derartige Veröffentlichungsabsicht zu stellen sind, ist völlig ungeklärt. Die Unterscheidung zwischen der periodischen Presse und der nicht periodischen bei der Gewährung des Zeugnisverweigerungsrechts ist daher weder sachlich begründet noch praktisch umsetzbar.

b. Der Ausschluß der Filmberichterstattung

aa. Problemdarstellung

§ 53 Abs. 1 Nr. 5 StPO sieht nur ein Zeugnisverweigerungsrecht für Presse- und Rundfunkmitarbeiter vor. Es gilt nicht für die Mitarbeiter der ebenfalls durch Art. 5 Abs. 1 S. 2 GG geschützten Filmberichterstattung.[283] Unter Filmberichterstattung versteht man die Projizierung belichteter Streifen aus Zelluloid oder ähnlichem Material in der Öffentlichkeit.[284] Wie auch schon beim Presse- und Rundfunkbegriff kommt es zur Eröffnung des Schutzbereichs beim Film allein auf die Herstellungs- und Verbreitungsmethode, nicht jedoch auf den Inhalt an.[285]

Filmberichterstatter sind nach der bestehenden Gesetzeslage nur dann zeugnisverweigerungsberechtigt, wenn die Aufnahmen in der Absicht gemacht werden, sie später im Fernsehen der Öffentlichkeit vorzuführen.[286] In dem Fall sind die Filme zum Rundfunk zu zählen.[287]

(a) Sinn und Zweck des Ausschlusses der Filmberichterstattung

Das Grundgesetz macht seinem Wortlaut nach keinen Unterschied zwischen dem Schutzumfang für die Presse, den Rundfunk und die Filmberichterstattung. Die Filmfreiheit ist ebenso wie die Presse- und Rundfunkfreiheit für die demokratische Gesellschaft „schlechthin konstituierend“ [288]. Die drei Medienfreiheiten werden durch § 70 StPO als allgemeines, nicht speziell in die Kommunikationsfreiheiten eingreifendes Gesetz im Sinne des Art. 5 Abs. 2 GG eingeschränkt. Da Presse und Rundfunk allerdings zur Erfüllung ihrer Meinungsbildungsfunktion auf das Vertrauen der Allgemeinheit in die Wahrung des Redaktionsgeheimnisses angewiesen sind, wird die Möglichkeit der Ausübung des Zeugniszwangs ihrerseits wieder durch § 53 Abs. 1 Nr. 5 StPO beschränkt.

Filme tragen nur in begrenztem Maße zur Information und Meinungsbildung bei. Ob ihnen eine Unterrichtungs- und Kontrollfunktion zuerkannt werden kann, ist deshalb zu bezweifeln.[289] In erster Linie dienen Filme der Unterhaltung. Diese tritt zum Beispiel bei den sogenannten Liebeskomödien oder den meisten Action-Streifen gänzlich in den Vordergrund. Daß derartige Filme oft mehr Menschen sehen als einen Fernsehbeitrag,[290] kann daran nichts ändern. Auch

---

283 KK-Senge § 53 Rdnr. 30; Löffler NJW 1978, 914; Auch wenn die Filmberichterstattung nicht unmittelbar zu dem zählt, was man im allgemeinen Sprachgebrauch als „Journalismus“ versteht, soll sie hier des Zusammenhangs mit der erörterten Thematik wegen ebenfalls erörtert werden.

284 V. Münch/Kunig/Wendt Art. 5 Rdnr. 61; Videofilme sind je nach ihrer Art und Verwendung geschützt. So unterfallen Massenvervielfältigungen und privat abgespielte Bänder der Pressefreiheit (siehe S.33 dieser Arbeit) bei der Fernsehübertragung genutzte Filme sind von der Rundfunkfreiheit umfaßt.

285 V. Mangold/Klein/Starck Art. 5 Rdnr. 153; a.A. Reupert NVwZ 1994, 1155, die nur berichtende Filme als geschützt ansieht.

286 Löffler/Achenbach § 23 Rdnr. 42.

287 V. Münch/Kunig/Wendt Art. 5 Rdnr. 61; v. Mangold/Klein/Starck Art. 5 Rdnr. 153.

288 Bär, Peter S.5; Neupert S. 48.

289 Sachs/Bethge Art. 5 Rdnr. 121; a.A. Reupert NVwZ 1994, 1155.

290 Pauli S. 111.

wenn ein Film Millionen von Zuschauern hat, fördert er dadurch regelmäßig nicht den „der Demokratie immanenten unparteiisch-freiheitlichen Meinungsbildungsprozeß“ [291].

Anders als Bücher sind Filme, bei denen der Schwerpunkt auf der Information der Zuschauer liegt, eine Seltenheit. Dort gibt es nicht die Vielfalt, die Büchern zu eigen ist. So dient zum Beispiel die große Anzahl der Sachbücher, die von Politikern, Wissenschaftlern oder Journalisten verfaßt werden, nahezu ausschließlich der Darstellung gesellschaftlicher Verhältnisse und der Aufklärung über deren Entstehung. Auch wenn Filme auf Büchern basieren, sind dies Romane, die zumeist primär zur Unterhaltung, nicht zur Meinungsbildung beitragen.

Außerdem darf nicht verkannt werden, daß die Filmfreiheit fast ausschließlich Vorführungen in Kinos erfaßt. Beiträge jeder Art, die im Fernsehen gezeigt werden, unterfallen der Rundfunkfreiheit. Dort aber ist die Unterrichtungs- und Meinungsbildungsfunktion stärker ausgeprägt als im Kino, bei dem sie spätestens seit dem Ende der Wochenschauen hinter der Unterhaltungsfunktion gänzlich zurückgetreten ist. So gehören Dokumentarfilme und Reportagen beim Fernsehen zum Standardrepertoire, während sie im Kinoprogramm nur ganz vereinzelt zu finden sind. Die übrigen Kinofilme aber sollen nicht informieren, sondern vor allem zerstreuen.

Auch bedarf es, um das Drehbuch für Kinofilme zu schreiben, normalerweise vor allem einer ausgeprägten Phantasie und nur selten der Information Außenstehender. Durch das Zeugnisverweigerungsrecht soll aber gerade die Informationsbeschaffung abgesichert werden, damit die Medien ihrer Unterrichtungs- und Kontrollfunktion gerecht werden können. Da die Filmberichterstattung diese Funktion jedoch nur in zu vernachlässigendem Maße hat, besteht grundsätzlich kein Anlaß, das Vertrauen in die Filmbranche zu schützen. Um ihre Unterhaltungsfunktion erfüllen zu können, bedarf sie dieses Vertrauens nicht.

Wegen der stark verminderten Meinungsbildungsfunktion von Filmen muß bei der Abwägung der kollidierenden Interessen der Strafverfolgung und den Rechten des Beschuldigten der Vorrang vor der Filmfreiheit eingeräumt werden. Eine Begrenzung dieser wichtigen Gemeinschaftsgüter ließe sich nicht rechtfertigen. Eine Aufnahme der Filmberichterstattung in § 53 Abs. 1 Nr. 5 StPO wäre wegen der Gefährdung der verfassungsrechtlich abgesicherten Wahrheitserforschung bedenklich.

(b) Die Ausnahme

Der Kritik am Ausschluß der Filmberichterstattung vom Zeugnisverweigerungsrecht[292] ist zuzugeben, daß es vereinzelt Filme gibt, durch die Mißstände aufgedeckt und Meinungen beeinflußt werden. Diese erfüllen ebenso wie die Presse und der Rundfunk die Funktion, den Meinungsbildungsprozeß zu fördern, insbesondere, wenn reale Geschehnisse verarbeitet werden. Gerade dann sind die Filmberichterstatter auf die Hilfe von Informanten angewiesen, mit deren Mitarbeit sie aber nur rechnen können, wenn sich der Informant darauf verlassen kann, daß seine Anonymität gewahrt bleibt. Daher hat diese Art der Filmberichterstattung ein vitales Interesse an der Wahrung ihrer Vertraulichkeitssphäre, das im Einzelfall die Interessen der Strafverfolgung und des Beschuldigten überwiegen kann.

---

291 Gössel, Medienfreiheit S. 57.

292 Gesetzentwurf des Bundesrates BT-Drucksache 13/195; Gesetzentwurf der Fraktion Bündnis 90/Die Grünen BT-Drucksache 13/5285; Gesetzentwurf der Medienverbände (siehe Anhang 1 S. 215 ff. dieser Arbeit); Gössel, Medienfreiheit S. 57; Pauli S. 111.

bb. Die Lösung

§ 53 Abs. 1 Nr. 5 StPO ist nur eine generalisierende Regelung darüber, in welchen Fällen das Interesse an der Wahrung des Mediengeheimnisses typischerweise das Strafverfolgungsinteresse und die Interessen des Beschuldigten überwiegt.[293] In bestimmten Situationen kann sich daher im Rahmen der Verhältnismäßigkeitsprüfung ein Zeugnisverweigerungsrecht direkt aus Art. 5 Abs. 1 S. 2 GG ergeben.[294] Zeigt sich bei der Einzelfallabwägung, daß das Interesse an der Geheimhaltung des Informanten sowie der von diesem gemachten Mitteilungen stärker ist als andere Interessen und der Zeugniszwang daher ein unangemessenes Mittel zur Wahrheitserforschung wäre, muß den Mitarbeitern an dem Film ein Zeugnisverweigerungsrecht eingeräumt werden. Dieses ist neben § 53 Abs. 1 Nr. 5 StPO ein „gesetzlicher Grund" im Sinne des § 70 Abs. 1 StPO, der den Zeugniszwang entfallen läßt.[295]

Die Interessen der Filmfreiheit überwiegen die der Strafrechtspflege, wenn ein Film einen hohen Informationswert hat bzw. einen entscheidenden Beitrag zur Meinungsbildung des Publikums liefert, die Strafverfolger aber wegen einer daran gemessen relativ geringfügigen Straftat ermitteln. So muß bei Privatklagedelikten besonderes Augenmerk auf die Prüfung der Verhältnismäßigkeit gerichtet werden. Auch wenn der Verdacht gegen den Beschuldigten nur leicht oder die Wahrscheinlichkeit dafür, daß überhaupt eine Straftat vorliegt, vergleichsweise niedrig ist, kann die Ausübung von Zeugniszwang im Einzelfall unangemessen sein.

cc. Fazit

Der Ausschluß der Filmberichterstattung von dem gesetzlich verankerten Zeugnisverweigerungsrecht nach § 53 Abs. 1 Nr. 5 StPO ist nicht zu beanstanden. Trägt ein Film jedoch zur politischen Meinungsbildung bei und überwiegen deshalb die Interessen der Filmberichterstattung gegenüber denen der Strafrechtspflege, ergibt sich ein Zeugnisverweigerungsrecht direkt aus dem Grundgesetz. Durch die Einzelfallabwägung kann den unterschiedlichen Belangen am besten Rechnung getragen werden. Darüber hinaus ist ein Schutz der Filmfreiheit nicht geboten, weshalb zur Zeugnisverweigerung grundsätzlich nur die Mitarbeiter von Presse und Rundfunk berechtigt sind.

II. Der Umfang des Zeugnisverweigerungsrechts

Die zur Zeugnisverweigerung Berechtigten dürfen nach § 53 Abs. 1 Nr. 5 StPO „über die Person des Verfassers, Einsenders oder Gewährsmannes von Beiträgen und Unterlagen sowie über die ihnen im Hinblick auf ihre Tätigkeit gemachten Mitteilungen[296] schweigen. Die Vorschrift enthält somit genaugenommen zwei Zeugnisverweigerungsrechte: Der Medienmitarbeiter muß über die Identität des Verfassers, Einsenders oder Gewährsmannes, zusammenfassend als Informant bezeichnet, keine Angaben machen. Außerdem hat er ein Recht, das Zeugnis im Hinblick auf die ihm gemachten Mitteilungen zu verweigern. Er muß also auch die von einer der genannten Personen erhaltenen Informationen nicht preisgeben.

293 BVerfGE 20, 162 (189); 25, 296 (305); 36, 193 (211).
294 BVerfGE 36, 193 (211); 38, 103 (105); 64, 108 (116); 77, 65 (82).
295 Vgl. auch S. 104 ff. dieser Arbeit.
296 Wortlaut § 53 Abs. 1 Nr. 5 StPO.

1. Das Zeugnisverweigerungsrecht über die Person des Informanten

Da die Medienmitarbeiter die Person des Informanten verschweigen dürfen, müssen sie Fragen nach dem Namen des Informanten oder sonstigen Tatsachen, die der Aufdeckung der Identität dienen, nicht beantworten.[297] Auch Angaben, die nur mittelbar dazu führen können, zum Beispiel Angaben über das äußere Erscheinungsbild des Informanten, seine Stimme und einen eventuellen Dialekt oder Akzent, müssen nicht gemacht werden.[298] Eine Unterscheidung zwischen den Mitteilungen, die der Informant selbst über seine Person macht und den Tatsachen, die der Journalist zur Person des Informanten feststellt, findet nicht statt. Insoweit ist daher auch das von den Medienmitarbeitern selbstrecherchierte Material vom Zeugnisverweigerungsrecht umfaßt.[299]

a. Der Informant

Unter den allgemein gebräuchlichen Begriff „Informant" [300] fallen die in § 53 Abs. 1 Nr. 5 StPO aufgezählten Personengruppen, nämlich der Verfasser, der Einsender und der Gewährsmann.

Der Verfasser ist der geistige Urheber eines Beitrags. Dabei ist unerheblich, ob er ihn selbst schriftlich abgefaßt oder nur diktiert hat. Ebenso kommt es nicht darauf an, ob der Beitrag unverändert oder redigiert in die Druckschrift oder Sendung aufgenommen worden ist.[301] Mehrere Urheber sind Mitverfasser.[302] Da auch ein Redakteur oder ein anderer Medienmitarbeiter Verfasser oder Mitverfasser sein kann, unterliegt auch seine Person dem Zeugnisverweigerungsrecht.[303]

Einsender ist, wer Informationen oder Beiträge, die von anderen Personen verfaßt sind, oder Briefe, Aufzeichnungen, Äußerungen oder Stellungnahmen anderer Art einem Presseunternehmen oder Rundfunksender schickt oder übergibt. Dies gilt auch, wenn die Übergabe nur für Archivzwecke erfolgt.[304]

Gewährsmann ist, wer sonst als Informant die Anregung für einen Pressebericht oder eine Rundfunksendung gibt. Dazu zählen auch Leute, die das Material, wie Schriftstücke, Abbildungen oder Tonträger, dazu ganz oder auch nur teilweise zur Verfügung stellen.[305]

b. Der Journalist als Informant

Das Zeugnisverweigerungsrecht bezieht sich auch dann auf die Person des Verfassers, Einsenders oder Gewährsmannes, wenn er selbst bei einem Presseorgan oder Sender tätig ist.[306] Der Wortlaut des § 53 Abs. 1 Nr. 5 StPO trifft insoweit keine Unterscheidung zwischen dem Journalisten und Außenstehenden. Der Journalist ist daher nicht verpflichtet, Auskunft darüber zu geben, ob er selbst der Verfasser des Beitrages ist.[307] Dies gilt auch bei Ton- und Filmaufnah-

---

297 LR-Dahs § 53 Rdnr. 47; Kohlhaas NJW 1958, 41.
298 Kleinknecht/Meyer-Goßner § 53 Rdnr. 34; LR-Dahs § 53 Rdnr. 47.
299 BGHSt 36, 298 = NJW 1990, 525; Löffler/Achenbach § 23 Rdnr. 45.
300 Vgl. AK-Kühne § 53 Rdnr. 26 ff.; HK-Lemke § 53 Rdnr. 30; KK-Senge § 53 Rdnr. 34 ff.
301 LR-Dahs § 53 Rdnr. 49.
302 LG Hamburg AfP 1984, 172.
303 LG Hamburg AfP 1984, 172; LG Heilbronn AfP 1984, 119.
304 Kleinknecht/Meyer-Goßner §53 Rdnr. 36.
305 LR-Dahs § 53 Rdnr. 51.
306 Kleinknecht/Meyer-Goßner §53 Rdnr. 33.
307 LG Heilbronn AfP 1984, 119.

men sowie Fotos. Folglich besteht ein Zeugnisverweigerungsrecht immer dann, wenn sich aus dem Beitrag oder der Aufnahme Rückschlüsse darauf ziehen lassen, von wem sie angefertigt wurden.[308] Relevant wird dies in den Fällen in denen der Journalist zu selbstrecherchiertem Material befragt werden soll. Durch das Schweigerecht über die Person des Medienmitarbeiters werden die Möglichkeiten der Ermittler, Zeugniszwang auszuüben, erheblich eingeschränkt.[309]

Nur vereinzelt wird die Meinung vertreten, lediglich der von außen kommende Informant solle geschützt werden;[310] in den anderen Fällen bestehe keine schutzwürdige Vertrauensbeziehung. Diese Unterscheidung zwischen Medienmitarbeitern und Außenstehenden widerspricht dem eindeutigen Gesetzeswortlaut, der nicht zwischen den beiden Gruppen differenziert. Auf die Unterscheidung zwischen Journalisten und Dritten kommt es nur für das Zeugnisverweigerungsrecht über den Inhalt von Mitteilungen an, da lediglich die von außen an die Redaktion herangetragenen Informationen geschützt sind.[311] Somit können auch Medienmitarbeiter selbst Verfasser, Gewährsleute oder Einsender sein.

c. Ausnahmen vom Zeugnisverweigerungsrecht

Das Zeugnisverweigerungsrecht soll nach Auffassung der Rechtsprechung und einer weitverbreiteten Meinung in der Literatur entfallen, wenn der Medienmitarbeiter die Identität des Informanten oder Informationsinhalte selbst aufgedeckt hat.[312] Es „verbraucht“ sich in diesen Fällen sozusagen.

aa. Das Aufdecken der Identität des Informanten

Die Rechtsprechung und die juristische Literatur vertreten überwiegend die Ansicht, daß kein Zeugnisverweigerungsrecht über die Umstände, die der Auffindung des Informanten dienen, bestehe, wenn die Medien die Identität des Informanten selbst preisgegeben haben.[313] Dies gelte gerade auch, wenn dadurch erst die Ermittlung des Aufenthaltsortes des Informanten ermöglicht wird. Der Mitarbeiter sei dann verpflichtet, Angaben zu seinem Aufenthaltsort, Aussehen etc. zu machen.[314] Dabei wird der Begriff „Identität“ ausnahmslos als Namensidentität verstanden.[315] Nicht dazu gerechnet werden die anderen Bestandteile wie Äußeres oder Gesundheitszustand eines Menschen, die ebenso die Identität ausmachen.

Konkret wurde dieser Fall 1978, nachdem das Nachrichtenmagazin „DER SPIEGEL“ Beiträge über den (ehemaligen) Terroristen Hans-Joachim Klein veröffentlicht hatte. Der namentlich genannte Klein forderte seine früheren Mitstreiter zum Ausstieg aus der Terrorszene auf und zeigte an seinem Beispiel, daß dies möglich sei. Der daraufhin von der Staatsanwaltschaft vernommene Redakteur berief sich auf sein Zeugnisverweigerungsrecht aus § 53 Abs. 1 Nr. 5 StPO. Der Bundesgerichtshof lehnte in seiner Entscheidung eine Aussagepflicht des Journalisten ab. Er machte jedoch ausdrücklich klar, daß die Preisgabe der Identität das Zeugnisver-

---

308 Ollendorff S. 43; Krüger AfP 1981, 331 (335).
309 Mehr dazu siehe S. 84 f. und 87 dieser Arbeit.
310 Rebmann AfP 1982, 189 (190 f.).
311 LG Hamburg AfP 1984, 172; siehe S. 81 ff. dieser Arbeit.
312 BVerfG AfP 1982, 100 = NStZ 1982, 253; BGHSt 28, 240 (246); KG Berlin NJW 1984, 1133; Kleinknecht/Meyer-Goßner § 53 Rdnr. 34; LR-Dahs § 53 Rdnr. 49.
313 BGHSt 28, 240 (246); LR-Dahs § 53 Rdnr. 47.
314 BGHSt 28, 240 (243 ff.).
315 BGHSt 28, 240 (243); Kühl JA 1980, 683 (684); vgl. LR-Dahs § 53 Rdnr. 47; Kleinknecht/Meyer-Goßner § 53 Rdnr. 34; KK-Senge § 53 Rdnr. 34; ausdrücklich Ollendorff S. 47.

weigerungsrecht grundsätzlich entfallen läßt und etwas anderes nur in seltenen Ausnahmefällen gelten kann.[316] Diese Rechtsprechung bestätigte er in seinem „taz-Beschluß".[317]

(a) Die Begründung der Ausnahme und die Kritik daran

(aa) Die wörtliche Auslegung

§ 53 Abs. 1 Nr. 5 StPO gewährt ein Zeugnisverweigerungsrecht „über die Person des Verfassers, Einsenders oder Gewährsmannes von Beiträgen und Unterlagen". Fraglich ist zunächst schon die Auslegung des Begriffes „über die Person". Aus diesen Worten ergibt sich keineswegs zwangsläufig, daß das Zeugnisverweigerungsrecht durch die Preisgabe der Identität des Informanten entfällt. Vom Bundesgerichtshof wurde ausdrücklich eingeräumt, daß auch andere Interpretationen des § 53 Abs. 1 Nr. 5 StPO denkbar seien. Gegen diese spreche jedoch die historische Auslegung des Gesetzes.[318]

(bb) Die historische Auslegung

Der BGH führt an, die bis 1975 geltende Regelung sei stets im Sinne eines Rechts, die Anonymität des Informanten zu wahren, verstanden worden. Durch sie sei hingegen nicht bezweckt gewesen, Schutz vor Nachforschungen nach dem Aufenthaltsort des bekannten Informanten zu bieten. Eine gegenteilige Ansicht sei im Schrifttum von niemandem vertreten worden.[319] Der BGH geht weiterhin davon aus, daß der Gesetzgeber diese beschränkte Reichweite des Zeugnisverweigerungsrechts 1975 in die neue Regelung übernommen hat. Zu diesem Schluß kommt er, da in der amtlichen Begründung nichts Gegenteiliges erwähnt ist.[320]

Eine solche Beschränkung ist jedoch weder dem Gesetz zu entnehmen, noch war sie vom Gesetzgeber beabsichtigt. Die Behauptung des BGH, schon während des früheren Rechtszustandes sei das Zeugnisverweigerungsrecht derart begrenzt gewesen, und der Gesetzgeber habe diesen Zustand beibehalten wollen, kann nicht überzeugend begründet werden.[321] Allein aus dem Umstand, daß bis zur Entscheidung des BGH im 28. Band niemand die Auffassung vertre-

316 BGHSt 28, 240.

317 BGH StV 1999, 183 = StrafFO 1999, 120; Hintergrund: Der V-Mann des Verfassungsschutzes Klaus Steinmetz wurde verdächtigt, sich dadurch der Unterstützung einer terroristischen Vereinigung schuldig gemacht zu haben, daß er gemeinsam mit der mutmaßlichen RAF-Terroristin Andrea Wolf Ende 1992/Anfang 1993 im Raum Frankfurt am Main und Wiesbaden bei der Vorbereitung des Sprengstoffanschlags auf den Neubau der Justizvollzugsanstalt Weiterstadt durch den Transport von Sprengstoff half.
Der Ermittlungsrichter des BGH ordnete im August 1997 die Durchsuchung der Berliner taz-Redaktion an. Dort sollte ein offener Brief der damals untergetauchten Andrea Wolf beschlagnahmt werden, aus dem zuvor unter Nennung des Namens der Verfasserin in einem taz-Bericht zitiert worden war. Wolf bezichtigte darin Steinmetz, von dem RAF-Anschlag auf den Gefängnisneubau Weiterstadt 1993 vorab gewußt zu haben. Die Durchsuchung der taz kam nicht zustande, da der fragliche Bericht nicht von der Redaktion selbst, sondern einem freien Mitarbeiter stammte. Daraufhin machte der die Ermittlungen vor Ort leitende Staatsanwalt der Bundesanwaltschaft von seiner Eilkompetenz Gebrauch und ordnete die Beschlagnahme des Briefes im Büro des Mitarbeiters an, das dieser gemeinsam mit Kollegen benutzte. Um den Vollzug der Anordnung abzuwenden, gab der Journalist das Schreiben freiwillig heraus, legte aber Beschwerde ein. Der 3. Strafsenat des BGH verwarf die Beschwerde (taz vom 25. Februar 1999 S. 4).

318 BGHSt 28, 240 (243).

319 BGHSt 28, 240 (243).

320 BT-Drucksachen 7/2539 (Gesetzentwurf der Bundesregierung); BT-Drucksachen 7/3118 (Bericht des Rechtsausschusses).

321 Gehrhardt AfP 1979, 234.

ten hat, daß das Zeugnisverweigerungsrecht mit Preisgabe der Identität des Informanten bestehen bleibe, rechtfertigt ein derart enges Verständnis der gesetzlichen Regelung nicht und läßt nicht automatisch auf das Gegenteil schließen. Vielmehr hat der Gesetzgeber einen Fall, in dem der Name des Informanten genannt wird, ohne daß die Strafverfolgungsbehörden seiner habhaft werden können, gar nicht bedacht,[322] war doch damals die Preisgabe des Namens regelmäßig gleichbedeutend mit der Preisgabe der Anonymität. Selbst wenn nämlich die frühere Rechtsprechung und Literatur tatsächlich von einem Wegfall des Schweigerechts ausgegangen wären, würde sich dies dadurch erklären, daß eine Zeugnisverweigerung nach Preisgabe der Identität des Informanten normalerweise sinnlos ist. Die Ermittlungsbehörden können den Informanten ohne weiteres auffinden. Ein Argument für ein eingeschränktes Verständnis des § 53 Abs. 1 Nr. 5 StPO läßt sich daraus aber nicht ableiten.

Wenn man unter der geschützten Identität neben dem Namen auch die anderen Merkmale eines Menschen versteht, wofür zumindest der allgemeine Sprachgebrauch ins Feld geführt werden kann, ist dem Gesetz seit seiner Änderung 1975 sogar ein Argument gegen die richterrechtliche Einschränkung des § 53 Abs. 1 Nr. 5 StPO zu entnehmen. Bis zu der Novelle enthielt § 53 Abs. 1 Nr. 6 StPO eine Regelung, durch die ein Zeugnisverweigerungsrecht über einen selbst im Rundfunk sprechenden Informanten ausgeschlossen wurde. Durch die Änderung wurde anerkannt, daß es zur ausreichenden Unterrichtung der Öffentlichkeit erforderlich ist, daß die Informanten auch selbst im Radio sprechen bzw. im Fernsehen auftreten können.[323] Damit geben sie oft einen Teil ihrer Identität, nämlich Stimme und Aussehen preis. Nach der neuen Gesetzesfassung ist aber selbst bei Preisgabe dieser Teile der Identität ein Zeugnisverweigerungsrecht gegeben. Es wäre unlogisch, beim Verzicht auf die Geheimhaltung eines anderen Teiles, nämlich des Namens, den gesamten Schutz zu versagen.

(cc) Die teleologische Auslegung

(i) Der Schutz des Redaktionsgeheimnisses

Nach dem Sinn und Zweck des Gesetzes ist die Anonymität der Informationsquelle als Teil des Redaktionsgeheimnisses geschützt.[324] Daraus schließt der BGH, daß mit Aufdeckung der Identität des Informanten kein Recht mehr besteht, Fragen nach seinem Aussehen oder Aufenthaltsort unbeantwortet zu lassen. Lediglich Aussagen zum Inhalt der „gemachten Mitteilung" dürften weiterhin verweigert werden.[325]

Der BGH geht mit dieser Betrachtungsweise davon aus, daß durch die Nennung des Namens eines Informanten zwangsläufig dessen Anonymität aufgehoben sei. In der Regel wird dies tatsächlich so sein. Es sind, wie der dem BGH damals vorliegende Fall aber beweist, durchaus Situationen denkbar, in denen ein Zeugnisverweigerungsrecht auch nach Nennung des Namens noch seinen Sinn behält. Der im Untergrund lebende Informant mag zwar namentlich bekannt sein, das heißt jedoch nicht, daß er für die Strafverfolgungsbehörden auch tatsächlich zu ermitteln ist. Der Informantenschutz hängt in diesen Fällen von der Geheimhaltung seines äußeren Erscheinungsbildes und des unbekannten Aufenthalts ab.

---

322 Rengier JZ 1979, 797.
323 Groß S. 249.
324 BT-Drucksache 7/2539 S. 2 und 7/3118 S. 2.
325 BGHSt 28, 240 (246 f.).

Des weiteren übersehen die Verfechter des Fortfalls des Zeugnisverweigerungsrechts, daß es den Medien erlaubt ist, nur Teile ihrer Informationen preiszugeben.[326] So gestattet es § 53 Abs. 1 Nr. 5 StPO, neben dem Namen zum Beispiel auch den Aufenthaltsort des Zeugen zu verschweigen.[327] Es entspricht dem Sinn und Zweck der Vorschrift, dies allein zuzulassen, wenn dadurch die Anonymität des Zeugen gewahrt bleiben kann bzw. er für die Strafverfolger nicht greifbar ist.[328] Genügt aber schon der Verzicht auf die Geheimhaltung des Namens, um das Zeugnisverweigerungsrecht vollständig entfallen zu lassen, so kommt der partielle Verzicht dem totalen gleich. Ein Wegfall des Zeugnisverweigerungsrechts steht damit im Widerspruch zur insoweit unbestrittenen Auffassung über den Umfang des Zeugnisverweigerungsrechts.[329] Der BGH konnte nicht begründen, warum mit Bekanntgabe des Namens auch das Zeugnisverweigerungsrecht für den Aufenthaltsort entfallen soll. Aus dem Gesetzeszweck läßt sich somit ebenfalls kein schlagendes Argument entnehmen, warum das Zeugnisverweigerungsrecht mit Preisgabe des Namens des Informanten entfallen soll.

(ii) Die Zerstörung des Vertrauensverhältnisses zum Informanten

Nach Ansicht von *Rebmann* entfällt das Zeugnisverweigerungsrecht, weil durch das Aufdecken seiner Identität das Vertrauen des Informanten in die Medien zerstört sei. Da der § 53 Abs. 1 Nr. 5 StPO aber gerade den Schutz dieses Vertrauensverhältnisses bezwecke, sei mit seiner Zerstörung der rechtfertigende Grund entfallen.[330]

Rebmann macht den Fehler, zu stark auf die konkrete Vertrauensbeziehung zwischen Informant und Medienmitarbeiter abzustellen. Aus der Begründung des Gesetzgebers zu § 53 Abs. 1 Nr. 5 StPO wird jedoch ersichtlich, daß die Vertrauenswürdigkeit der Presse primärer Schutzzweck des Zeugnisverweigerungsrechtes ist, nicht die einzelne Beziehung zum Informanten.[331] Dies wurde von der Rechtsprechung bestätigt.[332] Selbst wenn durch die Preisgabe des Namens die einzelne Informantenbeziehung zerstört würde, wird dadurch noch nicht das Vertrauen in die Medien allgemein geschädigt. Dies hat auch der Gesetzgeber anerkannt, indem er die Medienschaffenden von der Schweigepflicht nach § 53 Abs. 2 StPO ausgenommen und es allein ihrer Entscheidung überlassen hat, von dem Zeugnisverweigerungsrecht Gebrauch zu machen. Durch die Zerstörung des einzelnen Vertrauensverhältnisses wird der Zweck des Zeugnisverweigerungsrechts nicht zwangsläufig vereitelt.

Ohnehin ist bei Preisgabe der Identität das konkrete Vertrauensverhältnis zwischen dem Informanten und dem Journalisten in der Regel nicht verletzt. Schon um die künftige Zusammenarbeit nicht zu gefährden, wird der Medienmitarbeiter den Namen des Informanten nur mit dessen Einverständnis in seiner Veröffentlichung nennen. Sonstige Informationen, für die dieses Einverständnis fehlt, wird er hingegen nicht preisgeben. Der Informant verläßt sich auch darauf, daß Mitteilungen, für die dieses Einverständnis nicht besteht, nicht an die Strafverfolgungsbehörden gelangen. Damit bleibt das Vertrauensverhältnis zwischen dem Informanten und dem Medienmitarbeiter auch bei Aufdeckung des Namens unangetastet.

326 RGSt 48, 269 (272); KK-Senge § 53 Rdnr. 7.
327 Kleinknecht/Meyer-Goßner § 53 Rdnr. 34.
328 Roxin § 26 Rdnr. 25 (S. 182).
329 Löffler 3. Aufl. § 23 Rdnr. 68 und 107; LR-Dahs § 53 Rdnr. 55.
330 Rebmann AfP 1982, 189 (191).
331 BT-Drucksache 7/2539 S. 2; siehe im Einzelnen S. 35 ff. dieser Arbeit.
332 BVerfGE 20, 162 (176); 36, 193 (204).

(dd) Die Mißbrauchsgefahr eines weitergehenden Zeugnisverweigerungsrechts

Vom BGH wird als wesentlicher Grund für den Ausschluß des Zeugnisverweigerungsrechts bei Aufdeckung der Identität des Informanten die Möglichkeit eines Mißbrauchs des Verweigerungsrechts genannt.[333] Diese Gefahr bestehe zum Beispiel darin, daß ein Verbrecher der Öffentlichkeit mit Bild, Namen und Lebensgeschichte vorgestellt wird, ohne daß er mit seiner Ermittlung durch die Aussage der Medienmitarbeiter rechnen müßte. Auch in diesen Fällen ein Zeugnisverweigerungsrecht zuzugestehen, hieße aber, den Schutz zu überdehnen.[334]

Bei dieser Argumentation wird außer acht gelassen, daß es genügen würde, in den seltenen Mißbrauchsfällen ein Zeugnisverweigerungsrecht zu versagen. Es ist nicht verhältnismäßig, dieses Recht wegen eines (irrealen)[335] Einzelfalles auch in allen anderen Fällen der Preisgabe der Identität des Informanten entfallen zu lassen. Eine Rechtfertigung zur Einschränkung des Zeugnisverweigerungsrechts im Regelfall kann dieser Ausnahme nicht entnommen werden.

(ee) Die weiteren Informationen als „gemachte Mitteilungen"

Schließlich wird von der überwiegenden Literatur übersehen, daß Informationen bzw. ermöglichte Beobachtungen über den Aufenthaltsort des Informanten und dessen Aussehen regelmäßig zu den „gemachten Mitteilungen" gezählt werden können, die neben den Angaben zur Person vom Zeugnisverweigerungsrecht umfaßt werden.[336] Der BGH geht auf diese Frage nur sehr oberflächlich ein, indem er zwar feststellt, daß gezielt ermöglichte Beobachtungen „gemachte Mitteilungen" sein können, jedoch diesen Gedanken nicht weiter verfolgt. Er ist wohl so zu interpretieren, daß es sich nach seiner Ansicht bei diesen Beobachtungen nicht um gezielt ermöglichte Beobachtungen handelt, sondern diese nur gelegentlich der Recherchen des Medienmitarbeiters erfolgen.[337]

Dem BGH ist jedoch nicht zuzustimmen. Zumindest dann, wenn der Informant sich selbständig bei dem Medienmitarbeiter meldet, macht er dadurch Angaben über seinen Aufenthaltsort und ermöglicht bei einem Treffen die Kenntnisnahme von seinem derzeitigen Äußeren. Auch dies sind Mitteilungen die von ihm gemacht und, wenn sich der Informant bei dem Medienmitarbeiter meldet, auch gezielt ermöglicht werden.[338] Die Auffassung des BGH, bei den Beobachtungen müsse es sich um solche handeln, die als Gegenstand der Mitteilung gelten können, ist vom Gesetzeswortlaut nicht gedeckt. Für ein derartig enges Verständnis des Begriffes der „gemachten Mitteilung" bietet das Gesetz keinen Anhaltspunkt.

Zu weit geht allerdings die Auffassung, nach der es sich bei den Informationen selbst dann um „gemachte Mitteilungen" handeln soll, wenn der Medienmitarbeiter den Aufenthaltsort des Informanten selbst herausgefunden oder erfolgreich Nachforschungen zu seinem Äußeren angestellt hat.[339] Diese eigenrecherchierten Tatsachen sind vom Wortlaut des § 53 Abs. 1 Nr. 5 StPO nicht umfaßt und werden auch nicht schon durch das bloße Herstellen einer Informan-

333 BGHSt 28, 240 (246).

334 BGHSt 28, 240 (247).

335 Rengier JZ 1979, 797 (799); Karl-Heinz Groß [StV 1996, 559 (562)] geht noch weiter und führt wörtlich aus: „Die vom BGH hiergegen als Argument bekundete Sorge, es könne alsdann auch ein Verbrecher mit Bild und Namen in Zeitschriften über seine Taten berichten, dürfte einer zu lebhaften Phantasie zuzuschreiben sein."

336 Siehe S. 81 ff. dieser Arbeit.

337 BGHSt 28, 240 (255 f.).

338 So in der Grundtendenz wohl auch Kühl JA 1980, 683 (684); siehe zur Definition der „gemachten Mitteilung" S. 83 ff. dieser Arbeit.

339 So aber Rengier JZ 1979, 797 (798).

tenbeziehung zu „gemachten Mitteilungen". Erarbeitet sich der Medienmitarbeiter etwas ohne jegliche Hilfe des Informanten, so handelt es sich dabei einwandfrei um Eigenrecherchen.[340] Ein Zeugnisverweigerungsrecht kann sich dann nur noch direkt aus Art. 5 GG ergeben.[341]

(b) Die Ausnahmen von der Ausnahme

Der Bundesgerichtshof wollte in seinem Klein-Beschluß trotz seiner grundsätzlichen Ablehnung eines Zeugnisverweigerungsrechts vermeiden, daß der Redakteur zum Aufenthaltsort des Gesuchten vernommen wird. Es ist anzunehmen, daß er nicht die schweren Folgen in Kauf nehmen wollte, die dies zwangsläufig für die zukünftige Arbeit der Medien gehabt hätte. Er sah sich daher genötigt, in bestimmten Fällen vom grundsätzlichen Ausschluß des Zeugnisverweigerungsrechts Ausnahmen zu machen. Danach soll das Zeugnisverweigerungsrecht auch bei Offenbarung der Identität des Informanten gewahrt bleiben, wenn trotz schwerwiegender Verfolgungsinteressen ein überwiegendes Veröffentlichungsbedürfnis und ein außerordentliches Publizitätsinteresse bestand oder wenn das Bedürfnis der Veröffentlichung den vergleichsweise geringfügigen Strafanspruch verdrängt.[342] Jedoch muß das Interesse an der Geheimhaltung des Namens des Informanten so erheblich sein, daß es den staatlichen Anspruch auf ungestörte Ausübung der Rechtspflege deutlich überwiegt.[343] Von Teilen des Schrifttums werden die Sonderfälle nicht anerkannt, ohne daß dies begründet würde.[344]

Die vom BGH und der herrschenden Literaturmeinung befürworteten Ausnahmen können jedoch eine erhebliche Beeinträchtigung der Arbeit der Medien nicht verhindern. Sie sind in ihren Voraussetzungen so unbestimmt, daß empfohlen werden muß, nicht darauf zu vertrauen, daß die Gerichte trotz Preisgabe der Identität des Informanten ein Zeugnisverweigerungsrecht gewähren.[345] *Rengier* bezeichnet die Preisgabe der Identität des Informanten folglich auch als „ein unkalkulierbares Risiko, ein Lottospiel, dessen Ausgang allein in den Händen der Strafverfolgungsbehörden liegt" [346]. Die Konsequenz ist, daß sich Personen wie der Ex-Terrorist Klein, die mit der Nennung ihres Namens in einer Veröffentlichung einverstanden sind, nicht mehr finden. In manchen Fällen ist die Nennung des Namens, wie der Klein-Beschluß zeigt, für die Vollständigkeit und Abrundung der Information jedoch unentbehrlich.

Auch für Polizei und Staatsanwaltschaft ist die Unsicherheit ein erheblicher Störfaktor der Ermittlungen. Sie können nur schwer voraussehen, ob das Gericht die Vernehmung eines Redakteurs für zulässig erachten wird. Bei einer Fehleinschätzung unterbleiben aber möglicherweise andere Maßnahmen, die für die Aufklärung der Tat vonnöten gewesen wären. Eine derartige für alle Seiten unbefriedigende Situation bestünde nicht, hätte der BGH konsequenterweise ein Zeugnisverweigerungsrecht trotz Preisgabe der Identität anerkannt. Dies ist nach dem oben Ausgeführten unumgänglich.

bb. Die Aufdeckung der Informationsinhalte

Weiterhin entfällt das Zeugnisverweigerungsrecht bezüglich der Person des Informanten, wenn Informationsinhalte aufgedeckt werden. Das stellte das Bundesverfassungsgericht in seinem

---

340 Siehe S. 83 dieser Arbeit.

341 Näheres zur Problematik der Eigenrecherche ab S. 65 und 81 ff. dieser Arbeit.

342 BGHSt 28,240 (248); Roxin §26 B II 2c Rdnr. 25.

343 KK-Senge § 53 Rdnr. 34.

344 Kleinknecht/Meyer-Goßner § 53 Rdnr. 34.

345 Soehring Kap. 8.14.

346 Rengier JZ 1979, 797 (799).

Beschluß vom 12. März 1982 fest.[347] In diesem verneinte es ein Schweigerecht für einige dpa-Mitarbeiter „über die Person des Informanten" bezüglich eines Bekenneranrufes, von dem die Redaktion den Strafverfolgungsbehörden vollständige Tonbandkopien zur Verfügung gestellt hatte. Im Anschluß an die Entscheidung des Bundesverfassungsgerichts ist dieser Problemkreis, insbesondere für terroristische Bekennerschreiben, in der Literatur kontrovers diskutiert worden.[348]

(a) Der Verzicht auf das Zeugnisverweigerungsrecht

Das Gericht begründet seine Entscheidung damit, daß das Presseorgan durch die Weitergabe an die Strafverfolgungsbehörden zu erkennen gegeben habe, daß ein Schutzbedürfnis hinsichtlich dieser Informantenbeziehung nicht bestehe.[349]

Die Kritik an der Entscheidung und ihrer Begründung ist weitgehend die gleiche wie die bei Preisgabe der Identität des Informanten geäußerte.[350] Auch in diesem Fall wird mißachtet, daß die Medienmitarbeiter auf ihr Zeugnisverweigerungsrecht auch teilweise verzichten können. Warum nach Auffassung der Rechtsprechung die Weitergabe von Material automatisch zum vollständigen Entfallen des Zeugnisverweigerungsrechts führen soll, ist nicht nachvollziehbar. Die Annahme, darin liege die Aussage, das Vertrauensverhältnis sei nicht länger schützenswert, geht fehl. Das Zeugnisverweigerungsrecht über „Mitteilungen" besteht unabhängig davon, ob diese später veröffentlicht werden oder nicht.[351] Meistens werden die Informationen gerade zur Veröffentlichung an die Medien herangetragen. Es besteht jedoch kein wesentlicher Unterschied zwischen der Konstellation, daß die Strafverfolgungsbehörden mittelbar durch eine Veröffentlichung Kenntnis von einer Mitteilung erlangt haben, und der, daß sich die Medien direkt an die Ermittler wenden. Deshalb muß auch in dem Fall, daß die Information auf diesem Weg bekannt geworden ist, das Zeugnisverweigerungsrecht bestehen bleiben.

Von den Befürwortern des Wegfalls des Zeugnisverweigerungsrechts wird außerdem übersehen, daß der Medienmitarbeiter keine Aussagen machen muß, die mittelbar auf die Person des Informanten schließen lassen.[352] Dies wird von dem Journalisten jedoch verlangt, wenn er zum Beispiel über die Umstände des Zugangs des Bekennerschreibens befragt wird. Schließlich ist es gerade der Zweck der Vernehmung der Medienmitarbeiter, den Informanten über derartige Anhaltspunkte zu ermitteln.

(b) Das Nichtbestehen bzw. die Zerstörung der Vertrauensbeziehung

Ebensowenig kann auch hier das Argument vom Vertrauensbruch überzeugen. Jede Verwertung von Informationen eines Dritten für eine Veröffentlichung ist eine partielle Preisgabe von „gemachten Mitteilungen". Die Informationen werden der Presse gegeben, um sie an die Öffentlichkeit zu bringen. Von einem Vertrauensbruch kann wohl erst die Rede sein, wenn der Medienmitarbeiter Material veröffentlicht bzw. Informationen preisgegeben hat, die dazu nicht bestimmt waren.[353] Bei einem Bekenneranruf durfte und sollte er dessen Inhalt aber gerade

347 BVerfG AfP 1982, 100 = NStZ 1982, 253.
348 Löffler/Achenbach § 23 Rdnr. 46 f.; Dunkhase S. 101 ff.; Ollendorff S. 50 ff.; Rebmann FS-Pfeiffer S. 225 ff.
349 BVerfG AfP 1982, 100 (101) = NStZ 1982, 253 (254).
350 Siehe S. 56 ff. dieser Arbeit.
351 KK-Senge § 53 Rdnr. 41; LG Heilbronn AfP 1984, 119 (120).
352 Kleinknecht/Meyer-Goßner § 53 Rdnr. 34; BGHSt 36, 298.
353 Siehe auch S. 59 ff. dieser Arbeit.

bekanntmachen, so daß das Vertrauen in diesem Fall nicht verletzt ist, solange die Identität des Informanten gewahrt bleibt und auch keine Hinweise zu deren Aufdeckung gegeben werden.

Der größte Kritikpunkt ist auch in diesem Fall, daß das Bundesverfassungsgericht seine Entscheidung ausschließlich mit dem Fehlen der konkreten Schutzbeziehung begründet. Dabei spricht es die Frage an, ob insbesondere dann, wenn der Informant nur bezweckt, auf sich aufmerksam zu machen, überhaupt ein schützenswertes Vertrauensverhältnis entsteht,[354] ohne sie jedoch zu entscheiden. Der anonyme Informant wolle seine Nachricht in jedem Fall über die Medien verbreiten, auch wenn er damit rechne, daß diese an die Strafverfolgungsbehörden weitergegeben werden.[355] Zweck des Zeugnisverweigerungsrechtes ist jedoch, wie das Gericht selbst betont, primär die Institution der Presse selbst zu schützen.[356] Es ist daher nicht konsequent, wenn sich das Gericht zur Begründung seiner Entscheidung, ausschließlich auf den angeblichen Wegfall des Schutzbedürfnisses im konkreten Fall beruft.[357]

(c) Die verfassungskonforme Auslegung

Der Rechtsprechung und der herrschenden Meinung in der Literatur ist zuzugeben, daß insbesondere in Fällen, in denen die Informationsinhalte im Zusammenhang mit schweren Straftaten stehen, ein Wegfall des Zeugnisverweigerungsrechtes möglicherweise sinnvoll wäre. Eine Klausel, nach der ein Zeugnisverweigerungsrecht bei bestimmten Delikten nicht gelten soll, wurde im Gesetzgebungsverfahren zwar ausführlich diskutiert, aber nicht für sachgerecht erachtet.[358] Die daraufhin entwickelte Rechtsprechung bewirkt aber, daß eine solche Klausel nun doch de facto in das Gesetz hineininterpretiert wird.

Eine Rechtfertigung hierfür wird darin gesucht, daß die Presse- und Rundfunkfreiheit dort ihre Grenze finden müsse, wo andere wichtige Gemeinschaftsgüter des Staates entgegenstünden. § 53 Abs. 1 Nr. 5 StPO sei daher insoweit restriktiv auszulegen. Bei einer Abwägung zwischen den betroffenen Interessen müsse in den Fällen terroristischer Bekennerschreiben der Strafrechtspflege der Vorrang eingeräumt werden.[359] Dem muß entgegengehalten werden, daß der Gesetzgeber den Konflikt der Interessen ausdrücklich zugunsten der Pressefreiheit entschieden hat. Eine verfassungskonforme Auslegung, wie sie *Rebmann* vorschlägt, ist nicht möglich. Er stellt selbst fest, daß der Wortlaut des § 53 Abs. 1 Nr. 5 StPO keine derartige Durchbrechung erlaubt. Auch der Verhältnismäßigkeitsgrundsatz hilft nicht weiter, da er nur gegenüber der Staatsgewalt wirkt.[360] Nach ihm könnte die Inanspruchnahme eines Zeugnispflichtigen verboten sein, jedoch nicht gesetzlich verankerte Rechte verweigert werden. Die Konsequenz aus der Ansicht *Rebmanns* wäre letztlich, daß § 53 Abs. 1 Nr. 5 StPO für grundgesetzwidrig erklärt werden müßte. Das Bundesverfassungsgericht ist bei seinen wiederholten Entscheidungen über die Norm zwar nicht explizit auf diese Frage eingegangen, hat § 53 Abs. 1 Nr. 5 StPO aber insgesamt für verfassungskonform gehalten.[361] Dem ist zuzustimmen, da es dem Gesetzgeber angesichts des „herausragenden Stellenwerts“ [362] der Presse- und Rundfunkfreiheit frei-

354 Diese Frage stellt sich bei Bekennerbriefen bzw. -anrufen.
355 BVerfG AfP 1982, 100 (101) = NStZ 1982, 253 (254).
356 BVerfG AfP 1982, 100 = NStZ 1982, 253.
357 Ollendorff S. 54.
358 Groß FS-Schiedermair S. 237; Kunert MDR 1975, 885 (887); Pauli S. 122 unter Bezugnahme auf BT-Drucksache 7/1681 und BT-Drucksache 7/2539; siehe zu dieser Problematik S. 25 dieser Arbeit.
359 Rebmann FS-Pfeiffer S. 234.
360 Degenhart Rdnrn. 323 ff., 334.
361 BVerfGE 36, 193; 64, 108; 77, 65.
362 Sachs/Bethge Art. 5 Rdnr. 65.

stand, den Interessen der Medien insoweit generell den Vorrang gegenüber den Strafverfolgungsinteressen einzuräumen.

Schließlich darf nicht vergessen werden, daß den Medienmitarbeitern zwar ein Schweigerecht zusteht, hiermit aber keine Schweigepflicht korrespondiert. Nach dem Gesetz steht es dem Journalisten frei, Informationen über Bekennerschreiben und -anrufe zu geben. Dies widerspräche auch nicht der berufsethischen Pflicht zur Wahrung des Redaktionsgeheimnisses. Eine Schädigung des allgemeinen Vertrauens in die Medien ist ebensowenig zu erwarten wie eine Beeinträchtigung des Informationsflusses.[363] Vielmehr würde das Ansehen der Redaktion bzw. des Senders dann leiden, wenn sie sich zum Schutz von Terroristen auf ihr Zeugnisverweigerungsrecht berufen. Es sollte daher von Seiten der Ermittlungsbehörden darauf vertraut werden, daß die Journalisten selbst verantwortungsvoll abwägen, ob und welche Informationen preisgegeben werden. Es bleibt also festzuhalten, daß auch eine Preisgabe von Informationsinhalten nicht zum Verlust des Zeugnisverweigerungsrechts über die Person führen kann.

2. Das Zeugnisverweigerungsrecht über den Inhalt der Information

Neben dem Zeugnisverweigerungsrecht über die Person des Informanten enthält § 53 Abs. 1 Nr. 5 StPO das Recht, über den Inhalt der vom Informanten erhaltenen Angaben zu schweigen. Nach dem Wortlaut der Vorschrift sind die Medienschaffenden berechtigt, „über die ihnen im Hinblick auf ihre Tätigkeit gemachten Mitteilungen, soweit es sich um Beiträge, Unterlagen und Mitteilungen für den redaktionellen Teil handelt", das Zeugnis zu verweigern.

a. Dem Journalisten „im Hinblick auf seine Tätigkeit" gemachte Mitteilungen

aa. Begriffsbestimmung

Mitteilungen dürfen dann verschwiegen werden, wenn sie den Medienschaffenden in ihrer Eigenschaft als Presse- oder Rundfunkmitarbeiter bekannt wurden.[364] Problematisch ist zunächst, daß in der einschlägigen Literatur eine Definition fehlt, die das Merkmal der „Mitteilung im Hinblick auf die Tätigkeit" des Journalisten umschreibt und präzisiert.[365] Eine Abgrenzung muß wohl danach erfolgen, ob sich der Mitteilende an den Journalisten als Privatperson oder als Medienmitarbeiter wenden wollte. Ist dies nicht zu ermitteln, muß dem Journalisten ein Zeugnisverweigerungsrecht zugestanden werden. Der Gesetzgeber wollte eine möglichst „medienfreundliche" Regelung schaffen,[366] so daß im Zweifel zugunsten der Presse- und Rundfunkfreiheit zu entscheiden ist. Weiß der Informant aber überhaupt nicht, daß er es mit einem Journalisten zu tun hat, so hat der Journalist die Mitteilungen nicht im Hinblick auf seine Tätigkeit erhalten.

bb. Pro und Kontra

Ob das Erfordernis, daß der Journalist die Information „im Hinblick auf seine Tätigkeit" erhalten haben muß, eine zu weitgehende Beschränkung des Zeugnisverweigerungsrechts darstellt, ist umstritten. Von den Kritikern der Regelung wird vorgetragen, die Beschränkung behindere die jederzeitige unauffällige Informationssammlung in unangemessenem Umfang, da die Mittei-

---

363 Dunkhase S. 103.

364 Kleinknecht/Meyer-Goßner § 53 Rdnr. 38.

365 Vgl. Kleinknecht/Meyer-Goßner § 53 Rdnr. 38; LR-Dahs § 53 Rdnr. 52; Damm S. 83; KMR-Paulus § 53 Rdnr. 34 ff.

366 BGHSt 28, 240 (247); vgl. BT-Drucksache 7/2539 S. 2.

lungen ungeschützt seien, die dem Medienmitarbeiter gemacht würden, wenn der Informant nicht wisse, daß er es mit einem solchen zu tun habe.[367] Derartige Informationen seien jedoch unabdingbar für die journalistische Arbeit. Die Medienmitarbeiter müßten wegen der derzeitigen Gesetzesfassung auf die Veröffentlichung und die Aufzeichnung dieser Mitteilungen verzichten, um ihre Informanten nicht zu gefährden. Die durch das Zeugnis erzwungene Aufdeckung der Identität des Gesprächspartners verletze das Vertrauen in die Medien. Die Preisgabe des sozusagen „unfreiwilligen" Informanten führe zu einem Verlust von Informationsquellen.[368]

Der Kritik an der Regelung ist entgegenzuhalten, daß das Erfordernis eben gerade doch dem Gesetzeszweck entspricht. Dieser besteht bekanntlich darin, die Vertrauenswürdigkeit der Medien zu erhalten, um den Informationsfluß zu sichern.[369] Ausgehend von dieser Prämisse besteht keine Notwendigkeit, für Informationen, durch deren Preisgabe das Vertrauen der Allgemeinheit nicht beschädigt werden kann, ein Zeugnisverweigerungsrecht zu gewähren. Der Gesprächspartner, der sich nicht an den Journalisten als solchen wenden möchte oder gar nicht weiß, daß sein Gegenüber ein Journalist ist, vertraut diesem nicht als Mitarbeiter der Medien, sondern als Privatperson. Eine solche, dem Journalisten als Privatmann gemachte Mitteilung bedarf keines gesonderten Schutzes. Wird das Vertrauen, das der Informant in die Privatperson gesetzt hat, verletzt, wird dadurch nicht der Ruf der Medien allgemein geschädigt. Die Öffentlichkeit wird dies als einen Vertrauensbruch im Privatbereich wahrnehmen, nicht jedoch als einen durch die Medien begangenen. Eine Aussage des Mitarbeiters als Privatperson wird nicht dazu führen, daß sich Informanten in Zukunft nicht mehr an Presse und Rundfunk wenden.

Auch wenn man auf die einzelne Vertrauensbeziehung zwischen Informant und Journalist abstellt, besteht kein Grund, jede Nachricht an den Medienschaffenden zu schützen. Der Mitteilende muß bei allen Informationen, die er einem anderen privat anvertraut, damit rechnen, daß dieser als Zeuge vernommen wird. Der Journalist ist insoweit ein dem Aussagezwang ganz normal unterliegender Bürger. Würde er anders gestellt, wäre dies eine unzulässige, dem Gleichheitsgrundsatz nach Art. 3 Abs. 1 GG widersprechende Privilegierung. An dem Merkmal, daß der Journalist die Information im Hinblick auf seine Tätigkeit erhalten haben muß, ist daher festzuhalten.

b. Der Ausschluß des selbstrecherchierten Materials

Nach § 53 Abs. 1 Nr. 5 StPO sind außerdem nur die dem Medienmitarbeiter durch den Verfasser, Einsender oder Gewährsmann „gemachten" Mitteilungen geschützt. Gemeint sind damit nur Informationen, die von außen an die Medien herangetragen worden sind, nicht jedoch von dem Mitarbeitern selbstrecherchierte.[370]

Das ermöglicht es den Ermittlungsbehörden, bezüglich eigenrecherchierter Informationen die Medienmitarbeiter mit einem Aussagezwang zu belegen. Dieser hat sich jedoch als untaugliches Mittel erwiesen. Es ist nicht ein einziger Fall bekannt, in dem ein Journalist durch Zwangsgelder oder gar Haft dazu gebracht worden wäre, über Informationen, die er nicht

---

367 Löffler NJW 1978, 913 (915); Löffler/Achenbach § 23 Rdnr. 56.

368 Hennemann S. 56.

369 Siehe auch S. 35 f. dieser Arbeit.

370 BVerfGE 56, 247 (248) = NJW 81, 971; LG Bremen StV 1981, 15 mit Anm. Baisch; LG Hannover NStZ 1981, 154; LG Berlin AfP 1981, 417; KK-Senge § 53 Rdnr. 39; KMR-Paulus § 53 Rdnr. 35, 37; Kleinknecht/Meyer-Goßner § 53 Rdnr. 39; LR-Dahs § 53 Rdnr. 52; Gössel, Medienfreiheit S. 62; Rehbinder FS-Oehler S. 418 ff.; Rengier JZ 1979, 797; Roxin § 26 B II 2 c Rdnr. 26; Groß NJW 1975, 1763 (1764); Kunert MDR 1975, 885 (887).

preisgeben wollte, auszusagen.[371] Wegen dieser Erfahrungen sind die Ermittlungsbehörden immer mehr dazu übergegangen, Materialien, die selbstrecherchierte Informationen enthalten, zu beschlagnahmen.[372] Schriftstücke, Fotografien und Filmaufnahmen sind in der Regel auch beweiskräftiger als eine erzwungene Zeugenaussage.[373]

Die beweissichernde Beschlagnahme nach § 97 StPO ist dann zulässig, wenn kein Zeugnisverweigerungsrecht besteht. Die Beschlagnahmemöglichkeit und die damit verbundenen Durchsuchungen sind aufgrund der erheblichen Öffentlichkeitswirkung derartiger Maßnahmen und des besonderen Interesses der Ermittler an den im Besitz der Presse befindlichen Materialien der derzeit meistdiskutierte Punkt in der Frage des Schutzes der journalistischen Recherche. Die Probleme, die das selbsterarbeitete Material betreffen, sollen daher auch erst bei der Beschlagnahme nach § 97 Abs. 5 StPO erörtert werden.[374]

c. Sonderproblem: Die besonderen Umstände der Veröffentlichung

Hinsichtlich der besonderen Umstände der Veröffentlichung, z.B. hinsichtlich der an den Informanten geleisteten Zahlungen, besteht kein Schutz.[375] Dies wird teilweise deshalb für problematisch gehalten, weil sich Fragen nach finanziellen Aspekten der Informationsbeschaffung bei Polizei und Staatsanwaltschaft angeblich besonderer Beliebtheit erfreuen, ohne aber für die Ermittlungen selbst relevant zu sein.[376] Eine einen Aussagezwang auslösende Frage setzt aber voraus, daß deren Beantwortung für den Gegenstand des Verfahrens von Bedeutung sein kann.[377] Nach § 69 StPO ist der Zeuge außerdem nur zur Sache zu vernehmen, so daß Tatsachen, die nicht zur Sache gehören, nicht offenbart werden müssen. Ergibt sich die Bedeutung daraus, daß die Auskunft des Medienmitarbeiters für etwaige Fahndungsmaßnahmen aufschlußreich ist, besteht ohnehin ein Zeugnisverweigerungsrecht,[378] da der Mitarbeiter berechtigt ist, auch diejenigen Umstände zu verschweigen, die mittelbar zu einer Preisgabe des Informanten führen würden.[379]

Anderer Ansicht ist *Jürgen Meyer*, der behauptet, es sei lebensfremd anzunehmen, über die Zahlung eines Honorars könne der Informant ermittelt werden. Er geht davon aus, daß weder der Informant noch der Medienmitarbeiter unvorsichtig genug wären, den Strafverfolgungsbehörden diesen Weg zu eröffnen.[380] Dem kann nicht zugestimmt werden. Selbst wenn der Medienmitarbeiter und sein Gewährsmann bei der Honorarzahlung Vorsicht walten ließen, darf man die Möglichkeiten der Ermittlungsbehörden nicht unterschätzen. Hier kann es im Einzelfall schon genügen, daß einer von mehreren in Frage kommenden Personen eine größere Geldsumme unbekannten Ursprungs zur Verfügung steht. An der Möglichkeit, die Aussage in den betreffenden Fällen zu verweigern, muß daher festgehalten werden.

---

371 Vgl. den Fall des „Coburger Tageblatts" S. 22 dieser Arbeit sowie die „SPIEGEL-Affäre" BVerfGE 20, 162 und S. 96 dieser Arbeit.

372 Vgl. Wilde, Fälle. Die dort aufgezählten Vorkommnisse zeigen, daß in den letzten Jahren bei fast allen Zwangsmaßnahmen gegen Medien zum Mittel der Beschlagnahme gegriffen wurde.

373 Dunkhase S. 175.

374 S. 81 ff. dieser Arbeit.

375 BGHSt 28, 240 (255); Kleinknecht/Meyer-Goßner § 53 Rdnr. 34; LR-Dahs § 53 Rdnr. 47; Löffler/Achenbach § 23 Rdnr. 45; Rebmann/Ott/Storz § 23 Rdnr. 17.

376 Soehring Kap. 8.21.

377 BGHSt 28, 240 (256).

378 BVerfGE 25, 296 (306); BGHSt 36, 298 (304)= JR 1990, 431.

379 KK-Senge § 53 Rdnr. 34; KMR-Paulus § 53 Rdnr. 33; siehe auch S. 55, 84f. und 87 dieser Arbeit.

380 J. Meyer JR 1990, 433 (435).

Es sind somit nur vereinzelt Situationen denkbar, in denen nach der derzeitigen Gesetzeslage eine Aussagepflicht des Medienmitarbeiters über sonstige Umstände der Veröffentlichung besteht. Sind sie zum Beispiel in einem Verfahren gegen den straffälligen Informanten zur Bewertung der Tat von Bedeutung und wird durch eine Aussage der Informantenschutz nicht verletzt, darf der Medienmitarbeiter nicht länger schweigen.

d. Die Begrenzung auf den redaktionellen Teil

aa. Problemdarstellung

Das Gesetz über das Zeugnisverweigerungsrecht der Mitarbeiter von Presse und Rundfunk von 1975 schützt nur Beiträge oder Mitteilungen, die für den redaktionellen Teil des Druckwerkes oder der Sendung bestimmt sind. Dazu zählen auch in einer Zeitung veröffentlichte Leserbriefe.[381] Auf Annoncen in einem Presseerzeugnis, den Werbefunk und das Werbefernsehen erstreckt sich das Zeugnisverweigerungsrecht deshalb nicht.[382] Damit wird das sogenannte Chiffregeheimnis nicht durch § 53 Abs. 1 Nr. 5 StPO geschützt.[383]

Der Ausschluß des Anzeigenteils aus dem Zeugnisverweigerungsrecht wurde, insbesondere weil die bis 1975 geltende Fassung eine derartige Begrenzung nicht enthielt, von Anfang an scharf kritisiert.[384] Es wurde ein dramatischer Einbruch des Anzeigenaufkommens und damit eine Gefährdung der wirtschaftlichen Überlebensfähigkeit insbesondere der Presse befürchtet, wenn die Auftraggeber von Chiffreanzeigen mit der Entdeckung ihrer Identität rechnen müßten.[385] Diese Folge ist unterblieben.[386] Trotzdem wird bezweifelt, daß die Begrenzung des Schutzes auf den redaktionellen Teil der Bedeutung gerecht wird, die dem Anzeigenteil in unserer Medienlandschaft zukommt.

(a) Begriffsbestimmung

Nach der Definition der Landespressegesetze sind Anzeigen „Veröffentlichungen, für die der Verleger ein Entgelt erhalten, gefordert oder sich versprechen lassen hat“ [387]. Für die Rundfunkwerbung wird auf die Definition der Fernsehwerbung im EG-Recht zurückgegriffen, da der deutsche Gesetzgeber den Begriff nicht festgelegt hat. Danach ist Werbung „jede Äußerung bei der Ausübung eines Handels, Gewerbes, Handwerks oder freien Berufs, die im Fernsehen von einem öffentlich-rechtlichen oder privaten Veranstalter entweder gegen Entgelt oder eine ähnliche Gegenleistung oder als Eigenwerbung gesendet wird mit dem Ziel, den Absatz von Waren oder die Erbringung von Dienstleistungen, einschließlich unbeweglicher Sachen, Rechte und Verpflichtungen gegen Entgelt zu fördern“ [388].

Strittig ist zumindest im Bereich der Presse zunächst die Definition der „Beiträge, Unterlagen und Mitteilungen für den redaktionellen Teil“.[389] Dem Wortlaut ist nicht eindeutig zu entneh-

---

381 KG NJW 1984, 1133.

382 LR-Dahs § 53 Rdnr. 53; Günter JA 1979, 427 (430); Kunert MDR 1975, 885 (887); Soehring S. 160.

383 BVerfGE 64, 108; BVerfG NJW 1990, 701.

384 Gehrhardt FuR 1975, 154; Löffler AfP 1975, 730; ders. NJW 1978, 915.

385 Gehrhardt FuR 1975, 154 (157).

386 Dunkhase S. 152, 170 f.

387 § 8 LPG Hessen; § 9 LPG Bayern, Berlin, Mecklenburg-Vorpommern, Sachsen und Sachsen-Anhalt; § 10 LPG Baden-Württemberg, Bremen, Hamburg, Niedersachsen, Nordrhein-Westfalen, Rheinland-Pfalz, Saarland, Schleswig-Holstein und Thüringen; § 11 LPG Brandenburg.

388 Artikel 1 Nr. 1b) Richtlinie 97/36/EG des Europäischen Parlaments und des Rates von 30. Juni 1997.

389 Das gleiche Problem ergibt sich aber natürlich auch für den Rundfunk.

men, welche Mitteilungen des Informanten für den redaktionellen Teil gemacht worden sind. Nach einer Ansicht sollen dies solche sein, die für einen Beitrag bestimmt sind, der im redaktionellen Teil publiziert bzw. gesendet worden ist oder werden soll.[390] Die gegenteilige Auffassung, die für die Richtigkeit ihrer Argumentation den Wortlaut der Vorschrift ins Feld führt, meint, es komme darauf an, für welche Sparte der Zeitung die Einsendung oder die Information bestimmt war. Unerheblich sei, wo der Beitrag tatsächlich abgedruckt bzw. gesendet wurde.[391]

Für die Plazierung des Beitrages kommt es jedoch nicht auf die Definition durch den Einsender, sondern vielmehr durch die Medienmitarbeiter an. Die Pressegesetze der Länder bestimmen, daß streng zwischen dem Anzeigenteil und dem redaktionellen Teil zu trennen ist.[392] Für den Rundfunk bestimmt § 6 Abs. 3 des Staatsvertrages über den Rundfunk im vereinten Deutschland, daß die Werbung als solche klar erkennbar und eindeutig von den anderen Programmteilen abgesetzt sein muß. Da das jeweilige Medium für die Trennung selbst verantwortlich ist, entscheidet es auch, in welche Sparte es den Text des Werbekunden aufnimmt. Der Wunsch des Einsenders ist dabei nicht maßgeblich.

(b) Der Schutz des Anzeigenteils durch Art. 5 Abs. 1 S. 2 GG

Die Frage nach einem Zeugnisverweigerungsrecht der Medienmitarbeiter auch für den Werbeteil stellt sich nur, wenn Anzeigen und Werbefunk überhaupt vom Grundrecht der Presse- und Rundfunkfreiheit geschützt werden.

(aa) Der Anzeigenteil in Druckwerken

Das Bundesverfassungsgericht hat in seiner „Südkurier-Entscheidung“ [393] festgestellt, daß auch der Anzeigenteil vom Schutzbereich des Art. 5 Abs. 1 S. 2 GG umfaßt ist. Das Gericht konstatierte, daß Anzeigen Nachrichten sind, durch die über die in ihnen enthaltenen wirtschaftlichen Möglichkeiten oder die möglicherweise von anderen geäußerten Meinungen informiert wird. Außerdem ist der Anzeigenteil allgemein geeignet, die Anliegen der inserierenden Stellen zu offenbaren und läßt so einen gewissen Schluß auf die kulturelle, politische und wirtschaftliche Situation im Verbreitungsgebiet des Druckerzeugnisses zu. Er dient der Information, was zu den typischen Aufgaben der Presse gehört.[394] Diese Ansicht ist auch in der Literatur nahezu unbestritten.[395]

(bb) Die Rundfunkwerbung

Zum Begriff der Rundfunkwerbung gehört sowohl die Radiowerbung als auch die Fernsehwerbung. Ob Art. 5 Abs. 1 S. 2 GG die kommerzielle Werbung im Rundfunk umfaßt, ist strittig. Teilweise wird ganz selbstverständlich ohne nähere Begründung davon ausgegangen, daß

---

390 Löffler/Achenbach § 23 Rdnr. 73.

391 Baumbach/Lauterbach/Albers/Hartmann § 383 Rdnr. 7.

392 Vgl. Fn. 387 auf S. 67 dieser Arbeit.

393 BVerfGE 21, 271.

394 BVerfGE 21, 271 (279).

395 Sachs/Bethge Art. 5 Rdnr. 85; v. Münch/Kunig/Wendt Art. 5 Rdnr. 32; Model/Müller Art. 5 Rdnr. 14; a.A. Jarass JZ 1983, 280 (281), der in staatlichen Eingriffen in den Anzeigenbereich nur dann einen Verstoß gegen Art. 5 Abs. 1 S. 2 GG sieht, wenn sie zu ökonomischen Belastungen führen, die sich auf die redaktionelle Arbeit auswirken.

auch der Werbefunk grundrechtlich geschützt ist.[396] Da die Pressefreiheit auch den Anzeigenteil umfaßt, müßten jedenfalls besondere Gründe vorliegen, die eine Differenzierung zwischen Rundfunk und Presse rechtfertigen.[397]

Manche meinen einen solcher Grund darin gefunden zu haben, daß der Werbefunk nicht zu den typischen Aufgaben des Rundfunks gehöre.[398] Dem kann nicht zugestimmt werden. Auch im Bereich des Rundfunks hat sich die Wirtschaftswerbung längst zu einer typischen Funktion entwickelt. Das Argument, im Rundfunk würden der werbenden Wirtschaft lediglich Sendepotentiale zur Verfügung gestellt,[399] liefert ebenfalls keine überzeugende Begründung für eine Differenzierung. Die Presse nutzt den Raum in ihren Erzeugnissen auf die gleiche Weise.[400] Daß das eine Medium Sendezeit, das andere Druckseiten „verkauft", kann nicht von entscheidender Bedeutung sein.

Als ein weiterer Unterschied wird angeführt, daß der Werbung im Rundfunk der „kommunikative Charakter" fehle, den Anzeigen in Tageszeitungen hätten. Dieser Charakter sei darin zu sehen, daß der Anzeigenteil „neben der Vermittlung von Kauf- und Verkaufsangeboten ... auch ein Forum für Mitteilungen wie über Geburt, Heirat oder Tod , ebenso wie für den Wunsch nach einem Partner u.ä." sei und dadurch eine konkrete soziale Funktion erfülle. Dies sei für die elektronischen Medien nicht gegeben.[401] Dem muß jedoch entgegengehalten werden, daß Radio- und Fernsehwerbung, insbesondere wenn sie regional ausgestrahlt wird, sich durch ihre Nähe zum Hörer bzw. Zuschauer auszeichnet und der erwähnten sozialen Funktion ebenso gerecht wird wie eine Zeitung. Auch sonstige Argumente, die man glaubt daraus gewinnen zu können, daß dem Rundfunk die regionale Nähe fehle,[402] können seit der Entstehung von Lokal- und Regionalsendern nicht mehr überzeugen.

Seit es den privaten Rundfunk gibt, kann der Unterschied auch nicht länger darin liegen, daß periodische Druckwerke auf die Entgelte für die Anzeigen angewiesen sind.[403] Der Privatfunk finanziert sich anders als der öffentlich-rechtliche ausschließlich aus Werbeeinnahmen,[404] könnte also ohne die Werbeentgelte nicht existieren. Es ist daher festzustellen, daß es keinen hinreichenden Grund für eine Ungleichbehandlung von Presse und Rundfunk auf dem Gebiet der Anzeigen bzw. des Werbefunks gibt. Damit unterfällt auch die Rundfunkwerbung dem Schutz des Art. 5 Abs. 1 S. 2 GG.

(c) Begründung der Regelung und Kritik

Da der Anzeigenteil ebenso wie der redaktionelle Teil durch Art. 5 Abs. 1 S. 2 GG geschützt wird, müßte sich ein Unterschied zwischen den beiden Bereichen finden lassen, der die Differenzierung rechtfertigt. Der Gesetzgeber zählt in der amtlichen Begründung zu dem Gesetz über das Zeugnisverweigerungsrecht der Mitarbeiter von Presse und Rundfunk eine Reihe von

---

396 Sachs/Bethge Art. 5 Rdnr. 108; v. Mangoldt/Klein/Starck Art. 5 Rdnr. 102; Jarass/Pieroth Art. 5 Rdnr. 31; Eine ganz andere Frage ist hingegen, ob der Werbefunk in seiner Funktion als Finanzierungsgrundlage des Rundfunks geschützt ist oder ob er eingeschränkt werden darf.

397 V. Münch/Kunig/Wendt Art. 5 Rdnr. 47.

398 Schmidt, Walter S. 84.

399 Schmidt, Walter S. 84.

400 BK-Degenhart Art. 5 Rdnr. 513.

401 Pauli S. 35.

402 Pauli S. 36

403 Pauli S. 33 f.

404 Anders ist dies beim Pay-TV, das aber keine Werbung sendet. Daher stellt sich dort die Frage des Schutzes der Fernsehwerbung nicht.

Gründen auf.[405] Diese werden von einigen Stimmen in der Literatur heftig kritisiert,[406] die der Regelung vorwerfen, sich auf kaum stichhaltige Argumente zu stützen[407], systemwidrig und wenig sachgerecht zu sein[408].

(aa) Die Funktion des Anzeigenteils

Der Ausschluß des Werbeteils vom Zeugnisverweigerungsrecht ist damit zu begründen, daß diesem die Informations- und Kontrollfunktion weitgehend fehlt, die dem redaktionellen Teil zukommt. Der Werbeteil dient in erster Linie wirtschaftlichen Interessen, nicht der politischen Meinungsbildung.[409] Zwar kann man nicht ohne weiteres behaupten, der Anzeigenteil trete bezüglich der Unterrichtungs- und Kontrollfunktion gegenüber dem redaktionellen Teil „völlig in den Hintergrund“ [410]; gemessen am redaktionellen Teil, dessen wesentliche Aufgabe es ist, über die Information und Kontrolle zur Meinungsbildung beizutragen, wird der Anzeigenteil aber nur in stark vermindertem Maße dieser Funktion gerecht.

Dagegen wird vorgebracht, daß das ganze Erscheinen des Druckerzeugnisses bzw. die Ausstrahlung der Sendung (zumindest auch) unter kommerziellen Gesichtspunkten geschieht.[411] Dem ist grundsätzlich zuzustimmen, jedoch dient die Reklame direkt und allein der Finanzierung des Produkts, während der redaktionelle Teil diese Funktion nur mittelbar und erst in zweiter Linie - durch die Steigerung der Leser- und Zuschauerzahlen und damit die Erhöhung des Anzeigenvolumens - erfüllt. Auch die Konsumenten des Medienprodukts ziehen aus den Kaufs- und Verkaufsanzeigen, der Anpreisung von Sonderangeboten oder der Information über bestimmte Erzeugnisse ausschließlich wirtschaftlichen Nutzen. Die politische Meinungsbildung spielt auch für die Leser, Zuhörer und Zuschauer beim Anzeigenteil in Zeitungen und der Rundfunkwerbung nur eine sehr untergeordnete Rolle.

(bb) Der Mißbrauch des Werbeteils

Der verminderten Unterrichtungs- und Kontrollfunktion des Anzeigenteils steht ein erhöhtes Strafverfolgungsinteresse des Staates gegenüber, das durch die erheblichen Mißbrauchsmöglichkeiten, die der Anzeigenteil bietet, entsteht. Der Gesetzgeber verweist in der amtlichen Begründung zu dem Gesetz von 1975 darauf, daß Inserate in zunehmendem Maße von Straftätern genutzt würden, beispielsweise um Mitteilungen an Erpressungsopfer zu machen.[412] Auch kann der Anzeigenteil als Vehikel bei Hehlereigeschäften, der illegalen Vermittlung von Arbeitskräften oder wucherischer Kreditvermittlung dienen.[413]

An den Ausführungen des Gesetzgebers ist zu bemängeln, daß es sowohl im Bericht des Rechtsausschusses als auch in der amtlichen Begründung des Gesetzes bei der bloßen Behauptung eines vermehrten kriminellen Mißbrauchs des Anzeigenteils bleibt. Zahlen, die diese These belegen könnten, werden nicht genannt. Jedoch muß dem Gesetzgeber insofern zugestimmt

---

405 BT-Drucksache 7/2539 S. 9.

406 Vgl. Gössel, Medienfreiheit S. 58 f.; Pauli S. 98 ff.; Löffler 3. Aufl. § 23 Rdnr. 63 ff.; Löffler/Achenbach § 23 Rdnr. 69 ff.; Löffler/Ricker S. 177 f.

407 Löffler NJW 1978, 913 (915).

408 Kohlhaas FS-Löffler S. 143 (150).

409 BT-Drucksache 7/2539 S. 9; Hennemann S. 64; Weigend in Verhandlungen des 62. Deutschen Juristentages, C 1 (C 101).

410 So aber der Rechtsausschuß BT-Drucksache 7/3118 S. 4.

411 Gehrhardt FuR 1975, 154 (155).

412 BT-Drucksache 7/2539 S. 9; siehe auch Vogel, Bundesminister der Justiz BT-Protokoll 7/126 S. 8472.

413 Rebmann AfP 1982, 189 (192).

werden, als die Möglichkeit eines Mißbrauchs bei Anzeigen näherliegend ist als bei redaktionellen Beiträgen. Der Text der Anzeige wird vom Werbekunden vorgegeben, der dafür bezahlt, daß er unverändert veröffentlicht wird. Die Medienmitarbeiter haben kaum die Möglichkeit, den Inhalt der Anzeige auf seine Strafbarkeit oder seinen Zusammenhang mit Straftaten zu untersuchen. Auch trifft die Journalisten nicht die gleiche Sorgfaltspflicht wie bei Veröffentlichungen im redaktionellen Teil.[414]

Gegen die Ansicht des Gesetzgebers wird eingewandt, daß es gerade in Erpressungsfällen wenig wahrscheinlich sei, daß die Aufdeckung des Chiffregeheimnisses den Strafverfolgungsbehörden weiterhelfe. Meistens werde der Täter dafür gesorgt haben, daß seine Spur nicht zurückverfolgt werden könne.[415] Dem ist zu entgegnen, daß die Medienmitarbeiter auch dann, wenn der Inserent nicht unmittelbar aufgespürt werden kann, wertvolle Hinweise zum Beispiel über die Stimme oder das Aussehen des Auftraggebers geben können. Bei schriftlich erteilten Aufträgen lassen sich auch aus der Ausdrucksweise und Wortwahl des Briefes Schlüsse auf die Nationalität, den Bildungsstand oder das Alter des Verfassers ziehen. Davon, daß die Preisgabe näherer Informationen über den Inserenten für die Strafverfolgungsbehörden per se wertlos wäre, kann nicht ausgegangen werden.

Die Strafverfolgungsbehörden auf die verdeckte Ermittlung des Inserenten zu verweisen, kann ebensowenig verfangen.[416] Dies wird insbesondere in den gerade erwähnten Fällen, in denen der Anzeigenkunde nur über die Begleitumstände der Auftragserteilung ermittelt werden kann, nicht möglich sein. Unter Umständen ist diese Methode auch nicht in dem gleichen Maße erfolgversprechend wie die Befragung der Medienmitarbeiter. Es kann daher nötig sein, auf beide Möglichkeiten zurückzugreifen, um den Auftraggeber des Werbebeitrags zu ermitteln, so daß ein dringendes öffentliches Bedürfnis daran besteht, den Inserenten durch das Zeugnis der Medienmitarbeiter überführen zu können.[417]

(cc) Der Vertrauensverlust

Dies wirkt sich in der Regel auch nicht negativ auf den Informationsfluß für den redaktionellen Teil aus. Der Anzeigenteil und der redaktionelle Teil sind zwei voneinander getrennte Bereiche, zwischen denen die Zuhörer, Zuschauer und Leser, also auch potentielle Informanten genau unterscheiden können. Daraus werden die Betroffenen regelmäßig die richtigen Schlüsse ziehen, nämlich daß Informationen für den redaktionellen Teil geschützt bleiben. Es ist deshalb damit zu rechnen, daß Informanten den Medien auch weiterhin Mitteilungen für diesen Bereich machen, da sie sich auf die Wahrung des Redaktionsgeheimnisses verlassen können. Ein Vertrauensverlust ist insofern nicht zu befürchten.

Der Aussagezwang über den Anzeigenteil kann nur dazu führen, daß weniger Werbeaufträge eingehen und weniger Inserate aufgegeben werden. Insoweit aber sind die Medien wie jedes andere Unternehmen auch betroffen. So wird zum Beispiel ein Kunde, der aufgrund der Aussage seiner Bank der Steuerhinterziehung überführt wird, die Bank wechseln. Wird bekannt, daß diese Bank den Strafverfolgungsbehörden Einsicht in ihre Unterlagen gewähren mußte, werden auch andere Kunden den Geschäftskontakt vermeiden. Dadurch können der Bank ebenso wie den Verlagen durch den Schwund des Anzeigenauftragsvolumens erhebliche Verluste entstehen. Da die Medien in einem solchen Fall nicht spezifisch als Medien betroffen sind,

---

414 BGH AfP 1972, 319 m. Anm. Hörle; GRUR 1973, 203 m. Anm. Hoth; Löffler/Löffler BT Anz Rdnr. 106.
415 Pauli S. 103; Gehrhardt FuR 1975, 154 (157).
416 So aber Pauli S. 103; Gehrhardt FuR 1975, 154 (157).
417 Kunert MDR 1975, 885 (887).

wird eine Notwendigkeit, auch den Werbeteil durch das Zeugnisverweigerungsrecht zu schützen, durch die wirtschaftlichen Nachteile nicht begründet.

(dd) Der Konflikt mit vertraglichen Pflichten

Gegen eine Beschränkung des Zeugnisverweigerungsrechts auf den redaktionellen Teil wird auch vorgebracht, daß der Medienmitarbeiter sowie der betroffene Verlag dadurch in eine unlösbare Konfliktsituation kämen. Der als Zeuge vernommene Angestellte ist als Arbeitnehmer seinem Arbeitgeber gegenüber verpflichtet, Verträge nicht zu brechen, die dieser abgeschlossen hat. Der Verlag hat bei Chiffreanzeigen zumeist jedoch vereinbart, die Person des Inserenten geheimzuhalten. Bei einem Bruch dieser Vereinbarung können auf den Verlag erhebliche Schadensersatzforderungen zukommen.[418]

Das ist zwar nicht von der Hand zu weisen, kann jedoch nicht dazu führen, den § 53 Abs. 1 Nr. 5 StPO über seinen Wortlaut hinaus auszudehnen. Der Strafverfolgungsanspruch des Staates kann nicht durch private Übereinkünfte eingeschränkt werden. Es liegt daher im eigenen Verantwortungsbereich der Medien, wenn sie trotz des in diesem Punkt beschränkten Zeugnisverweigerungsrechts dem Inserenten die Geheimhaltung seiner Identität gegenüber jedermann zusichern. Die Aufnahme einer Klausel, die Aussagen über Inserenten und Inserate ermöglicht, ohne daß dadurch ein Vertragsbruch begangen wird, ist den Verlagen und Sendern durchaus zumutbar. Bei Abwägung des Interesses an einer wirksamen Strafverfolgung auf der einen und der Presse- und Rundfunkfreiheit auf der anderen Seite ist es deshalb gerechtfertigt, das Zeugnisverweigerungsrecht für den Werbeteil grundsätzlich auszuschließen.[419]

(ee) Die Ausnahme

Es sind trotz allem Fälle denkbar, in denen auch eine Anzeige die verfassungsrechtliche Funktion der Medien erfüllt. Dies ist zum Beispiel anzunehmen, wenn Inserenten der Auffassung sind, die Medien kämen ihrer Meinungsbildungsfunktion nicht in ausreichendem Maße nach und die Möglichkeiten der Werbung nutzen, um selbst zu informieren. Man denke nur an die in einigen großen Tageszeitungen erschienenen ganzseitigen Anzeigen gegen die Aufrechterhaltung der in der sowjetischen Besatzungszone nach 1945 durchgeführten Bodenreform oder die Einführung des Euro. Auch die Werbung der Parteien vor einer Wahl soll der Meinungsbildung dienen.

Da der Gesetzeswortlaut keine Ausnahme zuläßt, besteht auch für derartige Inserate und Werbefunkbeiträge kein ausdrückliches Zeugnisverweigerungsrecht. Können sich die Auftraggeber solcher Anzeigen nicht auf die Geheimhaltung ihrer Identität verlassen, wird dies jedoch möglicherweise dazu führen, daß politisch-informative Anzeigen und Werbebeiträge demnächst unterbleiben. Die Medien könnten dann insoweit ihrer primären Funktion nicht mehr gerecht werden.

Gäbe es eine Möglichkeit, daß die Identität der Inserenten sowie sonstige Details meinungsbildender Anzeigen gewahrt würden, bestünde nicht die Gefahr, daß zukünftig Auftraggeber vor einem Kontakt zurückschrecken. Wäre dies gesichert, könnten Presse und Rundfunk in vollem Umfang ihre Funktion, zur Meinungsbildung beizutragen, erfüllen. Hier ergibt sich ein Problem, das sich allein mit dem Gesetzeswortlaut nicht lösen läßt.

418 Pauli S. 95.
419 BT-Drucksachen 7/2539 S. 9; 7/3118 S. 4.

bb. Die Lösung

(a) Die Entscheidung des Bundesverfassungsgerichts

1982 hat sich das Bundesverfassungsgericht in einem Beschluß dieses Problems angenommen.[420] Dem Gericht lag die Verfassungsbeschwerde eines Sachbearbeiters in der Anzeigenabteilung eines Verlages vor. Gegen diesen war ein Ordnungsgeld festgesetzt worden, weil er sich weigerte, als Zeuge im Rahmen eines wegen des Verdachts standeswidriger Werbung eingeleiteten Ermittlungsverfahrens Angaben über den Auftraggeber einer Chiffreanzeige zu machen. Diese Pflicht leiteten die Strafverfolgungsbehörden aus § 70 Abs. 1 StPO her, der eine Ausnahme vom Zeugniszwang nur dann vorsieht, wenn ein „gesetzlicher Grund" gegeben ist. Das sich für die Medienmitarbeiter aus § 53 Abs. 1 Nr. 5 StPO ergebende Zeugnisverweigerungsrecht ist zwar ein solcher gesetzlicher Grund, jedoch schließt die Regelung den Anzeigenteil nach ihrem eindeutigem Wortlaut gerade aus.

In dem Beschluß stellt das Bundesverfassungsgericht zunächst fest, daß der Ausschluß des Anzeigenteils aus dem Zeugnisverweigerungsrecht die Presse- und Rundfunkfreiheit grundsätzlich nicht verletzt. Es führt aus, daß das Chiffregeheimnis zwar in den Schutzbereich des Art. 5 Abs. 1 S. 2 GG falle, aber durch § 70 Abs. 1 StPO als allgemeines Gesetz im Sinne des Art. 5 Abs. 2 GG beschränkt werde.[421] Klarstellend bemerkt das Gericht jedoch, daß ein gänzlicher Ausschluß des Anzeigenteils im Hinblick auf die Bedeutung der Pressefreiheit verfassungswidrig wäre. Auf der Schranken-Schranken-Seite bedürfe es einer Einzelfallabwägung zwischen den kollidierenden Interessen, da der Schutz der Pressefreiheit für den Anzeigenteil sonst leerliefe.[422] Deshalb legt das Bundesverfassungsgericht die Wendung „ohne gesetzlichen Grund" in § 70 Abs. 1 S. 1 StPO dahingehend aus, daß sich ein Zeugnisverweigerungsrecht in Einzelfällen unter Berücksichtigung des Verhältnismäßigkeitsprinzips direkt aus dem Grundgesetz ergeben kann. Eine derartige Situation tritt auf, wenn der Anzeige eine gleiche oder ähnliche Funktion wie Beiträgen des redaktionellen Teils zukommt. Das ist dann der Fall, wenn die Anzeigen keinen geschäftlichen, sondern meinungsbildenden Inhalt haben.[423]

Nach Ansicht des Bundesverfassungsgerichts ergibt sich das Zeugnisverweigerungsrecht für meinungsbildende Anzeigen also im Wege der verfassungskonformen Auslegung des § 70 Abs. 1 StPO, nicht des § 53 Abs. 1 Nr. 5 StPO.[424] Der Terminus „gesetzlicher Grund" in § 70 Abs. 1 StPO ist unbestimmt und deshalb nicht nur auslegungsfähig, sondern auch auslegungsbedürftig,[425] so daß die Norm dahingehend zu interpretieren ist, daß sich im Einzelfall ein Zeugnisverweigerungsrecht direkt aus Art. 5 Abs. 1 S. 2 GG ergeben kann. In der Regel bleibt es nach Auffassung des Bundesverfassungsgerichts aber beim Ausschluß des Anzeigenteils vom Zeugnisverweigerungsrecht.

---

420 BVerfGE 64, 108 = JZ 1983, 195 = AfP 1983, 386.

421 BVerfGE 64, 108 (115).

422 BVerfGE 64, 108 (116).

423 BVerfG 64, 108 (116, 118, 120).

424 Gegen eine Herleitung des Verweigerungsrechts aus § 53 Abs. 1 Nr. 5 StPO spricht dessen klarer Wortlaut sowie der eindeutige Wille des Gesetzgebers. Das hatte das Gericht auch schon in BVerfGE 20, 162 und 25, 296 für die viel engere alte Fassung festgestellt, die deshalb viel eher einer verfassungskonformen Erweiterung bedurft hätte.

425 Zum Auslegungsgegenstand Larenz/Canaris Kap. 4 1 a S. 134 f.

(b) Kritik

Rath-Glawatz ist der Ansicht, das Bundesverfassungsgericht sei auf halbem Wege stehen geblieben.[426] Die Begrenzung innerhalb des Anzeigenteils sei sehr fragwürdig. Eine Unterscheidung zwischen meinungsbildenden und nicht meinungsbildenden Anzeigen sei bei verständiger Würdigung des Art. 5 Abs. 1 S. 2 GG nicht zulässig. Aus der Erstreckung der Presse- und Rundfunkfreiheit auch auf den Anzeigen- und Werbeteil müsse gefolgert werden, daß das Zeugnisverweigerungsrecht auch in diesem Bereich uneingeschränkt gelte.[427]

Eine differenzierte Behandlung des Anzeigenteils ist jedoch zulässig, da sie sich sachlich rechtfertigen läßt.[428] *Rath-Glawatz* übersieht, daß jedes grundgesetzlich gewährte Recht Schranken hat. Der Anzeigenteil ist zwar durch Art. 5 Abs. 1 S. 5 GG geschützt, weil er auch eine informierende Funktion hat, das spielt jedoch gegenüber seiner wirtschaftlichen Funktion eher eine untergeordnete Rolle. Deswegen ist es zulässig, den Schutz für Anzeigen, soweit sie dem verfassungsrechtlichen Auftrag nicht in gleichem Maße gerecht werden, stärker einzuschränken als für den redaktionellen Teil.

Kritik ganz anderer Art äußert *Fezer*.[429] Seiner Ansicht nach überschreitet das Bundesverfassungsgericht mit der Ausdehnung des Zeugnisverweigerungsrechts die Grenzen seiner Möglichkeiten. Richtigerweise hätte das Gericht den Gesetzgeber beauftragen müssen, die Vorschrift neu zu regeln und dabei die Lücke zu schließen. Ihm ist insoweit zuzustimmen, als er betont, daß es sich bei dem Ausschluß des Anzeigenteils nicht um ein Versehen des Gesetzgebers, sondern dessen klare Entscheidung handelt,[430] da er in der amtlichen Begründung ausführlich auf die Frage des Ausschlusses des Zeugnisverweigerungsrechts für Anzeigen eingegangen ist.[431] Er hat die Entscheidung außerdem in Kenntnis der bis 1975 geltenden Regelung der Strafprozeßordnung getroffen, die eine derartige Einschränkung nicht enthielt. Auch die meisten landesgesetzlichen Regelungen[432] sowie der von der CDU/CSU-Fraktion 1974 vorgelegte Gesetzentwurf schlossen den Anzeigenteil nicht aus.[433]

Im Gegensatz zur Ansicht *Fezers*[434] verhindert dies aber nicht, daß für einige Anzeigen trotz des klaren Wortlauts der gesetzlichen Regelung ein Zeugnisverweigerungsrecht direkt aus Art. 5 Abs. 1 S. 2 GG gewährt werden muß. Zunächst ist es, anders als von *Fezer* angenommen nicht § 53 Abs. 1 Nr. 5 StPO, der verfassungskonform ausgelegt wird, sondern § 70 Abs. 1 StPO. Auch geht sein Angriff gegen den Verhältnismäßigkeitsgrundsatz, der das Strafverfahren mit einer „zusätzlichen Unsicherheit" belaste und „mehr Schaden als Nutzen" gebracht habe,[435] fehl. Es handelt sich dabei um *Fezers* ganz persönlichen Kampf gegen das Ver-

---

426 Rath-Glawatz AfP 1983, 387 (388).

427 Rath-Glawatz AfP 1983, 387 (389).

428 Groß FS-Schiedermair S. 236; Kunert MDR 1975, 885 (887).

429 Fezer JZ 1983, 797.

430 Fezer JZ 1983, 797 (798 f.).

431 BT-Drucksache 7/2539 S.9; sowie Bericht des Rechtsausschusses BT-Drucksache 7/3118 S.4.

432 Siehe S. 24 dieser Arbeit; Es entspricht jedoch nicht den Tatsachen, wenn teilweise behauptet wird, die Unterscheidung zwischen Anzeigenteil und redaktionellem Teil sei ein Novum gewesen (so aber Pauli S. 96). In Bayern, Niedersachsen, Bremen, Nordrhein-Westfalen und Schleswig-Holstein beschränkten die Landespressegesetze das Zeugnisverweigerungsrecht schon vor 1975 auf den redaktionellen Teil.

433 BT-Drucksache 7/1681 S. 3: § 53 b Abs. 1 „... über die Person des Verfassers, Einsenders, Inserenten oder Gewährsmannes von Beiträgen, Anzeigen oder Unterlagen..."

434 Fezer JZ 1983, 797 (799).

435 Fezer JZ 1983, 797 (799 f.).

hältnismäßigkeitsprinzip. Dieses Prinzip ist jedoch allgemein anerkannt[436] und seine Anwendung daher auch hier gerechtfertigt.

cc. Fazit

Durch die vom Bundesverfassungsgericht entwickelte Ausnahme ist den im Einzelfall berechtigten Interessen an einem Zeugnisverweigerungsrecht Genüge getan. Ein darüber hinausgehender Schutz des Anzeigenteils und des Werbefunks ist weder den Grundrechten aus Art. 5 Abs. 1 S. 2 GG zu entnehmen noch sonst geboten. Folglich sahen auch die in der letzten Legislaturperiode zur Verbesserung des Zeugnisverweigerungsrechts eingebrachten Gesetzentwürfe eine Beschränkung auf den redaktionellen Teil vor.[437] Sogar der Gesetzentwurf der verschiedenen Medienorganisationen enthält eine derartige Beschränkung.[438] Es bleibt daher beim grundsätzlichen Ausschluß des Anzeigenteils aus dem Zeugnisverweigerungsrecht.

3. Der Ausschluß des Zeugnisverweigerungsrechts bei schwerer Kriminalität

In den Fällen, in denen das Zeugnisverweigerungsrecht nach § 53 Abs. 1 Nr. 5 StPO eingreift, geschieht dies absolut und ohne Ausnahme. Eine erneute Abwägung zwischen dem Strafverfolgungsinteresse, den Beschuldigtenrechten und dem Interesse an der Wahrung des Redaktionsgeheimnisses ist nicht möglich. Durch das Verhältnismäßigkeitsprinzip können Eingriffe des Staates beschränkt, nicht gerechtfertigt werden.[439]

Nach einer stark vertretenen Ansicht stünde die Presse- und Rundfunkfreiheit einer gesetzlichen Begrenzung des Medienschutzes bei schweren Straftaten aber nicht entgegen[440]. Hier sei das Strafverfolgungsinteresse letztlich von so überragender Bedeutung, daß verfassungsrechtliche Bedenken gegen eine Versagung des Zeugnisverweigerungsrechts in Fällen schwerer Kriminalität letztlich nicht erhoben werden könnten. Bei Verbrechen gewinne die Bedeutung der Aufgaben der Strafverfolgung ein derartiges Übergewicht, daß das Publikationsinteresse zurücktreten müsse. Dies würde eine Begrenzung des Zeugnisverweigerungsrechts auf leichte Delikte rechtfertigen.

Das publizistische Zeugnisverweigerungsrecht wird daher teilweise insoweit für verfassungswidrig gehalten, als der Presse- und Rundfunkfreiheit auch bei schwersten Straftaten der Vorrang vor dem staatlichen Strafverfolgungsinteresse eingeräumt wird. Dies sei ein Verstoß gegen das Rechtsstaatsprinzip und das Gebot des effektiven Rechtsschutzes.[441] Im Gesetzgebungsverfahren zum Gesetz über das Zeugnisverweigerungsrecht der Mitarbeiter von Presse und Rundfunk war diese Problematik heftig umstritten. So sahen der Gesetzentwurf der CDU/CSU[442] und die Änderungsanträge der Länder Bayern, Rheinland-Pfalz und Nordrhein-Westfalen[443] eine Beschränkung des Zeugnisverweigerungsrechts vor, wonach der Journalist nicht länger schweigen durfte, wenn Gegenstand der Untersuchung eine Katalogtat nach § 100 a StPO und seine Aussage zur Aufklärung der Tat erforderlich war. Nach Ansicht des Rechts-

---

436 Vgl. S. 42 f. dieser Arbeit.

437 Vgl. BT-Drucksache 13/195 S. 4 und BT-Drucksache 13/5285 S. 3.

438 Anhang 1 S. 215 ff. dieser Arbeit.

439 Degenhart Rdnr. 323 ff., 334.

440 Stellungnahme des Bundesrates BT-Drucksache 7/2539 S. 16; Hennemann S. 37 und 124 m.w.N.; Huppertz S. 96 ff.; Jarass JZ 1983, 280 (282); Rebmann AfP 1982, 189 (192); Rüping, Theorie und Praxis des Strafverfahrens Rdnr. 154; Schomburg AfP 1984, 80 (82).

441 Hennemann S. 122 ff.

442 BT-Drucksachen 7/1681 S. 3, 8 und 7/3245.

443 BR-Drucksachen 134/2/75 und 134/3/75.

ausschusses hätte eine derart weitgehende Durchbrechung des Zeugnisverweigerungsrechts jedoch den ausreichenden Schutz der Presse- und Rundfunkfreiheit nicht mehr gewährleistet.[444] Dafür, warum die Mehrheit des Rechtsausschusses und letztlich auch des Bundestages eine solche Beschränkung für einen zu starken Eingriff gehalten hat, wird keine Begründung gegeben.

In der Literatur wird angeführt, daß es inkonsequent gewesen wäre, § 53 Abs. 1 Nr. 5 StPO einzuschränken, die anderen in § 53 Abs. 1 StPO verankerten Zeugnisverweigerungsrechte jedoch unbegrenzt zu lassen.[445] In der Tat gibt es keinen Grund, die Medienmitarbeiter insoweit anders zu behandeln als zum Beispiel Ärzte oder Rechtsanwälte. Warum beim publizistischen Zeugnisverweigerungsrecht im Falle schwerer Delikte das staatliche Strafverfolgungsinteresse überwiegen soll, während es bei den anderen Zeugnisverweigerungsrechten durch das Interesse am Schutz des Vertrauens verdrängt wird, ist nicht einzusehen. Das Zeugnisverweigerungsrecht dient der Wahrung des Vertrauens der Allgemeinheit in die Medien. Werden die Mitarbeiter gezwungen, den einer schweren Straftat Verdächtigen preiszugeben, wird ihnen eine Geheimhaltung der Identität von Informanten auch bei leichteren Taten nicht mehr zugetraut. Dies wäre erst recht zu befürchten, wenn der Informant nicht der Verdächtige ist, aufgrund der Aussage des Journalisten gegen ihn jedoch der Verdacht einer leichten Straftat entsteht. Dieser Anfangsverdacht würde den Strafverfolgungsbehörden ausreichen, um Ermittlungen aufzunehmen. Wird bekannt, daß die Beschränkung des Zeugnisverweigerungsrechts im Fall von Kapitaldelikten auch zu Ermittlungen und möglicherweise Verurteilungen bei Kleinkriminellen führt, verlieren die Medien ihre Vertrauenswürdigkeit. Dieser Vertrauensverlust ist auch zu befürchten, wenn die Journalisten den Strafverfolgungsbehörden über die von den Informanten gemachten Mitteilungen Auskunft geben müssen. Das Zeugnisverweigerungsrecht muß daher auch dann bestehen bleiben, wenn wegen schwerer Straftaten ermittelt wird.

III. Verfahrensrechtliche Fragen und Verwertungsverbot

Da davon auszugehen ist, daß die Medienmitarbeiter die ihnen eingeräumten Rechte kennen, besteht für die Strafverfolgungsbehörden grundsätzlich keine Belehrungspflicht über das Bestehen eines Zeugnisverweigerungsrechts.[446] Die Fürsorgepflicht gebietet allerdings dann einen Hinweis auf § 53 Abs. 1 Nr. 5 StPO, wenn die Unkenntnis des Mitarbeiters von seinen Rechten offensichtlich ist.[447]

Macht der Journalist sein Zeugnisverweigerungsrecht durch ausdrückliche Erklärung geltend,[448] besteht für die bis dahin in den Vernehmungen gemachten Aussagen ein Verwertungsverbot nach § 252 StPO.[449] Voraussetzung ist aber, daß das Zeugnisverweigerungsrecht bei der früheren Aussage überhaupt schon bestanden hat.[450] Neben der Verlesung der Aussage ist dann auch jede andere Verwertung, zum Beispiel die Verlesung eines früheren Urteils unter-

---

444 BT-Drucksache 7/318 S. 4.

445 Dunkhase S. 171 f.

446 Kleinknecht/Meyer-Goßner § 53 Rdnr. 44.

447 BGH MDR 1980, 815 zitiert nach Holtz MDR 1980, 812; KK-Senge § 53 Rdnr. 6; LR-Dahs § 53 Rdnr. 59; Molketin MDR 1982, 98.

448 KMR-Paulus Vor § 48 Rdnr. 84.

449 § 252 StPO ist seinem Wortlaut nach nur ein Verlesungsverbot, wird jedoch als Verwertungsverbot angesehen [BGHSt 2, 99; 7, 194; 29, 230 (232); 32, 25 (29); Kleinknecht/Meyer-Goßner § 252 Rdnr. 12; Beulke Rdnr. 419, 465; Günter JA 1979, 427 (433)].

450 BGHSt 18, 146 (148) = JR 63, 266 (267) m. Anm. Eb. Schmidt; Kleinknecht/Meyer-Goßner § 252 Rdnr. 3; Eisenberg Rdnr. 810.

sagt.[451] Grundsätzlich darf der Inhalt der Aussagen auch nicht durch Vernehmung von Verhörspersonen festgestellt werden. Eine Ausnahme gilt, wenn der Journalist durch einen Richter befragt wurde, da in diesem Fall nach Ansicht der Rechtsprechung die Vernehmung des Richters über den Inhalt der Aussage des Journalisten zulässig ist.[452] Das Schrifttum sieht in § 252 StPO jedoch überwiegend ein umfassendes Beweisverbot.[453]

Der Verzicht auf das Zeugnisverweigerungsrecht läßt Beweiserhebungen über den Inhalt von früheren Aussagen zu. Er kann ausdrücklich oder stillschweigend erklärt werden[454] und ist widerruflich. Im Falle des Widerrufs bleiben die bislang gemachten Aussagen verwertbar; sie müssen jedoch nicht beeidet werden.[455]

Die Tatsache der Zeugnisverweigerung selbst sowie die Art und Weise der Verweigerung sind unverwertbar.[456] Der Beweiswürdigung ist allerdings zugänglich, wenn der Zeuge innerhalb ein und derselben Aussage zu einem bestimmten Beweisthema nur auf einzelne Fragen die Antwort verweigert („beredtes Schweigen").[457] Die Gründe des Zeugnisverweigerungsrechts unterliegen einem Beweistatsachenverbot. Der Zeuge darf nicht nur verschweigen, weshalb er von seinem Recht Gebrauch macht, er darf auch nicht danach gefragt werden. Offenbart der Zeuge die Gründe freiwillig, sind sie unverwertbar, da sie nicht Gegenstand einer prozeßordnungsgemäßen Zeugenaussage waren.[458] Das mit berechtigter Ausübung des Zeugnisverweigerungsrechts begründete Verbot weiterer Vernehmungen zur Sache führt für gleichwohl noch gemachte Angaben zu einem prozessualen Verwertungsverbot.[459]

IV. Zusammenfassung

Die Regelung des Zeugnisverweigerungsrechts für die Mitarbeiter von Presse und Rundfunk ist, soweit sie bis hierher untersucht wurde, zur Lösung des Interessenkonflikts zwischen dem Schutz des Redaktionsgeheimnisses, dem staatlichen Strafverfolgungsanspruch und den Beschuldigtenrechten geeignet. Ihr Zweck, die Wahrnehmung der Informations- und Kontrollfunktion durch die Medien zu sichern, wird durch die Ausgestaltung der Vorschrift erfüllt. So sind die Beschränkungen auf die Presse und den Rundfunk und dort wiederum auf den redaktionellen Teil sachgerecht. Sollte im Einzelfall für einen Film oder bei einer Anzeige dennoch das Interesse an der Wahrung des Mediengeheimnisses überwiegen, so ergibt sich ein Zeugnisverweigerungsrecht direkt aus dem Grundgesetz.

Reformierungsbedarf besteht lediglich hinsichtlich des Ausschlusses der nicht periodischen Presse vom Zeugnisverweigerungsrecht. Da zum Beispiel auch die Buchpresse einen wesentlichen Teil zur Meinungsbildung in unserer Gesellschaft beiträgt, ist die Beschränkung auf die

---

451 BGHSt 20, 384 (386); Kleinknecht/Meyer-Goßner § 252 Rdnr. 12; Schlüchter Rdnr. 510.

452 BGHSt 32, 25 (29); Kleinknecht/Meyer-Goßner § 252 Rdnr. 13 f. m.w.N.; Krey Meyer-GedSchr. S. 243; Kühne Rdnr. 563.2; krit. Eisenberg Rdnr. 815; Ranft Rdnr. 1740 ff.

453 AK-Meier § 252 Rdnr. 10 f.; Beulke Rdnr. 420, 465; Fezer Strafprozeßrecht II/15/68-70; Geppert Jura 1988, 305 (306 ff.); Grünwald S. 130; Roxin § 44 B III 1 Rdnr. 19.

454 KMR-Paulus Vor § 48 Rdnr. 86; LR-Dahs § 53 Rdnr. 55.

455 BGHSt 2, 99 (107); KK-Senge § 53 Rdnr. 8; Kleinknecht/Meyer-Goßner § 53 Rdnr. 42; KMR-Paulus Vor § 48 Rdnr. 86.

456 BGHSt 22, 113 m. Anm. Ostermeyer NJW 1968, 1789; BGHSt 32, 140, (141 ff.) = JR 1985, 70 m. Anm. Pelchen; BGH NJW 1980, 794; OLG Hamm MDR 1970, 162; OLG Köln VRS 57 (1979), 425; Kleinknecht/Meyer-Goßner § 261 Rdnr. 20; KMR-Paulus Vor § 48 Rdnr. 93 f. m.w.N.

457 Kleinknecht/Meyer-Goßner § 53 Rdnr. 43; KMR-Paulus Vor § 48 Rdnr. 95.

458 KMR-Paulus Vor § 48 Rdnr. 96.

459 KMR-Paulus Vor § 48 Rdnr. 97.

regelmäßig erscheinende Presse nicht zweckmäßig. In § 53 Abs. 1 Nr. 5 StPO sollte daher das Wort „periodisch“ gestrichen werden.

Die von der Rechtsprechung entwickelten Ausnahmen vom Zeugnisverweigerungsrecht bei Aufdeckung der Identität des Informanten oder Preisgabe der Informationsinhalte durch die Medien finden keine gesetzliche Stütze. Sie sind daher unzulässig. Die Gerichte können die Notwendigkeit eines Ausschlusses des Zeugnisverweigerungsrechts in den genannten Fällen nicht überzeugend begründen. Es bedarf keiner Gesetzesänderung, um die unterschiedlichen Interessen miteinander in Einklang zu bringen. Die bestehende Regelung wird diesen bereits gerecht.

Kapitel 3: Beschlagnahme und Durchsuchung

A. Beschlagnahme

Neben dem Zeugnisverweigerungsrecht ist die in § 94 Abs. 2 StPO geregelte Beschlagnahme eines der wichtigsten Mittel zur Beweiserlangung und Aufklärung von Straftaten. Unter ihr versteht man die förmliche Sicherstellung,[460] durch die das potentielle Beweismittel der tatsächlichen Verfügungsgewalt des Betroffenen entzogen und staatlicher Herrschaft unterworfen wird.[461]

Für eine rechtmäßige Beschlagnahme müssen drei Voraussetzungen erfüllt sein: Erstens muß eine Untersuchung stattfinden, für die der betroffene Gegenstand zweitens als Beweismittel bedeutsam ist und drittens darf der Gegenstand den Strafverfolgungsorganen nicht durch ein Beschlagnahmeverbot entzogen sein. Die einfachgesetzlich geregelten Beschlagnahmeverbote finden sich vor allem in § 97 StPO. Wie ein Zeugnisverweigerungsrecht kann sich aber auch ein Beschlagnahmeverbot im Einzelfall direkt aus dem Grundgesetz ergeben.[462]

Die Beschlagnahme darf wie alle Zwangsmaßnahmen nur angeordnet werden, wenn sie verhältnismäßig ist. Sie muß daher in einer angemessenen Relation zur Schwere der Tat und zur Stärke des Tatverdachts stehen und für die Ermittlungen notwendig sein.[463] So darf bei Straftaten, die durch das Herstellen oder Verbreiten von Schriften begangen wurden, grundsätzlich nur ein, maximal zwei Exemplare sichergestellt werden. Die Beschlagnahme der ganzen Auflage ist nur nach § 111 b StPO zulässig. Für die Beweissicherung ist dies regelmäßig nicht erforderlich.[464]

B. Die Durchsuchung

Die Durchsuchung zum Zweck der Strafverfolgung nach §§ 102 ff. StPO dient der Ergreifung des Beschuldigten und der Auffindung von Gegenständen, die der Beschlagnahme unterliegen.[465] Die Strafprozeßordnung enthält keine besondere Vorschrift, die die Durchsuchungen in Presseräumen oder bei Presseangehörigen regelt, da die Bundesregierung eine spezielle Regelung neben den allgemeinen Vorschriften der §§ 102, 103 StPO nicht für erforderlich hielt.[466]

---

460 Sie ist auch zulässig, wenn die Herausgabe freiwillig erfolgt (BGH NJW 56, 1805 (1806); Kleinknecht/Meyer-Goßner § 94 Rdnr. 13; LR-Schäfer § 94 Rdnr. 26; SK-Rudolphi § 94 Rdnr. 19).

461 § 94 StPO dient nur der Beweissicherung. Die Sicherstellung und Beschlagnahme von Gegenständen, die der Einziehung (§§ 74 ff StGB) oder dem Verfall (§§ 73 ff. StGB) unterliegen, wird von dieser Regelung nicht umfaßt (SK-Rudolphi § 94 Rdnr. 3).

462 BVerfGE 44, 353 (372 ff.); BGHSt 19, 325; 34, 397 m. Anm. Amelung NJW 1988, 1002; SK-Rudolphi § 94 Rdnr. 13, 27.

463 BVerfGE 20, 162 (186); BVerfG BB 1973, 812; Kleinknecht/Meyer-Goßner § 94 Rdnr. 18; LR-Schäfer Vor § 94 Rdnr. 11 und § 94 Rdnr. 36 ff. mit Nennung der einzelnen miteinander abzuwägenden Gesichtspunkte; Jarass AfP 1977, 214 (216).

464 OLG Frankfurt NJW 1973, 2074; KK-Nack § 94 Rdnr. 13; Kleinknecht/Meyer-Goßner § 94 Rdnr. 19; LR-Schäfer § 94 Rdnr. 43 und 54; SK-Rudolphi § 94 Rdnr. 22; Lüttger/Kaul GA 1961, 74 (77); Seetzen NJW 1976, 499.

465 Kleinknecht/Meyer-Goßner Vor § 94 Rdnr. 3.

466 BT-Drucksache 7/2539 S. 12.

Durchsuchung und Beschlagnahme beschränken die Presse- und Rundfunkfreiheit, indem sie sowohl Auswirkungen auf die praktische Arbeit der Medien als auch auf deren Vertrauenswürdigkeit in den Augen der Öffentlichkeit haben. So behindert eine Durchsuchung den regelmäßigen Ablauf des Redaktionsalltages. Durch eine Beschlagnahme kann außerdem das Zeugnisverweigerungsrecht umgangen werden, da die Strafverfolgungsbehörden so an Informationen gelangen, die der Medienmitarbeiter nach § 53 Abs. 1 Nr. 5 StPO verschweigen darf.[467] Wird in der Öffentlichkeit aber bekannt, daß bei den Medien beschlagnahmtes Material zu Ermittlungszwecken verwendet wurde, droht Presse und Rundfunk der Verlust ihres Ansehens, was dazu führt, daß sich potentielle Informanten mit ihren Mitteilungen nicht mehr an die Medien wenden. Dadurch gehen wichtige Informationen verloren, die die Medien zur Erfüllung ihrer Unterrichtungs- und Kontrollfunktion benötigen.

Das Interesse der Medien daran, eine solche Vertrauenseinbuße weitgehend zu verhindern, war bei der Schaffung der Regelung und dort bei der Abwägung mit den Interessen der Strafrechtspflege zu berücksichtigen. Als Konsequenz hat der Gesetzgeber in § 97 Abs. 5 StPO ein Beschlagnahmeverbot für bestimmte Gegenstände, die sich im Gewahrsam des Journalisten befinden, verankert.

Durch dieses Beschlagnahmeverbot wird auch die Durchsuchung beschränkt. So können sich die Medien auf ihr Zeugnisverweigerungsrecht bzw. das Beschlagnahmeverbot berufen, wenn nach Informationen gesucht wird, die von diesem Schutz umfaßt sind.[468] Deshalb muß sich die Durchsuchung darauf beschränken solche Gegenstände aufzufinden und sicherzustellen, die der Beschlagnahme unterliegen,[469] da andernfalls der Zweck der Maßnahme nicht erreicht werden kann.[470] Auch bei Durchsuchungen muß das Übermaßverbot beachtet werden. Daher kann die Maßnahme im Einzelfall unverhältnismäßig sein, wenn sie schwer in den Betrieb eingreift, um einen wenig wahrscheinlichen Tatbestand aufzuklären.[471]

C. Das Beschlagnahmeverbot[472]

I. Die Regelung des Beschlagnahme- und des Durchsuchungsverbots

Der Gesetzgeber hat das Beschlagnahmeverbot ebenso wie das Zeugnisverweigerungsrecht im Interesse des staatlichen Strafverfolgungsanspruchs sowie der Wahrung der Rechte des Beschuldigten einigen wesentlichen Beschränkungen unterworfen. Ob und inwieweit diese dem Sinn und Zweck der Vorschrift entsprechen, ist seit der Einführung der Vorschrift 1975 heftig umstritten.[473]

---

467 Vgl. BT-Drucksache 7/2539 S. 11; Kleinknecht/Meyer-Goßner § 97 Rdnr. 1; LR-Schäfer § 97 Rdnr. 1.

468 KG NJW 1984, 1133; KG JR 83, 382; LG Köln NJW 1981, 1746; AK-Amelung § 103 Rdnr. 10; KK-Nack § 103 Rdnr. 7; Löffler/Achenbach § 23 Rdnr. 92 m.w.N.; LR-Schäfer § 103 Rdnr. 10; Fezer Strafprozeßrecht I/8/119; Haffke NJW 1974, 1983 (1984); Jarass NJW 1981, 193 (197); Der Richtervorbehalt des § 98 Abs. 1 S. 2 StPO gilt entsprechend.

469 Ollendorff S. 31.

470 Dörr AfP 1995, 378 (380).

471 BVerfGE 20, 162 (204) = NJW 1966, 1603 (1611); Kleinknecht/Meyer-Goßner § 102 Rdnr. 16.

472 Zunächst wird in der Folge bei allen erörterten Vorschriften davon ausgegangen, daß der Medienmitarbeiter nicht als Beschuldigter von der Maßnahme betroffen ist, sondern sich das Ermittlungsverfahren gegen seinen Informanten oder einen Dritten richtet. Dem beschuldigten Journalisten wird jeweils am Ende ein gesonderter Abschnitt gewidmet.

473 Vgl. stellvertretend für andere Pöppelmann AfP 1997, 485.

Die in § 97 Abs. 5 StPO genannten Sachen sind beschlagnahmefrei, soweit sie Aufschluß über den Verfasser, Einsender oder Gewährsmann oder von diesen gemachte Mitteilungen geben[474] und sich im Gewahrsam des Journalisten befinden. Die Beschlagnahmefreiheit geht insofern genauso weit, wie sich das Zeugnisverweigerungsrecht erstreckt.[475] Die Aufzählung der geschützten Gegenstände in § 97 Abs. 5 S. 1 StPO ist beispielhaft und nicht abschließend. Dies ergibt sich aus dem Wortlaut („und andere"). Dabei ist „Darstellung" der Oberbegriff für die weiteren geschützten Sachen und bezeichnet eine zwei- oder dreidimensionale stoffliche Verkörperung, die sinnlich wahrnehmbar ist und einen Vorgang oder geistigen Sinngehalt andeutet.[476]

Eine Durchsuchung ist nur zulässig, soweit kein Zeugnisverweigerungsrecht oder Beschlagnahmeverbot besteht.[477] Wurden bei einer zulässigen Durchsuchung Unterlagen sichergestellt, bezüglich derer das Beschlagnahmeverbot durchgreift, hat die Staatsanwaltschaft sie den Medien sofort nach Durchsicht zurückzugeben; im Prozeß besteht ein Verwertungsverbot.[478]

II. Der Umfang des Beschlagnahmeverbots

1. Der Ausschluß des selbstrecherchierten Materials

a. Einführung in die Problematik

Nach § 97 Abs. 5 StPO besteht das Beschlagnahmeverbot, „soweit das Zeugnisverweigerungsrecht der in § 53 Abs. 1 Nr. 5 StPO genannten Personen reicht" [479]. Gemäß dem Wortlaut des § 53 Abs. 1 Nr. 5 StPO besteht ein Zeugnisverweigerungsrecht aber nur für die sogenannten „gemachten Mitteilungen", so daß eigene Recherchen der Journalisten ausgeschlossen sind und somit auch nicht dem Beschlagnahmeverbot unterliegen. Über diese Auslegung des § 53 Abs. 1 Nr. 5 StPO herrscht weitgehend Einigkeit.[480] Die teilweise mißverständlichen Formulierungen der Kritiker des Ausschlusses des selbstrecherchierten Materials können nicht als dessen Be-

---

474 BVerfGE 25, 296 ff. = NJW 1969, 1019 ff.; LG Kiel SchlHA 1955, S. 368 (369); AK-Amelung § 97 Rdnr. 43; Kleinknecht/Meyer-Goßner § 97 Rdnr. 45 m.w.N.; Löffler/Achenbach § 23 Rdnr. 98; LR-Schäfer § 97 Rdnr. 94.

475 Kleinknecht/Meyer-Goßner § 97 Rdnr. 45; Löffler/Ricker Kap. 30 Rdnr. 43.

476 Lackner § 11 Rdnr. 28.

477 BT-Drucksachen 7/2539 S. 12; BGH NJW 73, 2035; KG NJW 1984, 1133 m.w.N.; Löffler/Achenbach § 23 Rdnr. 92; LR-Schäfer § 97 Rdnr. 102; SK-Rudolphi § 102 Rdnr. 14; Roxin § 35 Rdnr. 6; siehe S. 79 f. dieser Arbeit.

478 Löffler/Achenbach § 23 Rdnr. 92.

479 Wortlaut § 97 Abs. 5 S. 1 StPO.

480 BVerfGE 77, 65 (73); BGHSt 28, 240 (251 ff.) = NJW 1979, 1212 (1214); LG Berlin AfP 1981, 417 (418); LG Bremen AfP 1979, 414; LG Hannover NStZ 1981, 154; AK-Kühne § 53 Rdnr. 29; KK-Senge § 53 Rdnr. 39; Kleinknecht/Meyer-Goßner § 53 Rdnr. 39; KMR-Paulus § 53 Rdnr. 37; LR-Dahs § 53 Rdnr. 52; SK-Rudolphi § 97 Rdnr. 60; Berg AfP 1989, 416 (416); Dörr AfP 1995, 378 (380); Erhard, Medienfreiheit S. 8 ff.; Gerschel AfP 1987, 683; Glauben DRiZ 1988, 352; Gössel, Medienfreiheit S. 62; Groß ZUM 1994, 214 (220); ders. NJW 1975, 1763 (1764); ders. FS-Schiedermair S. 235; Hennemann S. 56 f.; Höbermann journalist Heft 1/1988, 9 (10); Jarass JZ 1983, 280; ders. AfP 1977, 214 (215); Kunert MDR 1975, 885 (887); Löffler NJW 1978, 913 (915); J. Meyer FS-Tröndle S. 838, 853; Pauli S. 87; Pöppelmann AfP 1997, 485; Rebmann AfP 1982, 189 (190); Rengier JZ 1979, 797 (798); Roxin § 26 Rdnr. 26; Schomburg AfP 1984, 80 (81).

streiten bewertet werden, was die im Zusammenhang mit der Kritik geäußerten verfassungsrechtlichen Bedenken sowie die Forderung nach einer Gesetzesnovellierung zeigen.[481]

Dem Ausschluß des selbstrecherchierten Materials kommt im Rahmen des Zeugnisverweigerungsrechtes allerdings wesentlich weniger Bedeutung zu als beim Beschlagnahmeverbot. Der Zeugniszwang hat sich als ineffektives Mittel zur Beweisbeschaffung erwiesen, weil es von Anfang an zum Selbstverständnis der Journalisten gehörte, das Redaktionsgeheimnis zu wahren.[482] Da Unterlagen, Fotos und Tonbänder regelmäßig außerdem mehr Beweiskraft besitzen als ein erzwungenes Zeugnis, streben die Strafverfolgungsbehörden danach, im Wege der Beschlagnahme derartige Beweisgegenstände zu sichern.[483] Deshalb ist die Frage des selbstrecherchierten Materials genaugenommen (zumindest de facto) ein Problem des Beschlagnahmeverbots.

Durch den Ausschluß des selbstrecherchierten Materials vom Zeugnisverweigerungsrecht und Beschlagnahmeverbot bleibt ein erheblicher Teil der journalistischen Arbeit schutzlos. So sind Foto- und Filmaufnahmen der Medienmitarbeiter nur insoweit „gemachte Mitteilungen“ und damit vom Zeugnisverweigerungsrecht und Beschlagnahmeverbot umfaßt, als sie bei einem Interview oder Informationsgespräch gefertigt wurden. Es handelt sich dann um gezielt ermöglichte Beobachtungen, die durch § 53 Abs. 1 Nr. 5 StPO und damit auch durch das Beschlagnahmeverbot geschützt werden.[484] Aufnahmen von Demonstrationen sind zum Beispiel hingegen nicht beschlagnahmefrei.[485]

Dadurch, daß ein so großer und zunehmend wichtiger Teil im journalistischen Alltag vom Schutz der §§ 53 Abs. 1 Nr. 5, 97 Abs. 5 StPO ausgeschlossen bleibt, sehen einige den Kernbereich der publizistischen Arbeit gefährdet, da die Identität der Informanten und das Redaktionsgeheimnis nur unzureichend gesichert seien. Die derzeit geltende Regelung zum Zeugnisverweigerungsrecht der Journalisten genüge nicht.[486] Vielmehr sei durch die bisherige Regelung der Schutz der Pressefreiheit „äußerst lückenhaft“ geblieben.[487] Nach Ansicht des Bundesverfassungsgerichts ist der Ausschluß des selbstrecherchierten Materials jedoch mit dem Grundgesetz vereinbar.[488]

---

481 Löffler/Achenbach § 23 Rdnr. 61 ff.; Löffler/Ricker 6. Abschn. Kap. 30 Rdnr. 34; Pauli S. 73 ff.; Pöppelmann, AfP 1997, 485.

482 Hennemann S. 13; Keller S. 21.

483 Vgl. die aktuellen Fälle in der Stellungnahme von ARD und ZDF vom 16. /22. Februar 1996 S.4/5 m.w.N.; Dokumentation „Eingriffe der Justiz in die Medien“ Zeitungen 1994, 88 f.; DJV journalist Heft 4/1994 S. 13 ff.; Dörr AfP 1995 S. 378 (379); Pöppelmann AfP 1997, 485 (489); Wilde, Fälle.

484 KK-Nack § 97 Rdnr. 28.

485 BVerfGE 56, 247 = NJW 1981, 971; BVerfGE 77, 65 = NJW 1988, 329.

486 Löffler 3. Aufl. § 23 Rdnr. 57 ff.; Löffler/Achenbach § 23 Rdnr. 61 ff.; Löffler/Ricker 6. Abschn. Kap. 30 Rdnr. 34; Löffler NJW 1978, 913 (915); Pauli S. 73 ff.; Pöppelmann, AfP 1997, 485.

487 Pöppelmann AfP 1997, 485 (486).

488 BVerfGE 56, 247 (248); 77, 65 (74, 77).

aa. Begriffsbestimmung

(a) Die „gemachte Mitteilung"

„Gemachte Mitteilungen" sind Tatsachen und Erkenntnisse, die von außenstehenden Dritten an die Medien herangetragen bzw. den Medien vermittelt werden.[489] Die Information kann zum Beispiel durch eine Tatsachenmitteilung oder eine Meinungsäußerung, einen Leserbrief oder ein (autorisiertes) Interview erfolgen. Auch Fotos, Ton- und Filmaufnahmen Dritter sind der Fremdrecherche zuzuordnen.[490] Nicht unter den Begriff fallen hingegen Mitteilungen der Nachrichtenagenturen an die Redaktionen,[491] da diese keine außerhalb der Medien stehende Gewährsleute sind.

Was eine Drittmitteilung ist, muß weit ausgelegt werden. So fallen unter den Begriff auch der Information beigefügte Unterlagen und Materialien[492] ebenso wie alles, was der Presse im Hinblick auf ihre Tätigkeit im Zusammenhang mit einer etwaigen Veröffentlichung im redaktionellen Teil des Druckwerks mitgeteilt wurde.[493] Geschützt ist damit auch das nicht zur Veröffentlichung bestimmte Hintergrundmaterial und solche Mitteilungen, die publizistisch unergiebig sind und deshalb nicht weiter ausgewertet werden.[494] Gleiches gilt für das Archivmaterial.[495]

Von §§ 53 Abs. 1 Nr. 5, 97 Abs. 5 StPO umfaßt ist außerdem, was ein Informant einer Redaktion zwar nicht ausdrücklich mitteilt, er ihr aber zu beobachten ermöglicht.[496] Dazu zählen auch Wahrnehmungen, die der Medienmitarbeiter erst zu einem späteren Zeitpunkt aufgrund der Angaben des Informanten macht.[497] Entgegen der Ansicht des BGH[498] ist es aber nicht nötig, daß die Beobachtung als Gegenstand der Mitteilung gelten kann, da sich dem Gesetzeswortlaut eine derartige Einschränkung nicht entnehmen läßt. Auch nach dem Sinn und Zweck des Gesetzes ist dies nicht nur unnötig, sondern widerspricht ihm sogar. Durch das Zeugnisverweigerungsrecht soll die Vertrauenswürdigkeit der Medien gewahrt werden, da Presse und Rundfunk auf die Mitteilungen Dritter angewiesen sind. Das Vertrauen eines potentiellen Informanten werden sie nur erhalten, wenn dieser nicht aufgrund seiner Mitteilung mit einer Aufdeckung seiner Identität zu rechnen hat.[499] Er muß sich darauf verlassen können, daß auch Beobachtungen, die er zwar ermöglicht, die aber nicht zur Mitteilung selbst gehören, verschwiegen werden dürfen. Ist der Medienmitarbeiter zum Beispiel verpflichtet, den Aufenthaltsort eines untergetauchten Informanten preiszugeben, wird er von Personen, die sich ver-

---

489 BGHSt 28, 240 (257); Kleinknecht/Meyer-Goßner § 53 Rdnr. 39; Groß NJW 1975, 1764; Kunert MDR 1975, 885 (886 f.); Der Begriff ist jedoch sowohl im juristischen als auch im journalistischen Sprachgebrauch unüblich (Ollendorff S. 32). Es wird vielmehr von „Drittmitteilungen" oder „Fremdrecherche" gesprochen.

490 Vgl. Krüger, Die Polizei 1977, 284 (287); KMR-Paulus § 53 Rdnr. 37.

491 Ollendorff S. 32.

492 Schiwy/ Schütz/Krone. S. 523.

493 BGHSt 28, 240 (251); vgl. Rebmann FS-Pfeiffer S. 230 ff. für Bekennerbriefe von Terroristen.

494 Hans.OLG Bremen JZ 77, 442 (444); Löffler/Achenbach § 23 Rdnr. 58; KK-Senge § 53 Rdnr. 41.

495 Kohlhaas FS-Löffler S. 149.

496 BGHSt 36, 298 = AfP 1989, 738 = JR 1990, 431 = NJW 1990, 526; LG Heilbronn AfP 84, 119; Löffler/Ricker 30. Kap. Rdnr. 30.

497 LG Heilbronn AfP 1984, 119; Löffler/Ricker Kap. 30 Rdnr. 30; Ollendorff S. 90 f.

498 BGHSt 28, 240 (255); Als Beispiel nennt der BGH den gesundheitlichen Zustand eines Informanten, der behauptet von den Organen des eigenen oder eines fremden Staates mißhandelt worden zu sein.

499 Siehe auch S. 35 ff. dieser Arbeit.

steckt halten wollen, keine Mitteilungen mehr erhalten. Diese werden den Kontakt mit den Medien scheuen, weil sie mit der Möglichkeit rechnen müßten, aufgrund der erzwungenen Angaben des Journalisten gefunden zu werden.

Zu weit geht hingegen Delitz, der, um möglichst viele Materialien der Journalisten durch das Zeugnisverweigerungsrecht und das Beschlagnahmeverbot zu schützen, auch in den Foto- und Filmaufnahmen der Journalisten „gemachte Mitteilungen" sieht. Der Aufgenommene habe dem Journalisten die Gelegenheit gegeben, selbst Recherchen durchzuführen, so daß es sich um eine Art gezielt ermöglichter Beobachtung handele.[500] Ein derartiger Weg ist nur in wenigen Fällen tatsächlich gangbar, da zwischen dem Abgebildeten und dem Medienmitarbeiter ein sozialer Kontakt bestanden haben müßte, der einer Informantenbeziehung wenigstens ähnlich ist.[501] So sind Aufnahmen, die aufgrund gemachter Mitteilungen angefertigt werden, jedenfalls vom Schutz der §§ 53 Abs. 1 Nr. 5, 97 Abs. 5 S. 1 StPO umfaßt. Besteht jedoch keinerlei Beziehung zu dem Abgebildeten kann schon nach dem allgemeinen Sprachgebrauch nicht die Rede davon sein, daß dieser die Beobachtung gezielt ermöglicht habe. Das ist insbesondere bei Demonstrationen und ähnlichen Großveranstaltungen der Fall. Hier entsteht zwischen den Journalisten und den Demonstranten in der Regel kein sozialer Kontakt, der es rechtfertigt, von einer gezielt ermöglichten Beobachtung zu sprechen, da eine derartige Verbindung nicht schon allein darin zu sehen ist, daß die betreffende Person bemerkt, daß sie fotografiert oder gefilmt wird. Auch kann Delitz für die Fälle, in denen die Aufnahmen gänzlich unbemerkt gemacht werden, keine Lösung bieten. Sein Weg, aus den selbstrecherchierten Materialien fremdrecherchierte zu machen, ist damit nicht gangbar.

Was dem Medienmitarbeiter erst auf Fragen hin im persönlichen Gespräch eröffnet wird, fällt dagegen unstrittig unter das Zeugnisverweigerungsrecht.[502] Von dem Journalisten vorher schon Selbstrecherchiertes ist dann insoweit geschützt, als es den Antworten des Informanten entspricht.[503] Verschwiegen werden darf auch die Tatsache, daß überhaupt eine Mitteilung gemacht wurde.[504]

Teilweise wird behauptet, daß auch eigene Recherchen, die der Medienmitarbeiter angestellt hat, um den Informanten zu finden, vom Schutz umfaßt seien.[505] Diese Auffassung geht wohl auf einen mißverstandenen[506] Beschluß des Bundesgerichtshofs zurück[507], in dem entschieden worden war, daß über im Vorfeld eines Interviews selbstrecherchierte Tatsachen nicht ausgesagt werden muß, wenn dadurch die Enttarnung des Informanten möglich erscheint. Damit ist jedoch lediglich etwas über das Zeugnisverweigerungsrecht zur Person des Informanten ausge-

500 Delitz, AfP 1976, 106.

501 Baisch StV 1981, 17.

502 BGHSt 28, 240 (251).

503 Dunkhase S. 107; Ollendorff S. 96 f.

504 BGHSt 28, 240 (251); Löffler/Achenbach § 23 Rdnr. 52, 54; KK-Senge § 53 Rdnr. 39; Kleinknecht/Meyer-Goßner § 53 Rdnr. 38.

505 Löffler/Achenbach § 23 Rdnr. 54; Ollendorff S. 98.

506 Zwar sind die Leitsätze klar formuliert, jedoch sind die Entscheidungsgründe, insbesondere wenn einzelne Sätze aus dem Zusammenhang gerissen werden, stellenweise mehrdeutig.

507 BGHSt 36, 298 = AfP 1989, 739 = JR 1990, 43 = NJW 1990, 526; Das Nachrichtenmagazin „Stern" hatte ein Interview mit dem für die Auslandsaktivitäten zuständigen IRA-Chef geführt und veröffentlicht. Da der Generalbundesanwalt gegen diesen ein Ermittlungsverfahren betrieb, sollte der verantwortliche Redakteur als Zeuge vernommen werden. Dieser machte jedoch von seinem Zeugnisverweigerungsrecht nach § 53 Abs. 1 Nr. 5 StPO Gebrauch, weil er durch seine Aussage möglicherweise die Geheimhaltung der Identität seines Interviewpartners gefährdet hätte.

sagt. Es handelt sich hier nicht um eine Frage nach dem Schutz gemachter Mitteilungen. Der Redakteur durfte die Aussage verweigern, weil er nach § 53 Abs. 1 Nr. 5 StPO keine Angaben machen muß, die auch nur mittelbar auf die Person des Informanten schließen lassen. Beim Zeugnisverweigerungsrecht über die Person des Informanten wird gerade nicht zwischen selbstrecherchiertem und Drittmaterial unterschieden.[508] Es konnte deshalb dahinstehen, ob es sich bei den Recherchen des Journalisten zur Auffindung eines Informanten um Fremd- oder Eigenrecherchen handelt. Der BGH hat damit keine Aussage über den Umfang des Schutzes der „gemachten Mitteilungen" getroffen, so daß die Kritik, nach deren Ansicht mit diesem Beschluß der wesentliche Unterschied zwischen Eigenrecherche und Drittinformation aufgegeben wurde,[509] fehlgeht.

(b) Die Eigenrecherche

Zur Eigenrecherche zählt alles, was nicht unter den Begriff der Fremdrecherche fällt. An einer juristisch eindeutigen Definition fehlt es wegen der erheblichen Abgrenzungsschwierigkeiten zwischen der Eigen- und Fremdrecherche.[510] Von journalistischer Seite wurden hingegen verschiedene Versuche unternommen, den Begriff genauer zu bestimmen. Die prägnanteste Definition bezeichnet die (Eigen-)Recherche als Ermittlung neuer und Überprüfung bereits vorhandener Informationen zum Zweck der Veröffentlichung,[511] wobei zwischen verschiedenen Formen, wie dem Überprüfen, der Thesenkontrolle, dem Vervollständigen, der Rekonstruktion, der fließenden, der aufdeckenden und der investigativen Recherche unterschieden wird.[512]

Auf selbstrecherchierte Informationen und selbstrecherchiertes Material bezieht sich das Zeugnisverweigerungsrecht dem Gesetzeswortlaut nach nicht,[513] ebensowenig auf Bilder und Filme, die der Journalist oder Fernsehreporter in Ausübung seines Berufes aufgenommen hat,[514] bzw. Filme, die ein für das Fernsehen tätiger Filmproduzent hergestellt hat.[515] Beobachtungen, die der Journalist aktiv angestellt hat, ohne daß sie ihm von einem Informanten bewußt ermöglicht worden wären, gelten ebenso als selbst recherchiert.[516]

Ob eigenständig gemachte Wahrnehmungen und andere Eigenrecherchen, die der Journalist als Außenmitarbeiter an eine Redaktion weiterleitet, als Fremdrecherchen zu betrachten sind, ist umstritten. *Delitz* befürwortet dies mit dem Argument, auch ein Journalist könne Informant

---

508 Siehe dazu auch S. 55 f. dieser Arbeit.

509 J. Meyer JR 1990, 433 (435); ähnlich auch Schulenberg ZUM 1990, 466 (467); Inwiefern § 138 StGB hätte bejaht werden müssen, weil der IRA-Chef weitere Attentate angekündigte [J. Meyer JR 1990, 433 (434)], ist keine Frage des Zeugnisverweigerungsrechts und des Beschlagnahmeverbots und kann deshalb hier dahingestellt bleiben.

510 Vertiefend S. 89 ff. dieser Arbeit.

511 Brendel/Grobe S. 33; Schulze S. 142.

512 Vgl. hierzu im einzelnen Haller S. 53 ff; Ollendorff S. 34 ff.

513 BVerfG StV 1981, 17; BVerfGE 56, 247 = NJW 1981, 971; 77, 65; BGHSt 28, 240 (251); 36, 298 (301, 302 f.); LG Berlin AfP 1981, 417 mit Anm. Krone; LG Bremen StV 1981, 15 mit Anm. Baisch; LG Hannover NStZ 1981, 154; LG Heilbronn AfP 1984, 119; LR-Dahs § 53 Rdnr. 52; KK-Senge § 53 Rdnr. 39; Kleinknecht/Meyer-Goßner § 53 Rdnr. 39; KMR-Paulus § 53 Rdnr. 37; Gössel, Medienfreiheit S. 62; Groß NJW 1975, 1763 (1764); Kunert MDR 1975, 885 (887); Roxin § 26 B II 2 c Rdnr. 26.

514 BVerfGE 56, 247; BGH NStZ 1983, 208; LG Berlin AfP 1981, 417 (418) mit Anm. Krone; KK-Nack § 97 Rdnr. 28.

515 LG Berlin AfP 81, 417.

516 BGHSt 28, 240 (255); KK-Senge § 53 Rdnr. 39.

sein, wenn er sich an eine Zeitung oder einen Sender wendet. Seine Mitteilungen müßten geschützt sein, weil er ein berechtigtes Interesse an der Geheimhaltung selbstrecherchierten Materials habe.[517] Ähnlich argumentiert *Dunkhase*, der allerdings zwischen festangestellten und nebenberuflich oder freiberuflich tätigen Medienmitarbeitern differenziert. Nach seiner Meinung unterfallen sämtliche Mitteilungen der Letztgenannten dem Schutz des § 53 Abs. 1 Nr. 5 StPO. Andernfalls werde der auch vom BGH als Schutzgut des publizistischen Zeugnisverweigerungsrechts anerkannte Informationsfluß von außen[518] behindert.[519]

Die herrschende Meinung lehnt dies zu Recht ab,[520] da der Journalist gerade kein außerhalb der Medien stehender Dritter ist. Allein durch eine Preisgabe der von ihm recherchierten Informationen und den möglicherweise damit verbundenen Vertrauensbruch gegenüber dem Journalisten wird das Ansehen der Medien in der Öffentlichkeit nicht geschädigt; es können sich keine negativen Folgen für die zukünftige Informationsbeschaffung durch Dritte ergeben. Nach der anderen Ansicht käme man auch zu dem sinnwidrigen Schluß, daß zwar der Außenkorrespondent selbst die eigenen Recherchen preisgeben muß, die Redaktion, an die er diese weitergeleitet hat, sich aber unter dem Gesichtspunkt der „gemachten Mitteilung" auf ein Zeugnisverweigerungsrecht berufen könnte.[521] Entgegen *Dunkhase*[522] muß dieser Widerspruch nicht hingenommen werden, da nach dem Schutzzweck des § 53 Abs. 1 Nr. 5 StPO keine Notwendigkeit besteht, sämtliche Mitteilungen von Medienmitarbeitern an ihre Kollegen nur aufgrund der Übermittlung zu schützen.

Ollendorff geht sogar so weit, den Außenmitarbeiter selbst über von ihm recherchierte Tatsachen für zeugnisverweigerungsberechtigt zu halten. Dies schließt er daraus, daß freie Mitarbeiter und berufsmäßige Rechercheure nicht nur Berechtigte im Sinne des § 53 Abs. 1 Nr. 5 StPO sind, sondern auch selbst als Verfasser, Einsender oder Gewährsmann von dessen Schutz umfaßt sein können.[523] Dies trifft auf festangestellte Journalisten aber ebenfalls zu. Daraus, daß Journalisten als Verfasser ihrer Beiträge geschützt sind, kann nicht der Schluß gezogen werden, sie müßten über den Inhalt ihrer eigenen, selbstrecherchierten Informationen keine Aussage machen. Den Gewährsleuten, Verfassern und Einsendern steht das publizistische Zeugnisverweigerungsrecht nicht zu und auch als Medienmitarbeiter sind die genannten Gruppen zur Aussage über selbstrecherchierte Informationen verpflichtet. *Ollendorff* ignoriert das Wort „gemacht", das eindeutig darauf hinweist, daß die Informationen, über die ein Schweigerecht besteht, von anderen als dem Journalisten selbst herrühren müssen. Im übrigen kann jeder Medienmitarbeiter, auch der fest angestellte, gleichzeitig Berechtigter des § 53 Abs. 1 Nr. 5 StPO und Informant sein. Dies führt zum Beispiel dazu, daß er nicht darüber aussagen muß, ob er selbst der Verfasser eines Beitrags ist.[524]

---

517 Delitz AfP 1976, 106.

518 BGHSt 28, 240 (257 f.).

519 Dunkhase S. 109.

520 BGHSt 28, 240 (257); LG Hannover NStZ 1981, 154; KK-Senge § 53 Rdnr. 40; Kleinknecht/Meyer-Goßner § 53 Rdnr. 39; KMR-Paulus § 53 Rdnr. 37.

521 BGHSt 28, 240 (257).

522 Dunkhase S. 109.

523 Ollendorff S. 102; Die von dem Autor in Fn. 386 angeführten Quellen, stellen lediglich fest, daß auch diese Journalisten vom publizistischen Zeugnisverweigerungsrecht im Rahmen des § 53 Abs. 1 Nr. 5 StPO Gebrauch machen können [KK-Senge § 53 Rdnr. 36; Kleinknecht/Meyer 39. Aufl. § 53 Rdnr. 39 (jetzt Kleinknecht/Meyer-Goßner 42. Aufl. § 53 Rdnr. 35); KMR-Paulus § 53 Rdnr. 29; Löffler 3. Aufl. § 23 Rdnr. 53; LR-Dahs § 53 Rdnr. 43; Kohlhaas NJW 1958, 41; Löffler/Ricker 30. Kap. Rdnr. 30; Rebmann/Ott/Storz § 23 Rdnr. 7].

524 Siehe hierzu auch S. 55 f. dieser Arbeit.

Ein Zeugnisverweigerungsrecht auch für Eigenrecherchen wird lediglich dann gewährt, wenn eine Offenbarung zur Enttarnung des Informanten führen würde. Dies ergibt sich daraus, daß der Medienmitarbeiter keine Aussagen machen muß, die - auch nur indirekt - auf die Identität des Informanten schließen lassen.[525] Darüber hinaus besteht kein Schutz des selbstrecherchierten Materials.

(c) Sinn und Zweck des Ausschlusses der Eigenrecherchen

Durch den Ausschluß des selbstrecherchierten Materials vom Zeugnisverweigerungsrecht und der Beschlagnahme hat der Gesetzgeber den Schutz des Redaktionsgeheimnisses auf den Teilbereich des Informantenschutzes begrenzt.[526] Damit verdeutlicht er, daß er den Schutz des einzelnen Vertrauensverhältnisses zwischen Informant und Journalisten zur Erhaltung der Vertrauenswürdigkeit der Medien für ausreichend hält.

Der Informantenschutz ist als Minimalsicherung zum Schutz der Presse- und Rundfunkfreiheit schlicht unabdingbar. Ohne diesen Schutz wäre eine verantwortungsvolle journalistische Arbeit nicht denkbar, da die Medien zur Wahrnehmung ihrer Informations- und Kontrollfunktion auf private Mitteilungen angewiesen sind. Diese werden sie nur erhalten, wenn sich der Informant darauf verlassen kann, daß seine Identität und seine Mitteilungen nicht ohne weiteres den Strafverfolgungsbehörden bekannt werden. Wenn jemand einen Medienmitarbeiter kontaktiert, muß er dies im Vertrauen darauf tun können, daß ihm hieraus durch spätere Zeugenaussagen oder bei dem Aufgesuchten beschlagnahmte Gegenstände keine Nachteile erwachsen.[527]

Nach Ansicht des Gesetzgebers ist damit dem Schutz Genüge getan.[528] Wenn Dritte nicht als Zuträger am Informationsfluß beteiligt sind, so wird behauptet, bestehe auch nicht die Wahrscheinlichkeit, daß Nachrichtenquellen versiegen.[529] Dann werde durch einen Aussagezwang und die Beschlagnahme selbstrecherchierten Materials das Vertrauen in die Presse nicht erschüttert. Für die Einbeziehung der Eigenrecherche in den Schutz des § 53 Abs. 1 Nr. 5 StPO bestehe daher kein Anlaß.[530]

Auch das Bundesverfassungsgericht hält die Beschränkung auf den Informantenschutz zur Sicherung der Presse- und Rundfunkfreiheit grundsätzlich für ausreichend. Seine Aussage, der Informant müsse sich darauf verlassen können, daß das Redaktionsgeheimnis gewahrt bleibt,[531] ist einschränkend dahingehend zu verstehen, daß dies nur bezogen auf die Person des Informanten und die von diesem gemachten Mitteilungen gilt. Dies ergibt sich aus dem Kontext mit dem vorhergehenden Satz, in dem das Gericht ausführt, daß „zur Pressefreiheit auch ein gewisser Schutz des Vertrauensverhältnisses zwischen Presse und privatem Informanten“ [532] gehöre. Mit der Gewährung des Informantenschutzes und dem Vorrang der Strafverfolgung in

---

525 BVerfG AfP 82, 100 = NStZ 1982, 253 (254); BGHSt 36, 298 = AfP 1989, 738 = JR 1990, 431 = NJW 1990, 525; Löffler/Achenbach § 23 Rdnr. 45.

526 Siehe S. 41 f. dieser Arbeit.

527 K.-H. Groß, StV 1996, 559 (560).

528 Vgl. BT-Drucksachen 7/2539 S. 8, 7/3118 S. 3; BT-Protokoll 13/222.

529 Lisken ZRP 1988, 193.

530 Kunert MDR 1975, 885 (887); Lisken ZRP 1988, 193 (194); J. Meyer FS-Tröndle S. 853, der Ausschluß sei logisch zwingend; Rebmann AfP 1982, 189 (190); Rehbinder FS-Oehler S. 418 f.; vgl. auch BGHSt 28, 240 (253); LG Berlin AfP 1981, 417 (418); LG Bremen StV 1981, 15 (16).

531 BVerfGE 20, 162(176); 64, 108 (114 f.).

532 BVerfGE 20, 162 (176).

allen anderen Fällen hat der Gesetzgeber nach Ansicht des Bundesverfassungsgerichts einen ver-fassungsmäßigen Ausgleich zwischen den kollidierenden Interessen geschaffen.[533]

Der wiederholt verwendete Terminus „Informantenschutz" darf jedoch nicht mißverstanden werden. Die medialen Schutznormen dienen nicht in erster Linie dem Verfasser, Einsender oder Gewährsmann und deren privaten Interessen, sondern vielmehr der im öffentlichen Interesse liegenden Tätigkeit von Presse und Rundfunk.[534] Geschützt ist nicht das konkrete Vertrauensverhältnis des einzelnen Informanten zu einem Medienmitarbeiter, sondern das Vertrauen in die Medien allgemein, oder anders ausgedrückt, die Vertrauenswürdigkeit der Medien in den Augen der Öffentlichkeit.[535]

Dies läßt sich schon aus der amtlichen Begründung zum Gesetz über das Zeugnisverweigerungsrecht der Mitarbeiter von Presse und Rundfunk entnehmen.[536] Der Gesetzgeber wollte die Anonymität der Informationsquelle und das Redaktionsgeheimnis in stärkerem Maße als bisher schützen. Dadurch wird offenkundig, daß durch die Neuregelung der abstrakte Schutz des anonymen Informanten bezweckt wurde, nicht aber der Schutz eines einzelnen privaten Vertrauensverhältnisses.[537] Außerdem ergibt sich dies aus § 53 Abs. 2 StPO, aus dem hervorgeht, daß Journalisten selbst dann ein Zeugnisverweigerungsrecht haben, wenn der Informant ihr Schweigen nicht länger wünscht.[538] Der Umkehrschluß aus § 203 StGB zeigt, daß der Journalist andererseits nicht die Pflicht hat, von seinem Verweigerungsrecht Gebrauch zu machen.[539] Dies ist allein Entscheidung der Medienmitarbeiter, denen so die Möglichkeit gegeben wird, die für ihr Ansehen in der Öffentlichkeit beste Lösung zu finden.[540]

Aus den Ausführungen *Rebmanns* ist hingegen die Auffassung herauszulesen, nur das einzelne Vertrauensverhältnis zwischen dem Informanten und dem Medienmitarbeiter sei geschützt.[541] Er kann jedoch nicht erklären, warum die Sonderrechte der Medienmitarbeiter selbst dann gewahrt bleiben, wenn im konkreten Fall einmal kein Vertrauensverhältnis entsteht, insbesondere dann, wenn der Informant auch dem Medienmitarbeiter gegenüber anonym bleibt.[542] Begründet werden kann dies nur dadurch, daß das Zeugnisverweigerungsrecht und das Beschlagnahmeverbot das Vertrauen der Bevölkerung und damit potentieller Informanten zu den Medien schützen soll.

Festzustellen bleibt, daß durch das Zeugnisverweigerungsrecht und das Beschlagnahmeverbot lediglich der Informantenschutz gesichert werden sollte, um so das Ansehen von Presse und Rundfunk in der Öffentlichkeit zu erhalten. Ein Schutz der Eigenrecherchen der Journalisten erschien daher nicht erforderlich, so daß diese ausgeschlossen blieben.

---

533 BVerfGE 77, 65 (74, 77).

534 BVerfG 20, 162 (176); 36, 193 (204); BGHSt 28, 240 (254).

535 Baisch StV 81, 17; Rehbinder FS-Oehler, S. 414.; vgl. S. 35 f. dieser Arbeit.

536 BT-Drucksache 7/2539 S. 2 (ebenso der Rechtsausschuß in BT-Drucksache 7/3118 S. 2).

537 Ollendorff S. 70.

538 Kleinknecht/Meyer-Goßner § 53 Rdnr. 45.

539 LR-Dahs § 53 Rdnr. 60.

540 Unter Umständen schädigt das Verschweigen wichtiger Mitteilungen, die die Aufklärung einer schweren Straftat ermöglichen würden, das Vertrauen in die Medien mehr als die Preisgabe des Informanten.

541 Rebmann AfP 1982, 189 (190 f.); So wohl auch Jacob DuD 1998, 65 (66 f.), der nicht zwischen den Medienmitarbeitern und den anderen durch § 53 Abs. 1 StPO zeugnisverweigerungsberechtigten Berufsträgern unterscheidet.

542 Ollendorff S. 63.

bb. Die Kritik an der derzeitigen Gesetzeslage

Die Beschränkung des Schutzes auf Drittmitteilungen wurde von Beginn an kritisiert.[543] So hielt *Löffler* den Schutz auch des selbstrecherchierten Materials für „unerläßlich“ und nannte dessen Fehlen eine „bedauerliche Lücke“.[544] In der Tat verursacht der Ausschluß der Eigenrecherchen einige nicht zu vernachlässigende Schwierigkeiten.

(a) Das Abgrenzungsproblem

Was konkret zu den Mitteilungen Dritter an die Medien und was zur Eigenrecherche gezählt wird, ist weitgehend eine Frage der Auslegung. Um eine präzise Entscheidung treffen zu können, bedürfte es einer klaren Trennung zwischen selbstrecherchiertem Material und „gemachten Mitteilungen“ sowie zwischen ermöglichten Beobachtungen und Wahrnehmungen aufgrund eigenen Tätigwerdens. Die Grenzen zwischen den durch einen Informanten gemachten Mitteilungen und den selbst beschafften Informationen sind jedoch fließend. Im Normalfall besteht journalistische Arbeit darin, daß ein Redakteur eine Information erhält, der er dann nachgeht. Veröffentlichungen bestehen daher aus einer Mischung von Fremdinformationen und Eigenrecherche.

Diese Vermischung läßt sich nicht vermeiden, da die journalistische Sorgfaltspflicht es verbietet, daß ein Journalist Mitteilungen, die ihm von einem Informanten gemacht worden sind, zum Gegenstand einer Veröffentlichung macht, ohne selbst noch einmal Nachforschungen über deren Richtigkeit anzustellen.[545] Auch werden die erhaltenen Informationen um weitere ergänzt. Die von anderen Stellen gemachten Mitteilungen sind aber für sich gesehen schon wieder von Dritten geliefertes Material. Eigenrecherchiertes Material und Drittmaterial lassen sich somit zumindest nach einer gewissen Bearbeitungszeit kaum mehr voneinander unterscheiden.[546] Das wird auch von der Rechtsprechung[547] und den Strafverfolgungsbehörden[548] eingeräumt.

Verfassungsrechtliche Bedenken ergeben sich nach Ansicht des Bundesverfassungsgerichts daraus aber nicht.[549] Schwierigkeiten bei der Abgrenzung gäben zwar möglicherweise Anlaß zu rechtspolitischen Überlegungen, führten aber nicht dazu, daß die vom Gesetzgeber getroffe-

---

543 Löffler 3. Aufl. § 23 Rdnr. 60; Berg AfP 1989, 416 (417); Dunkhase S. 183 ff.; Gerschel journalist Heft 1/1988, 14; Pauli S. 76 ff.; Pöppelmann AfP 1997, 485 (487); Schomburg AfP 1984, 80 (81); Soehring Kap. 8.18.

544 Löffler NJW 1978, 913 (915).

545 § 6 Landespressegesetze. Für den Rundfunk beispielhaft: § 41 Abs. 3 Rundfunkstaatsvertrag; § 8 Abs. 3 MDR-Staatsvertrag; § 8 Abs. 2 NDR-Staatsvertrag; § 5 WDR-Gesetz; § 12 Abs. 4 Rundfunkgesetz für das Land Nordrhein-Westfalen. Unverbindlich auch in Grundsatz Nrn. 2 und 3 des Pressekodex (s. Anhang 2 S. 219 f. dieser Arbeit).

546 Berg AfP 1989, 416 (417); Gerschel journalist Heft 1/1988, 14; Glauben DRiZ 1988, 352; Jarass JZ 1983, 280 (281); Löffler NJW 1978, 913 (915); Löffler/Ricker 6. Abschn. 30. Kap. Rdnr. 34; Pöppelmann AfP 1997, 485 (487); Schomburg AfP 1984, 80 (81); Das gleiche gilt für die durch einen Informanten bewußt ermöglichten Beobachtungen und den aktiv durch den Medienmitarbeiter gemachten Wahrnehmungen (Soehring Kap. 8.18).

547 BGHSt 28, 240 (255).

548 Generalstaatsanwalt Hans-Joachim Ulrich in einem Interview mit den Redakteuren Kilz und Darnstadt [DER SPIEGEL Nr. 51/1987, 53 (56)].

549 BVerfGE 77, 65 (81); vgl. Beckmann FuR 1982, 73; Gerhardt AfP 1981, 342; Jarass JZ 1983, 280; Schomburg AfP 1984, 80 (81).

ne Unterscheidung untauglich wäre. Rechtliche und tatsächliche Zweifel, die in Einzelfällen aufträten, seien von den Fachgerichten zu klären.[550]

Selbst wenn dieses Problem bewältigt wird, ist dadurch allerdings nicht gesichert, daß die Ermittler tatsächlich nur Kenntnis von durch die Journalisten selbstrecherchiertem Material erlangen. Üblicherweise bewahren Journalisten das zu einem Thema gehörende Material, also sowohl selbstrecherchiertes als auch Drittmaterial, gemeinsam auf. Dieses muß von den Beamten zunächst gesichtet werden, um dann die Eigen- von den Fremdrecherchen zu trennen. Dabei erlangen die Ermittler aber zwangsläufig Informationen über Verfasser, Einsender und Gewährsleute sowie die von diesen gemachten Mitteilungen, die vom Zeugnisverweigerungsrecht und Beschlagnahmeverbot umfaßt sind.[551]

Nach dem Gesetz sind den Ermittlern fremdrecherchierte Unterlagen an sich verschlossen. Die Kenntnisnahme von diesem Material könnte der untersuchende Ermittler jedoch nur vermeiden, indem er, wie *Löffler* richtig vermerkt „bei der Prüfung der Unterlagen jedesmal die Augen schließt, ehe er an Fremdmaterial kommt, und sie wieder öffnet, wenn es sich um selbstrecherchiertes Material handelt.“ [552] Daß dies unmöglich ist, liegt auf der Hand. Eine vollständige Sicherung für die von Dritten gemachten Mitteilungen ist daher nicht möglich.[553]

Die Abgrenzung der Eigen- von der Fremdrecherche wird dadurch erschwert, daß Informationen in letzter Zeit häufig elektronisch gespeichert werden. Eine Sichtung dieser Materialien ist mit einem erhöhten Aufwand verbunden, der kaum ohne die Hilfe der Medienmitarbeiter bewältigt werden kann, da elektronisch gespeicherte Daten eine Unterscheidung von Eigenrecherchen und Drittmitteilungen nicht auf den ersten Blick und anhand äußerlicher Merkmale ermöglichen. Bei einer Durchsuchung der Focus-Redaktion am 12. Januar 1994 gingen die Ermittler dieser Schwierigkeit aus dem Weg, indem sie den ganzen Festplatteninhalt eines Computers kopierten; der Versuch einer Unterscheidung wurde nicht gemacht.[554] Werden auf diese Art Beweismittel beschafft, gelangen Informationen über Gewährsleute und Verfasser ohne vorherige Prüfung der Beschlagnahmefähigkeit in die Hände der Ermittler.[555] Die Geschehnisse in der Focus-Redaktion blieben bisher ein Einzelfall. Auch wenn sich derartiges nicht wiederholt, ist in Zukunft mit erheblichen, sich aus den Natur der Sache ergebenden Problemen bei der Beschlagnahme elektronisch gespeicherter Daten zu rechnen. Diese werden durch die zunehmende Digitalisierung der Archive noch verstärkt.[556]

Die als Lösungsweg vorgeschlagene Forderung an die Medien, selbstrecherchiertes Material und von Dritten erlangte Mitteilungen getrennt aufzubewahren,[557] läßt sich nicht befolgen.

550 BVerfGE 77, 65 (81).

551 Löffler/Achenbach § 23 Rdnr. 61b; Löffler 3. Aufl. § 23 Rdnr. 59; Pöppelmann AfP 1997, 485 (488); Schuller journalist Heft 10/1996 S. 39.

552 Löffler 3. Aufl. § 23 Rdnr. 59; so auch Löffler/Achenbach § 23 Rdnr. 61b.

553 Ein Beweisverwertungsverbot würde hier ebenfalls nichts bewirken, selbst wenn man die mit der Suche nach selbstrecherchiertem Material verbundene Einsichtnahme in Drittmaterial für unzulässig hielte. Ein Verwertungsverbot bestünde nur, wenn das Drittmaterial im Verfahren unmittelbar Verwendung finden sollte. Für die aufgrund einer unzulässigen Maßnahme anhand von unverwertbaren Beweismitteln indirekt erzielten Ermittlungsergebnisse, besteht kein Verwertungsverbot, da eine Fernwirkung innerhalb der deutschen Rechtsordnung von der herrschenden Meinung abgelehnt wird (vgl. Beulke Rdnr. 144, 482 ff.).

554 Journalist Heft 4/1994 S. 13.

555 Pöppelmann AfP 1997, 485 (488).

556 Stellungnahme von ARD und ZDF vom 16./22. Februar 1996 S. 7.

557 Rehbinder FS-Oehler S. 420.

Wie dargestellt, ist eine saubere Abgrenzung zwischen selbstrecherchiertem und von dritter Seite erhaltenem Material nahezu unmöglich. Zudem würde es die Arbeit eines Journalisten unnötig erschweren, in seinem Schreibtisch unterschiedliche Fächer für Drittmitteilungen und selbsterarbeitetes Material anzulegen und es nicht mehr nach Beiträgen und Themen sortiert aufbewahren zu können. Bei der Bearbeitung des aktuellen Beitrags müßte der Journalist auf seinem Schreibtisch die verschiedenen Materialien streng getrennt halten. Spätestens im Archiv ist dies aus Platz- und Praktikabilitätsgründen jedoch gänzlich unmöglich. Letztlich kann davon ausgegangen werden, daß sich die Ermittler auf der Suche nach Beweismaterial durch den Hinweis des Journalisten, es handele sich um Drittmaterial, wohl nicht von der Sichtung auch gerade dieses Materials abhalten ließen. Jede andere Vorstellung hierüber wäre realitätsfremd.

(b) Die elektronischen Medien und die Bildjournalisten

Dadurch, daß nur das von Dritten erarbeitete Material geschützt ist, sind die Rundfunkmedien, aber auch Fotografen in einer besonderen Misere, da es sich bei deren Ton- und Bildaufnahmen fast immer um selbst gefertigte Aufnahmen handelt. Dies liegt in der Eigenart des Mediums, da beim Hörfunk und Fernsehen die von Dritten erlangten Informationen in Bild oder Ton umgesetzt werden. Nur dann, wenn man bei den Aufnahmen davon ausgehen muß, daß der Informant sie bewußt ermöglicht hat, handelt es sich um Drittmitteilungen.[558] Daher unterliegen fast sämtliche dieser Aufzeichnungen nach dem Gesetzeswortlaut der Beschlagnahme; zumindest bei brisanten Fotos und Filmen dürfte dies nahezu immer der Fall sein.

Die Beschlagnahmemöglichkeit des selbsterarbeiteten Materials ist der Grund dafür, daß besonders in den letzten Jahren erhebliche Mengen an Material vor allem in Fernsehredaktionen sichergestellt wurden. Als besonders mißlich wird dabei die Tatsache empfunden, daß nicht zwischen veröffentlichtem und unveröffentlichtem Material unterschieden wird. Unveröffentlichtes Material gebe weniger Gewähr für die objektive Dokumentation eines Geschehens. In der mangelnden Authentizität liege oft der Grund dafür, daß das Material nicht verwendet worden sei.[559] Selbst wenn man dies bezweifelt, ist die steigende Zahl der Beschlagnahmen bedenklich.[560]

Wegen der schwierigen Unterscheidung zwischen fremd- und eigenrecherchiertem Material werden die Ermittler außerdem dazu tendieren, eher zu viel als zu wenig zu beschlagnahmen, um den Erfolg der Durchsuchung nicht zu gefährden.[561] Auch verlassen sich die Behörden inzwischen in einem solchen Maße auf die Möglichkeit der Beschlagnahme von Filmmaterial in den Sendern, daß sie teilweise wie zum Beispiel 1993 in Fulda trotz des anwesenden Videoteams der Polizei auf eigene Aufnahmen verzichten.[562] In einem anderen Fall wurden 1994 bei einer Demonstration in Darmstadt durch die Polizei zwar Filmaufnahmen gefertigt, das selbsterarbeitete Material des Hessischen Rundfunks und mehrerer anderer Rundfunkanstalten

---

558 Siehe S. 83 f. dieser Arbeit. Als durch eine gezielt ermöglichte Beobachtung entstanden, kann aber zum Beispiel das bei einem Interview aufgenommene Film- und Tonmaterial betrachtet werden.

559 Stellungnahme von ARD und ZDF zum Gesetzentwurf des Bundesrates (BT-Drucksache 13/195) S. 8.

560 1998 hat der DJV nach Aussage seines Justitiars, Benno H. Pöppelmann, 13 Durchsuchungen und Beschlagnahmen bei Medienunternehmen registriert, während sich die Ermittler vor zehn Jahren noch auf 5 derartige Zwangsmaßnahmen beschränkten (Wilde, Fälle 1988).

561 Pauli S. 76 f.

562 Stellungnahme von ARD und ZDF zum Gesetzentwurf des Bundesrates (BT-Drucksache 13/195) S. 4; Wilde, Fälle 10.1993.

wurde jedoch beschlagnahmt, bevor das Material der Polizei überhaupt gesichtet und auf seine Beweiskraft hin untersucht worden war.[563]

Dies hat beträchtlichen negativen Einfluß auf das Ansehen von Presse und Rundfunk in der Öffentlichkeit. Die Tätigkeit der Medien setzt eine gewisse Staatsferne voraus, die auch für die Öffentlichkeit glaubhaft sein muß, damit die Medien Informationen auch aus anderen als den „offiziellen“ Quellen erhalten. Diese Glaubwürdigkeit büßen die Medien ein, wenn sie durch Aussagezwänge und Beschlagnahmen von Material zum Helfer der Ermittlungsbehörden gemacht werden. Das Bild von der staatsfreien Presse kann in den Augen der Öffentlichkeit nicht aufrechterhalten werden, wenn beschlagnahmtes Material immer wieder in Prozessen verwertet wird. Die Tätigkeit der Medien erhält damit eine gegen den Bürger gerichtete Tendenz, die dieser auch zunehmend als feindlich wahrnimmt.[564]

Diese gewandelte Sichtweise wirkt sich nicht nur hinderlich auf die Arbeit aus, sondern führt teilweise sogar zu einer Gefährdung der Journalisten. So geschieht es nicht selten, daß besonders Foto- und Fernsehjournalisten bei Demonstrationen nicht als Multiplikatoren für die erwünschte Öffentlichkeitswirkung, sondern vielmehr als Beweismittellieferanten für Staatsanwaltschaft und Polizei angesehen werden. Darin wird eine der wesentlichen Ursachen für die zunehmenden Übergriffe auf Journalisten bei gewalttätig verlaufenden Protestveranstaltungen gesehen.[565] So wurde zum Beispiel in Wackersdorf das ZDF-Kamerateam mit Steinen beworfen, bei einer Kundgebung in Brokdorf am 7. Juni 1986 gingen die Demonstranten gegen ZDF-Teams mit Glas- und Stahlkugeln, Zwillen und Brandsätzen vor.[566] Die Autonomen der Hamburger Hafenstraße bildeten während der Auseinandersetzungen regelrechte Greiftrupps, die den Journalisten die Filme wegnahmen.[567] Auch bei den Demonstrationen militanter Kurden 1994 und gegen die Castortransporte 1997 gab es Übergriffe auf Fernsehteams.[568] Ebenfalls 1997 gingen rechtsradikale Demonstranten gegen einen Kameramann vor und beschädigten dessen Kamera.[569]

Dies zeugt von einer zunehmenden Gewaltbereitschaft gegenüber den Medienmitarbeitern, deren Ursache darin zu finden ist, daß die Journalisten als Zeugen gefürchtet werden. Insbesondere Demonstranten, die sich ohnehin schon strafbar gemacht haben, werden oft nicht davor zurückscheuen, sich gegen Filmaufnahmen notfalls durch Gewalt zur Wehr zu setzen.[570] Nur indem die Straftäter die Aufnahmen verhindern oder bereits angefertigte zerstören, können sie verhüten, daß die Strafverfolgungsbehörden ungehinderten Zugriff auf das Material haben. Auch im nachhinein können die Veranstaltungen insbesondere für Bildjournalisten noch erhebliche Konsequenzen haben, da sie mit Racheakten und Behinderungen bei ihrer zukünftigen Arbeit rechnen müssen.

---

563 Stellungnahme von ARD und ZDF zum Gesetzentwurf des Bundesrates (BT-Drucksache 13/195) S. 5; Wilde, Fälle 03.1994.

564 Dunkhase S. 151.

565 Soehring Kap. 8.19.

566 Gerschel AfP 1987, 683 (685); Höbermann journalist Heft 1/1988, 9 (10).

567 Höbermann journalist Heft 1/1988, 9 (11).

568 Eine schriftliche Aussage Bodo Hausers (Leiter des ZDF-Magazins „Frontal“) hierzu liegt der Verfasserin vor.

569 Der Sender möchte nicht genannt werden. Die Verfasserin besitzt eine schriftliche Bestätigung des Vorfalls.

570 Stellungnahme von ARD und ZDF 16./22. Februar 1996 S. 6.

Die Gefährdung der Journalisten wurde auch von *Generalbundesanwalt Prof. Rebmann* anerkannt. Zur Verteidigung der derzeitigen Gesetzeslage bringt er jedoch vor, der Medienmitarbeiter unterscheide sich nicht von dem üblichen Zeugen, der bei einer Straftat zugegen war oder diesbezügliches Beweismaterial in seinem Besitz hat.[571] Dem ist nicht zuzustimmen, da zwar jeder Belastungszeuge mögliche Repressalien durch den Beschuldigten fürchten muß, dies bei einem Journalisten jedoch in besonderem Maße der Fall ist. Es ist schließlich Teil seiner Tätigkeit, auf Demonstrationen zugegen zu sein und Fotos bzw. Filmaufnahmen von bedeutenden, die Öffentlichkeit interessierenden Geschehnissen zu machen. Er wird somit zu einer Art „berufsmäßigem Zeugen", auf den die Staatsanwaltschaft immer dann zurückgreift, wenn sie von seiner Anwesenheit auf der Demonstration Kenntnis erlangt. Das führt dazu, daß Demonstranten - vermehrt auch mit Gewalt - verhindern, daß Material entsteht, das später von den Ermittlungsbehörden verwertet werden kann. Journalisten sind somit über das normale und zumutbare Maß hinaus gefährdet. Die Arbeit der Medien wird durch die gewalttätigen Übergriffe stark beeinträchtigt. Werden die Journalisten daran gehindert, Aufnahmen zu machen, können sie aber insoweit ihre Unterrichtungsfunktion nicht mehr optimal erfüllen.

Für andere Zeugen ergeben sich aus einer Inanspruchnahme durch die Ermittler auch keine Folgen für die künftige Arbeit. Ein Journalist, der einmal als Zeuge auftreten oder belastendes Beweismaterial liefern mußte, wird bei späteren Veranstaltungen nicht mehr mit der Zusammenarbeit der Demonstranten oder der Organisatoren rechnen können, wenn er denn überhaupt noch davon erfährt.[572]

Zu weit geht es aber, aus der Schutzpflicht des Staates die Notwendigkeit für eine Gesetzesänderung herleiten zu wollen.[573] Zwar besteht gemäß Art. 2 Abs. 2 GG für den Gesetzgeber die Pflicht, die körperliche Unversehrtheit vor Beeinträchtigungen auch durch nicht grundrechtsgebundene Personen zu schützen,[574] hierbei kommt ihm aber ein weiter Ermessensspielraum zu.[575] Wenn die Polizei die Journalisten auf Demonstrationen im Rahmen ihrer Möglichkeiten schützt, hat der Staat seiner Pflicht Genüge getan. Eine Verletzung dieser Pflicht könnte nur festgestellt werden, wenn die öffentliche Gewalt Schutzvorkehrungen überhaupt nicht oder nur gänzlich ungeeignet getroffen hätte, was jedoch praktisch nicht vorkommt. Es gibt in der Bundesrepublik kaum noch Demonstrationen, die nicht von einem Polizeieinsatz begleitet würden, um Ausschreitungen jeglicher Art zu verhindern. Die Entscheidung, im Interesse der Strafverfolgung eine gewisse Gefährdung der körperlichen Unversehrtheit der Journalisten hinzunehmen, mag zwar nicht befriedigen, ist aber zumindest kein Verstoß gegen Art. 2 Abs. 2 GG.

Es wird befürchtet, daß die Medien wegen der Gefahr von Übergriffen auf Demonstrationen über entsprechende Ereignisse in Zukunft nicht mehr berichten werden und so ihrem verfassungsrechtlichen Informationsauftrag nicht mehr nachkommen.[576] Dies erscheint wenig wahrscheinlich, da die Journalisten trotz wachsender Gefährdung auch in den letzten Jahren ausführlich über Demonstrationen und ähnliche Veranstaltungen berichtet haben. Es besteht kein Grund zu der Annahme, daß sich dies in Zukunft ändern wird. Nicht von der Hand zu weisen ist jedoch, wie oben dargestellt, die Möglichkeit, daß die Medien nicht mehr genügend Infor-

---

571 Rebmann AfP 1982, 189 (191).
572 Schomburg AfP 1984, 80 (82).
573 So aber Pöppelmann AfP 1997, 485 (487).
574 V. Münch/Kunig/Kunig Art. 2 Rdnr. 67.
575 BVerfGE 79, 174 (202); Seifert/Hömig Art. 2 Rdnr. 12; Hesse Rdnr. 350.
576 Pöppelmann AfP 1997, 485 (487).

mationen, insbesondere von Insidern, erhalten werden. Dies hätte zur Folge, daß sie zwar in ausreichendem Maße berichten wollten, jedoch nicht könnten.

(c) Die Ursächlichkeit für die Beeinträchtigung der Recherchen

Das Bundesverfassungsgericht vertritt die Auffassung, daß die Gefahr gewalttätiger Übergriffe durch eine Beschlagnahme nicht wesentlich verschärft werde und auch durch eine Erweiterung des Beschlagnahmeverbots nicht ausgeräumt werden könne.[577] In der sogenannten „Brokdorf-Entscheidung" vom 1. Oktober 1987[578] schreibt der Zweite Senat, die möglicherweise auftretenden Hindernisse seien nicht dem Staat, sondern den durch die Recherche Betroffenen zuzurechnen. Der Staat habe nicht die Pflicht, die Belange der Strafverfolgung zurückzustellen, um Schwierigkeiten der Medien bei der Sammlung von Informationen über strafbare Handlungen zu verringern.[579] Zu dieser Thematik hat in einem anderen Fall die damals damit befaßte Staatsanwaltschaft bemerkt, die Pressefreiheit werde nicht durch sie, sondern durch die steinewerfenden Demonstranten gefährdet.[580] Es wird vorgebracht, eine Ausdehnung auf selbsterarbeitetes Material sei sinnlos, weil die Rechtsbrecher die Entstehung von Beweismaterial, das von dem Journalisten jederzeit veröffentlicht werden kann, überhaupt verhindern wollten und deshalb trotz eingeschränkter Beschlagnahmemöglichkeiten gegen fotografierende oder filmende Journalisten vorgehen würden.[581] Nach dieser Ansicht handelt es sich daher bei Übergriffen um Probleme, die typischerweise mit der journalistischen Arbeit verbunden sind. Tatsächlich gehe es den Journalisten nicht um den Quellenschutz, sondern um die Erleichterung ihrer Arbeit, nämlich die Abwehrhaltung derjenigen, über die berichtet werden solle, zu überwinden. Diese Abwehrhaltung könne aber nicht als unerlaubte staatliche Behinderung betrachtet werden.[582]

Die genannten Argumente können nicht überzeugen. Gerade in den Fällen, in denen Demonstranten die Journalisten angreifen, geschieht dies in der Regel, um eine spätere Nutzung des Materials durch die Ermittler zu verhindern. Die Aufgenommenen scheuen sich nicht davor, in den Medien zu erscheinen. Dies entspricht sogar der meist erwünschten Öffentlichkeitswirkung, ohne die eine Demonstration zum Beispiel gegen die Nutzung der Kernenergie zur Stromgewinnung sinnlos wäre. Jedoch möchte keiner der Betroffenen riskieren, daß die Aufnahmen von den Strafverfolgungsbehörden beschlagnahmt und bei eventuellen späteren Prozessen verwendet werden. Daran kann auch die vorhersehbare Erwiderung, der Demonstrant habe schließlich die Möglichkeit, sich ordnungsgemäß zu verhalten, nichts ändern. Es geht nicht darum, ob sich eine Person strafbar macht, sondern darum, ob, wenn es denn geschieht, die Medien darüber so ungehindert wie möglich berichten können. An der dazu nötigen Sammlung von Material werden die Medien von den Demonstranten aber gerade wegen der Möglichkeit der späteren Nutzung als Beweismittel gehindert.

---

577 BVerfGE 77, 65 (84).

578 BVerfGE 77, 65; Mitarbeiter eines Fernsehsenders hatten bei einer Demonstration, in deren Verlauf es zu schweren Ausschreitungen gekommen war, Filmaufnahmen gemacht. Die Staatsanwaltschaft, die ein Ermittlungsverfahren wegen Landfriedensbruchs, versuchten Totschlags und Körperverletzung im Amt gegen „Unbekannt" eingeleitet hatte, wollte diese Aufnahmen zu Beweiszwecken beschlagnahmen. Das Bundesverfassungsgericht hatte über die Verfassungsmäßigkeit der Beschlagnahme zu entscheiden.

579 BVerfGE 77, 65 (79).

580 Zitiert nach LG Berlin AfP 1981, 417 (418).

581 Erhard, Medienfreiheit S. 9 f.; Weigend in Verhandlungen des 62. Deutschen Juristentages, C 1 (C 103).

582 Lisken ZRP 1988, 193 (194).

Auch das Argument, der von Recherchen Betroffene, der aufgrund einer Veröffentlichung mit Ermittlungen gegen sich zu rechnen habe, werde die Arbeit der Journalisten beeinträchtigen,[583] kann nicht überzeugen. Solange die Strafverfolgungsbehörden Zugriff auf das unveröffentlichte Material haben, besteht für Journalisten kein Grund, Personen auf ihren veröffentlichten Aufnahmen unkenntlich zu machen. Bei einer Änderung der Gesetzeslage, nach der auch das selbstrecherchierte Material geschützt wäre, würden die Journalisten die aufgenommenen Personen vermehrt anonymisieren, was durch die Unkenntlichmachung auf Foto- oder Filmaufnahmen bzw. die Verzerrung der Stimme bei Tonaufnahmen ohne weiteres möglich wäre. Der Aufgenommene müßte dann auch bei einer Veröffentlichung des Materials nicht mit seiner Entdeckung rechnen. Nötig würden diese Maßnahmen durch die Journalisten jedoch erst, wenn die Auswertung von Veröffentlichungen für die Ermittlungsbehörden die einzige Möglichkeit wäre, die Informationen der Medien zu Beweiszwecken zu nutzen. Bis dahin führen Anonymisierungen nur dazu, die Aufmerksamkeit der Ermittler auf den Beitrag zu lenken.

Der Urteilsbegründung zur „Brokdorf-Entscheidung" ist zu entnehmen, daß das Bundesverfassungsgericht auch an den Fall dachte, daß der Journalist bei einer Person recherchiert, die in dem zukünftigen Beitrag kritisiert wird und deshalb naturgemäß kein Interesse an einer Veröffentlichung hat.[584] Der durch die Veröffentlichung Betroffene wird dem Journalisten keine Auskunft erteilen und ihn, soweit ihm das möglich ist, in seinen weiteren Recherchen behindern. Jedoch kommt dies erfahrungsgemäß eher selten vor. Im Normalfall stehen den Medienmitarbeitern mehrere Quellen zur Verfügung, so daß sie nicht in erster Linie auf Informationen des Kritisierten angewiesen sind. Wenn dieser selbst für den Beitrag befragt wird, so geschieht dies meist nicht, um weitere belastende Einzelheiten von ihm zu erfahren, sondern eine Stellungnahme zu erhalten oder seine Sicht der Dinge zu erläutern. Andere Mitteilungen erwartet man bei realitätsnaher Betrachtungsweise von einem derartigen Informanten nicht. Es kommt daher entgegen der Annahme des Bundesverfassungsgerichts kaum vor, daß ein Befragter einer Veröffentlichung der von ihm gegebenen Informationen ablehnend gegenübersteht.

In den vielen anderen Fällen, in denen der Informant sonstige negative Auswirkungen fürchtet, etwa weil ihm wegen Angaben über seinen Arbeitgeber der Verlust seines Arbeitsplatzes droht, steht dem Journalisten die Möglichkeit offen, den Informanten nicht zu nennen und ihn so zu schützen. Mit einer Aufdeckung seiner Identität muß der Informant nur dann rechnen, wenn die Strafverfolgungsbehörden das durch den Journalisten erarbeitete Material zu Beweiszwecken verwenden. Die Informanten haben daher keinen Grund, den Journalisten schon allein wegen der Sammlung seiner Informationen für die spätere Veröffentlichung zu behindern.

Es bleibt festzustellen, daß zwar nicht der Staat selbst die Medienmitarbeiter bei der Informationssammlung behindert, jedoch das Verhalten der von den Recherchen Betroffenen eine unmittelbare Reaktion auf die Möglichkeit der Strafverfolgungsbehörden ist, das Recherchierte zu Beweiszwecken heranzuziehen. Die Übergriffe dokumentieren den daraus resultierenden Vertrauensverlust gegenüber den Medien in besonders drastischer Weise.

---

583 Erhard, Medienfreiheit S. 9 f.
584 BVerfGE 77, 65 (79).

(d) Die Auswirkungen auf die Arbeit in der Redaktion

Dadurch, daß das selbstrecherchierte Material nicht vom Schutz der §§ 53 Abs. 1 Nr. 5, 97 Abs. 5 S. 1 StPO umfaßt ist, kommt es relativ häufig zu Zwangsmaßnahmen gegen die Medien und ihre Mitarbeiter. Muß ein Journalist eine Aussage machen, so wird dies im Normalfall den Betriebsablauf in der Redaktion bzw. im Sender nicht wesentlich beeinträchtigen. Anders ist es, wenn die Ermittlungsbehörden eine Durchsuchung durchführen und Material beschlagnahmen. Ein besonders markantes, wenn auch schon einige Zeit zurückliegendes Beispiel sind die Ereignisse rund um den SPIEGEL-Verlag.

Anfang Oktober 1962 hatte „DER SPIEGEL" einen Beitrag mit dem Titel „Bedingt abwehrbereit" veröffentlicht. Unter Nennung von Einzelheiten des gegenwärtigen Rüstungsstandes der NATO sowie militärischer Planung der NATO und der Bundeswehrführung legte der Artikel dar, daß die Bundeswehr nur eingeschränkt verteidigungsbereit sei. Daraufhin leitete der Generalbundesanwalt gegen den Herausgeber des „SPIEGEL" und einige Redakteure ein Ermittlungsverfahren wegen Landesverrats ein. Im Zuge dieses Verfahrens wurden am 26. Oktober 1962 auch die Redaktionsräume des Magazins in Hamburg und in Bonn durchsucht. Das Bundesverfassungsgericht beschreibt die Ereignisse so: „Die Durchsuchung in Bonn dauerte nur wenige Stunden. In Hamburg wurden zunächst alle Räume des Verlages verschlossen und die Verlagsangehörigen aufgefordert, das Haus zu verlassen. Zu diesem Zeitpunkt standen die Arbeiten an der Fertigstellung der nächsten Nummer kurz vor ihrem Abschluß. Auf Vorstellung des Chefredakteurs Jacobi wurden die Versandunterlagen herausgegeben und dem Chef vom Dienst gestattet, mit etwa zehn Mitarbeitern die Arbeiten zur Herausgabe der nächsten Nummer zu beenden. Die Durchsuchung der Verlagsräume dauerte bis zum 25. November 1962. In der Zwischenzeit wurden nach und nach einzelne Räume freigegeben." [585] Der Verlag wurde also fast einen Monat lang durchsucht. In dieser Zeit war die Arbeit in der Redaktion mit erheblichen Schwierigkeiten verbunden.[586]

Aus den letzten Jahren sind insbesondere die Durchsuchungen bei verschiedenen Bremer Redaktionen wegen der Kopien eines Rechnungshofberichts[587] bekannt geworden. Die hierzu durchgeführte Polizeiaktion dauerte einen Tag, wobei fünf Redaktionen und die Privatwohnungen der involvierten Redakteure durchsucht wurden.

Durch derartige Vorkommnisse wird die Arbeit in den Redaktionen in nicht nur unerheblichem Maße beeinträchtigt. Eine Durchsuchungsaktion bringt den Redaktionsalltag aus dem Gleichgewicht: die Journalisten können nicht mehr ungestört telefonieren, es können keine unbehelligten Gespräche mit Informanten geführt werden und schließlich müssen die Journalisten schon im eigenen Interesse den Ermittlern zur Hand gehen, um die Durchsuchung so schnell wie möglich zu beenden und eventuell durch den einen oder anderen erklärenden Hinweis zu

585 BVerfGE 20, 162 (165).

586 Die bei der Entscheidung unterlegene Auffassung führte dann auch aus: „Es war vorhersehbar, daß eine so ausgedehnte Durchsuchung sich über mehrere Wochen hinziehen und eine Betriebsbehinderung zur Folge haben würde, die das Erscheinen des „SPIEGEL" in Frage stellen und die Existenz der Beschwerdeführerin gefährden konnte. Demgegenüber kann nicht eingewandt werden, daß der „SPIEGEL" tatsächlich trotz der einen vollen Monat dauernden Durchsuchung ohne Unterbrechung erschienen ist; denn dies wurde nur durch die Hilfeleistung anderer Verlage ermöglicht." [BVerfGE 20, 162 (200)].

587 Im Rahmen der Ermittlungen wegen „Verletzung des Dienstgeheimnisses" wurde nach den Kopien eines Rechnungshofberichts gesucht, in dem Haushaltsüberschreitungen der Landesregierung, speziell des Kultursenators Reinhard Hoffmann, kritisiert worden waren (Ul. Kaiser journalist Heft 10/1996, 38).

einem Dokument eine Beschlagnahme zu verhindern.[588] Dadurch werden sie von ihrer eigentlichen Arbeit, der Sammlung von Informationen und der Unterrichtung der Öffentlichkeit, abgehalten und können für die Zeit der Durchsuchung ihrer Funktion nur noch in vermindertem Maße gerecht werden.

(e) Die Kollision mit der Standesethik

Nicht nur praktische Gesichtspunkte lassen eine Beschränkung des Beschlagnahmeschutzes auf das von Dritten gelieferte Material bedenklich erscheinen, auch die Berufsethik der Medienmitarbeiter spricht für eine Ausdehnung des Schutzes. Pressejournalisten haben die standesethische Verpflichtung zur Wahrung des Redaktionsgeheimnisses. Sie ist in den Ziffern 5 und 6 des Pressekodex verankert,[589] wonach die Journalisten gewonnene Erkenntnisse nicht an die Ermittlungsbehörden weitergeben dürfen. Auch Rundfunkjournalisten haben diese Pflicht. Der Pressekodex ist auf sie zwar nicht zugeschnitten, jedoch kann er zur Konkretisierung ihrer Pflichten herangezogen werden.[590]

Der Grundsatz der Wahrung des Redaktionsgeheimnisses gehört außerdem zu den auch international anerkannten Leitsätzen der Medientätigkeit.[591] Indem der Staat die Medienmitarbeiter zur Aussage oder zur Duldung der Beschlagnahme und Verwertung ihres Materials zwingt, veranlaßt er sie, gegen diesen wesentlichen Grundsatz ihrer Berufsethik zu verstoßen, was zu Recht für „widersinnig“ [592] gehalten wird. Verantwortungsvolle Medien, die bei der Arbeit ihren Prinzipien treu bleiben, liegen im Interesse der Allgemeinheit. Der Ausschluß des selbstrecherchierten Materials ist diesem Interesse aber gegenläufig.

(f) Ein journalistischer Spagat

Durch die Fassung des § 53 Abs. 1 Nr. 5 StPO gerät der Journalist außerdem in einen schier unlösbaren Konflikt. Er hat nach § 6 der Landespressegesetze bzw. den entsprechenden Vorschriften der Rundfunk- und Mediengesetze[593] die Pflicht, „alle Nachrichten vor ihrer Verbreitung ... zu prüfen“. Das gleiche folgt aus Nummer 1 und 2 des Pressekodex, in denen die Achtung vor der Wahrheit und die Pflicht zur sorgfältigen Überprüfung von zur Veröffentlichung bestimmten Informationen vorgeschrieben ist.[594] Die Journalisten müssen sich somit um die Feststellung der Richtigkeit ihrer Veröffentlichung zumindest ernsthaft bemühen und besonders das von Dritten übermittelte Material sorgfältig prüfen.[595] Je mehr der Journalist seiner Sorgfaltspflicht aber nachkommt und erhaltene Informationen kontrolliert und vervollständigt, desto mehr wird aus dem Drittmaterial selbstrecherchiertes; so setzt er zunehmend sein Zeugnisverweigerungsrecht aufs Spiel und verliert es am Ende ganz.

---

588 Um sich dem nicht auszusetzen, wenden vor allem Fernsehsender die Durchsuchung immer häufiger dadurch ab, daß sie nach Ausschöpfung der Rechtsmittel das Material freiwillig herausgeben. Damit geraten sie jedoch in Widerspruch zu ihren Standesregeln (vgl. die folgenden Ausführungen).

589 Siehe Anhang 2 S. 219 f. dieser Arbeit.

590 Herrmann § 22 Rdnr. 88.

591 Köcher S. 149; Kunczik S. 89, 91; Löffler AfP 1971, 16 (19); Schiwy/Schütz/Roegele S. 433; Wild S. 130.

592 Dunkhase S. 188.

593 Beispielhaft § 41 Abs. 3 Rundfunkstaatsvertrag; § 8 Abs. 3 MDR-Staatsvertrag; § 8 Abs. 2 NDR-Staatsvertrag; § 5 Abs. 5 WDR-Gesetz; § 12 Abs. 4 Rundfunkgesetz für das Land Nordrhein-Westfalen.

594 Siehe Anhang 2 S. 219 f. dieser Arbeit.

595 Löffler NJW 1965, 942 (943); Schippan ZUM 1996, 398 (403).

Der Widerspruch zwischen Aussagepflicht und Sorgfaltspflicht, so wird gewarnt, kann schlimmstenfalls dazu führen, daß der Journalist eigene Nachforschungen unterläßt, um dem Informanten den ausdrücklich oder stillschweigend zugesicherten Schutz zu ermöglichen.[596] Der öffentlichen Aufgabe der Presse wird aber nur ein sorgfältiger Journalismus gerecht, der jedoch durch die derzeitige Gesetzeslage geradezu vereitelt wird.

(g) Der Vergleich mit den anderen Zeugnisverweigerungsrechten des § 53 Abs. 1 StPO

Weitere Schlüsse über die Notwendigkeit des Schutzes des selbstrecherchierten Materials lassen sich möglicherweise aus einem Vergleich mit den anderen in § 53 Abs. 1 StPO verankerten Zeugnisverweigerungsrechten ziehen.

(aa) Die Nummern 1 bis 3 b

Bei einem Vergleich der berufsbedingten Zeugnisverweigerungsrechte fällt auf, daß die von § 53 Abs. 1 Nr. 1 bis 3 b StPO erfaßten Berufsgruppen, wie Ärzte und Rechtsanwälte, auch über das „Bekanntgewordene" schweigen dürfen. „Bekanntgeworden" sind Tatsachen, die der Berufsausübende erfahren hat, auch ohne daß sie ihm anvertraut worden sind.[597] Die bekanntgewordenen Tatsachen stellen daher das Äquivalent zu den selbstrecherchierten Informationen der Medienmitarbeiter dar. Gegen deren Ausschluß vom Zeugnisverweigerungsrecht wird deshalb vorgebracht, daß für diese Benachteiligung gegenüber den Vertretern der klassischen zeugnisverweigerungsberechtigten Berufe kein Grund bestehe.[598]

Die Unterscheidung wird durch die Verschiedenartigkeit des jeweils geschützten Vertrauensverhältnisses und den daran anknüpfenden Gesetzeszweck begründet.[599] Den in § 53 Abs. 1 Nrn. 1 bis 3 b StPO erfaßten Berufsgruppen wird wegen des Persönlichkeitsschutzes ein umfassendes Zeugnisverweigerungsrecht gewährt. Es bezweckt den Schutz der Intimsphäre von Personen, die sich rat- und hilfesuchend an die genannten Berufsgruppen wenden.[600]

Mit diesem personenbezogenen, insbesondere auf Art. 1 Abs. 1 GG zurückgehenden Zeugnisverweigerungsrecht kann das der Medienschaffenden nicht gleichgesetzt werden. Es leitet sich nicht aus dem allgemeinen Persönlichkeitsrecht ab, sondern ist Ausfluß des Art. 5 Abs. 1 S. 2 GG. Von einem Journalisten erwartet niemand eine Antwort oder einen Rat in Problemsituationen, so daß das Zeugnisverweigerungsrecht der Medienschaffenden ausschließlich sachbezogen ist und die Nachrichtenbeschaffung gewährleistet.[601]

Außerdem werden den in § 53 Abs. 1 Nr. 1 bis 3 b StPO genannten Berufsgruppen Mitteilungen primär zu dem Zweck der Geheimhaltung, den Medienschaffenden aber zum Zweck der Nutzung für Veröffentlichungen gemacht. Dabei kann nicht pauschal gesagt werden, daß Jour-

---

596 Löffler 3. Aufl. § 23 Rdnr. 60; vgl. Kübler, Bericht über die 52. Tagung des Studienkreises für Presserecht und Pressefreiheit AfP 1982, 214; Pöppelmann AfP 1997, 485 (487).

597 Kleinknecht/Meyer-Goßner § 53 Rdnr. 9.

598 Löffler 3. Aufl. § 23 Rdnr. 60a; Gerschel AfP 1987, 683, (684); Löffler/Ricker 6. Abschn. Rdnr. 34 S. 177.

599 BGHSt 28, 240 (152 f.).

600 BGHSt 28, 240 (253 f.); LG Köln NJW 1959, 1598; KK-Senge § 53 Rdnr. 1; Kleinknecht/Meyer-Goßner § 53 Rdnr. 1; Rengier 13 ff.

601 Rengier S. 38 f.; Weigend Verhandlungen des 62. Deutschen Juristentages, C 1 (C 99).

nalisten Informationen erhalten, um sie bekanntzugeben.[602] Nur ein Teil der den Medien gemachten Mitteilungen wird tatsächlich veröffentlicht, während viele Informationen nur als Hintergrundinformation zum besseren Verständnis politischer oder wirtschaftlicher Zusammenhänge dienen.[603] Auch diese nutzt der Medienmitarbeiter also letztlich für seine Veröffentlichungen, obwohl er deren Inhalt nicht publiziert. Schließlich steht bei den nach § 53 Abs. 1 Nr. 1 bis 3 b StPO Zeugnisverweigerungsrechten die Person im Vordergrund, während es bei § 53 Abs. 1 Nr. 5 StPO die durch diese Person vermittelte Information ist. *Ollendorff* führt dazu prägnant aus: „Wesen und Bestimmung jeder publizistischen Tätigkeit ist es, durch die Veröffentlichung der Information, nicht des Informanten zu wirken.“ [604]

Daß der Gesetzgeber bei der Regelung des § 53 Abs. 1 Nr. 5 StPO dem Unterschied zwischen den einzelnen Vertrauensverhältnissen Rechnung tragen wollte, ist aus der Entstehungsgeschichte der Norm ersichtlich. Ursprünglich schützten auch die Nummern 1 bis 3 des § 53 StPO nur die „anvertrauten“ Informationen.[605] Durch das Dritte Strafrechtsänderungsgesetz vom 4. August 1953 wurde der Schutz auf „bekanntgewordene“ Tatsachen ausgedehnt. Damit sollte klargestellt werden, daß sich das Zeugnisverweigerungsrecht auf alles bezieht, was den Berechtigten - auch ohne förmliche Mitteilung - zugänglich geworden ist.[606] Bei der Neuregelung des § 53 Abs. 1 Nr. 5 StPO hat der Gesetzgeber bewußt eine Angleichung an die in § 53 Abs. 1 Nr. 1 bis 3 b StPO geregelten Zeugnisverweigerungsrechte vermieden. Dies wird durch die Ablehnung des Gesetzentwurfs des Bundesrates[607] sowie eines Vorschlags des Landes Hessen[608] deutlich, die eine Einbeziehung des selbstrecherchierten Materials in den Schutz vorsahen.

Von den Verteidigern der derzeitigen Regelung wird weiterhin angeführt, daß eine Gleichstellung der Journalisten mit den „klassischen“ zeugnisverweigerungsberechtigten Berufen auch deswegen nicht in Frage komme, weil die fehlende Berufszulassungsschranke für Journalisten und die ineffektive Selbstkontrolle der Presse eine Vergleichbarkeit mit Anwälten und Ärzten ausschlössen.[609] Wieso aber das Ablegen fachspezifischer Staatsexamina einen zuverlässigeren Umgang mit dem Zeugnisverweigerungsrecht erwarten lassen soll, ist nicht nachvollziehbar, da die genannten Kriterien für den verantwortungsbewußten Gebrauch des Zeugnisverweigerungsrechts irrelevant sind. Das Argument, ein weitergehendes Zeugnisverweigerungsrecht der anderen Berufsgruppen ließe sich damit rechtfertigen, daß diese Berufsgruppen einer durch Kammern wahrgenommenen Standesaufsicht und disziplinarischer Überwachung unterworfen sind,[610] ist ebenfalls nicht durchschlagend. Durch die Standesgerichtsbarkeit wird bei den Berufsgruppen, die einer solchen unterliegen, nicht die Zeugnisverweigerung auf ihre Berechtigung hin überprüft.[611]

---

602 So aber Peters § 42 III cc) S. 351.

603 Insbesondere Journalisten im Bereich der Politik erhalten viele Informationen „unter Drei“, also solche, die gerade nicht an die Öffentlichkeit gelangen sollen.

604 Ollendorff S. 66.

605 Nummern 3 a und b wurden erst später eingefügt.

606 BT-Drucksache 1/3713 S. 47.

607 BT-Drucksache 7/2377.

608 Protokoll der Bundesratssitzung vom 5. 4. 1974, S. 128; BR-Drucksache 124/74 S. 2.

609 Rehbinder FS-Oehler S. 419.

610 BVerfGE 33, 367 (383 f.).

611 Dunkhase S. 69.

Dennoch kann wegen der unterschiedlichen Schutzrichtung der Zeugnisverweigerungsrechte aus der Tatsache, daß die in den Nummern 1 bis 3 b genannten Berufsgruppen über "bekanntgewordene" Informationen schweigen dürfen, nicht geschlossen werden, daß dies auch für Medienmitarbeiter gelten müsse. § 53 Abs. 1 Nr. 5 StPO ist nicht mit den in § 53 Abs. 1 Nrn. 1 bis 3 b StPO verankerten Zeugnisverweigerungsrechten vergleichbar, weshalb der Standort des journalistischen Zeugnisverweigerungsrechts in § 53 StPO teilweise auch als systematisch verfehlt angesehen wird.[612]

(bb) Nummer 4

Anders liegt es jedoch bei § 53 Abs. 1 Nr. 4 StPO, dem Zeugnisverweigerungsrecht der Abgeordneten. Nach Ansicht des BGH scheidet diese Regelung wegen ihrer Anpassung an den Wortlaut des Art. 47 S. 1 GG als Vergleich aus.[613] Diese Ansicht ist schon deshalb abzulehnen, weil Art. 47 GG nur für die Abgeordneten des Bundestages gilt. Allein bei dieser Gruppe mußte sich der Gesetzgeber an der vorgegebenen Formulierung orientieren, so daß § 53 Abs. 1 Nr. 4 StPO insoweit nur deklaratorisch ist.[614] Für Abgeordnete der Länderparlamente und des bayerischen Senats[615] bestand diese Einschränkung nicht, so daß die Regelung der Strafprozeßordnung in den entsprechenden Fällen konstitutiv ist.[616] Außerdem leitet sich das Zeugnisverweigerungsrecht der Journalisten letztlich ebenso wie das der Bundestagsabgeordneten aus einer Regelung im Grundgesetz (Art. 5 Abs. 1 S. 2 GG) her, die speziell für diese Berufsgruppe gilt. Damit ergeben sich beide Zeugnisverweigerungsrechte in erster Linie aus dieser grundgesetzlich herausragenden Stellung.[617]

Das Zeugnisverweigerungsrecht der Medienschaffenden ähnelt dem der Abgeordneten nach § 53 Abs. 1 Nr. 4 StPO auch nach seinem Sinn und Zweck. In beiden Fällen vertraut der Informant nicht darauf, daß die von ihm gemachte Mitteilung geheim bleibt, sondern daß seine Anonymität gewahrt wird.[618] Auch die Abgeordneten sind darauf angewiesen, daß sie in den Augen der Öffentlichkeit vertrauenswürdig bleiben. Zur Wahrnehmung ihrer Aufgaben müssen sie möglichst umfassend informiert sein, da sie nur so Regierung und Verwaltung wirksam kontrollieren können. Der Informationsfluß würde aber erheblich gehemmt, müßte der Abgeordnete die ihm anvertrauten Tatsachen den Strafverfolgungsbehörden preisgeben.[619] Beide Zeugnisverweigerungsrechte sind somit nicht in erster Linie Ausfluß des allgemeinen Persönlichkeitsrechts, sondern bestehen im öffentlichen Interesse, im „gleichsam staatskonstituierenden Kontrollinteresse“ [620]. Sie sind in ihrer Schutzrichtung ohne Unterschied.

---

612 Löffler NJW 1978, 913 (915).

613 BGHSt 28, 240 (252).

614 KMR-Paulus § 53 Rdnr. 20.

615 Durch den Volksentscheid vom 8. Februar 1998 wurde die Abschaffung des Bayerischen Senats beschlossen.

616 KK-Senge § 53 Rdnr. 22; KMR-Paulus § 53 Rdnr. 20; LR-Dahs § 53 Rdnr. 34; Dallinger JZ 1953, 432 (436); Die jeweiligen Bestimmungen der Landesverfassungen zum Zeugnisverweigerungsrecht der Abgeordneten sind wegen des Vorrangs des Bundesrechts nur deklaratorisch.

617 Im Unterschied zum Journalisten dient der Abgeordnete aber auch hin und wieder als persönlicher Ratgeber. Nur insoweit ist eine Vergleichbarkeit zwischen den beiden Zeugnisverweigerungsrechten nicht gegeben.

618 Rengier S. 31, 40.

619 Rengier S.30.

620 K.-H. Groß StV 1996, 559 (560).

Ein Vergleich der beiden Rechte könnte aber überhaupt nur dann weiterführen, wenn § 53 Abs. 1 Nr. 4 StPO die „bekanntgewordenen Tatsachen" erfaßt, was strittig ist. Befürworter halten eine Schlechterstellung der Abgeordneten gegenüber den in § 53 Abs. 1 Nr. 2 bis 3 b StPO genannten Berufsgruppen für nicht vom Gesetzgeber beabsichtigt. Daß § 53 Abs. 1 Nr. 4 StPO die „bekanntgewordenen Tatsachen" nicht ausdrücklich nennt, sei auf seine Anlehnung an Art. 47 GG zurückzuführen.[621] Dem ist jedoch nicht zuzustimmen, da Art. 47 GG unstrittig nur das anvertraute Material umfaßt.[622] Für die Einbeziehung der bekanntgewordenen Tatsachen in den Schutz des § 53 Abs. 1 Nr. 4 StPO findet sich in der amtlichen Begründung zum Dritten Strafrechtsänderungsgesetz, mit dem das Zeugnisverweigerungsrecht der Abgeordneten in die StPO aufgenommen wurde, kein Anhaltspunkt. Vielmehr wird ausdrücklich die lediglich deklaratorische Bedeutung des § 53 Abs. 1 Nr. 4 StPO für die Abgeordneten des Bundestages herausgestellt,[623] so daß der Schutzumfang nicht über den des Art. 47 GG hinausgehen kann. Etwas anderes wäre nur im Hinblick auf Landtagsabgeordnete und Mitglieder einer zweiten Kammer denkbar. Jedoch hat der Gesetzgeber nach dem Wortlaut den Schutzumfang für die Abgeordneten der Parlamente sowie der zweiten Kammer gleich geregelt, so daß auch insofern davon ausgegangen werden muß, daß § 53 Abs. 1 Nr. 4 StPO ein Zeugnisverweigerungsrecht nur für anvertraute Tatsachen gewährt.

Daraus kann jedoch noch kein Argument für den Ausschluß des selbstrecherchierten Materials aus dem publizistischen Zeugnisverweigerungsrecht gewonnen werden. Ob die Begrenzung des § 53 Abs. 1 Nr. 4 StPO sachgerecht ist, sei dahingestellt. Jedenfalls sind die Zeugnisverweigerungsrechte insoweit nicht miteinander vergleichbar, als der Medienmitarbeiter in viel größerem Umfang auf eigene Ermittlungen angewiesen ist als der Abgeordnete. Ohne eigene Recherchen anzustellen, kann der Journalist seinem Beruf nicht nachgehen. Auch sind die Angehörigen der Medien in der Realität sehr viel massiver dem Zugriff der Staatsanwaltschaft ausgesetzt als Abgeordnete.

Der Vergleich mit den anderen Zeugnisverweigerungsrechten des § 53 StPO bringt die Diskussion in diesem Punkt daher nicht weiter. Er führt nicht zu dem Ergebnis, daß auch das selbstrecherchierte Material durch § 53 Abs. 1 Nr. 5 StPO geschützt werden müsse, läßt jedoch auch den umgekehrten Schluß nicht zu.

(h) Der Vergleich mit den Regelungen anderer Staaten

Aus einem Vergleich mit den Regelungen anderer westlicher Staaten können sich ebenfalls Impulse für das deutsche Strafverfahrensrecht ergeben. Teils wird behauptet, der Quellenschutz der Medien sei nirgends so gut wie in Deutschland,[624] teils, die deutsche Regelung könne im internationalen Rechtsvergleich nicht bestehen.[625] Im Zuge der „Brokdorf-Entscheidung"[626] des Bundesverfassungsgerichts hat die Bundesregierung beim Max-Planck-

621 LR-Dahs § 53 Rdnr. 36; so auch Kleinknecht/Meyer-Goßner § 53 Rdnr. 24; KMR-Paulus § 53 Rdnr. 21 allerdings ohne Begründung.

622 AK/GG-Schneider Art. 47 Rdnr. 5; BK-Umbach Art. 47 Rdnr. 8; v. Mangoldt/Klein/Achterberg/Schulte Art. 47 Rdnr. 6; Maunz/Dürig/Maunz Art. 47 Rdnr. 11/12; Schmidt-Bleibtreu/Klein Art. 47 Rdnr. 3.

623 BT-Drucksache 1/3713 S. 47.

624 Rehbinder FS-Oehler S. 411 (412).

625 Pöppelmann AfP 1997, 485 (491).

626 BVerfGE 77, 65 Vgl. Fn. 578 auf S. 94 dieser Arbeit.

Institut ein rechtsvergleichendes Gutachten in Auftrag gegeben.[627] Untersucht wurden die Regelungen in England, Frankreich, den Niederlanden, Österreich, Schweden, der Schweiz und den USA.

(aa) Die westeuropäischen Staaten

Sämtliche der untersuchten westeuropäischen Staaten kennen kein Zeugnisverweigerungsrecht für selbstrecherchiertes Material. Selbst in Schweden, wo das Pressefreiheitsgesetz den gleichen Rang innehat wie das Thronfolgegesetz und die Verfassung,[628] umfaßt das Zeugnisverweigerungsrecht nur die „gemachten Mitteilungen". Jedoch werden in allen Ländern Einschränkungen zugunsten der Verhältnismäßigkeit vorgenommen.

Ein generelles Verbot der Beschlagnahme selbstrecherchierten Materials gibt es ebenfalls nicht. In den meisten Ländern entspricht der Umfang des Schutzes der deutschen Regelung oder ist sogar enger. Letztlich kommt man mit dem Gutachten zu dem Ergebnis, daß die Gerichte zumindest in der „Brokdorf-Entscheidung" in keinem der untersuchten westeuropäischen Staaten anders entschieden hätten als das Bundesverfassungsgericht.[629]

(bb) Vereinigte Staaten von Amerika

In den USA hat der Gesetzgeber 1980 ein Gesetz zugunsten der Presse geschaffen. Dieses unterscheidet zwischen den sogenannten „work product materials" und den „documentary materials". Ersteres ist Material, das der Information der Öffentlichkeit dient und einem kreativen geistigen Prozeß entstammt. Zu den „documentary materials" hingegen zählt Material, das als Informationsträger dient, z.B. Fotografien.

Auf die „work product materials" dürfen die Ermittler nur zugreifen, wenn sich ein dringender Tatverdacht gegen die Zeitung, Sendestation oder den Journalisten richtet und die Beschlagnahme unbedingt notwendig ist, um den Tod oder eine schwere Körperverletzung einer andern Person zu verhindern. Ausgenommen vom Schutz ist auch Material, das Frucht einer Straftat ist oder für illegale Zwecke genutzt werden soll. Zur Aufklärung eines Verdachts gegen andere Personen darf die Staatsanwaltschaft jedoch nicht die „work product materials" beschlagnahmen. Der Schutz für die „documentary materials" ist hingegen wesentlich geringer.[630] Ein generelles Beschlagnahmeverbot für journalistisches Material ist somit auch in den USA unbekannt. Nichtsdestoweniger geht der Beschlagnahmeschutz im amerikanischen Recht erheblich weiter als im deutschen.

(cc) Folgerung

Aus diesem Gutachten wird geschlossen, daß der Schutz der Presse- und Rundfunkfreiheit in der Bundesrepublik vergleichsweise vorbildlich ist, und eine Reform daher überflüssig wäre.[631]

---

627 Dieses wurde anschließend nicht veröffentlicht. Die folgenden Ausführungen stützen sich daher auf den Beitrag von J. Meyer in FS-Tröndle, S. 837. Die derzeit jüngste rechtsvergleichende Arbeit von Holtmeier (Diss. 1991) stellt die Rechtslage ebenfalls so dar.

628 Holtmeier S. 278.

629 J. Meyer FS-Tröndle S. 847.

630 J. Meyer FS-Tröndle S. 848 ff.; Pöppelmann AfP 1997, 485 (491); Reissenberger DRiZ 1988, 189.

631 Stellungnahme der Bundesregierung zum Gesetzentwurf des Bundesrates 13/195 S. 8; J. Meyer FS-Tröndle S. 852.

Zu Recht bemerkt aber *Dunkhase*, daß die Erkenntnis, daß das selbstrecherchierte Material in anderen Demokratien noch schlechter geschützt ist als in der Bundesrepublik, kein Argument gegen eine notwendige Reform sein kann. In anderen Ländern könne aufgrund unterschiedlicher Tradition mit der Presse ganz anders umgegangen werden, ohne daß dies gesetzlich ausdrücklich festgeschrieben sei.[632] Selbst wenn jedoch auch in der Praxis der Schutz des selbstrecherchierten Materials im Vergleich zu der deutschen Regelung schlechter ist, bildet dies noch keinen durchschlagenden Grund, die bestehende Regelung beizubehalten. Daß Grundrechte in anderen Ländern verletzt werden, kann kein Argument dafür sein, die in Deutschland auch zu tun.

(i) Fazit

Der Informantenschutz allein ist für die Wahrung der Vertrauenswürdigkeit der Medien nicht ausreichend. Das Ansehen von Presse und Rundfunk wird erheblich geschädigt, wenn die Öffentlichkeit immer wieder erfahren muß, daß Journalisten bei spektakulären Vorfällen in den Zeugenstand gerufen werden und ihr Redaktionsmaterial zu Beweiszwecken herangezogen wird. Das Vertrauen des Bürgers in die Medien kann so nicht wachsen, sondern wird vielmehr schwinden.[633] Symptomatisch für diesen Vertrauensschwund sind die Übergriffe auf Medienmitarbeiter bei Demonstrationen.

Im übrigen ist ein mögliches Mißtrauen potentieller Informanten im Hinblick auch die Wahrung ihrer Identität nicht unberechtigt. Bei Durchsuchungen erlangen die Ermittler neben den Eigenrecherchen der Journalisten Kenntnis von Informationen, die an sich dem Zeugnisverweigerungsrecht unterliegen. Auf diesen Informationen aufbauend können neue Ermittlungsverfahren eröffnet werden, obwohl ohne die Durchsuchung kein Anfangsverdacht bestanden hätte. Die Journalisten erscheinen so als Helfer der Strafverfolgungsbehörden.

Kommen die Medien in den Ruf, den Strafverfolgungsbehörden bei den Ermittlungen zu helfen, werden die zur Erfüllung ihrer Kontrollaufgaben dringend nötigen Informationen ausbleiben. Allein der Schutz der Vertrauensbeziehung zwischen Informant und Medienschaffendem ist daher nicht ausreichend, um das Ansehen der Medien in der Öffentlichkeit zu erhalten. so daß ein starkes Bedürfnis dafür besteht, den Schutz des Zeugnisverweigerungsrechts und des Beschlagnahmeverbots auf die Eigenrecherchen der Medienmitarbeiter auszudehnen. Jedoch schränkt jede Erweiterung der medialen Schutznormen die Möglichkeiten der Strafverfolgung ein. Es muß ein verfassungskonformer Ausgleich zwischen den Interessen der Strafrechtspflege, den Beschuldigtenrechten sowie den Interessen der Presse- und Rundfunkfreiheit gefunden werden. Die derzeitige Regelung entspricht diesen Anforderungen nicht.

b. Lösungsvorschläge

aa. Verhältnismäßigkeitsprinzip und verfassungskonforme Auslegung

Der grundsätzliche Ausschluß des selbstrecherchierten Materials aus dem Zeugnisverweigerungsrecht und damit dem Beschlagnahmeverbot steht nach Ansicht des Bundesverfassungsge-

---

632 Dunkhase S. 191, der von einer als notwendig erkannten Reform spricht, was jedoch angesichts der Stellungnahme der Bundesregierung zum Gesetzentwurf des Bundesrates (BT-Drucksache 13/195, S. 8, Anlage 2) bezweifelt werden muß.

633 Gerschel AfP 1987, 683 (684).

richts im Einklang mit dem Grundgesetz.[634] Daher ist eine verfassungskonforme Auslegung der §§ 53 Abs. 1 Nr. 5, 97 Nr. 5 StPO nicht notwendig. Sie wäre im Übrigen auch nicht möglich, da dies voraussetzen würde, daß die genannten Normen unterschiedliche Auslegungen zulassen, also mehrdeutig sind.[635] Sowohl der Wortlaut der Vorschriften als auch der Wille des Gesetzgebers sind jedoch klar,[636] so daß der Weg zu einer verfassungskonformen Auslegung nicht offensteht.[637] Hätte das Gericht die Regelungen zum Schutz der Presse- und Rundfunkfreiheit für gänzlich unzureichend gehalten, hätten sie für verfassungswidrig erklärt und gesetzgeberischer Handlungsbedarf festgestellt werden müssen. Der grundsätzliche Ausschluß der Eigenrecherchen steht jedoch nicht im Widerspruch zum Grundgesetz, da bei Schaffung der §§ 53 Abs. 1 Nr. 5, 97 Abs. 5 StPO auch die Interessen der Strafverfolgung und des Beschuldigten[638] berücksichtigt werden mußten und es dem Gesetzgeber somit nicht freistand, der Presse- und Rundfunkfreiheit absoluten Vorrang vor diesen Gütern einzuräumen.[639]

Dennoch bedarf es im Einzelfall bei Unverhältnismäßigkeit der Zwangsmaßnahmen eines Schutzes des selbstrecherchierten Materials. Nach Ansicht des Gerichts können sich ein Zeugnisverweigerungsrecht und ein Beschlagnahmeverbot aus einer verfassungskonformen Auslegung der §§ 70, 94, 95 StPO ergeben.[640] Wie das Bundesverfassungsgericht feststellte, sind

---

634 BVerfG StV 1981, 16; BVerfGE 56, 247 (248).

635 Bettermann S. 19.

636 BVerfGE 20, 162 (218).

637 BVerfGE 8, 28 (34); 9, 194 (197, 200); 18, 97 (111).

638 In seinem Brokdorf-Beschluß geht das Bundesverfassungsgericht ausführlich auf die Erforderlichkeit der Beschlagnahme selbstrecherchierten Materials zur Wahrung der Beschuldigtenrechte ein. Den Aufnahmen der Journalisten käme bei der Aufklärung von Auseinandersetzungen zwischen der Polizei und Demonstranten erhebliche Bedeutung zu [BVerfGE 77, 65 (77 f.); zu dieser Thematik ebenfalls Stümper AfP 1989, 409]. Das von der Presse und dem Rundfunk recherchierte Material sei in hohem Maße geeignet, ein Gegengewicht zu den Ermittlungen der Strafverfolgungsbehörden zu bilden. Insbesondere bei Straftaten, die durch eine Konfrontation des Beschuldigten mit der Staatsgewalt gekennzeichnet sind, könnten diese Beweismittel für eine sachgerechte Verteidigung unverzichtbar sein. Ein umfassendes Beschlagnahmeverbot, das den Zugang zu solchen Beweismitteln in das nicht nachprüfbare Belieben von Presse und Rundfunk stellen würde, könne daher die Position des Beschuldigten im Strafverfahren entscheidend schwächen [BVerfGE 77, 65 (78)].
Realistisch betrachtet ist die Bedeutung des selbstrecherchierten Materials insbesondere für die Aufklärung von Straftaten von Angehörigen der Staatsgewalt jedoch sehr viel geringer. Zu oft verfügen die Medien nicht über relevantes Material, da die Journalisten häufig nicht nur durch Demonstranten, sondern auch durch Polizisten bei ihrer Tätigkeit behindert werden. Unter Berufung auf das Kunsturhebergesetz und das darin verankerte Recht am eigenen Bild unterbinden Polizisten die Anfertigung von Aufnahmen. So ist es vorgekommen, daß den Medienmitarbeitern die Kameras abgenommen und Filme an Ort und Stelle belichtet wurden [VG Karlsruhe NJW 1980, 1708; Jarass JZ 1983, 280 (282)]. Das Argument, das beschlagnahmte Material sei dringend erforderlich, um eventuelle Übergriffe von Polizisten aufzudecken und das Verhalten eines beschuldigten Demonstranten in einem anderen Licht erscheinen zu lassen, kann daher nicht überzeugen. Ob die Maßnahmen der Polizei zur Verhinderung von Aufnahmen im Einzelfall rechtmäßig sind [vgl. Jarass JZ 1983, 280 (282 ff.); Krüger AfP 1981, 331 (336 f.); Rebmann AfP 1982, 189 (192 ff.)], kann in diesem Zusammenhang dahingestellt bleiben.

639 BVerfGE 20, 162 (218 f.); 77, 65 (75 f., 82).

640 In der „Stern-Entscheidung", in der dies zuerst ausdrücklich festgestellt wurde, ist, da es um ein Zeugnisverweigerungsrecht ging, nur von § 70 Abs. 1 StPO die Rede. Das sich unmittelbar aus § 5 Abs. 1 S. 2 GG ergebende Zeugnisverweigerungsrecht ist ein „gesetzlicher Grund" im Sinne des § 70 StPO [BVerfGE 25, 296 (305)].
Hintergrund: 1962 waren im „Stern" zwei Artikel über die Aktivitäten von Einbrecherbanden erschienen. Die Reporter hatten ihre Informationen bei Treffen mit den Straftätern außerhalb der Justizvollzugsanstalt erhalten, die von Beamten der Strafverfolgungsbehörden ermöglicht worden waren. Gegen die Beamten

die §§ 53 Abs. 1 Nr. 5, 97 Abs. 5 StPO keine abschließende Regelung, sondern treffen lediglich eine allgemeine Feststellung darüber, in welchen Fällen die Interessen der Presse- und Rundfunkfreiheit das staatliche Strafverfolgungsinteresse überwiegen.[641] Neben ihnen besteht ein aus Art. 5 Abs. 1 S. 2 GG direkt ableitbares Zeugnisverweigerungsrecht[642] und Beschlagnahmeverbot, so daß das selbstrecherchierte Material geschützt ist, wenn die Abwägung der kollidierenden Interessen im Einzelfall zu dem Ergebnis führt, daß der staatliche Strafverfolgungsanspruch hinter dem Interesse an der Wahrung des Redaktionsgeheimnisses zurückstehen muß. Ein generelles Zeugnisverweigerungsrecht oder Beschlagnahmeverbot ist Art. 5 Abs. 1 S. 2 GG nicht zu entnehmen.[643]

An dieser Rechtsprechung wird scharfe Kritik geübt. Das Bundesverfassungsgericht sei durch die ausdehnende Interpretation der Vorschriften zugunsten der Presse- und Rundfunkfreiheit zu weit gegangen.[644] Der Gesetzgeber habe die Anwendung dieser Vorschriften gerade nicht von einer Verhältnismäßigkeitsprüfung abhängig gemacht;[645] vielmehr sei § 53 Abs. 1 S. 2 StPO seit der Neuregelung im Jahre 1975 erschöpfend.[646] Durch die Anwendung des Verhältnismäßigkeitsgrundsatzes werde § 53 Abs. 1 Nr. 5 StPO in unerträglicher Weise relativiert, die durch den Gesetzgeber vorgenommene Güterabwägung ignoriert und gänzlich der richterlichen Einzelfallentscheidung zugewiesen. Eine Beschränkung einzelner Maßnahmen sei jedoch nur zulässig, wenn der Gesetzgeber nicht wie hier die Güterabwägung schon selbst vorgenommen habe.[647]

Diese gegen die Anwendung des Verhältnismäßigkeitsprinzips vorgebrachten Argumente können jedoch nicht überzeugen. Wesen jeder gesetzlichen Vorschrift ist, daß sie nur allgemeine Aussagen treffen kann, die nicht auf den Einzelfall zugeschnitten sind. Es ist unmöglich, jeden konkreten Fall vorherzusehen und zu regeln. Bei der Umsetzung der gesetzlichen Vorschrift und deren Anwendung auf den Einzelfall muß der Richter daher den gegebenen Umständen gerecht werden. Für Zwangsmaßnahmen bedeutet dies, daß ihre Anordnung im Einzelfall verhältnismäßig sein muß, wobei der Gesetzgeber den Verhältnismäßigkeitsgrundsatz nicht unbedingt ausdrücklich in den Wortlaut jeder Vorschrift aufgenommen haben muß. Tatsächlich geschieht dies eher selten.[648] In der weitaus größeren Zahl der Fälle geht der Gesetzgeber von

---

wurde daraufhin wegen des Verdachts der passiven Bestechung ermittelt. Der Leiter der Buchhaltung des Verlages, der als Zeuge vernommen werden sollte, verweigerte unter Berufung auf die §§ 53 und 55 StPO die Aussage. Aufgrund dessen verurteilte ihn das Amtsgericht zu einer Ordnungsstrafe von 500,- DM; die Entscheidung wurde vom Landgericht bestätigt. Durch in Kraft treten des Hamburger Pressegesetzes wurde die Zeugnisverweigerung des Buchhalters rechtmäßig. Allerdings wurde die verhängte Ordnungsstrafe und die Verurteilung zur Tragung der entstandenen Kosten nicht aufgehoben, da insoweit der Rechtszustand vor Geltung des Pressegesetzes maßgeblich war. Die dagegen eingelegte Verfassungsbeschwerde blieb erfolglos.

641 BVerfGE 20, 162 (189); 25, 296 (305); 36, 193 (211); 64, 108 (116); 77, 65 (81).

642 BVerfGE 56, 247 (248); 77, 65 (82); BVerfG NJW 1998, 2131; StV 1981, 16; mehr zum Verhältnismäßigkeitsgrundsatz bei Eingriffen in die Presse- und Rundfunkfreiheit durch die Strafverfolgungsbehörden S. 42 f. dieser Arbeit.

643 BVerfGE 77, 65 (82).

644 Fezer JZ 1983, 797; Gössel, Medienfreiheit S. 65 f.; Hennemann S. 33 ff.; Pauli S. 86 f.; Rebmann AfP 1982, 189 (191).

645 Fezer JZ 1983, 797.

646 KK-Senge § 53 Rdnr. 28, Gössel, Medienfreiheit S. 65.

647 Gössel, Medienfreiheit S. 65 f.

648 Beispiele in der Strafprozeßordnung sind die §§ 81 Abs. 2 S. 2; 112 Abs. 1 S. 2; 120 Abs. 1 S. 1; 163 b Abs. 2 S. 2; 163 d Abs. 1 S. 1 StPO.

der Einhaltung dieses Grundsatzes durch die Gerichte aus, ohne eine ausdrückliche Regelung für nötig zu halten.[649]

Gössel bringt gegen eine Einzelfallabwägung vor, daß bei konsequenter Umsetzung der Rechtsprechung des Bundesverfassungsgerichts das Zeugnisverweigerungsrecht in besonders schwerwiegenden Fällen auch für Drittmitteilungen entfallen müßte.[650] Dabei übersieht er jedoch, daß das Verhältnismäßigkeitsprinzip nur zur Abwehr von Eingriffen des Staates dienen kann, keinesfalls aber zu deren Rechtfertigung.[651]

Nach Ansicht eines großen Teils im Schrifttum ist gegen die Anwendung des Verhältnismäßigkeitsprinzips im Einzelfall zwar nichts einzuwenden, das Problem des selbstrecherchierten Materials könne dadurch jedoch nicht gelöst werden.[652] Das Pressegeheimnis sei nicht hinreichend geschützt, insbesondere seien Rechtssicherheit und Rechtsklarheit nicht gewährleistet.[653] Die §§ 53 Abs. 1 Nr. 5 und 97 Abs. 5 StPO ließen den Eindruck einer abschließenden Regelung entstehen. Da die einzelne Maßnahme aber noch einmal am Grundsatz der Verhältnismäßigkeit zu prüfen sei und sich ein Zeugnisverweigerungsrecht respektive ein Beschlagnahmeverbot direkt aus Art. 5 Abs. 1 S. 2 GG ergeben könne, gehe der Schutz weiter als es der reine Gesetzeswortlaut vermuten lasse.[654]

Diese Bedenken sind begründet. Die Befürchtung, daß die Fachgerichte sich in der Regel an die scheinbar abschließende Fassung der Vorschrift halten und eine Beschlagnahme nur bei gravierenden Verstößen gegen den Grundsatz der Verhältnismäßigkeit ablehnen würden,[655] ist zur Realität geworden.[656] Die Gerichte nehmen eine Verhältnismäßigkeitsprüfung meist nur unzureichend oder überhaupt nicht vor. Daß bei Zwangsmaßnahmen neben der reinen Subsumtion unter den Wortlaut des Gesetzes die Notwendigkeit der Anwendung von Zwang im Einzelfall genauer Untersuchung bedarf, wird dabei übersehen. Vielmehr werden die Entscheidungen des Bundesverfassungsgerichts allein als Bestätigung des geltenden Rechts aufgefaßt.[657] Als eindrucksvolles Beispiel hierfür sei die Beschlagnahme von Fotos beim Solinger Tagblatt angeführt, die anläßlich einer unbedeutenden und nur wenige Minuten dauernden Störung einer Sitzung des Stadtrats entstanden waren,[658] oder die nächtliche Durchsuchung der

---

649 Diese Praxis wird von Fezer in JZ 1983, 797 (800) kritisiert. Ähnlich Degener S. 22, 188 f. Siehe S. 42 f. dieser Arbeit.

650 Gössel, Medienfreiheit S. 66.

651 Degenhart Rdnrn. 323 ff., 334.

652 Löffler 3. Aufl. § 23 Rdnr. 62; Berg AfP 1989, 416 (417); Löffler/Ricker 6. Abschn. Rdnr. 34; Schomburg AfP 1984, 80 (81).

653 Pöppelmann AfP 1997, 485 (488); Mehr Rechtssicherheit durch eine neue Regelung wird auch in der Stellungnahme von ARD und ZDF vom 16./22. Februar 1996 (S. 3) gefordert.

654 Dörr AfP 1995, 378 (381).

655 Gerschel AfP 1987, 683; Glauben DRiZ 1988, 352.

656 Vgl. die gesammelten Fälle in der Stellungnahme von ARD und ZDF vom 16. /22. Februar 1996 (S. 4/5 m.w.N.); Dokumentation „Eingriffe der Justiz in die Medien" Zeitungen 1994, 88 f.; DJV journalist Heft 4/1994 S. 13; Dörr AfP 1995, 378 (379); Pöppelmann AfP 1997, 485 (489); Wilde, Fälle.

657 Dunkhase S. 127; Eylmann BT-Protokoll 13/145 S. 13153 f.; ebenso J. Meyer BT-Protokoll 13/145 S. 13158.

658 Das Landgericht Wuppertal hob den Beschlagnahmebeschluß des Amtsgerichts mit der Begründung auf, eine Beschlagnahme der Negative sei nicht länger erforderlich, da der Staatsanwaltschaft nun die Positive zur Verfügung stünden. Ob der ursprüngliche Eingriff verhältnismäßig war, wurde nicht angesprochen. Vielmehr wurde dem Verlag dadurch, daß der Beschwerde mit dieser juristisch zwar einwandfreien, vom logischen Standpunkt her aber absurden Begründung stattgegeben wurde, jede weitere Möglichkeit der gerichtlichen Überprüfung genommen (Rübenach Zeitungen 1997, 170).

Wohnung einer Münchener Redakteurin nach Fotos einer dreißig Sekunden andauernden Anti-Pelz-Demonstration.[659] Dadurch, daß trotz der eindeutigen Rechtsprechung des Bundesverfassungsgerichtes auch bei Bagatelldelikten zur Beweisgewinnung auf die Medien zurückgegriffen wird, haftet letzteren weiterhin der Geruch des Ermittlungsgehilfen an. Da der generelle Interessenkonflikt zwischen dem staatlichen Interesse an der Strafrechtspflege und dem Interesse an der Wahrung des Redaktionsgeheimnisses nicht nur durch eine am Grundsatz der Verhältnismäßigkeit orientierte Einzelfallentscheidung gelöst werden kann, sondern die negativen Folgen lediglich abgemildert werden,[660] ist eine Novellierung der StPO in diesem Punkt geboten. So wäre eine gesetzliche Ausgestaltung des Verhältnismäßigkeitsgrundsatzes eine wesentlich größere Gewähr dafür, verallgemeinerungsfähige und mehr Rechtssicherheit bietende Aussagen zur Lösung des Konflikts zu treffen.[661]

Nunmehr ist der Gesetzgeber gefragt. Einzelne Bundestagsabgeordnete haben dies erkannt. So sagte *Prof. Meyer (SPD)*, man müsse sich der schwierigen Aufgabe stellen, die gebotene Abwägung zwischen Pressefreiheit und rechtsstaatlicher Effektivität der Strafrechtspflege selbst vorzunehmen.[662] Obwohl auch der damalige *Bundesjustizminister Prof. Schmidt-Jortzig (FDP)* schon 1996 Veranlassung sah, „über das Erfordernis einer Rechtsänderung nachzudenken",[663] ist es bisher zu keiner Modifizierung der medialen Schutznormen gekommen.

bb. Das unbeschränkte Zeugnisverweigerungsrecht und Beschlagnahmeverbot

Zur Lösung des Konflikts zwischen den einzelnen Interessen ist zunächst an einen absoluten Schutz des selbstrecherchierten Materials zu denken. Dies forderte der Vertreter Hessens schon 1974 in der Debatte zum Gesetz über das Zeugnisverweigerungsrecht der Mitarbeiter von Presse und Rundfunk vor dem Bundesrat, nach dessen Vorstellungen auch für selbstrecherchiertes Material ein unbeschränktes Zeugnisverweigerungsrecht bestehen sollte.[664] Auch heute wird vereinzelt ein genereller Schutz der Eigenrecherchen für notwendig gehalten. So wäre dies nach *Dunkhases* Ansicht die einzig mögliche Regelung, um den Erfordernissen eines zeitgemäßen Pressegeheimnisschutzes gerecht zu werden.[665] Daß dies im Hinblick auf die Erfordernisse einer wirksamen Strafrechtspflege ebenso wie die Wahrung der Beschuldigtenrechte problematisch wäre,[666] wird von ihm bestritten. Seine Behauptung, ein unbeschränktes Zeugnisverweigerungsrecht und Beschlagnahmeverbot „wäre nicht nur verfassungsrechtlich

---

659 Sieben Demonstrantinnen waren nackt über den Münchener Marienplatz gelaufen. Die „Versammlung" war nicht angemeldet [Pöppelmann AfP 1997, 485 (489)].

660 Glauben DRiZ 1988, 352.

661 Dörr AfP 1995, 378 (382); In den letzten Jahren gab es erste Versuche der Kooperation zwischen den Ermittlern und den Medien. So wurde in Hessen die „Richtlinie für die Zusammenarbeit der hessischen Staatsanwaltschaften mit den Medien" herausgegeben [NJW 1996, 979 ff.]. Auf der 76. Tagung des Studienkreises für Presserecht und Pressefreiheit wurde ein selbstverwaltetes Koordinationsgremium zwischen Staatsanwaltschaften und Deutschem Presserat vorgeschlagen, das über die Zulässigkeit von Beschlagnahmen bei den Medien befinden sollte [Bogs, zitiert nach Wallraf AfP 1995, 390 (392)].; zu den Problemen einer solchen Koordination siehe Dunkhase S. 204 f.; Schroers NJW 1996, 996.

662 J. Meyer BT-Protokoll 13/145 S. 13158.

663 Schmidt-Jortzig BT-Protokoll 13/145 S. 13161.

664 BR-Protokoll 404/74 S. 128.

665 Dunkhase S. 202.

666 Vgl. S. 37 ff. dieser Arbeit.

unbedenklich, sondern sogar verfassungsnäher“ [667] als die derzeitige Regelung, bleibt jedoch unbewiesen.

Durch einen absoluten Schutz der Eigenrecherchen würde der Presse- und Rundfunkfreiheit immer Vorrang vor dem staatlichen Strafverfolgungsinteresse eingeräumt. Die Durchbrechung des Zeugnisverweigerungsrechts oder des Beschlagnahmeverbots wäre im Einzelfall auch nicht unter Berufung auf den Verhältnismäßigkeitsgrundsatz möglich, da dieser nicht zur Rechtfertigung staatlicher Eingriffe herangezogen werden kann.[668] Auch bei schwersten Straftaten, deren Aufklärung nur mit Hilfe der Medien möglich wäre, hätten die Ermittler keine Handhabe zur Beweissicherung in Redaktionen. Eine derartige Beeinträchtigung der Wahrheitsfindung ist in einem Rechtsstaat, in dem das Interesse an einer effektiven Strafverfolgung verfassungsrechtlich verankert ist, nicht hinnehmbar. Eine unbeschränkte Ausdehnung des Zeugnisverweigerungsrechts und des Beschlagnahmeverbots auf das selbstrecherchierte Material wäre damit grundgesetzwidrig und ist aus diesem Grund abzulehnen.

cc. Die Aufnahme des Verhältnismäßigkeitsgrundsatzes in die gesetzliche Regelung

Von den meisten Kritikern der derzeitigen Gesetzeslage wird die Aufnahme einer ausdrücklichen Regelung des Verhältnismäßigkeitsgrundsatzes in die gesetzliche Regelung favorisiert.[669] Dafür sind drei Wege denkbar: Der Gesetzgeber kann sich für eine allgemeine Formulierung ähnlich der in § 81 Abs. 2 S. 2 StPO oder § 120 Abs. 1 S. 1 StPO verwendeten entscheiden oder den Verhältnismäßigkeitsgrundsatz wie in § 100 a StPO in einem Straftatenkatalog genau ausgestalten.[670]

(a) Die allgemeine Formulierung

Für eine allgemeine Regelung, durch die der Verhältnismäßigkeitsgrundsatz ausdrücklich in das Gesetz aufgenommen wird, spricht ihre Flexibilität. Die Gerichte könnten auf jeden Einzelfall genau eingehen und so auch auf Spezialfälle gezielt reagieren. Dafür sollte die Regelung alle maßgeblichen Kriterien der Verhältnismäßigkeitsprüfung enthalten und auf die Bedeutung der Vertraulichkeit der Redaktionsarbeit für freie Medien ausdrücklich hinweisen. Die Verfechter dieser Lösung tragen vor, die Präzisierung des Verhältnismäßigkeitsprinzips würde es den Fachgerichten erleichtern, die notwendige Abwägung vorzunehmen.[671]

---

667 Dunkhase S. 202.

668 Degenhart Rdnrn. 323 ff., 334.

669 Gesetzentwurf der ARD, des BDZV, des DJV, des Deutschen Presserates, der IG Medien, des VDZ, des VPRT und des ZDF; Berg AfP 1989, 416 (418); Rebmann AfP 1982, 189 (192); Pöppelmann AfP 1997, 485 (490).

670 Anstatt eines Straftatenkataloges ist auch die Begrenzung auf bestimmte Delikte durch Nennung des Strafmaßes möglich. Mehr dazu S. 109 f. dieser Arbeit.

671 Pöppelmann AfP 1997, 485 (490); Er schlägt vor, daß Journalisten „über sonstige Tatsachen, die ihnen bei ihrer Tätigkeit bekanntgeworden sind, insbesondere über Ergebnisse eigener Recherchen und über interne Redaktionsangelegenheiten, sofern deren Offenbarung unter Berücksichtigung der Bedeutung der Schwere des gegen einen Dritten erhobenen Tatvorwurfs dem Grad des gegen ihn bestehenden Tatverdachts, der Beweisnotwendigkeit des Zeugnisses für das Verfahren sowie der sonstigen Umstände des Einzelfalles unangemessen in den Schutzbereich der Presse- und Rundfunkfreiheit, insbesondere in die Vertraulichkeit der redaktionellen Arbeit, eingreifen würde“, ein Zeugnisverweigerungsrecht haben sollten.; so auch Dörr AfP 1995, 378 (382).

Jedoch muß bezweifelt werden, daß eine solche Regelung wesentlich zur Rechtssicherheit und -klarheit beitragen könnte. Es ist zu befürchten, daß bei der Güterabwägung im Einzelfall die Presse- und Rundfunkfreiheit regelmäßig gegenüber dem „stets sichtbaren" [672] Strafverfolgungsinteresse als weniger gewichtig angesehen würde. Dies hätte zur Folge, daß das Zeugnisverweigerungsrecht und Beschlagnahmeverbot für Eigenrecherchen de facto wirkungslos wäre. Eine erhebliche Verbesserung gegenüber der derzeitigen Lage könnte aller Voraussicht nach nicht festgestellt werden, so daß eine derartig allgemeine Formulierung untauglich wäre, den Interessenkonflikt sachgerecht zu lösen.

(b) Der Straftatenkatalog und ähnliche Lösungen

Weitgehende Rechtssicherheit kann hergestellt werden, indem die Straftaten, bei deren Verdacht das Zeugnisverweigerungsrecht und das Beschlagnahmeverbot ausgeschlossen sind, genau festgelegt werden. Die Entwürfe reichen von ausdifferenzierten Katalogen[673] bis zu einer Klausel, nach der der Schutz der Eigenrecherche dann entfällt, wenn der Verdacht einer Straftat, die mit einem bestimmten Strafmaß bedroht ist, besteht.[674]

(aa) Die Tauglichkeit bereits vorhandener Kataloge

Die Nutzung eines im Strafgesetzbuch oder in der Strafprozeßordnung bereits vorhandenen Kataloges ist naheliegend. Hierfür bieten sich § 138 StGB[675] und § 100 a StPO[676] an.

Der Straftatenkatalog des § 138 StGB enthält bis auf die §§ 129 a Abs. 3, 311 b StGB sämtlich Verbrechen. Auffällig ist jedoch, daß zum Beispiel die Gruppe der Sexualverbrechen fehlt. Spätestens seit der Kinderporno-Skandale der letzten Jahre besteht jedoch auch an der Aufklärung solcher Taten ein überragendes Strafverfolgungsinteresse, hinter dem der Schutz der Presse- und der Rundfunkfreiheit zurückstehen muß. Ein Verweis auf diesen Katalog ist außerdem nicht sinnvoll, weil § 138 StGB andere Ziele verfolgt als die Vorschriften der Strafprozeßordnung. Durch § 138 StGB soll die Begehung von Straftaten nach Möglichkeit verhindert werden, während es bei § 53 StPO um deren Verfolgung geht. Die einzelnen Vorschriften sind, da sie unterschiedlichen Interessen dienen, nicht vergleichbar. Lehmann belegt dies, indem er aufzeigt, daß zum Beispiel bei der Geld- oder Wertpapierfälschung (§§ 146, 151, 152 StGB) die Aufnahme in den Katalog des § 138 StGB zur Verhinderung derartiger Straftaten berechtigt ist, während wegen der am Strafrahmen ersichtlichen vergleichsweise geringen Schwere der Tat kein gravierendes öffentliches Interesse an der Aufklärung besteht.[677] Eine Übernahme des Kataloges des § 138 StGB in § 53 StPO wäre daher nicht sachgerecht.[678]

Auch ein Verweis auf § 100 a StPO kann die Probleme im Spannungsfeld zwischen der Strafverfolgung und den Interessen der Medien nicht zufriedenstellend lösen. Im Gegensatz zu § 138 StGB spricht gegen eine Nutzung dieses Kataloges, daß er zu weit geraten ist. Besonders die zahlreichen Erweiterungen in den letzten Jahren sind bedenklich, zumal weitere Aus-

---

672 Rengier S. 91.

673 BT-Drucksache 13/195 S. 1, 4 f.; Entwurf der Medienverbände (siehe Anhang 1 S. 215 ff. dieser Arbeit).

674 Rebmann AfP 1982, 189 (192).

675 Beckmann FuR 1982, 73 (76).

676 BT-Drucksache 7/1681 S. 3, 8; vgl. Pöppelmann AfP 1997, 485 (490).

677 Lehmann S. 108.

678 Arzt S. 76; Welp S. 64 f.; Beide allerdings zur Anlehnung des Straftatenkataloges des § 100 a StPO an § 138 StGB. Die Argumente sind jedoch übertragbar.

dehnungen zu erwarten sind.[679] Schon jetzt enthält der Katalog einige Delikte, bezüglich derer ein Überwiegen des staatlichen Strafverfolgungsanspruchs gegenüber den Interessen der Medien fraglich wäre. So würde zum Beispiel schon der Verdacht einer einfachen Erpressung, bei der im Einzelfall die Verhängung einer Geldstrafe ausreichend sein kann, zu einem Entfallen des Schutzes der Eigenrecherchen führen. Die Vermutung, daß jemand, der in einem Beitrag möglicherweise nur am Rande erwähnt wird, eine so relativ geringfügige Straftat begangen hat, kann den Eingriff in die Presse- und Rundfunkfreiheit jedoch nicht genügend rechtfertigen, insbesondere da unter Umständen schon eine mißverständliche Formulierung in der Veröffentlichung zur Begründung des einfachen Verdachts ausreicht. Gleiches gilt für die schwereren Vergehen des Bandendiebstahls, der gewerbsmäßigen Hehlerei und der Bandenhehlerei. Würde die Beschlagnahme beim Verdacht dieser Straftaten zugelassen, wäre eine vernünftige Berichterstattung zum Beispiel über Kleinkriminalität oder die Entwicklung der Kriminalität in deutschen Großstädten unmöglich. Die Journalisten hätten es schwer Informanten zu finden, die ihnen Einblick in die „Szene" verschaffen würden. Auch das an der Aufklärung dieser Delikte bestehende Strafverfolgungsinteresse ist letztlich nicht groß genug, um eine nachhaltige Gefährdung des Vertrauens in die Medien zu begründen, so daß der in § 100 a StPO enthaltene Katalog ebenfalls den beim Zeugniszwang von Journalisten und der Beschlagnahme ihres Materials kollidierenden Interessen nicht gerecht werden kann.

Ein Verweis auf einen bereits vorhandenen Straftatenkatalog hilft daher beim Problem des selbstrecherchierten Materials nicht weiter. Notwendig wäre die Ergänzung des § 53 Abs. 1 Nr. 5 StPO um einen gesonderten Straftatenkatalog, der speziell auf den Konflikt zwischen Medienfreiheit und staatlichem Strafverfolgungsanspruch zugeschnitten ist.[680]

(bb) Der Katalog des Bundesrates und der Medienorganisationen

Sowohl der in der 13. Legislaturperiode vom Bundesrat eingebrachte Gesetzentwurf[681] als auch der Vorschlag der Medienorganisationen[682] enthalten einen Straftatenkatalog, nach dem das Zeugnisverweigerungsrecht für selbstrecherchiertes Material entfällt, wenn Gegenstand der Untersuchung eine der in dem Katalog genannten Straftaten ist. Diese Kataloge sind im wesentlichen identisch[683] und umfassen nahezu ausnahmslos[684] Verbrechenstatbestände.

---

679 Beispielsweise wollte die CDU/CSU-Bundestagsfraktion den Katalog auf an Kindern begangene Sexualdelikte sowie Bestechlichkeits- und Bestechungsdelikte erweitern (BT-Drucksache 14/162), scheiterte damit jedoch bei der Abstimmung im Bundestag (BT-Protokoll 14/77 S. 7109).

680 Aus der Resolution des Plenums des Deutschen Presserates vom 17. Mai 1995 entnommen dem Jahrbuch des Deutschen Presserates 1995.

681 BT-Drucksache 13/195 S. 1, 4 f.

682 Gesetzentwurf der ARD, des BDZV, des DJV, des Deutschen Presserates, der IG Medien, des VDZ, des VPRT und des ZDF, S. 2 (vgl. Anhang 1 S. 215 ff. dieser Arbeit).

683 Zum Beispiel enthält der Gesetzentwurf des Bundesrates in Nr. 10 zusätzlich das Vergehen der Volksverhetzung (§ 130 StGB). Nach Nr. 13 des Entwurfes des Bundesrates entfällt das Zeugnisverweigerungsrecht beim Verdacht einer gewerbsmäßigen Hehlerei (§ 260 StGB), während nach Nr. 12 des Entwurfes der Medienverbände erst die gewerbsmäßige Bandenhehlerei (§ 260a StGB) ausreicht. Außerdem umfaßt der Bundesratsentwurf eine Art Generalklausel (Nr. 14).

684 Lediglich das in dem Katalog genannte Offenbaren von Staatsgeheimnissen (§ 95 StGB), die Bildung krimineller Vereinigungen (§ 129 StGB) und die schwere Umweltgefährdung (§ 330 StGB) sind Vergehen.

(i) § 53 Abs. 2 S. 2 Nr. 14 des Gesetzentwurfes des Bundesrates

Der Straftatenkatalog im Entwurf des Bundesrates enthält in Nr. 14 außerdem eine generalklauselartige Bestimmung, nach der das Zeugnisverweigerungsrecht entfällt, wenn mit einer Freiheitsstrafe von mehr als einem Jahr zu rechnen ist. Auffällig ist hieran zunächst, daß weder der Gesetzesvorschlag der Freien und Hansestadt Hamburg[685] noch der des Landes Berlin[686], auf denen der Bundesratsentwurf beruht, eine derartige Klausel kannten. Auch in dem sonst wortgleichen Katalog des Entwurfes der SPD-Fraktion[687] fehlt eine solche Ausnahme. Sie wurde erst aufgrund der Beratungen im Rechtsausschuß und im Ausschuß für Innere Angelegenheiten mit der Begründung, unter dem Gesichtspunkt der Verhältnismäßigkeit müsse in den Fällen, daß eine Freiheitsstrafe von mehr als einem Jahr zu erwarten ist, die Presse- und Rundfunkfreiheit hinter dem staatlichen Strafverfolgungsanspruch zurückstehen,[688] vom Bundesrat beschlossen. [689] Nr. 14 des Straftatenkataloges entwickelte sich in der Folgezeit zum am häufigsten kritisierten Punkt des Gesetzentwurfes.[690]

Dadurch, daß im ersten Stadium des Ermittlungsverfahrens kaum vorherzusagen ist, wann mit einer Freiheitsstrafe von mehr als einem Jahr gerechnet werden muß, wäre die Rechtssicherheit für die Medien erheblich beeinträchtigt. Es wird befürchtet, in der Praxis könne die bloße Behauptung der Staatsanwaltschaft, daß Ziffer 14 einschlägig sei, genügen, um die Anordnung einer Beschlagnahme zu erwirken oder einen Zeugniszwang zu rechtfertigen.[691] Dadurch bestünde die Gefahr, daß es zu einem grundsätzlichen Aussagezwang käme und das Schweigerecht für Eigenrecherchen die Ausnahme bliebe.[692]

Zudem ist zweifelhaft, ob die mit Nr. 14 getroffene Festlegung, bei einer zu erwartenden Freiheitsstrafe von mehr als einem Jahr überwiege der staatliche Strafverfolgungsanspruch, zutreffend ist. Die besonders schwerwiegenden Verletzungen von Individualrechtsgütern und die gemeingefährlichen und sozialschädlichen Straftaten sind schon durch die Nrn. 1 bis 13 des Kataloges erfaßt, so daß als Anwendungsfälle der Nr. 14 nur solche Taten blieben, die wegen ihrer geringeren Gefährlichkeit nicht in den Katalog der Nrn. 1 bis 13 aufgenommen wurden. Die Generalklausel in Nr. 14 würde dazu führen, daß auch bei Straftaten der mittleren und Kleinkriminalität das Zeugnisverweigerungsrecht und das Beschlagnahmeverbot entfallen könnten. Bei der Strafzumessung nach § 46 StGB sind eine Reihe persönlicher Umstände zu berücksichtigen, die im Einzelfall (zum Beispiel bei einer wiederholten, gemeinschaftlich begangenen Nötigung, wenn einzelne Täter bereits einschlägig vorbestraft sind) zu einer Freiheitsstrafe von über einem Jahr führen können. Entsprechendes ist bei ebenso vergleichsweise leichten Delikten im Straßenverkehr sowie dem Versammlungs- und dem Ausländerrecht denkbar.[693] Die Annahme, daß das Interesse an einer effektiven Strafverfolgung die Belange der Medien in einem solchen Fall überwiege, wird der Bedeutung der Presse- und der Rundfunkfreiheit nicht gerecht.

---

685 BR-Drucksache 479/89.

686 BR-Drucksache 486/89.

687 BT-Drucksache 11/5377.

688 BT-Drucksache 13/195.

689 BR-Drucksache 479/89 (Beschluß).

690 Ausführliche Darstellung bei Dunkhase S. 199 ff.

691 Pöppelmann AfP 1997, 485 (490); Rübenach Zeitungen 1997, 170 (174).

692 Dunkhase S. 199.

693 „Der Entwurf des Bundesrates zur Erweiterung des Zeugnisverweigerungsrechts" in Jahrbuch des Deutschen Presserates 1994 S. 26 f. (ohne Verfasserangabe).

Schließlich würde Nr. 14 die Nrn. 1 bis 13 weitgehend gegenstandslos machen, da es sich bei den in den Nrn. 1 bis 13 aufgezählten schweren Straftaten fast ausnahmslos um Verbrechen handelt.[694] Ziffer 14 läuft dem Zweck der Neuregelung, die Rechtssicherheit beim publizistischen Zeugnisverweigerungsrecht zu erhöhen, zuwider und ist deshalb abzulehnen.

(ii) Bedenken gegen die Aufnahme dieses Straftatenkataloges

Von den Verfechtern eines gänzlich unbegrenzten Schutzes des Redaktionsgeheimnisses werden die beiden Straftatenkataloge als insgesamt mißlungen bewertet. Die Presse- und Rundfunkfreiheit werde durch sie mehr als nötig eingeschränkt[695] und sie seien zu lang und unübersichtlich.[696] Auch umfaßten sie vor allem Straftaten, in denen Journalisten besonders häufig recherchieren.[697] Dies kann jedoch kein ausschlaggebendes Argument gegen die Straftatenkataloge sein, in denen in erster Linie Verbrechen aufgezählt sind. Es liegt in der Natur der Sache, daß Journalisten vor allem bei schweren Straftaten recherchieren, da regelmäßig nur diese eine Nachricht oder gar einen längeren Beitrag „wert“ sind. Auch sind nach den Gesetzentwürfen Zwangsmaßnahmen in einigen Fällen, in denen es regelmäßig zu Beschlagnahmen kam, nicht mehr zulässig. Vergehen wie Landfriedensbruch (§ 125 StGB), einfache Körperverletzung (§ 223 StGB) oder Widerstand gegen Vollstreckungsbeamte (§ 113 StGB), die typische Begleiterscheinungen gewalttätig verlaufender Demonstrationen sind, in deren Folge insbesondere Bildjournalisten in der Vergangenheit häufig von Beschlagnahmen durch die Strafverfolgungsbehörden betroffen waren, umfaßt der Straftatenkatalog nicht. Wenn die Erlangung von Beweisen gegen Straftäter auf Versammlungen durch Anwendung von Zwangsmaßnahmen gegen die Medien nicht mehr möglich wäre, würde dies erheblich zur Sicherheit der Journalisten und damit zur umfassenden Berichterstattung beitragen. Die Bundesregierung gibt zwar in ihrer Stellungnahme zu dem Gesetzentwurf des Bundesrates zu bedenken, daß die von den Recherchen Betroffenen auch in Zukunft bei Veröffentlichung des Materials mit einer Kenntnisnahme durch die Strafverfolgungsbehörden rechnen müßten,[698] sie verkennt dabei aber, daß den Journalisten ein Schutz der durch die Recherchen Betroffenen viel besser möglich wäre, wenn die Strafverfolgungsbehörden zur Beweisgewinnung auf das veröffentlichte Material angewiesen wären.[699]

Außerdem wird moniert, mit dem Entwurf könne das Ziel, Beeinträchtigungen der Arbeit der Medien zu vermeiden, nicht erreicht werden.[700] Dem ist insoweit zuzustimmen, als sich dies nur durch ein absolutes Zeugnisverweigerungsrecht und Beschlagnahmeverbot erreichen ließe. Ziel des Entwurfs ist es jedoch, unnötige und vermeidbare Störungen auszuschließen,[701] keinesfalls aber Beeinträchtigungen jeglicher Art zu verhindern. Im Interesse der Strafrechtspflege muß bei schweren Straftaten eine gewisse Behinderung der Medienarbeit hingenommen werden. Durch die Beschränkung der Zugriffsmöglichkeiten der Ermittler wird jedoch der Eindruck vermieden, die Medien würden bei der Aufklärung jedweder Delikte mit der Staatsan-

---

694 Stellungnahme von ARD und ZDF zum Gesetzentwurf des Bundesrates (Bundestagsdrucksache 13/195 vom 12. 1. 1995) zur Erweiterung des Zeugnisverweigerungsrechts für Mitarbeiter/-innen von Presse und Rundfunk und des entsprechenden Beschlagnahmeverbotes auf selbst erarbeitetes Material, S. 11 f.

695 Pöppelmann AfP 1997, 485 (489).

696 Dunkhase S. 200.

697 Pöppelmann AfP 1997, 485 (490).

698 BT-Drucksache 13/195 Anlage 2.

699 Hierzu näher S. 94 dieser Arbeit.

700 BT-Drucksache 13/195 Anlage 2.

701 BT-Drucksache 13/195 S. 1.

waltschaft zusammenarbeiten und Aufnahmen der Bildjournalisten stünden den Ermittlungsbehörden beliebig zur Verfügung.[702] Dies wäre ein erheblicher Fortschritt, durch den das Vertrauen in die Medien gestärkt würde.

Nicht unterbewertet werden dürfen aber die Probleme, auf die ein Straftatenkatalog bei der praktischen Anwendung stößt. So besteht die Gefahr, daß der Verdacht einer Katalogtat mißbräuchlich vorgeschoben wird, um den Zugriff auf Informationen der Medienmitarbeiter zu ermöglichen.[703] Dieses Mißbrauchsrisiko kann nicht auf Null reduziert, wohl aber dadurch minimiert werden, daß eine Durchbrechung des Zeugnisverweigerungsrechts und des Beschlagnahmeverbots nur bei Bestehen eines dringenden Verdachts zulässig ist. Nur der dringende Verdacht kann den Eingriff in die Presse- und die Rundfunkfreiheit rechtfertigen und bietet die Gewähr dafür, daß durch den Straftatenkatalog der Schutz der Eigenrecherche nicht zu leicht ausgehebelt werden kann. Der Gesetzentwurf der Medienorganisationen enthält diese Voraussetzung bereits,[704] während die Formulierung des Entwurfs des Bundesrates darauf hindeutet, daß ein einfacher Verdacht ausreicht.[705]

Dunkhase kritisiert außerdem den Standort des Straftatenkataloges im Gesetzentwurf des Bundesrates in § 53 Abs. 2 StPO.[706] Absatz 2 hat die Entbindung der in Absatz 1 Nr. 1 bis 3 b Genannten zum Gegenstand. Aus systematischer Sicht ist daher die Ansiedlung des Straftatenkataloges in einem zu ergänzenden Absatz 3, wie sie der Gesetzentwurf der Medienorganisationen vorschlägt, vorzugswürdig. Tatsächlich durchgreifende Einwände gegen die Einführung eines Straftatenkataloges bestehen aber nicht.

(cc) Weitere Lösungsvorschläge

Der an das alte baden-württembergische Pressegesetz angelehnte Vorschlag *Rebmanns*, das Zeugnisverweigerungsrecht entfallen zu lassen, wenn der Verfasser, der Einsender oder der Gewährsmann einer mit lebenslanger Freiheitsstrafe oder mit bis zu 15 Jahren Haft bedrohten Handlung verdächtig ist,[707] verschiebt die Gewichtung zu stark zu Ungunsten der Interessen der Strafrechtspflege. Bei der derzeitigen Fassung des Strafgesetzbuches würde das staatliche Verfolgungsinteresse die Presse- und die Rundfunkfreiheit im wesentlichen nur in den Fällen eines Mordes oder Totschlages sowie des Friedensverrates und des Hochverrates gegen den Bund überwiegen. Der Schutz des Pressegeheimnisses muß hinter den Interessen des Rechtsstaates aber zum Beispiel auch in den Fällen schweren Menschenhandels oder schwerer gemeingefährlicher Straftaten zurückstehen, da auch dies besonders schwerwiegende Verletzungen von Individualrechtsgütern bzw. gemeingefährliche und sozialschädliche Straftaten sind. Der Vorschlag *Rebmanns* stellt keine sachgerechte Abwägung zwischen den verschiedenen betroffenen Rechtsgütern dar und ist daher abzulehnen.

---

702 Stellungnahme von ARD und ZDF vom 16./22. Februar 1996 S. 6 f.

703 Rengier S. 95; Zu der ähnlichen Problematik des Mißbrauchs der Strafverstrickungsklausel bei der Beschlagnahme siehe S. 122 ff. dieser Arbeit.

704 Siehe Anhang 1 S. 215 ff. dieser Arbeit.

705 BT-Drucksache 13/195 S. 4; § 53 Abs. 2 S. 2 des Entwurfs lautet: „Die Berechtigung zur Zeugnisverweigerung über den Inhalt selbsterarbeiteter Unterlagen entfällt, wenn Gegenstand der Untersuchung
1. ein Mord, ein Totschlag oder ein Völkermord (§§ 211, 212, 220a des Strafgesetzbuches),
2. eine beabsichtigte schwere Körpverletzung ... ist ...".

706 Dunkhase S. 198.

707 Rebmann AfP 1982, 189 (192).

Nach *Pöppelmann* sollte es eine Ausnahme vom Zeugnisverweigerungsrecht und damit dem Beschlagnahmeverbot nur geben, wenn der Verdacht einer Tat besteht, die mit einer Freiheitsstrafe von fünf Jahren oder mehr bedroht ist.[708] Auch dies stellt aber keine befriedigende Lösung des Konflikts dar, da von dieser Formulierung zum Beispiel Verbrechen wie die sexuelle Nötigung und Vergewaltigung (§ 177 StGB), der schwere Menschenhandel (§ 181 StGB) oder die Körperverletzung mit Todesfolge (§ 227 StGB) nicht umfaßt wären. Diese sind jedoch so schwer, daß bei einem Verdacht dieser Taten im Interesse der Strafrechtspflege ein Zeugnisverweigerungsrecht für selbstrecherchiertes Material grundsätzlich nicht gewährt werden kann.

Die Einführung eines Kataloges von schweren Straftaten, bei deren dringendem Verdacht der Schutz der Eigenrecherche entfällt, ist somit die geeignetste Lösung im Spannungsfeld zwischen staatlichem Strafverfolgungsanspruch und Presse- und Rundfunkfreiheit. Fraglich ist, ob dies auf die durch den Informanten gemachten Mitteilungen übertragbar ist. Für eine Gleichstellung der Eigen- und der Fremdrecherche könnte sprechen, daß so die erheblichen Unterscheidungsprobleme vermieden würden. Diese können jedoch in der Regel bei der Anordnung der Maßnahme durch den Richter gelöst werden.[709] Zudem wäre die Unterscheidung durch die Einführung des Straftatenkataloges in vielen Fällen obsolet.

Auch hat sich der Gesetzgeber bei der Neuregelung im Jahre 1975 ausdrücklich gegen die Einführung eines Straftatenkataloges für das Zeugnisverweigerungsrecht über „gemachte Mitteilungen" entschieden, da die Relativierung der medialen Schutznormen jede Vertraulichkeitszusage der Medienmitarbeiter unverläßlich machen würde.[710] Daß die Ermittler bei Durchsuchungen mehr oder weniger zwangsläufig Kenntnis von den durch Dritte gemachten Mitteilungen erlangen, kann ebenfalls kein Argument für eine Gleichsetzung der Materialien und damit eine Verkürzung des Schutzes des Redaktionsgeheimnisses sein.[711] Der Schutz von Drittmitteilungen ist zur Erhaltung der Vertrauenswürdigkeit der Medien unabdingbar. Das Ansehen der Medien ist durch den freien Zugriff der Strafverfolgungsbehörden auf Fremdrecherchen sehr viel stärker gefährdet als durch die Inanspruchnahme der Eigenrecherchen. Es muß daher bei einem generellen Zeugnisverweigerungsrecht für „gemachte Mitteilungen" bleiben. Bei von den Journalisten selbst erarbeiteten Unterlagen geht im Falle schwerer Straftaten hingegen regelmäßig das staatliche Interesse an einer effektiven Strafverfolgung vor.

(c) Die separate Verhältnismäßigkeitsprüfung

Ob bei Bestehen eines Straftatenkataloges die Verhältnismäßigkeit der Maßnahme im Einzelfall noch einmal gesondert geprüft werden muß, ist strittig.[712] Gesetzliche Regelungen haben zwangsläufig immer allgemeinen Charakter. Sie können nicht den besonderen Umständen jedes Einzelfalles gerecht werden. Trotz Beachtung der anderen Voraussetzungen, insbesondere des

708 Pöppelmann AfP 1997, 485 (490).

709 Siehe S. 89 dieser Arbeit.

710 Bericht des Rechtsausschusses BT-Drucksache 7/3118 S. 4; Protokoll der 126. Sitzung des Deutschen Bundestages 18. Oktober 1974, S. 8472 ff.; Bericht des Rechtsausschusses Protokoll der 404. Sitzung des Bundesrates 5. April 1974, S. 128.

711 Dies sollte vielmehr Anlaß sein, über die Verwertungsmöglichkeiten von Beweismitteln im deutschen Strafprozeß nachzudenken.

712 Zu dem Streit bei § 100 a StPO siehe S. 158 f. dieser Arbeit.

dringenden Verdachts einer Katalogtat, ist deshalb die Verhältnismäßigkeit der Maßnahme vor ihrer Anordnung noch einmal separat zu prüfen.[713]

(d) Die Subsidiaritätsklausel

Zusätzliche Sicherheit für die Wahrung der Medieninteressen ist von einer sowohl vom Bundesrat[714] als auch den Medienorganisationen[715] vorgeschlagenen Subsidiaritätsklausel zu erwarten. Danach entfällt das Zeugnisverweigerungsrecht erst dann, wenn „... die Erforschung des Sachverhalts oder die Ermittlung des Aufenthaltsortes des Beschuldigten auf andere Weise aussichtslos oder wesentlich erschwert wäre."

Die Wirksamkeit sowie Sinn und Zweck von Subsidiaritätsklauseln werden jedoch stark angezweifelt. So sei zum Beispiel die in § 100 a StPO enthaltene Klausel mehr „Ausdruck eines strapazierten rechtsstaatlichen Gewissens als ein wirklicher Schutz" [716]. Die verfahrensrechtlichen Unsicherheiten, wann und in welchem Stadium des Verfahrens die Aufklärung der Tat auf andere Weise als „aussichtslos" oder „wesentlich erschwert" angesehen werden kann, seien groß,[717] insbesondere die Auslegung des Begriffes „wesentlich erschwert" nicht endgültig geklärt.[718]

Zudem kann die eine Subsidiaritätsklausel enthaltende Maßnahme im Einzelfall das mildere Mittel gegenüber anderen Maßnahmen sein, die keine derartigen Klausel enthalten. So stellt zum Beispiel regelmäßig die kurzzeitige Überwachung des Telefonanschlusses eines Journalisten einen wesentlich geringeren Eingriff in die Presse- und Rundfunkfreiheit dar als die Durchsuchung der Redaktion.[719]

Problematisch ist auch das Konkurrenzverhältnis zwischen den verschiedenen Maßnahmen, die Subsidiaritätsklauseln aufweisen. So enthält neben der Regelung zur Telefonüberwachung (§ 100 a StPO) zum Beispiel auch die Regelung zum Einsatz technischer Mittel (§ 100 c Abs. 2 StPO) teilweise mit den gleichen Bedingungen versehene Subsidiaritätsklauseln. Welche der Maßnahmen aber den letzten, nach dem Gesetz schwersten Eingriff darstellt, ist ungeklärt.[720]

Trotz dieser Bedenken ist die Subsidiaritätsklausel als Konkretisierung des Verhältnismäßigkeitsgrundsatzes erforderlich. Sie macht den Strafverfolgungsbehörden die Schwere des Eingriffs bewußt und regt sie dazu an, erneut über die Notwendigkeit der Maßnahme nachzudenken. Die Konkurrenzfrage zwischen den verschiedenen Zwangsmaßnahmen muß jeweils danach entschieden werden, welche Maßnahme in dem betreffenden Fall den geringsten Eingriff in die Grundrechte des Betroffenen darstellt. Daß diese Voraussetzung (wie im übrigen fast jede andere Voraussetzung bei der Anordnung von Zwangsmaßnahmen) im Einzelfall um-

---

713 Rübenach Zeitungen 1997, 170 (179).
714 BT-Drucksache 13/195 S. 4, 6.
715 Anhang 1 S. 215 ff. dieser Arbeit.
716 Frister StV 1996, 454 (455); Welp StV 1994, 161 (164 f.).
717 Rengier S. 91 f.
718 Lehmann S. 98 ff. hält einen wesentlich erhöhten Arbeits- und Zeitaufwand bei den Ermittlungen für notwendig; vgl. auch Schumacher S. 190 f; a.A. Rieß Meyer-GedSchr. S. 385 der bezweifelt, daß der Begriff sinnvoll ausgefüllt werden kann.
719 Vgl. Lehmann S. 103; Welp S. 68.
720 Welp StV 1994, 161 (164 f.).

gangen werden kann, darf für die Beurteilung der Subsidiaritätsklausel nicht ausschlaggebend sein. Daher empfiehlt sich auch für das Zeugnisverweigerungsrecht und das Beschlagnahmeverbot die Aufnahme einer entsprechenden Regelung in die Strafprozeßordnung.

dd. Die zusätzliche Sicherung des Informantenschutzes

Der Informantenschutz muß weiterhin gewahrt bleiben. Eine Neuregelung darf nicht dazu führen, daß der Schutz der Identität der Gewährsleute, Verfasser oder Einsenders nicht mehr gesichert ist. Müßten die Informanten befürchten, über die Medien ermittelt zu werden, würden weniger Mitteilungen an die Presse und den Rundfunk gelangen. Die Folge wäre, daß die Medien ihrer verfassungsgemäßen Aufgabe der Kontrolle und Information nicht mehr in vollem Umfang gerecht werden könnten.

Schon nach der geltenden Regelung wird bezüglich der Person der Gewährsleute, Verfasser und Einsender keine Unterscheidung zwischen „gemachten Mitteilungen" und selbstrecherchiertem Material gemacht. Die Aussage über selbstrecherchiertes Material darf ebenso verweigert werden, wie dessen Beschlagnahme verboten ist, wenn dadurch der Informant ermittelt werden könnte.[721] Daran würde sich auch durch eine Neufassung nichts ändern. Auf eine ausdrückliche Festschreibung des Informantenschutzes, wie sie der Gesetzentwurf der Medienverbände vorsieht,[722] kann daher verzichtet werden.

ee. Beweisverwertungsverbote

Um den Schutz der journalistischen Recherche zu ergänzen, werden verschiedene Verbote vorgeschlagen. Unter den Befürwortern einer Erweiterung des Schutzes ist unstrittig, daß bis zu einer Neuregelung der publizistischen Zeugnisverweigerungsrechte in den anderen Prozeßordnungen ein Beweisverwertungsverbot für solche Aussagen gelten muß, die die zur Zeugnisverweigerung berechtigten Medienmitarbeiter in anderen als strafgerichtlichen Verfahren gemacht haben.[723] Dadurch sollen Umgehungen der StPO-Regelungen verhindert werden.

Lisken hält ein absolutes Beweisverwertungsverbot für selbstrecherchiertes Material zum Schutz der Presse- und Rundfunkfreiheit für notwendig.[724] Ein ausreichender Schutz könne allein durch ein Zeugnisverweigerungsrecht und Beschlagnahmeverbot für eigenrecherchiertes Material nicht erreicht werden, da zum Beispiel die Gefährdung der Journalisten auf gewalttätig verlaufenden Demonstrationen nur verringert, nicht aber gänzlich ausgeschaltet werden könne. Er befürchtet offensichtlich, da auch bei einem Zeugnisverweigerungsrecht und Beschlagnahmeverbot für selbstrecherchiertes Material die Verwertung von Veröffentlichungen noch möglich wäre, daß die Journalisten deswegen weiterhin angegriffen würden. Dabei übersieht er jedoch, daß bei einem Schutz der Eigenrecherchen die Journalisten ihre Veröffentlichungen besser als derzeit gegen eine Nutzung durch die Strafverfolgungsbehörden absichern

---

721 Siehe S. 55, 84 f. und 87 dieser Arbeit.

722 Siehe Anhang 1 S. 215 ff. dieser Arbeit; Danach ist der Zeugniszwang unzulässig, „...wenn aus den selbsterarbeiteten Unterlagen auf die Person des Verfassers, Einsenders oder Gewährsmannes sowie auf von diesem gemachte Mitteilungen und deren Inhalt geschlossen werden kann."

723 Gesetzentwurf des Bundesrates (BT-Drucksache 13/195 S. 4); Gesetzentwurf der Fraktion Bündnis 90/Die Grünen (BT-Drucksache 13/5285 S. 3); Gesetzentwurf der Medienverbände (siehe Anlage 1 S. 215 ff. dieser Arbeit); Rübenach Zeitungen 1997, 170 (179).

724 Lisken ZRP 1988, 193 (196).

würden.[725] Gegenwärtig werden Möglichkeiten zur Vermeidung der Verwertung wenig gebraucht, da die Ermittlungsbehörden ohnehin Zugriff auf das unveröffentlichte selbstrecherchierte Material haben.

Überlegenswert ist ein Beweisverwertungsverbot aber in anderer Hinsicht. Kommt es zu Zufallsfunden, kann dies zu verfahrensrechtlichen Schwierigkeiten führen.[726] Insofern könnte sich die Regelung an die Vorschriften der Telefonüberwachung anlehnen. Danach sind Zufallsfunde für die Beweisführung direkt nur verwertbar, wenn es sich um eine Katalogtat oder eine mit dieser im Zusammenhang stehende Nichtkatalogtat handelt.[727] In diesen Fällen würde wiederum das staatliche Strafverfolgungsinteresse das Interesse an der Wahrung des Pressegeheimnisses überwiegen; in anderen Fällen besteht ein Verwertungsverbot.[728]

c. Bilanz

Durch den Ausschluß des selbstrecherchierten Materials aus dem Schutz der §§ 53 Abs. 1 Nr. 5, 97 Abs. 5 StPO wird die Arbeit der Medien erheblich beeinträchtigt. Auch die nach der Rechtsprechung des Bundesverfassungsgerichts vorzunehmende Verhältnismäßigkeitsprüfung im Einzelfall hat hieran nichts ändern können. Zweckmäßig ist eine ausdrückliche Verankerung des Verhältnismäßigkeitsgrundsatzes im Gesetzeswortlaut, wozu sich die Aufnahme eines Straftatenkataloges in § 53 StPO empfiehlt. Hierfür bietet sich der im Gesetzentwurf der Medienorganisationen vorgeschlagene Katalog an, neben dem als Übergangsregelung festgelegt werden sollte, daß in anderen als in strafgerichtlichen Verfahren gemachte Aussagen nicht verwertet werden dürfen.

Das so erzielte Ergebnis trägt den Anforderungen an einen effektiven Schutz des Redaktionsgeheimnisses Rechnung, ohne dabei die Belange der Strafrechtspflege unverhältnismäßig zu beeinträchtigen. Die Einführung eines Straftatenkataloges würde die Beschlagnahme selbstrecherchierten Materials zunächst auch nur grundsätzlich unzulässig machen. Für ein endgültiges Beschlagnahmeverbot müssen gemäß § 97 Abs. 5 StPO weitere Voraussetzungen vorliegen.

2. Das Erfordernis des Gewahrsams

a. Grundsätzliches

Ein Beschlagnahmeverbot besteht nur, wenn sich die fraglichen Gegenstände im Gewahrsam des Medienmitarbeiters „oder der Redaktion, des Verlages, der Druckerei oder der Rundfunkanstalt“ [729] befinden. Unter Gewahrsam versteht man das tatsächliche Herrschaftsverhältnis, also die Verfügungsmacht über das Beweismittel.[730] Die Sache muß, soweit sie sich nicht im Gewahrsam des Journalisten selbst befindet, auf Veranlassung eines dazu befugten Mitarbeiters

---

725 Siehe S. 95 f. dieser Arbeit.

726 Rengier S. 95.

727 Kleinknecht/Meyer-Goßner § 100 a Rdnr. 21; Von anderen Nichtkatalogtaten ist nur eine mittelbare Verwertung in der Weise zulässig, daß aufgrund der erlangten Erkenntnisse Ermittlungen geführt und dabei andere Beweismittel gewonnen werden (BGHSt 27, 355). Mehr dazu ab S. 176 ff. dieser Arbeit.

728 Zu den das Beschlagnahmeverbot insgesamt betreffenden Verwertungsverboten siehe S. 133 ff. dieser Arbeit.

729 Wortlaut § 97 Abs. 5 StPO.

730 RG 50, 241 (243); LR-Schäfer § 97 Rdnr. 17; KMR-Müller § 97 Rdnr. 4.

in den Räumen der Redaktion aufbewahrt werden.[731] Der Journalist muß nicht ständig Gewahrsam an der Sache gehabt haben, dessen Wiedererlangung genügt.[732]

b. Der Mitgewahrsam

Die Materialien sind nach herrschender Meinung auch dann geschützt, wenn der Journalist nur Mitgewahrsam daran hat.[733] Dies wird vereinzelt mit dem Argument bestritten, wenn der andere Mitgewahrsamsinhaber nicht zeugnisverweigerungsberechtigt sei, bestehe kein Grund, das Material nicht zu beschlagnahmen, da er jedenfalls über den Inhalt des Materials vernommen werden könne, so daß die Strafverfolgungsorgane in jedem Fall davon Kenntnis erlangen würden.[734]

Dieser Argumentation kann jedoch nicht überzeugen, da es keinesfalls zwingend ist, daß der Mitgewahrsamsinhaber den Inhalt der Materialien kennt und auch tatsächlich darüber Zeugnis ablegen könnte. *Schmidt* weist außerdem darauf hin, daß auch der mögliche Qualitätsunterschied zwischen einer „Urkunde“ und einem „Zeugen“ nicht unbeachtet bleiben darf. Einer Urkunde komme ein wesentlich höherer Beweiswert zu als einem Zeugen.[735] Auch widerspricht die Mindermeinung dem Wortlaut des Gesetzes, wo von „Gewahrsam“, nicht „Alleingewahrsam“ die Rede ist. Schließlich liefe das Alleingewahrsamserfordernis dem von § 97 Abs. 5 StPO verfolgten Zweck zuwider, nach dem der Zeugnisverweigerungsberechtigte das Material nicht herausgeben müssen soll, um die Vertrauenswürdigkeit der Medien zu sichern. Würde nun Material, das sich zum Beispiel in der Wohnung eines Journalisten befindet, an dem aber auch sein Mitbewohner Gewahrsam hat, beschlagnahmt, würde dadurch das Vertrauen in den betroffenen Journalisten erheblich beeinträchtigt. Der bloße Mitgewahrsam eines Dritten kann daher nicht genügen, das Beschlagnahmeverbot aufzuheben.

Von diesem Grundsatz ist eine Ausnahme zu machen, wenn der Beschuldigte Mitgewahrsamsinhaber ist.[736] Die Sachherrschaft des Zeugnisverweigerungsberechtigten ist dadurch derart eingeschränkt, daß er den gegen den Beschuldigten zulässigen Zugriff auch seinerseits hinnehmen muß.[737] Dem wird von *Achenbach* mit Blick auf die Bedeutung der Presse- und Rundfunkfreiheit widersprochen. Im Einzelfall könne nur eine Abwägung zwischen dem staatlichen Strafverfolgungsinteresse und Art. 5 Abs. 1 S. 2 GG zu einem sachgerechten Ergebnis führen.[738] Dabei müßte der Schutz des Redaktionsgeheimnisses prinzipiell das Übergewicht haben. Nur so könne eine Umgehung des Beschlagnahmeverbots verhindert werden, da der Informant an den gelieferten Materialien regelmäßig Mitgewahrsam behalte.[739]

---

731 Kleinknecht/Meyer-Goßner § 97 Rdnr. 16.

732 Kleinknecht/Meyer-Goßner § 97 Rdnr. 11.

733 BGHSt 19, 374 (374); LG Stuttgart wistra 1990, 282; AK-Amelung § 97 Rdnr. 10; KMR-Müller § 97 Rdnr. 4; LR-Schäfer § 97 Rdnr. 18; Schmidt, Rolf wistra 1991, 245 (248) mwN in Fn 38; Höser MDR 1982, 535; Krüger, Die Polizei 1977, 284 (286).

734 HK-Lemke § 97 Rdnr. 9; LR-Meyer 23. Aufl. § 97 Rdnr. 14; Birmanns MDR 1981, 102 (103).

735 Schmidt, Rolf wistra 1991, 245 (248).

736 BGHSt 19, 374; KG JR 1967, 192; LG Aachen MDR 1981, 603; AK-Amelung § 97 Rdnr. 10 m.w.N.; HK-Lemke § 97 Rdnr. 9; KK-Nack § 97 Rdnr. 8; KMR-Müller § 97 Rdnr. 4; LR-Schäfer § 97 Rdnr. 19; Birmanns MDR 1981, 102 (103); Schlüchter, Das Strafverfahren, Rdnr. 295; einschr. Schmidt, Rolf wistra 1991, 245 (248 f.): primäre Dispositionsbefugnis entscheidend; vgl. auch Klug S. 61.

737 BGHSt 19, 374 (374 f.); KG JR 1967, 192 (192).

738 Löffler/Achenbach § 23 Rdnr. 103; Klug S. 60 f.

739 Klug S. 61.

Achenbach ist zuzugeben, daß bei der Entscheidung über die Beschlagnahmeanordnung der Verhältnismäßigkeitsgrundsatz zu beachten ist. Dies kann jedoch nicht dazu führen, daß in den Fällen, in denen der Beschuldigte Mitgewahrsam an den Materialien hat, eine Beschlagnahme grundsätzlich ausgeschlossen ist, da andernfalls im Strafverfahren gegen Angehörige eines Presseunternehmens durch den Mitgewahrsam anderer Mitarbeiter eine Beschlagnahme praktisch immer unzulässig wäre. Dies liefe dem Zweck des Strafrechts und des Strafprozeßrechts zuwider und wäre daher - auch unter Berücksichtigung des Stellenwertes der Presse- und Rundfunkfreiheit - nicht mit dem Grundgesetz vereinbar.[740]

Untauglich ist auch der Vorschlag, über eine Beschlagnahme nach dem Schwergewicht der Gewahrsamsverteilung zu entscheiden. Danach bleibt das Beschlagnahmeverbot bestehen, wenn die Mitgewahrsamsposition des Zeugnisverweigerungsberechtigten die des Beschuldigten deutlich überwiegt.[741] Dies würde jedoch zu erheblichen Abgrenzungsschwierigkeiten führen. Nicht immer wird es dem Richter möglich sein festzustellen, wessen Gewahrsamsposition die stärkere ist. Wenn zum Beispiel der Beschuldigte Mitarbeiter einer Redaktion ist, wird oft nicht auszumachen sein, ob der Gewahrsam eher bei ihm oder den anderen Mitarbeitern liegt. Dieser Vorschlag kann auch die Fälle nicht lösen, in denen das Schwergewicht gleichmäßig verteilt ist. Dies ist denkbar, wenn Beschuldigter und Zeugnisverweigerungsberechtigter Mitarbeiter derselben Redaktion sind und sich das Material in einem beiden gleichermaßen zugänglichen Schrank oder im Archiv befindet.

c. Der Gewahrsamsverlust

Endet der Gewahrsam des Weigerungsberechtigten durch freiwillige Aufgabe oder Tod, entfällt die Beschlagnahmefreiheit.[742] Eine Sicherstellung durch die Strafverfolgung kann dann die Vertrauenswürdigkeit der Medien nicht antasten, so daß das Beschlagnahmeverbot nur dann bestehen bleiben muß, wenn der Nachfolger im Gewahrsam selbst nach § 53 StPO zeugnisverweigerungsberechtigt ist.[743]

Nach herrschender Meinung endet der Schutz ebenfalls bei unfreiwilliger Besitzaufgabe. Da die Beschlagnahme in diesen Fällen nicht mehr als Umgehung des Zeugnisverweigerungsrechts anzusehen sei, könne die Sache beim Dieb oder Finder beschlagnahmt werden.[744] Hiergegen wird eingewandt, der Herrschaftswille des Gewahrsamsinhabers, der die verlorene Sache zurückerhalten wolle, dauere noch an. Es dürfe rechtlich nicht davon abhängen, ob der Berechtigte den Gewahrsam rascher wiedererlange als die Behörde die Beschlagnahme durchführe.[745] Außerdem käme man sonst zu dem Ergebnis, daß die Strafverfolgungsbehörden, wenn sie gestohlenes Material beschlagnahmen, von einer Straftat profitieren.[746]

Diese Argumente können nicht überzeugen. Sinn und Zweck auch des Beschlagnahmeverbots ist der Schutz der Vertrauenswürdigkeit der Medien, die jedoch nicht geschädigt werden kann,

---

740 BGHSt 19, 374 (375).

741 Klug S. 61; Krüger AfP 1981, 331 (334 f.).

742 Kleinknecht/Meyer-Goßner § 97 Rdnr. 13.

743 LR-Schäfer § 97 Rdnr. 20 a; Kleinknecht/Meyer-Goßner § 97 Rdnr. 13.

744 AK-Amelung § 97 Rdnr. 12; Kleinknecht/Meyer-Goßner § 97 Rdnr. 13; KK-Nack § 97 Rdnr. 8; LR-Schäfer § 97 Rdnr. 22; SK-Rudolphi § 97 Rdnr. 17, a.A. Beulke in Der Verteidiger S. 210 für Unterlagen des Strafverteidigers.

745 Rebmann/Ott/Storz § 23 Rdnr. 43.

746 Löffler/Achenbach § 23 Rdnr. 105.

wenn die Medien durch die Ermittlungsbehörden nicht in Anspruch genommen werden. Die Informanten können sich weiterhin darauf verlassen, daß Materialien, die sich im Gewahrsam der Journalisten befinden, nicht als Beweismittel verwendet werden. Gegen die Ansicht, bei unfreiwilligem Gewahrsamsverlust bestehe das Beschlagnahmeverbot fort, spricht letztlich auch der klare Wortlaut der Vorschrift.

3. Die Strafverstrickungsklausel

Das Beschlagnahmeverbot entfällt gemäß § 97 Abs. 5 S. 2 i.V.m. Abs. 2 S. 3 StPO, wenn sich der Journalist der Teilnahme, der Begünstigung, Strafvereitelung oder Hehlerei verdächtig gemacht hat. Das gleiche gilt, wenn Gegenstände beschlagnahmt werden sollen, „...die durch eine Straftat hervorgebracht oder zur Begehung einer Straftat gebraucht oder bestimmt sind oder die aus einer Straftat herrühren.“ [747] Die Regelung wurde in die Strafprozeßordnung aufgenommen, da man das Vertrauensverhältnis zwischen Straftätern nicht für schutzwürdig hielt.[748] Sie ist von den Strafverfolgungsbehörden besonders in letzter Zeit exzessiv genutzt worden.

a. Die subjektive Strafverstrickung

aa. Der Tatbestand

Von subjektiver Strafverstrickung spricht man, wenn gegen den Journalisten der Verdacht der Beteiligung an der Straftat des Beschuldigten besteht. Außerdem sind damit der Verdacht der Begünstigung (§ 257 StGB), der Strafvereitelung (§ 258 StGB) und der Hehlerei (§ 259 StGB) gemeint, wobei der Hehlerei- und der Strafvereitelungsverdacht im Falle der Medien kaum eine Rolle spielen.[749]

(a) Die Tatbeteiligung

Der Begriff der Tatbeteiligung ist im weitesten Sinne zu verstehen. Neben der Anstiftung und der Beihilfe zählt, wie sich aus § 28 Abs. 2 StGB ergibt, auch die Mittäterschaft hierzu.[750] Die Teilnahme braucht nicht strafbar zu sein, sondern es genügt das Vorliegen einer rechtswidrigen Tat im Sinne des § 11 Abs. 2 Nr. 5 StGB.[751] Die Strafvereitelung ist daher auch dann als Tatbeteiligung einzustufen, wenn sie nach § 258 Abs. 6 StGB straflos bleibt.[752] Strittig, aber für die vorliegende Arbeit ohne Belang ist, ob notwendige Teilnahme und Nebentäterschaft ausreichen.[753]

---

747 Wortlaut des § 97 Abs. 2 S. 3 StPO a.E.

748 So zumindest die einzige Erklärung, die für die Klausel gegeben wird: LR-Schäfer § 97 Rdnr. 23; Fezer JuS 1978, 765 (768).

749 Dunkhase S. 175; Im folgenden wird auf die Aufzählung der einzelnen Tatbestände verzichtet und statt dessen der Terminus der „Tatbeteiligung“, des „beteiligungsverdächtigen Journalisten“ etc. verwendet.

750 Löffler/Achenbach § 23 Rdnr. 114.

751 LR-Schäfer § 97 Rdnr. 25; SK-Rudolphi § 97 Rdnr. 32; Krekeler NJW 1977, 1417 (1418); kritisch: Welp JZ 1974, 423 (425).

752 BGHSt 25, 168 (170) = NJW 1973, 1289 (1290); Kleinknecht/Meyer-Goßner § 97 Rdnr. 17; Krekeler NJW 1977, 1417 (1418); a.A. KK-Nack § 97 Rdnr. 36.

753 Dafür: LR-Meyer 23. Aufl. § 97 Rdnr. 22; SK-Rudolphi Rdnr. 32; Gillmeister S. 99 m.w.N.; dagegen: Kleinknecht/Meyer-Goßner Rdnr. 19; LR-Schäfer § 97 Rdnr. 25; differenzierend AK-Amelung Rdnr. 18.

Die Teilnahme an einer in einem anderen Strafverfahren verfolgten Tat genügt für den Wegfall des Beschlagnahmeverbots nicht, da ein Verdacht nur bezogen auf eine bestimmte Tat denkbar ist. Nur bei der Aufklärung dieser Tat kann dann aber auch das Beschlagnahmeverbot entfallen, so daß der Wegfall an diese bestimmte Tat gebunden ist.[754]

(b) Der Verdachtsgrad

Der Verdacht, daß der Journalist an der Tat des Beschuldigten beteiligt ist, braucht weder „dringend" im Sinne des § 112 Abs. 1 S.1 StPO[755] noch „hinreichend" im Sinne des § 203 StPO zu sein.[756] Er muß sich aber auf Tatsachen stützen und darf nicht auf bloßen Vermutungen beruhen.[757] Je schwerwiegender sich die Beschlagnahme auf den Betroffenen auswirkt, desto stärker muß der Verdacht konkretisiert sein.[758] Nicht notwendig ist, daß gegen den Zeugnisverweigerungsberechtigten schon ein Ermittlungsverfahren eingeleitet wurde.[759] Auch schadet es nicht, daß der Einleitung rechtliche Hindernisse, beispielsweise eine anderweitige Rechtshängigkeit, entgegenstehen.[760]

Der Teilnahmeverdacht muß bei Anordnung der Beschlagnahme schon begründet sein.[761] Soll durch die Beschlagnahme erst festgestellt werden, ob ein Verdacht besteht, ist diese rechtswidrig. Dies ändert sich auch nicht, wenn aufgrund einer solchen Maßnahme ein Teilnahmeverdacht begründet wird.[762]

Es genügt, daß ein einziger Mitarbeiter einer Redaktion beteiligungsverdächtig ist.[763] *Achenbach* vertritt hingegen den Standpunkt, daß Redaktionsräume erst dann keinem Schutz mehr genießen, wenn die Redakteure sämtlich Verdächtige sind, was er, wie schon im Fall des Mitgewahrsams durch den Beschuldigten, mit der Bedeutung des Art. 5 Abs. 1 S. 2 GG im System des Grundrechtsschutzes begründet.[764] Aus den gleichen Gründen wie dort kann dieser Ansicht aber auch hier nicht zugestimmt werden. So würde ein derart hoch angesetztes Erfordernis faktisch dazu führen, daß eine Durchsuchung von Redaktionsräumen und Beschlagnahme von dort gefundenem Material kaum jemals zulässig wäre. Dies wäre ein dem Sinn des Gesetzes eklatant widersprechendes Ergebnis und daher untragbar. Auch ergibt sich aus dem Gesetz kein Anhaltspunkt für eine derartige Ausdehnung des Beschlagnahmeverbots.[765]

---

754 BGHSt 18, 227 (229); 25, 168 (169); LR-Schäfer § 97 Rdnr. 25, a.A. Creifelds GA 1960, 65 (74).

755 Kleinknecht/Meyer-Goßner § 97 Rdnr. 20; LR-Schäfer § 97 Rdnr. 27; a.A. Krause/Nehring § 97 Rdnr. 11 unter Hinweis auf die Bedeutung der Pressefreiheit.

756 LG Kiel SchlHA 1955, 368 (369); KK-Nack § 97 Rdnr. 29; KMR-Müller § 97 Rdnr. 7; Bringewat BB 1974, 1559 (1561); Creifelds GA 1960, 65 (69).

757 AK-Amelung § 97 Rdnr. 20; Kleinknecht/Meyer-Goßner § 97 Rdnr. 20.

758 KK-Nack § 97 Rdnr. 29; Kleinknecht/Meyer-Goßner § 97 Rdnr. 20; Schmidt, Rolf S. 55 f.

759 BGH NJW 73, 2035.

760 Kleinknecht/Meyer-Goßner § 97 Rdnr. 18; LR-Schäfer § 97 Rdnr. 23.

761 LG Koblenz StV 1985, 8; LG Köln NJW 1960; 1874; LR-Schäfer § 97 Rdnr. 26; SK-Rudolphi § 97 Rdnr. 31; Krekeler NJW 1977, 1417 (1422).

762 LG Koblenz StV 1985, 8 ; KK-Nack § 97 Rdnr. 35; a.A. KMR-Müller § 97 Rdnr. 22.

763 LR-Schäfer § 97 Rdnr. 99; Krause/Nehring § 97 Rdnr. 11; Kunert MDR 1975, 885 (890).

764 Löffler/Achenbach § 23 Rdnr. 123. Er unterscheidet nicht zwischen dem Fall, daß der Journalist nur teilnahmeverdächtig ist, und dem, in dem der Journalist selbst Beschuldigter ist. Zwar verwendet er den Terminus „Beschuldigter", führt als Quellen für die herrschende Meinung jedoch die an, die sich mit dem Beteiligungsverdacht gegen den Journalisten befassen (vgl. auch Kleinknecht/Meyer-Goßner § 97 Rdnr. 45). Zum Mitgewahrsam des Beschuldigten vgl. S. 118 f. dieser Arbeit.

765 Dunkhase S. 100.

Um den Schutz des Redaktionsgeheimnisses dennoch weitgehend zu gewährleisten, fordern einige Stimmen in der Literatur sowie die wichtigsten Medienverbände eine Anhebung des Verdachtsgrades auf den dringenden Verdacht.[766] In seiner derzeitigen Fassung berge § 97 Abs. 5 S. 2 StPO die Gefahr in sich, daß der Verdacht einer Tatbeteiligung der Journalisten konstruiert werde, um das Beschlagnahmeverbot aufzuheben.[767] Zwei Beispiele sind Indiz dafür, daß vor allem in den letzten Jahren nur allzu oft einer Beschlagnahme auf diesem Wege erreicht wurde[768]: (1) Am 22. August 1991 wurden die Redaktionsräume der BILD-Zeitung München durchsucht. Dabei ging es um Unterlagen, die die Veröffentlichung der Vernehmung eines Mordverdächtigen durch die Kripo München zum Gegenstand hatten. Ermittelt wurde gegen Redaktionsmitglieder wegen der verbotenen Mitteilung amtlicher Schriftstücke eines Strafverfahrens (§ 353 d StGB).[769] (2) Am 3. März 1994 durchsuchte die Staatsanwaltschaft ein Büro in der Redaktion der Stuttgarter Zeitung, die Wohnung eines Redakteurs und die Wohnung seiner Frau. Gegen den Redakteur wurde wegen des Verdachts der Beihilfe zum Geheimnisverrat §§ 353 b, 27 StGB ermittelt. Er hatte für eine Veröffentlichung den Bericht des Stuttgarter Justizministeriums in einem Mafiafall verwertet, bei dem es zu Ermittlungspannen gekommen war.[770] In beiden Fällen wurde der Verdacht gegen die Journalisten letztlich fallen gelassen.

Insgesamt ist aus den letzten Jahren nicht ein einziger Fall bekannt, in dem ein Redakteur tatsächlich verurteilt worden wäre. Alle Verfahren gegen die Journalisten, die die Grundlage für die Aufhebung des Beschlagnahmeverbots bildeten, wurden eingestellt. Die Vermutung *Pöppelmanns*, „...daß die Staatsanwaltschaften die Einleitung des Verfahrens als 'Kunstgriff' nutzen, um in den Besitz von Unterlagen zu gelangen, die ihnen sonst verschlossen blieben..." [771], erscheint angesichts dessen nicht gänzlich aus der Luft gegriffen.

bb. Sonderproblem: Die Teilnahme durch Veröffentlichung

Eine mögliche Anhebung des Verdachtsgrades könnte dort nichts bewirken, wo Journalisten, die ihrer öffentlichen Aufgaben gemäß das ihnen von ihren Informanten zugeleitete Material auswerten und publizieren, mehr oder weniger automatisch in den Verdacht der Beteiligung an einem eventuellen Vergehen ihrer Gewährsleute geraten. Dies ist beim Dienstgeheimnisbruch nach § 353 b StGB und ähnlichen Dienstvergehen der Fall, deren Ausgestaltung deswegen heftig kritisiert wird.

Vereinzelt hält man schon § 353 b StGB wegen der weiten Definition des Dienstgeheimnisses für verfehlt.[772] Ein Dienstgeheimnis ist, was aufgrund seiner Natur, einer Rechtsvorschrift oder besonderen Anordnung der Geheimhaltung bedarf.[773] Der Möglichkeit, ein Dienstgeheimnis

---

766 Begründung zum Gesetzentwurf der Medienverbände S. 11; Krekeler NJW 1977, 1417 (1424); Pöppelmann AfP 1997, 485 (492).
767 Pöppelmann AfP 1997, 485 (491).
768 Zu weiteren Beispielen siehe Wilde, Fälle; Schreiben des Deutschen Journalistenverbandes zur Anhörung am 27. Mai 1998 zum Gesetzentwurf des Bundesrates (BT-Drucksache 13/195) und Gesetzentwurf sowie Antrag der Fraktion Bündnis 90/Die Grünen (BT-Drucksache 13/5285 und 13/6382), S. 5 f.
769 Pöppelmann AfP 1997, 485 (491); Wilde, Fälle 08.1991.
770 Jung AfP 1995, 375; Pöppelmann AfP 1997, 485 (491); Wilde, Fälle 03.1994; Ul. Kaiser journalist Heft 4/1994, 10 (11).
771 Pöppelmann AfP 1997, 485 (491).
772 Ul. Kaiser journalist Heft 10/1996 S. 38.
773 Lackner § 353 b Rdnr. 6.

durch Anordnung zu schaffen, wird skeptisch entgegengehalten, es sei hinreichend bekannt, daß bestimmten Informationen von interessierter Seite gern der Stempel 'Geheim' oder 'Vertraulich' aufgedrückt würde.[774]

Dies kann bezweifelt werden. Doch bestehen große Bedenken hinsichtlich der Begründung eines Verdachts gegen den Medienmitarbeiter. Die Tathandlung des § 353 b StGB besteht in der Offenbarung des Geheimnisses und dadurch Schaffung einer konkreten Gefahr für wichtige öffentliche Interessen.[775] Das Geheimnis ist dann offenbart, wenn es an einen Dritten mitgeteilt worden ist.[776] Daß öffentliche Interessen durch die Offenbarung konkret gefährdet werden, wird bei der Mitteilung an einen Journalisten regelmäßig angenommen.[777] Mit dem Eintritt der konkreten Gefahr für die öffentlichen Interessen ist die Straftat vollendet.[778] Der Verdacht der Beihilfe kann somit lediglich dann durch die Tatsache der Veröffentlichung der erhaltenen Informationen durch den Journalisten begründet werden, wenn man die Möglichkeit einer Tatbeteiligung auch noch nach Vollendung der Tat bejaht. Fälle, in denen der Journalist den Amtsträger zur Verletzung des Dienstgeheimnisses angestiftet oder vor Vollendung der Tat Beihilfe geleistet hat, etwa durch Heraustragen geheimer Akten aus dem Dienstgebäude, werden kaum vorkommen.

Nach der Rechtsprechung und einem Teil der Literatur ist eine Beteiligung auch noch nach Vollendung der Tat bis zu ihrer materiellen Beendigung möglich.[779] Gehe es dem Amtsträger um die Veröffentlichung des Geheimnisses in den Medien, sei der Dienstgeheimnisbruch nicht schon mit der Mitteilung an den Journalisten, sondern erst im Zeitpunkt der Veröffentlichung beendet. Der Journalist könne also durch die Veröffentlichung noch Beihilfe leisten.[780]

Die Gegenansicht lehnt einen vom Vollendungszeitpunkt verschiedenen Beendigungszeitpunkt ab.[781] Die herrschende Ansicht führe zu großer Rechtsunsicherheit, da der Beendigungszeitpunkt kaum fixierbar sei.[782] Außerdem verstoße sie gegen den Grundsatz „nullum crimen sine lege"; das Gesetz kenne keinen vom Vollendungszeitpunkt verschiedenen Beendigungszeitpunkt. Die Konstruktion führe dazu, daß ein an sich strafloses Verhalten strafbar werde.[783] Ähnlich argumentiert auch Herzberg, der dem Gesetzeswortlaut entnehmen will, § 25 Abs. 2 StGB verlange, daß der Mittäter die Tatbestandshandlung mit ausführe, § 27 StGB, daß der Gehilfe zur Tatbestandshandlung Hilfe leiste.[784]

Eine ausführliche Streitdarstellung zur sukzessiven Mittäterschaft und Beihilfe sowie eine Streitentscheidung würden den Rahmen der vorliegenden Arbeit sprengen, so daß das allgemeine Problem der Tatbeteiligung nach Vollendung der Tat hier nicht gelöst werden kann. Jedoch bedarf die Frage für den speziellen Fall, daß der Journalist ein Dienstgeheimnis ver-

---

774 Ul. Kaiser journalist Heft 10/1996, S. 38.
775 Lackner § 353 b Rdnr. 11.
776 Lackner § 203 Rdnr. 17, § 353 b Rdnr. 8.
777 Schönke/Schröder/Lencker § 353 b Rdnr. 9.
778 Dreher/Tröndle § 353 b Rdnr. 14; Schönke/Schröder/Lencker § 353 b Rdnr. 22.
779 BGHSt 3, 43; 6, 248 (251); 19; 323 (325); NJW 85, 814; NJW 90, 654; OLG Düsseldorf MDR 1988, 515; Lackner § 25 Rdnr. 12, § 27 Rdnr. 3 m.w.N.; Schönke/Schröder/Cramer § 27 Rdnr. 17; Blei AT § 80 I S. 287 f.; Hau 119 ff.; Wessels/Beulke AT Rdnr. 584.
780 LK-Träger § 353 b Rdnr. 40; Dreher/Tröndle § 353 b Rdnr. 14.
781 LK-Roxin § 27 Rdnr. 22; Schönke/Schröder/Lencker § 353 b Rdnr. 23; Dunkhase S. 177 f.; Herzberg S. 71 f.; Rogall NJW 1980, 751 (752); Rudolphi FS-Jescheck S. 559.
782 Herzberg S. 71 f.
783 Schönke/Schröder/Lencker § 353 b Rdnr. 23.
784 Herzberg S. 72.

öffentlicht, einer Klärung. Für § 353 b StGB sind zwei Gesichtspunkte entscheidend. Die herrschende Ansicht steht der durch Aufhebung des § 353 c Abs. 1 StGB a.F. vom Gesetzgeber verfolgten Absicht entgegen, Nichtgeheimnisträger straffrei zu lassen.[785] Durch diese abgeschaffte Vorschrift wurde die öffentliche Bekanntmachung von Dienstgeheimnissen durch andere als die in § 353 b StGB genannten Personen unter Strafe gestellt. Die Regelung wurde vor allem deshalb als zu weitreichend empfunden, weil durch sie die Informationsfreiheit, insbesondere die Äußerungsfreiheit der Presse, erheblich beeinträchtigt wurde.[786] Die Rechtsprechung bewirkt, daß über den Umweg der Teilnahme am vollendeten aber unbeendeten Delikt die Bekanntmachung durch Nichtgeheimnisträger wieder strafbar wird, obwohl diesen „das für Amtsdelikte charakteristische Element einer besonderen personalen Pflichtverletzung“ [787] fehlt.

Auch führt diese Ansicht dazu, daß sich praktisch jeder Journalist, der Dienstgeheimnisse veröffentlicht, strafbar macht. Dies kann vom Gesetzgeber nicht gewollt sein. Zwar besteht ein berechtigtes Interesse des Staates daran, daß Dienstgeheimnisse nicht an die Öffentlichkeit gelangen, jedoch sind als geheim deklarierte Unterlagen oft für die Aufdeckung von Mißständen in der Verwaltung unentbehrlich. Das Interesse staatlicher Stellen, Unregelmäßigkeiten zu verschleiern, ist demgegenüber nicht schützenswert. Wesentlicher Teil der Funktion der Medien ist es, staatliches Handeln zu hinterfragen, zu kontrollieren und darüber zu informieren. Dieser Funktion können die Medien aber nicht gerecht werden, wenn die Mitarbeiter für deren Wahrnehmung mit Strafe bedroht werden. Es ist daher dringend erforderlich, daß sich die Erkenntnis durchsetzt, daß nicht schon in der bloßen Veröffentlichung von Dienstgeheimnissen eine Beteiligung an § 353 b StGB gesehen werden kann.

b. Die objektive Strafverstrickung

Von einer objektiven Strafverstrickung spricht man bei Gegenständen, „...die durch eine Straftat hervorgebracht oder zur Begehung einer Straftat gebraucht oder bestimmt sind oder die aus einer Straftat herrühren.“ Damit sind die producta et instrumenta sceleris des § 74 Abs. 1 StGB und die Tatvorteile des § 73 StGB gemeint,[788] für die das Beschlagnahmeverbot entfällt. Voraussetzung ist allerdings, daß die Deliktsgegenstände mit der Straftat zusammenhängen, für deren Aufklärung sie als potentielles Beweismittel bei den Medien beschlagnahmt werden sollen.[789]

aa. Die ersten 3 Alternativen der objektiven Strafverstrickung

Durch eine Straftat hervorgebracht sind nur die unmittelbar aus einer Produktion hervorgehenden Gegenstände.[790] Gebraucht oder bestimmt zur Begehung einer Straftat sind solche Gegenstände, die in irgendeiner Phase der Tatausführung im weiteren Sinne Verwendung gefunden haben oder Verwendung finden sollten.[791] Diese drei Alternativen sind im Bereich der

785 BR-Protokolle 577/79 und 578/79; Dunkhase S. 178 f.; Rogall NJW 1980, 751 (752).

786 BT-Drucksache 8/3313 S. 1, 6.

787 Schönke/Schröder/Lencker § 353 b Rdnr. 23.

788 LR-Schäfer § 97 Rdnr. 28; Schlüchter 293.3; Freund NJW 1976, 2002 (2003); etwas einschränkend Amelung DNotZ 1984, 195 (208).

789 BGHSt 18, 227 (229); KMR-Müller § 97 Rdnr. 15; LR-Schäfer § 97 Rdnr. 29; Eb. Schmidt Nachtr. § 97 Rdnr. 14; Amelung DNotZ 1984, 195 (208).

790 RGSt 54, 223; Löffler/Achenbach § 23 Rdnr. 118.

791 LR-Schäfer § 97 Rdnr. 31.

Medien ohne Bedeutung. *Der Vorsitzende des Deutschen Journalistenverbandes, Dr. Meyn*, kritisiert zwar, Ermittlungsbehörden würden das journalistische Zeugnisverweigerungsrecht und das Beschlagnahmeverbot umgehen, indem sie sich auf einen anderen Paragraphen der Strafprozeßordnung bezögen und vorgäben, nach Gegenständen zu suchen, die zur Begehung einer Straftat gebraucht oder bestimmt waren,[792] tatsächlich gab es in den letzten Jahren jedoch nur eine verschwindend geringe Anzahl solcher Fälle.[793] Ein Mißbrauch ist daher nicht festzustellen.

Einzig interessant ist in diesem Zusammenhang, ob § 97 Abs. 2 S. 3 StPO ebenso wie § 74 Abs. 1 StGB auch die zur Vorbereitung der Tat dienenden Gegenstände umfaßt. Diese Frage erlangt zum Beispiel für das Material Bedeutung, das der Journalist bei Recherchen zu einem Beitrag verwendet.[794] Ein Teil der Rechtsprechung und des Schrifttums hält mit dem Argument, die Vorbereitung sei im Wortlaut des § 97 Abs. 2 S. 3 StPO lediglich vergessen worden, auch dieses Material für beschlagnahmefähig.[795] Als Beweis wird angeführt, daß zwar § 74 Abs. 1 StGB im Gegensatz zu § 97 StPO bei der Beschreibung der producta et instrumenta sceleris ausdrücklich auch Gegenstände, die zur Vorbereitung der Tat gebraucht oder bestimmt waren, umfaßt, was jedoch darauf zurückzuführen sei, daß der Gesetzgeber § 97 StPO schlichtweg übersehen und daher die Ergänzung dort unterlassen habe, als durch das Einführungsgesetz zum Ordnungswidrigkeitengesetz 1968 das Wort „Vorbereitung" in § 74 StGB eingefügt wurde.[796] Der unterschiedliche Wortlaut der Vorschriften rechtfertige damit keine unterschiedliche Interpretation ihres Umfanges.

Dem wird zu Recht widersprochen.[797] Bezöge man die zur Vorbereitung der Tat dienenden Gegenstände in § 97 Abs. 5 StPO ein, setzte man sich über dessen Wortlaut hinweg. Selbst wenn der von § 74 Abs. 1 StGB verschiedene Wortlaut auf einem redaktionellen Versehen beruhte, wäre eine Ausdehnung auf die Vorbereitungsphase unzulässig, da ihr das für staatliche Eingriffe geltende Analogieverbot entgegenstünde.[798] Auch scheint die Auslassung der Vorbereitungsphase durchaus zweckmäßig, da an § 74 Abs. 1 StGB beklagt wird, daß die Einbeziehung der Vorbereitungsphase die Anzahl der möglicherweise betroffenen Gegenstände unüberschaubar erweitere.[799] Bei § 97 Abs. 2 S. 3 StPO hingegen schützt die Beschränkung auf die unmittelbare Tatphase vor unabgrenzbaren Eingriffsbefugnissen der Ermittlungsbehörden, die letztlich zur Aushöhlung des Zeugnisverweigerungsrechts führen können.[800] § 97 Abs. 2 S. 3 StPO umfaßt daher nicht die Gegenstände, die zur Vorbereitung einer Straftat gebraucht oder bestimmt waren.

---

792 Meyn, zitiert nach journalist Heft 10/1996 S. 40; Angesichts des Zusammenhangs mit dem aktuellen Fall, in dem es um Beschlagnahmen wegen der Verletzung eines Dienstgeheimnisses ging, ist zu vermuten, daß Meyn die 4. Alternative der objektiven Strafverstrickung meint.

793 Vgl. Wilde, Fälle.

794 Löffler/Achenbach § 23 Rdnr. 120.

795 OLG Hamburg MDR 1981, 603; KK-Nack § 97 Rdnr. 29; Kleinknecht/Meyer-Goßner § 97 Rdnr. 22; LR-Schäfer § 97 Rdnr. 31.

796 Freund NJW 1976, 2002 (2003).

797 LG Köln NJW 1981, 1746; AK-Amelung § 97 Rdnr. 23; Löffler/Achenbach § 23 Rdnr. 120; SK-Rudolphi § 97 Rdnr. 35; Amelung DNotZ 1984, 195 (210 f.); im Ergebnis ähnlich: LG Stuttgart NJW 1976, 2030.

798 Krey S. 241 ff.

799 Schönke/Schröder/Eser § 74 StGB Rdnr. 12.

800 Amelung DNotZ 1984, 915 (211).

bb. Gegenstände, die aus einer Straftat herrühren

Für die Medien von wesentlich größerer Bedeutung ist die Beschlagnahmemöglichkeit bei Gegenständen, die aus einer Straftat herrühren. Gemeint sind hiermit Gegenstände, die dem Verfall nach § 73 StGB unterliegen, also Vorteile, die für die Tat oder aus der Tat erlangt sind.[801] Diese Alternative der objektiven Strafverstrickung erlaubt insbesondere den Zugriff auf (Geheim-)Materialien und Unterlagen, die die Medienschaffenden eigenhändig gestohlen haben oder die von Dritten unter Verletzung von Dienstgeheimnissen nach § 353 b Abs. 1 StGB an die Medien weitergegeben wurden.[802] Der Schutz entfällt auch, wenn der Journalist derartiges Material gutgläubig in seinem Besitz hat.[803]

Pöppelmann befürchtet, daß durch diese Regelung Berichte über Mißstände in Behörden ohne weiteres unterbunden werden können.[804] Durch sie könnten die Strafverfolgungsbehörden selbst dann das fragliche Material beschlagnahmen, wenn der Medienmitarbeiter von dem unter Bruch des Amtsgeheimnisses erlangten Material noch keinen Gebrauch gemacht hat, so daß er nicht als Teilnehmer an der Tat des § 353 b StGB betrachtet werden kann.[805] Die objektive Strafverstrickung ermöglicht, was im Rahmen der subjektiven Strafverstrickung unzulässig gewesen wäre - die Beschlagnahme des Materials schon vor der Veröffentlichung.

Jedoch sind diese Fälle eher selten, da die Staatsanwaltschaft im Normalfall von der Information durch Behördenmitarbeiter erst erfährt, wenn schon ein Beitrag zu dem entsprechenden Thema veröffentlicht bzw. gesendet worden ist. Erst dann kann sie tätig werden und die relevanten Unterlagen beschlagnahmen. Die Berichterstattung wird dadurch zwar nicht gänzlich ausgeschlossen, jedoch wesentlich erschwert. Die potentiellen Informanten in Regierung und Verwaltung können nicht darauf vertrauen, daß ihre Anonymität gewahrt bleibt. Durch die Möglichkeiten, die der § 97 Abs. 2 S. 3 StPO den Ermittlern bietet, müssen die „plaudernden" Amtsträger fast zwangsläufig mit einer Entdeckung rechnen. Dies kann erhebliche disziplinarische und strafrechtliche Folgen haben, so daß Behördenmitarbeiter eher davon absehen werden, Mißstände über die Medien an die Öffentlichkeit zu bringen.

Presse und Rundfunk werden dadurch einer ihrer wesentlichen Funktionen nahezu vollständig beraubt, gehört doch die Kontrolle staatlichen Handelns zu ihren Aufgaben.[806] Informanten aus dem öffentlichen Dienst sind dafür unverzichtbar, da die Journalisten selbst nicht genug

---

801 LR-Schäfer § 97 Rdnr. 32; Schönke/Schröder/Eser § 73 Rdnr. 8.

802 SK-Rudolphi § 97 Rdnr. 61; Berg AfP 1989, 416 (417); Das spektakulärste Beispiel der letzten Zeit für die Anwendung dieser Regelung sind die Durchsuchungen und Beschlagnahmen bei Bremer Medien. Die Ermittler durchsuchten Redaktionen und die Privatwohnungen einiger Redakteure nach einem als vertraulich deklarierten Rechnungshofsbericht, in dem Haushaltsüberschreitungen der Landesregierung kritisiert worden waren. Die Bremer Nachrichten, der Weser-Kurier, die taz, Radio Bremen und der Weser Report hatten über diese Haushaltsüberschreitungen berichtet.
In seinem Beschluß hatte sich das Amtsgericht Bremen nicht die Mühe der Subsumtion gemacht (Beschluß des Amtsgerichts Bremen vom 7. August 1996 - 92 Gs 855/96 -); Tatsachen, die den Wortlaut des § 97 Abs. 2 S. 3 StPO hätten ausfüllen müssen, wurden nicht erwähnt. Das Gericht führte lediglich aus: „Die Durchsuchung in dem vorgegebenen Rahmen ist zulässig, ihr steht nicht das Beschlagnahmeverbot des § 97 StPO entgegen. Bei den gesuchten Hinweisen handelt es sich um Gegenstände, die im Sinne des § 97 Abs. 2 S. 3 StPO durch eine Straftat hervorgebracht oder zur Begehung einer Straftat gebraucht oder bestimmt waren oder aus einer Straftat herrühren."

803 Gössel, Medienfreiheit S. 68.

804 Pöppelmann AfP 97, 485 (492).

805 Siehe S. 122 ff. dieser Arbeit.

806 Siehe S. 35 f. dieser Arbeit.

Einblick in interne Behördenvorgänge haben. Diese Informanten unter den gegebenen Umständen zu finden, ist so gut wie unmöglich. Indem das Gesetz das Beschlagnahmeverbot so stark einschränkt, nimmt es mit der einen Hand, was es mit der anderen gegeben hat.[807] Das Beschlagnahmeverbot und das Zeugnisverweigerungsrecht dienen im Interesse des Informationsflusses der Erhaltung des Vertrauens in die Medien.[808] Wenn aber eine ganze Gruppe von Informanten, nämlich die Amtsträger im Sinne des § 353 b Abs. 1 StGB, mit der Strafverfolgung aufgrund beschlagnahmten Materials rechnen muß, wird der Vertrauensschutz für einen eminent wichtigen Bereich der Arbeit der Medien nicht mehr gewährleistet.

Schon die bis 1975 geltende Regelung, die das „privilegium miserabile" enthielt, ermöglichte es, Informanten aus dem öffentlichen Dienst aufzudecken und zur Rechenschaft zu ziehen. Zwar gilt diese Regelung heute nicht mehr, durch die Strafverstrickungsklausel wird aber eine weitgehend gleiche Wirkung erzielt.[809]

cc. Sonderproblem: Terroristische Bekennerschreiben und -anrufe

Bekennerbriefe und -anrufe sind bei der Terroristenverfolgung von besonderer Bedeutung. Das Bekennerschreiben ist wegen seiner Beschaffenheit als Beweisgegenstand von besonderem Interesse. So können durch labortechnische Untersuchungen möglicherweise der oder die Täter der terroristischen Tat, auf die sich das Schreiben bezieht, ermittelt werden. Bei Aufzeichnungen von Bekenneranrufen kann eine Stimmanalyse und die Untersuchung von Hintergrundgeräuschen Aufschluß über den Täter geben. Deshalb hat sich um die Beschlagnahme dieser Gegenstände[810] eine selbständige Auseinandersetzung entwickelt, deren Kernfrage ist, ob es sich dabei um producta et instrumenta sceleris handelt und sie zulässigerweise beschlagnahmt werden dürfen.[811]

Zunächst ist festzustellen, daß es sich bei einem Bekennerschreiben ebenso wie bei einem Bekenneranruf um Drittmitteilungen an die Medien handelt. Zwar zeichnet die Redaktion oder der Sender den Anruf selbst auf, jedoch ist dessen Inhalt nicht selbstrecherchiert, sondern eine von außen an die Medien herangetragene Information. Grundsätzlich besteht daher für die Bekennerschreiben und -anrufe ein Zeugnisverweigerungsrecht und daraus folgend ein Beschlagnahmeverbot. Eine Ausnahme vom Beschlagnahmeverbot wäre nur zu machen, wenn die Gegenstände strafverstrickt wären.

Bekennerbriefe sind typische Begleiterscheinung nahezu jeder terroristischen Tat, vor allem um die damit verfolgten Ziele publik zu machen. Das Verfassen und Schreiben eines solchen Briefes ist somit die mitgliedschaftliche Betätigung in einer terroristischen Vereinigung im Sinne des § 129 a Abs. 1 StGB.[812] Der Brief ist daher durch eine Straftat hervorgebracht, also ein Deliktsgegenstand im Sinne des § 97 Abs. 2 S. 3 StPO.

---

807 Vgl. Dunkhase (S. 183), der die bestehenden Vorschriften für in sich widersprüchlich hält.

808 BVerfGE 20, 162 (176).

809 Ob eine Aufhebung des § 353 b StGB sinnvoll wäre (vgl. Dunkhase S. 183), weil die disziplinarischen Möglichkeiten ausreichend sind, kann dahingestellt bleiben. Dies ist nicht Thema dieser Arbeit.

810 Dies sind in der Regel der an die Redaktion gesandte Brief nebst Briefumschlag bzw. die Tonbandaufzeichnung des Anrufs.

811 Vgl. zu der verwandten Problematik der Aufdeckung von Informationsinhalten, insbesondere der Inhalte von Bekennerbriefen und -anrufen S. 61 ff. dieser Arbeit.

812 SK-Rudolphi § 97 Rdnr. 36; Rebmann FS-Pfeiffer S. 236; zweifelnd Stengel journalist Heft 10/1995, S. 44, dessen Kritik sich aber in erster Linie gegen § 129 a StGB richtet.

Tonbandaufzeichnungen von Bekenneranrufen hingegen sind keine producta sceleris. Zwar stellt sich der Anruf selbst als eine Tathandlung des § 129 a Abs. 1 StGB dar, jedoch ist die Aufzeichnung gerade nicht dadurch hervorgebracht,[813] sondern wurde von den Medienmitarbeitern angefertigt. Überlegenswert ist allerdings, ob es sich bei den Tonbandaufzeichnungen um Gegenstände handeln könnte, die zur Begehung einer Straftat gebraucht oder bestimmt, also instrumenta sceleris sind. Die öffentliche Propagierung der Ziele einer terroristischen Vereinigung ist für deren Bestand unabdingbar und erfüllt daher auch den Tatbestand des § 129 a Abs. 1 StGB.[814] Die Aufzeichnung wird von den Medien genutzt, um den Wortlaut des Anrufes wiederzugeben bzw. das Tonband selbst im Rundfunk abzuspielen. Es könnte sich daher um einen Gegenstand handeln, der zur Tatausführung der mitgliedschaftlichen Betätigung nach § 129 a Abs. 1 StGB im weiteren Sinne Verwendung gefunden hat. Entscheidend dürfte jedoch auch hier sein, daß die Aufzeichnung gerade nicht von dem Täter hergestellt worden ist.[815] Das Tonband dient nur mittelbar der mitgliedschaftlichen Betätigung in einer terroristischen Ver-einigung. Gegenstände, die nur mittelbar zur Tatbegehung gebraucht werden, sind aber keine instrumenta sceleris.[816] Für von den Medien aufgezeichnete Bekenneranrufe bleibt das Beschlagnahmeverbot daher bestehen. § 97 Abs. 5 S. 2 i.V.m. Abs. 2 S. 3 StPO gestattet zwar die Beschlagnahme von Bekennerschreiben, nicht jedoch von Tonbandaufzeichnungen eines Bekenneranrufes.[817]

c. Erklärungs- und Lösungsversuche

aa. Die Sicht des Gesetzgebers

In der bis 1975 geltenden Fassung war die Verweisung in § 97 Abs. 5 S. 2 StPO auf § 97 Abs. 2 S. 3 StPO nicht enthalten. Dies ist jedoch darauf zurückzuführen, daß das Zeugnisverweigerungsrecht nur Veröffentlichungen und Sendungen strafbaren Inhalts betraf, wodurch das Beschlagnahmeverbot von vornherein schon sehr begrenzt war.[818]

Die erneute starke Beschränkung infolge der Novelle begründet der Gesetzgeber damit, daß durch das Gesetz über das Zeugnisverweigerungsrecht der Mitarbeiter von Presse und Rundfunk der Schutzumfang dem des Zeugnisverweigerungsrechts der anderen in § 53 Abs. 1 StPO genannten Berufsgruppen angeglichen worden sei. Als Korrelat zu dieser Ausdehnung sei es geboten, das für Presse und Rundfunk geltende Beschlagnahmeverbot durch Verweisung auf § 97 Abs. 2 S. 3 StPO[819] ebenso einzuschränken wie das der anderen Berufsgruppen.[820]

Diese Argumentation ist schon deshalb nicht stichhaltig, weil der Schutz des bezüglich der Medien bestehenden Beschlagnahmeverbots gerade nicht den Umfang der bei den anderen Berufsgruppen bestehenden Beschlagnahmeverbote erreicht. Die Beschlagnahmeverbote des § 97

---

813 Dunkhase S. 103.

814 Rebmann FS-Pfeiffer S. 236; Bekennerschreiben sind daher nicht nur producta, sondern unstrittig auch instrumenta sceleris.

815 Aufzeichnungen, die von den Tätern selbst hergestellt und dann den Medien zugesandt werden, sind zu behandeln wie Bekennerschreiben.

816 LG Stuttgart NJW 1976, 2030; Gehre NJW 1977, 710; Lackner § 74 Rdnr. 5.

817 Den Medien steht jedoch die Möglichkeit offen, das Tonband freiwillig herauszugeben, was in aller Regel wohl auch geschieht.

818 BT-Drucksachen 7/2539 S. 11.

819 Zum Zeitpunkt der Gesetzesnovelle § 97 Abs. 2 S. 2 StPO.

820 BT-Drucksachen 7/2539 S. 11.

StPO bestehen grundsätzlich nur für die Materialien, für die auch ein Zeugnisverweigerungsrecht besteht. Dieses ist bei den Medienschaffenden jedoch erheblich enger ausgestaltet als bei den anderen Berufsgruppen. Insbesondere ist durch § 53 Abs. 1 Nr. 1 bis 3 b StPO auch das bekanntgewordene Material geschützt, nicht nur das bekanntgemachte.[821] Daher ist das Beschlagnahmeverbot bezüglich der Materialien der Medienmitarbeiter von vornherein weniger weitgehend als das der anderen Berufsgruppen.

Auch vergleicht der Gesetzgeber hier Gruppen von Berufsgeheimnisträgern miteinander, die nicht vergleichbar sind.[822] Die einzige Gruppe, die den Medienschaffenden ähnlich ist, die Abgeordneten, unterliegt der Beschränkung durch die Strafverstrickungsklausel nicht. Konsequenterweise müßte man vorschlagen, § 97 Abs. 5 S. 2 StPO vollständig und ersatzlos zu streichen.

Aus Gründen des Strafverfolgungsinteresses wäre dies jedoch nicht sachgerecht. So sind zum Beispiel im Fall terroristischer Gewalttaten die Ermittlungsbehörden zur Überführung der Täter oft darauf angewiesen, Bekennerschreiben als Beweismittel zu verwenden. Da die Schreiben häufig an große Zeitungen oder Rundfunkanstalten gesendet werden, könnte ein Beschlagnahmeverbot bei den Medien dazu führen, daß einzelne terroristische Anschläge nicht aufzuklären wären. Diese Behinderung der Strafrechtspflege widerspräche jedoch dem Rechtsstaatsprinzip. Die Aufrechterhaltung des Beschlagnahmeverbots trotz subjektiver oder objektiver Strafverstrickung wäre daher mit der Verfassung nicht in Einklang zu bringen.

Da sich die Gruppe der Medienschaffenden nicht mit den anderen von der Einschränkung des § 97 Abs. 2 S. 3 StPO betroffenen Gruppen von Berufsgeheimnisträgern vergleichen läßt, ein gänzlicher Fortfall der Strafverstrickungsklausel aber durch nichts zu rechtfertigen wäre, muß § 97 Abs. 5 StPO durch eine eigene Regelung der Ausnahmen vom Beschlagnahmeverbot ergänzt werden.

bb. Der Verhältnismäßigkeitsgrundsatz

Fraglich ist, ob auch im Fall der Strafverstrickungsklausel ein Ausgleich zwischen den widerstreitenden Interessen über den Verhältnismäßigkeitsgrundsatz erreicht werden kann. Das Bundesverfassungsgericht hat zu einer Anwendung dieses Grundsatzes auf die Strafverstrikkungsklausel noch nicht geäußert.[823] Jedoch ist davon auszugehen, daß auch bei Eingriffen nach § 97 Abs. 5 S. 2 i.V.m. Abs. 2 S. 3 StPO die betroffenen Rechtsgüter im Einzelfall noch einmal abzuwägen sind.[824] Wie jede staatliche Zwangsmaßnahme ist auch die Beschlagnahme

---

821 Siehe auch S. 98 ff. dieser Arbeit.

822 Dunkhase S. 180 bezogen auf die Wahrscheinlichkeit eines Teilnahmeverdachts; vgl. auch S. 98 ff. dieser Arbeit, wo die Vergleichbarkeit nach dem Sinn der Zeugnisverweigerungsrechte beurteilt wird.

823 Eine vage Andeutung findet sich nur im Beschluß der 1. Kammer des Ersten Senats vom 24. März 1998 (NJW 1998, 2131 = AfP 1998, 204 = EuGRZ 1998, 349). Die Entscheidung betraf Verfassungsbeschwerden der verschiedenen Bremer Medien, bei denen nach einem Rechnungshofsbericht gesucht worden war (vgl. Fn. 802). Der Senat hatte sich nur mit der Frage zu befassen, ob die Entscheidung des LG Bremen, in der dieses Beschwerden gegen die Zwangsmaßnahmen verwarf, verfassungsgemäß war. Das Landgericht hatte die Beschwerden für unzulässig gehalten, da diese im Zeitpunkt der Beschwerdeentscheidung bereits erledigt waren. Darüber hinaus äußerte es aber erhebliche Zweifel an der Verhältnismäßigkeit der Eingriffe. Dies wurde vom Bundesverfassungsgericht in seinem Beschluß nicht moniert. Vgl. insbesondere S. 9 des Beschlusses.

824 LG Bremen NJW 1997, 1168 (1169); Brosius-Gersdorf AfP 1998, 25 (33).

dem Verhältnismäßigkeitsgrundsatz unterworfen.[825] Dies folgt auch aus einem argumentum a maiore ad minus: Ist bei der Beschlagnahme selbstrecherchierten Materials, die grundsätzlich zulässig ist, der Verhältnismäßigkeitsgrundsatz zu beachten,[826] muß dies erst recht in den Fällen einer Ausnahmeregelung für das fremdrecherchierte Material gelten.

Fraglich bleibt jedoch, ob die Anwendung des Verhältnismäßigkeitsgrundsatzes allein die mit der Strafverstrickungsklausel verbundenen Probleme lösen kann. Dies ist bei aus einer Straftat herrührenden Gegenständen zweifelhaft. Diese Alternative der Strafverstrickungsklausel dient nach der gängigen Praxis in erster Linie dazu, Amtsträger, die Dienstgeheimnisse preisgegeben haben, zu ermitteln. Ebenso verhält es sich, wenn Journalisten sich regelmäßig durch eine Veröffentlichung des Geheimnisses als Gehilfen der Amtsträger strafbar machen. In diesen Fällen hat die Presse- und Rundfunkfreiheit Vorrang vor den Interessen der Strafverfolgung, da die Medien sonst weitgehend der Möglichkeit beraubt werden, ihrer Kontrollfunktion nachzukommen. Es bedarf daher weiterer Beschränkungen der Strafverstrickungsklausel.

cc. Neuregelung

Ein Überblick über die kritische Literatur zeigt, daß trotz aller Mißbrauchsbefürchtungen, niemand eine vollständige Abschaffung der Strafverstrickungsklausel für notwendig erachtet. Insoweit hat sich die Einsicht durchgesetzt, daß das staatliche Strafverfolgungsinteresse in einigen Fällen eine Beschränkung des Beschlagnahmeverbots notwendig macht. Jedoch ist es ebenso einhellige Meinung, daß es einiger Gesetzesänderungen und eventuell auch -konkretisierungen bedarf, um einen Mißbrauch der Klausel zu verhindern.[827]

Tenor der Literaturstimmen ist die Forderung nach Anhebung des Verdachtsgrades in § 97 Abs. 2 S. 3 StPO. Überwiegend wird ein dringender Verdacht gefordert,[828] der gegeben ist, wenn die hohe Wahrscheinlichkeit besteht, daß der Beschuldigte eine strafbare Handlung begangen hat.[829] Er muß als Voraussetzung für die Vornahme von Zwangsmaßnahmen regelmäßig dann vorliegen, wenn erheblich in Rechte (meist des Beschuldigten) eingegriffen werden soll, so daß zum Beispiel die Anordnung der Untersuchungshaft (§ 112 Abs. 1 S. 1 StPO) und die vorläufige Entziehung der Fahrerlaubnis (§ 111 a Abs. 1 StPO) einen dringenden Tatverdacht erfordern. Bei der Beschlagnahme nach § 97 Abs. 5 S. 2 i.V.m. Abs. 2 S. 3 StPO wird zwar nicht in die Rechte einzelner, jedoch in ganz erheblichem Maße in das Grundrecht der Presse- und Rundfunkfreiheit eingegriffen. Eine derartige Einschränkung läßt sich nur bei Vorliegen des dringenden Verdachts einer Straftat begründen.

Vereinzelt wird die Wirksamkeit einer solchen Verschärfung der Anforderungen für einen Wegfall des Beschlagnahmeverbots bestritten. Im Zweifel sei auch ein erhöhter Verdachtsgrad für die Ermittlungsbehörden leicht begründbar.[830] Dem kann nicht zugestimmt werden. Die Anforderungen an den dringenden Verdacht sind im Gegensatz zum einfachen Verdacht erheblich gesteigert, da sich die hohe Wahrscheinlichkeit der Begehung einer Straftat sehr viel schwerer nachweisen läßt als lediglich deren Möglichkeit. Gelingt es den Strafverfolgungsbe-

825 Im Einzelnen siehe S. 42 f. dieser Arbeit.

826 BVerfGE 77, 65 (82); siehe S. 103 ff. dieser Arbeit.

827 Dunkhase S. 181; Krekeler NJW 1977, 1417; Ollendorff S. 137.

828 Gesetzentwurf der Medienverbände (siehe Anhang 1 S. 215 ff. dieser Arbeit); Pöppelmann AfP 1997, 485 (492); a.A. Krekeler NJW 1977, 1417.

829 Beulke Rdnr. 112.

830 Dunkhase S. 181.

hörden, das Vorliegen eines dringenden Tatverdachtes glaubhaft zu machen, muß im Interesse der staatlichen Strafverfolgung eine Beschlagnahme von Beweismaterial möglich sein. Eine Beschränkung des Art. 5 Abs. 1 S. 2 GG begegnet in diesen Fällen keinen Bedenken.

Ollendorff fordert als Voraussetzung für den Wegfall des Beschlagnahmeverbots die formelle Einleitung eines Ermittlungsverfahrens gegen den Journalisten.[831] Diese Forderung ist allerdings nicht nachvollziehbar. Besteht gegen den Journalisten ein Verdacht und ist außerdem ein Ermittlungsverfahren gegen ihn eingeleitet worden, so ist er Beschuldigter. In den Fällen, in denen der Journalist selbst beschuldigt ist, besteht ein Beschlagnahmeverbot aber ohnehin nicht.[832] Würde man dem Vorschlag *Ollendorffs* folgen, verlöre die Regelung des § 97 Abs. 5 S. 2 i.V.m. Abs. 2 S. 3 StPO gänzlich ihre Bedeutung.

Neben der Anhebung des Verdachtsgrades sollte die vierte Alternative der objektiven Strafverstrickung ersatzlos gestrichen werden. Nur so läßt sich erreichen, daß nicht automatisch alles Material, das durch den Bruch eines Dienstgeheimnisses gemäß § 353 b Abs. 1 StGB erlangt worden ist, der Beschlagnahme unterliegt. Die Medien könnten dann eine ihrer wichtigsten verfassungsgemäßen Aufgaben, nämlich Regierung und Verwaltung wirksam zu kontrollieren, Mißstände aufzudecken und darüber zu informieren, besser wahrnehmen. Damit muß eine Änderung des Strafgesetzbuches einhergehen. In § 353 b StGB muß klargestellt werden, daß in einer Veröffentlichung von Informationen keine Beihilfe zum Dienstgeheimnisbruch gesehen werden kann. Am besten wird dies, wie von *Dunkhase* vorgeschlagen, durch die Anfügung eines Abs. 5 erreicht. Dieser könnte lauten: „(5) Als Gehilfe (§ 27) wird bestraft, wer dem Täter bis zur Vollendung der Tat Hilfe geleistet hat." [833]

4. Der Journalist als Beschuldigter

Nach nahezu unbestrittener Ansicht besteht kein Beschlagnahmeverbot, wenn der Medienmitarbeiter selbst Beschuldigter ist.[834] Teils wird dies mit einem argumentum a maiore ad minus begründet: Gemäß § 97 Abs. 5 S. 2 i.V.m. Abs. 2 S. 3 StPO sei die Beschlagnahme sogar bei bloßem Teilnahmeverdacht gegen den Medienmitarbeiter zulässig.[835] Das müsse erst recht gelten, wenn nicht nur der Verdacht bestehe, sondern auch schon ein Ermittlungsverfahren eingeleitet sei bzw. durch die Beschlagnahme eingeleitet werde.[836] Diese Ansicht ist nach der derzeitigen Fassung der Strafverstrickungsklausel vertretbar.[837]

Teils wird der Wegfall des Beschlagnahmeverbots auch mit dem Sinn und Zweck des § 97 Abs. 5 S. 1 StPO begründet. Sei der Berufsgeheimnisträger selbst Beschuldigter, fehle es an einem schutzwürdigen Vertrauensverhältnis zwischen ihm und einem Dritten, das ein Be-

---

831 Ollendorff S. 137.

832 Siehe S. 131 ff. dieser Arbeit.

833 Dunkhase S. 207; Zu prüfen, inwieweit die von ihm vorgeschlagene Änderung des § 27 StGB sachgerecht ist, würde den Rahmen dieser Arbeit sprengen.

834 Kleinknecht/Meyer-Goßner § 97 Rdnr. 4; LR-Schäfer § 97 Rdnr. 14; Krekeler NStZ 1987, 199 (201); Kunert MDR 1975, 889; Roxin § 34 C II 1 a Rdnr. 12; Wasmuth NJW 1989, (2297) 2302; Weyand wistra 1990, 4 (5) für Angehörige der Heilberufe; a.A. Bandisch NJW 1987, (2200) 2204.

835 Kleinknecht/Meyer-Goßner § 97 Rdnr. 4; LR-Meyer 23. Aufl. § 97 Rdnr. 5.

836 Zur Einleitung eines Verfahrens genügt es, daß die Beschlagnahme der erste Verfolgungsakt ist (Kleinknecht/Meyer-Goßner § 97 Rdnr. 10; LR-Schäfer § 97 Rdnr. 15; Kramer Rdnr. 133).

837 Setzt sich die in dieser Arbeit vertretende Auffassung durch, ist ein dringender Verdacht der subjektiven Strafverstrickung des Journalisten erforderlich. Ein Erst-Recht-Schluß wäre dann nicht mehr ohne weiteres möglich.

schlagnahmeverbot begründen würde.[838] Dem ist ebenfalls nichts entgegenzuhalten,[839] da durch Maßnahmen gegen den Journalisten zwar das Vertrauen in die Redlichkeit der Medien erschüttert wird, jedoch nicht in deren Fähigkeit, das Redaktionsgeheimnis bezüglich Dritter zu wahren. Das Ergebnis, nämlich das Nichtbestehen eines Beschlagnahmeverbots im Verfahren gegen den beschuldigten Journalisten, ist zwischen beiden Meinungen unstrittig.

Daß das Beschlagnahmeverbot in diesen Fällen nicht gilt, birgt erhebliche Gefahren in sich. Schon 1966 stellte das Bundesverfassungsgericht in seiner „SPIEGEL-Entscheidung" fest: „In der Tat ist aus der Sicht des Vertrauensverhältnisses zwischen der Presse und ihren Informanten die geltende Regelung durchaus unbefriedigend... Danach hängt es weitgehend von der Verfahrensgestaltung durch die Staatsanwaltschaft ab, ob der ohnehin geringe Informantenschutz des § 97 Abs. 5 StPO überhaupt zum Zuge kommen kann; er kann von vornherein ausgeschaltet werden, wenn zunächst gegen den verdächtigen Presseangehörigen ermittelt und bei diesem durchsucht und beschlagnahmt wird..." [840]

Aus einem lediglich verdächtigen Medienmitarbeiter einen beschuldigten zu machen, bedarf es wenig.[841] Die Beschuldigteneigenschaft wird in der Regel neben dem ohnehin bestehenden Verdacht durch die formelle Einleitung eines Ermittlungsverfahrens begründet.[842] Es genügt aber auch, daß eine von einem Strafverfolgungsorgan getroffene Maßnahme erkennbar darauf abzielt, gegen jemanden wegen einer Straftat vorzugehen.[843] Es ist also lediglich ein Willensakt der Ermittler nötig, aus dem ersichtlich ist, daß das Verfahren gegen den Verdächtigen als Beschuldigten geführt werden soll.[844] Hierfür genügt unter Umständen auch eine Beschlagnahme bei dem verdächtigen Journalisten.

Praktische Bedeutung hat diese Möglichkeit nach der derzeitigen Rechtslage allerdings kaum.[845] Schon nach § 97 Abs. 2 S. 3 StPO können Materialien bei einfachem Teilnahmeverdacht gegen den Journalisten beschlagnahmt werden. Einziger Unterschied ist die ausschließliche Zuständigkeit des Richters bei der Anordnung der Maßnahme gegen den lediglich verdächtigen Journalisten.[846] Es wird befürchtet, daß die Strafverfolgungsbehörden diese Regelung umgehen und damit den Richtervorbehalt ausschalten. Da der Schutz des § 98 Abs. 1 S. 2 StPO nicht greift, wenn der Journalist Beschuldigter ist, sei ein Mißbrauch der Eilkompetenz der Staatsanwaltschaft und ihrer Hilfsbeamten nur zu oft zu erwarten. *Dunkhase* schlägt deshalb die Einführung eines Richtervorbehalts für Beschlagnahmen bei beschuldigten Journalisten auch bei Gefahr im Verzug vor.[847]

---

838 LR-Schäfer § 97 Rdnr. 14; Kohlhaas NJW 1964, 1162 (1166); Schlüchter Rdnr. 302.1.

839 Auch das Entfallen des Beschlagnahmeverbots bei subjektiver Strafverstrickung des Journalisten wird mit der fehlenden Schutzwürdigkeit des Vertrauensverhältnisses begründet.

840 BVerfGE 20, 162 (195).

841 Da es für die Zulässigkeit der Durchsuchung einer Redaktion ausreicht, wenn nur ein Mitarbeiter unter dem Verdacht der Beteiligung steht, muß dies erst recht gelten, wenn ein Mitarbeiter Beschuldigter ist (siehe. S. 121 dieser Arbeit).

842 Kleinknecht/Meyer-Goßner Einl. Rdnr. 76; Beulke Rdnr. 111.

843 LR-Schäfer § 97 Rdnr. 15, § 136, Rdnr. 4.

844 BGHSt 10, 8 (12); 37, 48 (51); OLG Frankfurt NStZ 1988, 425 (426).

845 Anders Schmidt, Rolf (S.76), der allerdings an eine Beschlagnahme nach § 97 Abs. 2 S. 3 StPO wesentlich höhere Anforderungen zum Beispiel bezüglich des Verdachtsgrades knüpft als an § 94 StPO.

846 § 98 Abs. 1 S. 2 StPO.

847 Dunkhase S. 181.

Dies wäre jedoch nicht sachgerecht. Aus § 102 StPO sowie allgemeinen Rechtsgrundsätzen ergibt sich, daß Durchsuchungen nur zur Auffindung von Beweismitteln für das Strafverfahren gegen den Journalisten und nur zur Aufklärung der ihm zur Last gelegten Tat vorgenommen werden dürfen, nicht jedoch, um die Identität eines Informanten zu ermitteln oder Beweisstücke gegen ihn zu erlangen. In dieser Umgehung des § 97 Abs. 5 StPO läge ein offensichtlicher Rechtsmißbrauch, durch den die Durchsuchung und die anschließende Beschlagnahme unzulässig würde.[848] Da somit der Gefahr eines Mißbrauchs soweit wie möglich vorgebeugt ist, muß der beschuldigte Journalist behandelt werden, wie jeder andere Beschuldigte auch. Im Verfahren gegen ihn darf bei Gefahr im Verzug die Durchsuchung der Redaktion und die Beschlagnahme von Material auch ohne richterliche Anordnung durchgeführt werden; eine Begrenzung der Beschlagnahme im Sinne des § 97 Abs. 5 StPO besteht nicht.[849]

III. Verwertungsverbote

Ein Verstoß gegen das Beschlagnahmeverbot hat ein Verwertungsverbot zur Folge.[850] Strittig ist die Verwertbarkeit, wenn die Beschlagnahme unzulässig ist, sich die Voraussetzungen für ihre rechtmäßige Anordnung jedoch nachträglich ergeben und wenn die Beschlagnahme bei ihrer Vornahme zwar zulässig war, sie aber durch sich ändernde Umstände zu einem späteren Zeitpunkt unzulässig wird.

War die Beschlagnahme zunächst nicht statthaft, treten jedoch Gründe ein, bei deren Vorliegen die Maßnahme von Anfang an hätte vorgenommen werden dürfen, so besteht kein Verwertungsverbot.[851] Dem wird mit dem Argument entgegengetreten, dies könne leicht zur mißbräuchlichen Umgehung des Beschlagnahmeverbots führen, da die Strafverfolgungsbehörden Beschlagnahmen in der Hoffnung vornehmen könnten, daß deren Voraussetzungen zu einem späteren Zeitpunkt doch noch einträten.[852] Diese Möglichkeit ist nicht von der Hand zu weisen.[853] Insbesondere der Verdacht der Teilnahme läßt sich bei Journalisten schnell konstruieren.[854] Jedoch muß man sich der herrschenden Meinung anschließen (ebenso wie im übrigen *Schmidt* letztlich selbst). Da die Beschlagnahme im Zeitpunkt der Verwertung rechtmäßig wäre, muß auch die Verwertung selbst zulässig sein.[855] Dies gilt jedoch nicht, wenn sich die Voraussetzungen erst durch das beschlagnahmte Material selbst ergeben; in diesem Fall bleibt die Maßnahme unzulässig.[856]

---

848 BVerfGE 20, 165 (192); zur Problematik der Zufallsfunde siehe S. 135 f. dieser Arbeit.

849 Der Schutz dürfte, konsequent angewendet, auch dann noch ausreichend sein, sollte es tatsächlich einmal zur Anhebung des Verdachtsgrades in § 97 Abs. 2 S. 3 StPO und damit zu größeren Unterschieden zu § 94 StPO kommen (vgl. S. 130 dieser Arbeit).

850 BGHSt 18, 227; Alsberg/Nüse/Meyer S. 506; Kleinknecht/Meyer-Goßner § 97 Rdnr. 46; Dahs Meyer-GedSchr. S. 75; Schlüchter, Das Strafverfahren Rdnr. 308.

851 BGHSt 25, 168; Kleinknecht/Meyer-Goßner § 97 Rdnr. 48; LR-Schäfer § 97 Rdnr. 106; Alsberg/Nüse/Meyer S. 507; Schlüchter, Das Strafverfahren Rdnr. 308.

852 Schiller StV 1985, 169 (170); Schmidt, Rolf S. 64.

853 Siehe hierzu auch die von Schmidt, Rolf (S. 65 ff.) aufgeführten Fälle.

854 Pöppelmann AfP 1997, 485 (491).

855 Schmidt, Rolf S. 67; Fezer forderte zunächst, daß die Beschlagnahme noch einmal förmlich angeordnet werden müsse [JuS 1978, 765 (768)], hält dies aber nunmehr nur noch für empfehlenswert (Strafprozeßrecht I/8/84).

856 LG Köln NJW 60, 1874; LG Koblenz StV 85, 8 (9 f.); LG Saarbrücken NStZ 88, 424; KK-Nack § 97 Rdnr. 35; a.A. KMR-Müller § 97 Rdnr. 22.

Die Rechtsprechung und ein Teil der Literatur hält beschlagnahmte Gegenstände auch dann für verwertbar, wenn die Beschlagnahme zunächst zwar zulässig war, jedoch Umstände eintreten, die ihr entgegengestanden hätten.[857] Diese Ansicht wird nicht begründet, stellt aber wohl einzig auf die Zulässigkeit der einmal erfolgten Beschlagnahme ab.[858] In der Literatur wird dies teilweise kritisiert,[859] da man insbesondere befürchtet, daß die Strafverfolgungsbehörden einen Verdacht gegen einen Journalisten leichtfertig annehmen, um an Material in dessen Gewahrsam zu gelangen. Stelle sich heraus, daß der Verdacht nicht haltbar sei, könne das Material trotzdem verwertet werden. Dieses Ergebnis sei sinnwidrig, so daß richtigerweise in diesen Fällen ein Verwertungsverbot bestehen müßte.[860] Stelle sich im nachhinein heraus, daß der Verdacht nicht begründet war, so gebe es keinen Grund, den Schutz des § 97 StPO nicht zu gewähren. Die Vertrauensbeziehung habe sich dann von Anfang an als schutzwürdig erwiesen.[861] Andernfalls werde das Vertrauen des Einzelnen und der Allgemeinheit in die Berufsgeheimnisträger geschädigt.[862]

Eine Entscheidung dieses Streits fällt deshalb schwer, weil sich der Gesetzgeber zu keiner Zeit dezidiert dazu geäußert hat, warum das Beschlagnahmeverbot einer Einschränkung bei einem Strafverstrickungsverdacht bedarf.[863] Auch in der Rechtsprechung sucht man vergebens nach einer Begründung.[864] Die wahrscheinlichste Erklärung ist, daß die Strafprozeßordnung ein Vertrauensverhältnis zwischen Straftätern nicht schützen soll.[865]

Streitentscheidend ist, daß die Beschlagnahme bei der Verwertung unzulässig wäre. Geht es um die Fallgruppe, daß die Beschlagnahme nachträglich rechtmäßig wird, stellt die herrschende Meinung auf die Zulässigkeit im Augenblick der Verwertung ab. Dann kann konsequenterweise bei der im Zeitpunkt der Verwertung unzulässigen Beschlagnahme nicht der Augenblick der Beschlagnahmehandlung maßgeblich sein. Vielmehr müßte auch in diesem Fall die Zulässigkeit der Beschlagnahme bei der Verwertung den Ausschlag geben.[866] Dieses Ergebnis läßt sich auch problemlos mit dem Gesetz vereinbaren. Die Strafprozeßordnung kennt eine Reihe selbständiger Beweisverwertungsverbote,[867] bei denen es belanglos ist, ob schon die Beweisgewinnung zulässig war. Die Beweise dürfen auch dann nicht verwertet werden, wenn die Maßnahmen, mit denen sie erlangt wurden, rechtmäßig waren, da die selbständigen Verwertungsverbote zum Schutz von Rechtsgütern eingreifen, die zwar nicht durch die Beweisgewinnung, wohl aber durch die Beweisverwertung verletzt würden. Dies kann auch bei der Beschlagnahme der Fall sein. Besteht zunächst ein Verdacht, der später entfällt, hat sich das Vertrauen in

---

857 BGHSt 25, 168 (171); BGH NStZ 83, 85; KK-Nack § 97 Rdnr. 10; KMR-Müller Vor § 94 Rdnr. 25; LR-Schäfer § 97 Rdnr. 107; Alsberg/Nüse/Meyer Rdnr. 506.

858 Schmidt, Rolf S. 68.

859 SK-Rudolphi § 97 Rdnr. 38; Fezer Strafprozeßrecht I/8/84 und JuS 1978, 768; Herdegen GA 1963, 141 (143); Schlüchter, Das Strafverfahren Rdnr. 308; Schmidt, Rolf S. 71; Die Vertreter dieser Ansicht beziehen sich meist nur auf die Fallkonstellation, daß sich der zunächst bestehende Verdacht als nicht haltbar erweist. Soweit sie auf den Widerruf eines wirksamen Verzichts auf das Beschlagnahmeverbot eingehen, halten sie eine Verwertung der bereits beschlagnahmten Beweisgegenstände für zulässig [Herdegen GA 1963, 141 (145)].

860 Löffler/Achenbach § 23 Rdnr. 116.

861 SK-Rudolphi § 97 Rdnr. 38.

862 Schmidt, Rolf S. 70.

863 Vgl. S. 128 f. dieser Arbeit.

864 Vgl. BGHSt 25, 168; BGH NStZ 83, 85.

865 LR-Schäfer § 97 Rdnr. 23; Fezer JuS 1978, 765 (768).

866 Schmidt, Rolf S. 70.

867 Dencker S. 10, 101 ff.; Rogall ZStW 91 (1979), 1 (3); Gross-Spreitzer S. 132 f.

die Medien als schutzwürdig erwiesen. Die Beschlagnahme als solche war zulässig und hat noch keinen Schaden angerichtet. Dieser würde erst durch die Verwertung entstehen, indem das Vertrauen, das § 97 Abs. 5 StPO schützen will, zerstört wird. Um dies zu verhindern muß man auch § 97 StPO als selbständiges Verwertungsverbot betrachten.[868] In den Fällen, daß die Voraussetzungen einer Beschlagnahme nachträglich entfallen, ist daher trotz der ursprünglichen Zulässigkeit der Maßnahme ein Beweisverwertungsverbot anzuerkennen.

Als weniger problematisch stellt sich die Frage der Verwertbarkeit von Zufallserkenntnissen dar. Werden sie bei einer zulässigen Durchsuchungs- und Beschlagnahmeaktion erlangt, sind sie nur verwertbar, wenn bezüglich dieser Gegenstände kein Beschlagnahmeverbot bestand. § 108 Abs. 1 StPO erlaubt die Sicherstellung von bei einer Durchsuchung gefundenen Gegenständen, aus denen sich der Verdacht einer anderen Straftat ergibt. Die Vorschrift liegt im Interesse der Verfahrensökonomie. Werden einen ausreichenden Verdacht begründende Gegenstände entdeckt, würde andernfalls die erneute Anordnung einer Durchsuchung notwendig, bei der die Gegenstände in aller Regel ohnehin gefunden würden. Dies kann jedoch nur in dem Umfang gelten, in dem eine Beschlagnahme und Durchsuchung überhaupt zulässig ist.[869] Daher hindert ein Beschlagnahmeverbot nach § 108 Abs. 1 StPO auch die einstweilige Beschlagnahme eines Zufallsfundes.

Trotz eines bestehenden Beschlagnahmeverbots ist die mittelbare Verwertung der erlangten Erkenntnisse zulässig. Dies hat seinen Grund darin, daß das deutsche Strafverfahrensrecht keine Fernwirkung von Beweisverwertungsverboten kennt.[870] Werden daher aufgrund von bei der Durchsuchung eingesehenen Dokumenten Ermittlungen angestellt, die zulässige Beweise erbringen, so sind diese verwertbar.

IV. Verfahrensfragen

Nach § 98 Abs. 1 S. 1 HS. 1 StPO dürfen Beschlagnahmen nur durch den Richter angeordnet werden. Nach § 98 Abs. 1 S. 2 StPO gilt für Beschlagnahmen aufgrund des § 97 Abs. 5 S. 2 StPO in Redaktionen, Verlagen, Druckereien und Rundfunkanstalten auch dann nichts anderes, wenn Gefahr im Verzug besteht. Dies hat der Bundesgerichtshof in entsprechender Anwendung des § 98 Abs. 1 S. 2 StPO auch im Fall der geplanten Durchsuchung der taz angenommen, in dem der Brief einer Informantin, deren Identität die Zeitung selbst preisgegeben hatte, in der Redaktion beschlagnahmt werden sollte.[871]

In anderen Räumen, zum Beispiel den Wohnungen von Journalisten dürfen bei Gefahr im Verzug Beschlagnahmen auch durch die Staatsanwaltschaft oder deren Hilfsbeamte angeordnet werden.[872] Auch die Sicherstellung von selbstrecherchiertem Material kann aufgrund der Eilkompetenz der Staatsanwaltschaft vorgenommen werden.[873] Ein tatsächlicher oder rechtlicher

868 Schmidt, Rolf S. 71.

869 Kleinknecht/Meyer-Goßner § 108 Rdnr. 4 m.w.N.; Rudolphi FS-Schaffstein S. 450; Welp S. 222; ders. JZ 1973, 289 (290).

870 Beulke Rdnr. 144, 482 ff.

871 BGH StV 1999, 183: Die Durchsuchung fand letztlich nicht statt, da sich herausstellte, daß das Schreiben nicht der Redaktion, sondern einem freien Mitarbeiter vorlag. Zu den weiteren Details vgl. Fn. 317 auf S. 57 dieser Arbeit.

872 Kleinknecht/Meyer-Goßner § 98 Rdnr. 4; KK-Nack § 98 Rdnr. 2.

873 AK-Amelung § 98 Rdnr. 7; LR-Schäfer § 98 Rdnr. 30; Achenbach NJW 1976, 1068 (1069) Fn. 16.

Irrtum über das Vorliegen dieser Gefahr macht die Anordnung nicht unwirksam; lediglich Willkür schadet.[874]

Fraglich ist, ob dieser ohnehin schon erhöhte Schutz ausreicht. Es wäre daran zu denken, für Wohnungen von Medienmitarbeitern oder die Fotolabors von Bildjournalisten sowie bei Eigenrecherchen auch bei Gefahr im Verzug die richterliche Anordnung der Durchsuchung und Beschlagnahme zu fordern. Eine analoge Anwendung des § 98 Abs. 1 S. 2 StPO scheidet wegen des ausdrücklich entgegenstehenden Willens des Gesetzgebers[875] aus, weshalb teilweise eine Gesetzesänderung befürwortet wird, nach der ein unbedingter Richtervorbehalt auch für die Wohnungen von Journalisten und für selbstrecherchiertes Material gelten soll.[876]

Der BGH wendet in seiner „taz-Entscheidung" dagegen ein, die Büroräume freier Journalisten seien nicht in dem gleichen Maße schutzwürdig, wie Redaktions- und Verlagsräume oder Druckereien. Grund für den Schutz der letztgenannten Bereiche sei deren erhöhte Störanfälligkeit, die jedoch bei anderen von Journalisten genutzten Räumen in der Regel nicht bestehe sei.[877]

Fraglich ist zunächst schon, ob es sich in dem „taz-Fall" nicht ohnehin um eine Redaktion im Sinne des Gesetzes handelte. Zwar definiert der BGH gestützt auf die von *Sedelmeier* gegebene Begriffsbestimmung des „Redakteurs" [878] die geschützten Räume als den räumlich-gegenständlich begrenzten und organisatorisch zusammengefaßten Bereich, in dem Redakteure im Rahmen eines Unternehmens arbeiten,[879] er übersieht jedoch, daß Redakteur im Sinne des Presserechts durchaus auch ein freier Mitarbeiter sein kann.[880] Der freie Mitarbeiter der taz redigierte „zur Herstellung eines periodisch erscheinenden Druckwerks den Inhalt von Pressepublikationen mit eigener Entscheidungsbefugnis über die Beschaffung und Gestaltung des zu publizierenden Stoffes" [881] und war daher auch nach der Definition des BGH Redakteur. Begreift man eine Redaktion, wie nach dem allgemeinen Sprachgebrauch üblich, als die Gesamtheit aller Arbeitsräume, in denen Redakteure arbeiten, [882] so mußten auch die von den freien Journalisten genutzten Büroräume dem Schutz des § 98 Abs. 1 S. 2 StPO unterfallen.

Dafür, daß nicht nur unmittelbar zu einem Medienunternehmen gehörende Räume geschützt sein sollen, spricht auch der Gesetzeswortlaut. So nennt er neben der Redaktion auch die Räume eines Verlages, einer Druckerei oder einer Rundfunkanstalt als privilegierte Bereiche. Wären nur die unmittelbar zu einem Verlag oder einem Sender gehörenden Räume geschützt, hätte es der zusätzlichen Nennung des Begriffs „Redaktion" im Gesetzeswortlaut nicht bedurft.

Selbst wenn man unter der Redaktion nur die Räume versteht, die unmittelbar zu einem Sender oder einem Verlag gehören, ist die Differenzierung, die der BGH hinsichtlich ihrer Schutzbedürftigkeit vornimmt, nicht nachvollziehbar. Auch eine Durchsuchung der Büros freier Mitar-

---

874 BGH MDR 1964, 71; LG Osnabrück StV 1991, 152; AG Offenbach NStZ 1991, 247; Kleinknecht/Meyer-Goßner § 98 Rdnr. 7; Geppert DRiZ 1992, 411 (414); Nelles StV 1992, 385 (391).

875 BT-Drucksachen 7/2539 S. 11 und 7/3118 S. 5.

876 Löffler/Achenbach § 23 Rdnr. 125.

877 BGH StV 1999, 183 (185).

878 Löffler/Sedelmeier § 9 Rdnr. 13 ff.

879 BGH StV 1999, 183 (185).

880 Löffler/Sedelmeier § 9 Rdnr. 13.

881 BGH StV 1999, 183 (185).

882 Meyers Enzyklopädisches Lexikon.

beiter stört deren Arbeitsablauf ganz erheblich, da sie in dieser Zeit nicht ungestört recherchieren können und außerdem möglicherweise Unterlagen beschlagnahmt werden, die zur Erstellung von Beiträgen notwendig sind. Zudem wird unter Umständen auch die Tätigkeit der Verlage und Sender beeinträchtigt, wenn der Journalist als Folge der Durchsuchung seine Beiträge nicht oder nicht rechtzeitig liefern kann.

Die Unterscheidung zwischen zu Medienunternehmen gehörenden Bereichen und anderen von Journalisten beruflich genutzten Räumen wird der Tatsache nicht gerecht, daß heutzutage immer mehr Journalisten freischaffend tätig sind und es daher Redaktionen, die fest an einen Verlag oder Sender gebunden sind, vielerorts nur noch in sehr vermindertem Maße gibt. Warum die Medienmitarbeiter, die in ihrer Wohnung eine „eigene kleine Redaktion" haben, schlechter stehen sollen, als festangestellte, deren Schreibtisch in einem Verlagshaus oder einem Sender steht, leuchtet nicht ein. Auch bezüglich der Fotojournalisten kann es nicht darauf ankommen, ob sie ihre Negative im heimischen Labor oder im Labor der Redaktion entwickeln und aufbewahren, so daß in § 98 Abs. 1 S. 2 StPO die ausschließliche Anordnungskompetenz durch den Richter für alle von Medienmitarbeitern beruflich genutzten Räume verankert werden sollte.

Dafür, daß auch das selbstrecherchierte Material von § 98 Abs. 1 S. 2 StPO umfaßt sein sollte, sprechen die Abgrenzungsprobleme zwischen den unterschiedlichen Materialien.[883] Da der Beschlagnahmegegenstand in der Anordnung genau bezeichnet werden muß,[884] ist eine Unterscheidung zwischen selbst- und fremdrecherchierten Materialien schon zu diesem Zeitpunkt notwendig. Ob eine derartig komlexe Aufgabe von der Staatsanwaltschaft und vor allem deren Hilfsbeamten bewältigt werden kann, muß bezweifelt werden. Auch verliert durch die Eilkompetenz das Argument des Bundesverfassungsgerichts, Schwierigkeiten bei der Abgrenzung, die in Einzelfällen aufträten, seien von den Fachgerichten zu klären,[885] erheblich an Überzeugungskraft. Daher ist auch im Falle selbstrecherchierten Materials die ausnahmslose Zuständigkeit des Richters zu befürworten.[886]

Allerdings werden gegen die Effektivität des Richtervorbehalts als Präventivkontrolle erhebliche Bedenken angemeldet.[887] Er laufe oft ins Leere, seine rechtsstaatliche Effizienz stehe in keinem Verhältnis zur Anwendungshäufigkeit und den hohen Prüfungs- und Begründungsanforderungen werde nicht genügt.[888] Ob und inwieweit diese Kritik berechtigt ist, sei an dieser Stelle dahingestellt. Sie zielt jedenfalls lediglich auf die derzeitige Rechtslage und die Situation in der Praxis ab, nicht auf den Richtervorbehalt selbst. Dies zeigen die Vorschläge für eine Gesetzesnovelle und die Forderung, die einzelnen Regelungen zu vereinheitlichen.[889] Außerdem ist unbestritten, daß der Richtervorbehalt als rechtsstaatliches Kontrollinstrument gegenüber

883 Siehe S. 89 ff. dieser Arbeit.

884 Kleinknecht/Meyer-Goßner § 98 Rdnr. 9.

885 BVerfGE 77, 65 (81); siehe auch S. 89 dieser Arbeit.

886 Diese Argumentation bezieht sich auf die gegenwärtige Gesetzeslage. Setzt sich die hier vorgeschlagene Neuregelung durch, daß Eigenrecherchen grundsätzlich geschützt werden, besteht kein Grund mehr, selbst- und fremdrecherchiertes Material unterschiedlich zu behandeln. Spätestens dann muß also die Beschlagnahme bei den Medien in jedem Fall durch den Richter angeordnet werden.

887 Dunkhase S. 182; Hilger Meyer-GedSchr. S. 209 und JR 1990, 485.

888 Asbrock ZRP 1998, 17 (19); Die Rolle des Richters wurde auch so beschrieben: Dieser verteile Eintrittskarten an der Theaterkasse, ohne das Stück zu kennen, das gespielt wird (Such BT-Protokoll 13/214 S. 19526).

889 Hilger JR 1990, 485.

der Exekutive unverzichtbar ist. Daher ist zu fordern, daß die unbedingte Anordnung der Beschlagnahme durch den Richter für alle Maßnahmen bei Zeugnisverweigerungsberechtigten im Sinne des § 53 Abs. 1 Nr. 5 StPO in das Gesetz aufgenommen wird. Nur so kann auch verhütet werden, daß der Richtervorbehalt durch eine großzügige Anwendung der Eilkompetenz der Staatsanwaltschaft umgangen wird. Zwar führt die bewußte Umgehung nach neuerer Rechtsprechung zu einem Beweisverwertungsverbot,[890] jedoch spricht die Tatsache, daß zum Beispiel in Bremen 95 % aller Durchsuchungen aufgrund der Eilkompetenz vorgenommen werden, eine eigene Sprache.[891] Dies führt zu einer Verkehrung des gesetzgeberischen Willens in sein Gegenteil.

Überlegenswert ist auch ein Vorschlag *Krekelers*, nach dem die beschlagnahmten Papiere nur von einem Richter durchgesehen werden dürfen, da allein auf diesem Weg zu verhindern sei, daß den Ermittlern Informationsmöglichkeiten eröffnet werden, die ihnen nicht ohne Grund sonst verschlossen sind.[892] Der Gefahr der Verwertung der in den Papieren enthaltenen Informationen kann nur dadurch wirksam begegnet werden, daß die beschlagnahmten Schriftstücke und die ihnen zu entnehmenden Erkenntnisse nur einer solchen Person zugänglich werden, die weder die Möglichkeit noch ein Interesse daran hat, solche Sekundärinformationen zur Einleitung bzw. zur weiteren Durchführung eines Ermittlungs- bzw. Strafverfahrens zu nutzen.[893] Die Durchsicht aller Papiere durch den Richter dürfte jedoch praktisch nicht umsetzbar sein. Es würde bedeuten, daß er bei der Durchsuchung anwesend ist, da überhaupt nur solche Gegenstände sichergestellt werden dürfen, die nicht durch ein Beschlagnahmeverbot geschützt sind. Um dies festzustellen, müssen die Unterlagen gesichtet werden, so daß die Beamten schon zu diesem Zeitpunkt Kenntnis vom Inhalt der Papiere, aus denen sich der Anfangsverdacht für die Einleitung eines Ermittlungsverfahrens ergeben kann, erlangen. Sollte der Richter bei einer Durchsuchung in einem Presseunternehmen oder einem Rundfunksender sämtliche Papiere persönlich durchsehen, müßte er die Maßnahme de facto allein durchführen, was zumindest im Falle großer Redaktionen eine unrealistische Forderung ist. Auch kann die damit zwangsläufig verbundene zeitliche Verlängerung der Maßnahme kaum im Interesse der Medien liegen.

V. Zusammenfassung

Zur Verhinderung eines Vertrauensverlustes gegenüber den Medien bedarf auch das selbstrecherchierte Material eines gewissen Schutzes. Die sinnvollste Lösung, die den miteinander kollidierenden Interessen am ehesten gerecht wird, ist der Ausschluß des grundsätzlich einzuführenden Zeugnisverweigerungsrechts und des Beschlagnahmeverbots für selbstrecherchierte Informationen bei Vorliegen bestimmter schwerer Delikte mittels eines Straftatenkataloges.

Um eine Umgehung der medialen Schutznormen insbesondere bei Amtsdelikten weitgehend zu vermeiden, bedarf außerdem die Strafverstrickungsklausel in § 97 Abs. 5 S. 2 i.V.m. Abs. 2 S. 3 StPO einiger Modifikationen. So sollte beim Beteiligungsverdacht gegen den Journalisten nur noch der dringende Verdacht für einen Wegfall des Beschlagnahmeverbots ausreichen. Bei der objektiven Strafverstrickung sollte die Alternative, daß Gegenstände, die aus einer Straftat herrühren, beschlagnahmt werden dürfen, gestrichen werden. Nur so wird gewährleistet, daß die Medien staatliches Handeln kontrollieren und ihrer verfassungsrechtlichen Funktion gerecht

---

890 AG Offenbach StV 93, 406 bestätigt durch LG Darmstadt StV 93, 573.

891 Asbrock ZRP 1998, 17 (18).

892 Krekeler NJW 1977, 1417 (1425).

893 Der Richter gehört nicht zu den Strafverfolgungsbehörden [Krekeler NJW 1977, 1417 (1425)].

werden können. Schließlich sollten sämtliche Beschlagnahmen bei Presse und Rundfunk ausschließlich durch den Richter angeordnet werden.

Kapitel 4: Postbeschlagnahme und Überwachung der Telekommunikation

Die Postbeschlagnahme und die Telekommunikationsüberwachung sind neben dem Aussagezwang und der Beschlagnahme weitere Maßnahmen zur Erlangung von Beweisen und zur Aufklärung von Straftaten. Offensichtlich ist zunächst, daß die genannten Regelungen in das durch Art. 10 GG gewährleistete Brief-, Post- und Fernmeldegeheimnis[894] eingreifen.[895] Art. 10 GG, der dem Schutz der Privatsphäre, insbesondere dem Schutz der Kommunikation dient, umfaßt alle auf dem Post- und Fernmeldeweg übermittelten Informationen, gleichgültig, ob privat oder geschäftlich, personenbezogen oder nicht, zwischen natürlichen oder juristischen Personen ausgetauscht.[896] Durch das Fernmeldegeheimnis geschützt ist außerdem die Tatsache, daß zwei Personen überhaupt kommuniziert haben, sowie der Ort, die Zeit und die Art der Kommunikation.[897] Im Interesse einer wirkungsvollen Strafverfolgung beschränken § 99 f. StPO, § 100 a f. StPO und § 12 FAG das Grundrecht aus Art. 10 Abs. 1 GG jedoch, was gemäß Art. 10 Abs. 2 GG grundsätzlich zulässig ist.

Die Vorschriften enthalten jedoch keine ausdrückliche, dem Zeugnisverweigerungsrecht oder dem Beschlagnahmeverbot vergleichbare, Beschränkung zum Schutz der Presse- und Rundfunkfreiheit. Ob und inwieweit dies notwendig ist, wurde bisher wenig erörtert.[898] Die Antwort ist davon abhängig, ob neben dem Eingriff in Art. 10 GG überhaupt ein Eingriff in Art. 5 Abs. 1 S. 2 GG zu verzeichnen ist. Sollte sich die Regelung zur Postbeschlagnahme als Beschränkung der Presse- und Rundfunkfreiheit erweisen, ist weiterhin fraglich, ob diese Schranke ihrerseits einer Beschränkung bedarf.

A. Die Postbeschlagnahme nach § 99 StPO

I. Der Inhalt der Regelung

§ 99 StPO bestimmt, wann die Strafverfolgungsbehörden materiell berechtigt sind, von der Post[899] die Auslieferung von Sendungen und Telegrammen zu verlangen. Die Maßnahme steht nur zu Beweis-, nicht zu Vollstreckungssicherungszwecken zur Verfügung.[900] Verlangt werden kann die Übergabe der an den Beschuldigten adressierten, der für ihn bestimmten sowie

---

894 Nach allgemeinem Verständnis sind das Brief- und Fernmeldegeheimnis Unterarten des Postgeheimnisses (Model/Müller Art. 10 Rdnr. 1).

895 Für das Auskunftsverlangen nach § 12 FAG ist dies nicht unbestritten, dürfte sich jedoch mittlerweile als herrschende Meinung durchgesetzt haben (siehe S. 178 f. dieser Arbeit).

896 OVG Bremen CR 1994, 700 (702); Kubicek DuD 1995, 656 (657); ausführlich Rieß, Joachim S. 187 ff.; Roßnagel, Telekommunikation S. 89 f.

897 BVerfGE 67, 157 (172); Klesczewski StV 1993, 382 (384); Kubicek DuD 1995, 656 (657); Kiper hat dafür den Begriff des „strategischen Grundrechts" geprägt (BT-Drucksache 13/4892 S. 5).

898 Ansatzweise hat eine derartige Diskussion nur für die Überwachung der Telekommunikation stattgefunden [vgl. KK-Nack § 100 a Rdnr. 31; Frister StV 1996, 454 (455); Pöppelmann AfP 1997, 485 (493); Werle JZ 1991, 482 (485)].

899 Durch Art. 2 Abs. 9 Ziff. 1 des Begleitgesetzes zum Telekommunikationsgesetz erfuhr § 99 StPO eine Änderung und wurde an die durch die Postreform geänderten Verhältnisse angepaßt (BR-Drucksache 369/97 S. 45). Eine Beschlagnahme von Postsendungen und Telegrammen ist jetzt zulässig, wenn sich diese „im Gewahrsam von Personen oder Unternehmen befinden, die geschäftsmäßig Post- oder Telekommunikationsdienste erbringen oder daran mitwirken". Der Einfachheit halber soll in dieser Arbeit aber weiter der Begriff „Post" verwendet werden.

900 AK-Amelung § 99 Rdnr. 1; KMR-Müller § 99 Rdnr. 1; Kleinknecht/Meyer-Goßner § 99 Rdnr. 1.

der von ihm herrührenden Sendungen und Telegramme. Anders als bei der Beschlagnahme nach § 94 StPO ist bei der Postbeschlagnahme nach § 99 StPO nicht nur die Sicherstellung der bereits im Gewahrsam der Post befindlichen, sondern auch die Aussonderung und Auslieferung der erst künftig zu erwartenden Gegenstände möglich. Enthält eine Sendung Gegenstände, die für die strafrechtliche Untersuchung von Bedeutung sind, werden diese beschlagnahmt, wobei sich dieser Schritt nach den §§ 94 ff. StPO, nicht nach § 99 StPO richtet.[901]

1. Die Voraussetzungen der Auslieferungspflicht

a. Allgemeines

Die Vorschrift ermächtigt die Strafverfolgungsorgane zur Inverwahrnahme von Postsendungen und Telegrammen. Der Begriff der Postsendung ist weit zu ziehen und umfaßt auch solche transportierten körperlichen Gegenstände, die keine Nachrichten des Absenders an den Empfänger enthalten, wie Pakete oder Streifbandzeitungen.[902]

Die in § 99 StPO ausgesprochene Ermächtigung betrifft nur Beförderungsobjekte und Telegramme, die sich im Gewahrsam der Post oder gleichgestellter Unternehmen befinden. Vor der Übergabe an die Post und nach Aushändigung der Sendung richtet sich die Zulässigkeit der Maßnahme nach §§ 94 ff. StPO, auch dann wenn sie in den Räumen der Post stattfindet.[903]

Um eine umfassende Überwachung des Postverkehrs zu verhindern, erlaubt der Gesetzgeber nur die Auslieferung von Postgut, das für den Beschuldigten bestimmt ist oder von ihm herrührt, so daß die Anordnung sich gegen einen bestimmten Beschuldigten richten muß.[904] Die Beschlagnahmebefugnis erstreckt sich somit nicht auf alle im Postgewahrsam befindlichen Sachen, die die verfolgte Straftat betreffen oder zu deren Aufklärung beitragen können.

b. Die Anwendbarkeit des Beschlagnahmeverbots nach § 97 Abs. 5 StPO

Eine Auslieferung von Postsendungen darf nicht angeordnet werden, wenn ein Beschlagnahmeverbot besteht.[905] Eine Voraussetzung des in § 97 Abs. 5 StPO geregelten Beschlagnahmeverbots ist, daß zum Beispiel ein Medienmitarbeiter die Sendung mindestens in seinem Mitgewahrsam hat.[906] Kein Mitgewahrsam des Medienmitarbeiters bestünde, wenn die Post an den ihr übergebenen Sendungen Alleingewahrsam hätte; das Herausgabeverlangen wäre dann zulässig. Über Materialien, die sich auf dem Postweg befinden, hat jedoch weder der Absender noch der Adressat Verfügungsmacht,[907] da keiner von beiden auch nur die geringste Einwirkungsmöglichkeit auf die Sache besitzt. Von einem Beherrschungsverhältnis, das für die Annahme des Gewahrsams Voraussetzung wäre, kann keine Rede sein.[908] Die Post hat somit Alleingewahrsam an den beförderten Sendungen, so daß die Postbeschlagnahme von Sendungen eines Medienmitarbeiters oder an einen Medienmitarbeiter nach der geltenden Regelung grundsätzlich zulässig ist.

---

901 AK-Amelung Vor § 99 Rdnr. 2, § 100 Rdnr. 20; KK-Nack § 100 Rdnr. 9; LR-Schäfer § 100 Rdnr. 27.
902 KK-Nack § 99 Rdnr. 7.
903 AK-Amelung § 99 Rdnr. 4; Kleinknecht/Meyer-Goßner § 99 Rdnr. 9.
904 Kleinknecht/Meyer-Goßner § 99 Rdnr. 6.
905 AK-Amelung § 99 Rdnr. 9.
906 Siehe S. 118 ff. dieser Arbeit.
907 Löffler/Achenbach § 23 Rdnr. 101.
908 KK-Nack § 99 Rdnr. 11; LR-Schäfer § 99 Rdnr. 17; Welp S. 194.

2. Der Verhältnismäßigkeitsgrundsatz

Auch bei der Postbeschlagnahme gilt der allgemeine Rechtsgrundsatz der Verhältnismäßigkeit. Eine Auslieferung der Postsendungen ist deshalb dann ausgeschlossen, wenn sie angesichts der Bedeutung der Sache und der zu erwartenden Strafe unverhältnismäßig wäre.[909] So wird bei Privatklagedelikten eine Postbeschlagnahme kaum jemals in Betracht kommen.[910] Bei Ordnungswidrigkeiten sind Maßnahmen nach § 99 StPO durch die gesetzliche Konkretisierung des Verhältnismäßigkeitsgrundsatzes in § 46 Abs. 3 OWiG verboten.

II. Problemdarstellung

§ 99 StPO enthält keine ausdrückliche den §§ 53 Abs. 1, 97 StPO entsprechende Beschränkung.[911] Die Vertrauensverhältnisse bleiben insoweit ungeschützt. Ermittelt werden muß, ob dies für Postbeschlagnahmen der Sendungen von und zu Medienmitarbeitern angesichts der Bedeutung der Presse- und Rundfunkfreiheit vertretbar ist.

1. Die Sicht des Gesetzgebers

Der aktuelle Rechtszustand, nach dem § 99 StPO keinerlei Beschränkung zugunsten Zeugnisverweigerungsberechtigter enthält, geht nicht auf ein Versehen des Gesetzgebers zurück.[912] Bei Erlaß der Strafprozeßordnung im Jahr 1877 entschied man sich bei § 97 StPO[913] bewußt dafür, nur die Sachen zu schützen, die der Zeugnisverweigerungsberechtigte, wie man damals plastisch formulierte, „in den Händen hält“ [914]; die er also in seinem Gewahrsam hat.[915]

Nach § 99 StPO werden aber Sachen beschlagnahmt, die sich weder im Gewahrsam des Beschuldigten noch des Zeugnisverweigerungsberechtigten befinden. Schon § 90 des Entwurfs der Strafprozeßordnung bestimmte ausdrücklich, daß die Beschlagnahme von Sendungen nur „auf der Post“, von Telegrammen nur „auf der Telegraphenanstalt“ zulässig ist.[916] § 97 StPO und § 99 StPO schließen sich klar gegenseitig aus, da sich die Sendung nie gleichzeitig im Gewahrsam der Post und eines Zeugnisverweigerungsberechtigten befindet.[917] Eine planwidrige Regelungslücke, die etwa eine analoge Anwendung des § 97 StPO zur Beschränkung der Postbeschlagnahme zuließe, ist nicht festzustellen.[918] Dies läßt darauf schließen, daß das Vertrauensverhältnis zwischen den Beteiligten vom Gesetzgeber nur dann als gefährdet oder verletzt angesehen wurde, wenn die Sachen dem Berechtigten persönlich gegen seinen Willen von den Strafverfolgungsbehörden entzogen wurden. Befanden sie sich nicht mehr in seiner Sphäre, befürchtete man einen derartigen Vertrauensverlust nicht.

---

909 Im Gegensatz zur Telekommunikationsüberwachung nach § 100 a StPO und dem Einsatz technischer Mittel nach § 100 c StPO ist dies hier unbestritten. Grund dafür ist, daß § 99 StPO keine Konkretisierung des Verhältnismäßigkeitsgrundsatzes, z.B. in Form eines Straftatenkataloges enthält.

910 AK-Amelung § 99 Rdnr. 8; LR-Schäfer § 99 Rdnr. 33.

911 Daß die Korrespondenz des Beschuldigten mit seinem Verteidiger nicht der Postbeschlagnahme unterliegt, beruht auf § 148 StPO [LR-Schäfer § 99 Rdnr. 17; Welp JZ 1972, 423 (428)]. Für die Medienschaffenden lassen sich daraus keine Schlüsse ziehen.

912 Welp S. 189; ders. FS-Gallas S. 420; vgl. v. Schwarze S. 116.

913 Damals § 88 des Entwurfs der StPO.

914 Hahn, Materialien 3,1 S. 14.

915 Vgl. auch Motive des Entwurfs: Hahn, Materialien 3,1 S. 125.

916 Hahn, Materialien 3,1 S. 14.

917 Vgl. auch S. 142.

918 So auch Welp S. 195, der durch einen Vergleich der in § 97 StPO geregelten Beschlagnahmeverbote feststellt, daß dort, wo das Gesetz es vorsieht, nicht auf das Erfordernis des Gewahrsams verzichtet werden kann.

Bei Schaffung der Strafprozeßordnung wurde das Vertrauen, das Journalisten genießen, nicht bedacht. Der Schutz der Presse war zur damaligen Zeit kaum ausgeprägt. Bei Erlaß des § 99 StPO hatte man die Vertrauensverhältnisse der Ärzte zu ihren Patienten und die der Anwälte zu ihren Mandanten im Blick. Das Vertrauen, dessentwegen die medialen Schutznormen bestehen, ist jedoch von anderer Art als die genannten.[919] Allerdings ist anzunehmen, daß der Gesetzgeber auch im Bezug auf das Vertrauen in die Medien keine andere Ansicht vertritt. Es gab in der Vergangenheit genügend Gelegenheiten, eine Beschränkung zum Schutz der Presse- und Rundfunkfreiheit in § 99 StPO aufzunehmen; namentlich die Gesetzesänderung im Jahre 1975 hätte sich dafür angeboten. Dennoch hat man § 99 StPO unbeschränkt bestehen lassen.

2. Der Meinungsstand im Schrifttum

Anders als bei anderen Maßnahmen der Ermittlungsbehörden wird eine Begrenzung des § 99 StPO für die nach § 53 Abs. 1 StPO Zeugnisverweigerungsberechtigten nicht gefordert.[920] Vielmehr beschränkt sich die Literatur weitgehend darauf festzustellen, daß das Beschlagnahmeverbot nach § 97 StPO nicht gilt.[921] Ausdrücklich zu diesem Thema äußerte sich lediglich *Karl-Heinz Groß*, der der Ansicht ist, daß es bei der Postbeschlagnahme einer Beschränkung zum Schutz der Presse- und Rundfunkfreiheit nicht bedarf. Da sich die Sendungen auf der Post bzw. Telegraphenanstalt gänzlich außerhalb des Gewahrsamsbereichs des Journalisten befinden, könne dieser auch nicht als Medium der Ermittler wahrgenommen werden.[922] Obwohl es sich bei der Telekommunikationsüberwachung nicht anders verhält,[923] wird jedoch von einer breiten Strömung in der Literatur eine Beschränkung des § 100 a StPO und des § 12 FAG vehement gefordert.[924] Ob es demgegenüber berechtigt ist, § 99 StPO unbeschränkt zu lassen, ist zu bezweifeln.

3. Stellungnahme

Die erste Voraussetzung für die Notwendigkeit einer Beschränkung der Postbeschlagnahme ist, daß überhaupt ein Eingriff in die Presse- und Rundfunkfreiheit vorliegt. Dieser wäre zu verzeichnen, wenn durch die Maßnahmen der Strafverfolgungsbehörden das allgemeine Vertrauen in die Medien schwinden würde. Dieses Vertrauens bedürfen sie, um möglichst umfassend informiert zu werden. Informanten werden sich nur an die Medien wenden, wenn sie gewiß sein können, daß ihre Identität und die von ihnen gemachten Mitteilungen, soweit sie dies wünschen, geheim bleiben. Daher ist die Informationsbeschaffung neben der Verbreitung der Nachrichten vom Schutzbereich des Art. 5 Abs. 1 S. 2 GG umfaßt,[925] damit die Medien ihre Unterrichtungs- und Kontrollfunktion wahrnehmen können.[926] Dies weitgehend zu gewährleisten gehört zu den Schutzpflichten des Staates.[927]

---

919 Vgl. S. 98.

920 Vgl. HK-Lemke § 99; KK-Nack § 99; SK-Rudolphi § 99; die indes alle für die Telekommunikationsüberwachung nach § 100 a StPO einen verstärkten Schutz anregen (siehe Fn. 924 und 1057).

921 KK-Nack § 99 Rdnr. 11; SK-Rudolphi § 99 Rdnr. 3.

922 K.-H. Groß StV 1993, 559 (565).

923 Hier irrt Karl-Heinz Groß, der bei diesen beiden Maßnahmen eine Art Mitgewahrsam des Journalisten annimmt [StV 1996, 559 (564 f.)]. Vgl. S. 162 f. und 166 dieser Arbeit.

924 AK-Maiwald § 100 a Rdnr. 12; HK-Lemke § 100 a Rdnr. 14; KK-Nack § 100 a Rdnr. 31; SK-Rudolphi § 100 a Rdnr. 21; Klesczewski StV 1993, 382 (386 f.); Rudolphi FS-Schaffstein S. 445; Suppert S. 236 f.; Zuck NJW 1969, 911 (913).

925 V. Münch/Kunig/Wendt Art. 5 Rdnr. 33.

926 Sachs/Bethge Art. 5 Rdnr. 70.

927 BVerfGE 80, 124 (133); Sachs/Bethge Art. 5 Rdnr. 73.

Zur Beantwortung der Frage nach einem Eingriff in die Presse- und Rundfunkfreiheit müssen zunächst zwei Fallgruppen unterschieden werden: Die Sendungen können erstens auf dem Postweg von dem Medienmitarbeiter zu dem Beschuldigten oder zweitens auf dem Weg vom Beschuldigten zu dem Mitarbeiter beschlagnahmt werden.

a. Sendungen des Medienmitarbeiters an den Beschuldigten

An Sendungen des Medienmitarbeiters hat bei einer Beschlagnahme nach § 99 StPO nur noch die Post Gewahrsam. Der Journalist hat sich, indem er die Sendung abschickt, jeder Einflußmöglichkeit darauf begeben. Anders als beim Zeugniszwang und der Beschlagnahme erlangen die Ermittler die Informationen daher nicht unmittelbar von den Medien, sondern nehmen diese nur mittelbar in Anspruch. Auch bleibt die räumliche Sphäre der Redaktionen und des Rundfunksenders unangetastet, so daß zweifelhaft ist, ob durch eine Postbeschlagnahme, die bei den Medien ansetzt, Art. 5 Abs. 1 S. 2 GG tangiert, also in dessen Schutzbereich eingegriffen wird.

Durch die Beschlagnahme einer an den Beschuldigten gerichteten Postsendung erlangen die Strafverfolgungsbehörden jedoch Erkenntnisse zur Identität von Informanten und die von diesen gemachten Mitteilungen. Ist der Beschuldigte selbst der Informant, ergeben sich Anhaltspunkte über seine Person schon aus der Anschrift, an die die Sendung gerichtet ist.[928] Die Kenntnisnahme vom Inhalt der Sendung kann außerdem dazu führen, daß die Ermittler von dem Beschuldigten stammende Unterlagen zu Beweiszwecken erlangen. So wird es nicht selten vorkommen, daß der Journalist dem beschuldigten Informanten Material, zum Beispiel Originalunterlagen, die dieser ihm zugeschickt hat, zurücksendet. Selbst wenn der Informant nicht der Beschuldigte im Sinne des § 99 StPO ist, kann er sich nicht sicher sein, daß die Strafverfolgungsbehörden die von ihm gemachten Mitteilungen nicht auf dem Weg der Postbeschlagnahme erlangen. Beispielsweise kann ein von dem Journalist selbst verfaßter Brief Angaben enthalten, die er von dritter Seite erhalten hat.

Werden derartige Informationen und Unterlagen im Prozeß als Beweismittel verwendet, wird dadurch das Ansehen der Medien in der Öffentlichkeit wesentlich beeinträchtigt. Hat der Journalist die Materialien erhalten, vertraut der Informant darauf, daß der Geheimhaltung seiner Identität und der von ihm gemachten Mitteilungen nun nichts mehr im Wege steht. Sendet der Journalist dem Informanten zum Beispiel Unterlagen zurück und werden sie dann auf dem Postweg beschlagnahmt, wird das „Abhandenkommen" unweigerlich den Medien zugerechnet. Jeder Informant erwartet, daß Mitteilungen, die er Presse und Rundfunk gemacht hat, auf keine Weise in die Hände der Strafverfolgungsbehörden gelangen. Wird in der Öffentlichkeit aber bekannt, daß Briefe der Medienmitarbeiter beschlagnahmt und zu Beweiszwecken verwendet worden sind, schwindet die Bereitschaft, sich weiterhin an die Medien zu wenden.

Nicht einmal dann, wenn ein Informant auf die Rücksendung seiner Unterlagen verzichtet, kann er sich auf die Wahrung der Vertraulichkeit seiner Mitteilungen und die Geheimhaltung seiner Identität verlassen. Er muß vielmehr befürchten, daß der Journalist in einem anderen Brief über die erlangten Informationen schreibt.[929] Aber auch wenn es sich bei den beschlag-

---

928 Zwar ist der Beschuldigte Informant den Strafverfolgungsbehörden als solcher bekannt, da nur dann die Maßnahme nach § 99 StPO zulässig ist, jedoch können sich aus einem beschlagnahmten Brief weitere Anhaltspunkte ergeben (etwa über seinen Aufenthaltsort), die im weiten Sinne auch „zur Person" zu zählen sind. Vgl. dazu S. 55 und 56 ff. dieser Arbeit.

929 Daß gewisse Mitteilungen veröffentlicht werden, liegt im Normalfall im Interesse des Informanten. Dies gilt jedoch häufig nicht für die sogenannten Hintergrundinformationen und die Person des Informanten selbst, die jedoch Gegenstand eines Briefes sein können.

nahmten Unterlagen um Eigenrecherchen handelt, kann zum Beispiel die so ermöglichte Verwertung eines enttarnenden Fotos das Vertrauen in die Medien erheblich schädigen.

Für die öffentliche Meinung ist dabei unerheblich, daß der Journalist die Postbeschlagnahme im Regelfall nicht verhindern kann. Selbst wenn er weiß, daß Ermittlungen gegen den Empfänger der Sendung laufen, ist er insbesondere bei großen Distanzen auf den Postweg angewiesen, um ihm etwas zukommen zu lassen.[930] Dies wird zum Beispiel relevant, wenn der Informant mit einer nicht ortsansässigen Redaktion kommunizieren möchte oder er sich auf der Flucht befindet bzw. weiter entfernt versteckt hält. Der erstgenannte Fall tritt recht häufig auf, ist doch die Veröffentlichung wichtiger Ereignisse und großer Skandale in überregionalen Medien aufsehenerregender und damit in der Regel für den Informanten wünschenswerter als beispielsweise ein Beitrag in einem Lokalblatt. Durch die Beschlagnahme der Sendungen des Journalisten, wird jedoch die Kommunikation gestört. Auch werden zukünftig Informanten, denen es unmöglich ist, persönlich in der Redaktion zu erscheinen, sich nicht an die Medien wenden, wenn diese sie ihrerseits nicht ohne das Risiko einer Postbeschlagnahme erreichen können.

Der Journalist hat den Vertrauensverlust aber nicht deshalb zu vertreten, weil er durch die Versendung die Beschlagnahme nach § 99 StPO überhaupt erst ermöglicht hat. Mit dem gleichen Recht könnte ihm bei einer Beschlagnahme von Unterlagen in seiner Redaktion der Vorwurf gemacht werden, er hätte die Beweismittel rechtzeitig vernichten und so die Sicherstellung und Verwertung verhindern können. Sowohl die Verwahrung als auch die Versendung von Informationen gehört aber zu den Tätigkeiten, durch die der Journalist seinen Beruf ausübt und die somit vom Schutz des Art. 5 Abs. 1 S. 2 GG umfaßt sind.

In der Übergabe der Sendung an die Post kann auch nicht der Verzicht auf die Wahrung des Redaktionsgeheimnisses gesehen werden. Zwar hat der Journalist die Einflußmöglichkeit auf die Sendung und deren Inhalt freiwillig aufgegeben, ein Vergleich dieser Situation mit dem Verzicht auf das Zeugnisverweigerungsrecht aus § 53 Abs. 1 Nr. 5 StPO oder auf das Beschlagnahmeverbot aus § 97 Abs. 5 StPO ist jedoch nicht statthaft. Bei einem Verzicht weiß der Journalist, daß seine Informationen für die Ermittlung einer Straftat relevant sind, da er anderenfalls auch keinen Anlaß hätte, eine dahingehende Erklärung abzugeben. Er händigt seine Informationen den Strafverfolgungsbehörden bewußt aus. Im Fall der Postbeschlagnahme schafft der Journalist jedoch nur gezwungenermaßen die Möglichkeit, daß die Ermittlungsbehörden auf die Sendung zugreifen und gibt - anders als beim Verzicht - nicht freiwillig einen Teil des Redaktionsgeheimnisses preis.

Festzustellen bleibt, daß die Postbeschlagnahme der Sendung eines Journalisten an den Beschuldigten einen Ansehensverlust der Medien in der Öffentlichkeit bewirkt. Darin liegt ein Eingriff in Art. 5 Abs. 1 S. 2 GG, da als Folge einer solchen Maßnahme weniger Personen bereit sein werden, sich mit ihren Mitteilungen vertrauensvoll an die Medien zu wenden und so die Informationsbeschaffung wesentlich erschwert wird.

b. Sendungen des Beschuldigten an den Medienmitarbeiter

Auch im Falle der Postbeschlagnahme von Sendungen des Beschuldigten ist die entscheidende Frage, ob dadurch das Vertrauen in Presse und Rundfunk geschädigt und der Informationsfluß behindert wird. In dem Fall, daß die Sendung auf dem Postweg von dem Beschuldigten zum

---

930 Auch eine Versendung mit den in letzter Zeit üblicher werdenden Kurierdiensten ist keine Alternative. § 99 StPO wurde durch das BegleitG vom 12. Dezember 1997 (BGBl. 1997 I Nr. 86 S. 3108) neu gefaßt, so daß die Postbeschlagnahme nun bei allen Personen oder Unternehmen, die geschäftsmäßig Post- und Telekommunikationsdienste erbringen oder daran mitwirken, also auch bei Kurierdiensten, zulässig ist.

Medienmitarbeiter beschlagnahmt wird, hat der Mitarbeiter nie Gewahrsam an den zugesandten Materialien gehabt und konnte auch keinen begründen. Die im Prozeß verwerteten Beweismittel stammen dann weder direkt noch indirekt von den Medien.

Erlangen die Strafverfolgungsbehörden aber Informationen, ohne daß Presse und Rundfunk daran in irgendeiner Weise beteiligt sind, kann nicht der Eindruck entstehen, daß die Journalisten „Gehilfen" der Ermittler seien.[931] Folglich wird das Vertrauen in die Medien nicht gestört, so daß der weitere Informationsfluß gesichert ist. Da in den Schutzbereich des Art. 5 Abs. 1 S. 2 GG nicht eingegriffen wird, wäre eine Beschränkung der Postbeschlagnahme von Sendungen des Beschuldigten an den Medienmitarbeiter nicht nur nicht wünschenswert, sondern auch nicht sachgerecht. Damit greift nur die Postbeschlagnahme von Sendungen eines Medienmitarbeiters in das Grundrecht aus Art. 5 Abs. 1 S. 2 GG ein.

c. Die Postbeschlagnahme als allgemeines Gesetz

Trotz ihres Eingriffscharakters könnte die Vorschrift über die Postbeschlagnahme eine zulässige Schranke der Presse- und Rundfunkfreiheit sein. Art. 5 Abs. 1 S. 2 GG wird nicht unbegrenzt gewährleistet, sondern unterliegt den in Art. 5 Abs. 2 GG genannten Schranken. Eine dieser Schranken sind die allgemeinen Gesetze. Da § 99 StPO kein die Presse und den Rundfunk betreffendes Sonderrecht bildet, sondern dem Schutz eines wichtigen Gemeinschaftsgutes, nämlich der Strafrechtspflege dient[932], handelt es sich dabei um eine solche zulässige Schranke im Sinne des Art. 5 Abs. 2 GG. Dem Gesetzgeber stand es auch frei, der Strafrechtspflege grundsätzlich den Vorrang vor der Presse- und Rundfunkfreiheit einzuräumen, da es seine Aufgabe ist, diese Güterabwägung vorzunehmen.[933] Gründe, die diese Entscheidung als gänzlich unverhältnismäßig erscheinen lassen, sind nicht ersichtlich, so daß von der Verfassungsmäßigkeit der Norm auszugehen ist.

Möglicherweise bedarf die Vorschrift über die Postbeschlagnahme dennoch der Beschränkung, wofür die Gefahr spricht, daß den Medien als Folge von Maßnahmen nach § 99 StPO unter Umständen die Wahrnehmung ihrer Informations- und Kontrollfunktion unmöglich wird. Im Einzelfall könnte sich die grundsätzliche Beschränkung der Presse- und Rundfunkfreiheit durch die Regelung zur Postbeschlagnahme trotz der grundsätzlichen Ausgewogenheit der kollidierenden Interessen als unverhältnismäßig erweisen.

d. Die Anwendung des Verhältnismäßigkeitsgrundsatzes

Die Regelung der Postbeschlagnahme macht keinen Unterschied zwischen leichten und schweren Straftaten. Sie ist daher auch im Falle eines Ladendiebstahls, Wohnungseinbruchs oder einer Beleidigung prinzipiell anwendbar. Bei einer Kollision zwischen Strafverfolgungsinteresse und Presse- und Rundfunkfreiheit wird nach dem Wortlaut in jedem Fall der Strafrechtspflege der Vorrang eingeräumt.

Dies ließe jedoch unbeachtet, daß die Presse- und Rundfunkfreiheit für unsere freiheitliche Grundordnung schlechthin konstituierend ist.[934] Ein genereller Vorrang der Interessen der Strafrechtspflege kann im Einzelfall zu unverhältnismäßigen Ergebnissen führen, weshalb bei

---

931 Durch solche Maßnahmen wird lediglich das Ansehen der Post geschädigt, so daß Informanten daraus den Schluß ziehen werden, ihre Mitteilungen, soweit dies möglich ist, direkt an die Journalisten weiterzugeben.

932 Vgl. BVerfGE 71, 206 (214).

933 BVerfGE 20, 162 (187).

934 BVerfGE 35, 202 (221 f.).

der Anordnung der Postbeschlagnahme neben dem ohnehin zu beachtenden Eingriff in Art. 10 GG und der diesbezüglich anzustellenden Verhältnismäßigkeitsprüfung zusätzlich der Eingriff in Art. 5 GG beachtet werden muß.[935] So darf eben der einfache Verdacht einer Beleidigung durch den Informanten nicht dazu führen, daß zu Beweiszwecken auf die Korrespondenz des Journalisten zurückgegriffen wird. Vielmehr muß der Richter vor der Anordnung der Postbeschlagnahme von Sendungen eines Medienmitarbeiters die miteinander kollidierenden Interessen anhand der konkreten Umstände des Einzelfalles abwägen.[936] Grundsätzlich kann dabei nur der Verdacht besonders schwerer Straftaten zur Zulässigkeit der Anordnung einer Postbeschlagnahme von Sendungen der Medien führen. Würden Postbeschlagnahmen in anderen Fällen vorgenommen, bliebe der Stellenwert des Grundrechts aus Art. 5 Abs. 1 S. 2 GG unbeachtet.

e. Die Zweckmäßigkeit einer ausdrücklichen Regelung

Es muß bezweifelt werden, daß die Fachgerichte die Presse- und Rundfunkfreiheit bei der Anordnung einer Postbeschlagnahme von Sendungen eines Journalisten tatsächlich berücksichtigen würden, da die Ermittler und Gerichte schon bei der Anwendung der §§ 53 Abs. 1 Nr. 5, 97 Abs. 5 StPO dem Verhältnismäßigkeitsgrundsatz nur unzureichend, teilweise gar nicht Rechnung tragen.[937] Gerade für diese Vorschriften gibt es jedoch eine seit den sechziger Jahren gefestigte Rechtsprechung des Bundesverfassungsgerichts, nach der die Verhältnismäßigkeit der Zwangsmaßnahme in jedem Einzelfall zu prüfen ist.[938]

Die Nichtbeachtung dieser Rechtsprechung gebietet zur Herstellung von mehr Rechtssicherheit, den Verhältnismäßigkeitsgrundsatz konkret auszugestalten. Denn: Ist die Rechtssicherheit trotz der eindeutigen Aussagen des Bundesverfassungsgerichts schon beim Zeugnisverweigerungsrecht und beim Beschlagnahmeverbot nicht gewährleistet, so ist dies erst recht für die Beschränkung der Postbeschlagnahme zu befürchten, für die insofern keine höchstrichterliche Rechtsprechung existiert.[939] Außerdem wird die Frage einer Beachtung der Presse- und Rundfunkfreiheit bei der Abwägung im Einzelfall im Schrifttum nicht diskutiert, so daß sich auch daraus die Vermutung ergibt, daß der Eingriff in Art. 5 Abs. 1 S. 2 GG nicht als solcher erkannt und eine dahingehende Verhältnismäßigkeitsprüfung nicht durchgeführt wird.

---

935 Zwischen dem Postgeheimnis und der Presse- und Rundfunkfreiheit besteht Idealkonkurrenz. Dies ist aus den parallelen Fallgestaltungen beim Zeugnisverweigerungsrecht, Beschlagnahmeverbot und dem Verbot der akustischen Wohnraumüberwachung zu schließen, bei denen das Grundrecht aus Art. 5 Abs. 1 S. 2 GG ebenfalls neben anderen Grundrechten beachtet wird. So stellte das Bundesverfassungsgericht in seiner „SPIEGEL-Entscheidung“ fest, daß neben den ohnehin durch Zwangsmaßnahmen betroffenen Grundrechten „zusätzlich der mögliche oder wahrscheinliche Eingriff in die Pressefreiheit ins Gewicht“ fällt (BVerfGE 20, 162 (187). Beim Einsatz technischer Mittel nach § 100 c Abs. 1 Nr. 3 StPO hat die Beachtung des Art. 5 Abs. 1 S. 2 GG neben Art. 13 GG zu einem Verbot der akustischen Überwachung geführt (siehe S. 202 ff. dieser Arbeit).

936 Siehe dazu auch S. 42 f. dieser Arbeit.

937 Vgl. S. 106 f. dieser Arbeit.

938 BVerfGE 20, 162 (186 f.); 36, 193 (211); 77, 65 (81 f.).

939 Soweit ersichtlich gibt es zu der Frage der Postbeschlagnahme bei Medienmitarbeitern und Redaktionen noch keine gerichtlichen Entscheidungen. Deshalb können über die tatsächliche Beachtung der Presse- und Rundfunkfreiheit im Rahmen der Verhältnismäßigkeitsprüfung keine Aussagen getroffen werden.

III. Regelungsvorschläge

Da der Eingriff in die Presse- und Rundfunkfreiheit durch eine Postbeschlagnahme bisher kaum diskutiert wurde,[940] muß bei der Suche nach einer Lösung auf die für das Zeugnisverweigerungsrecht und Beschlagnahmeverbot sowie in letzter Zeit auch auf die für das Verbot der akustischen Wohnraumüberwachung gemachten Vorschläge zurückgegriffen werden.[941] Dort wird neben verschiedenen Ausgestaltungen des Verhältnismäßigkeitsgrundsatzes auch ein vollständiger Ausschluß von Zwangsmaßnahmen gegenüber den Medienmitarbeitern erwogen.

1. Das absolute Verbot der Postbeschlagnahme

Zunächst wäre daran zu denken, eine Postbeschlagnahme der Sendungen des Medienmitarbeiters an den Beschuldigten gänzlich auszuschließen.[942] Für diesen generellen Vorrang der Presse- und Rundfunkfreiheit vor dem staatlichen Interesse an der Strafrechtspflege spricht, daß nur so der vollständige Schutz des Redaktionsgeheimnisses und damit der Sicherung der Informationsbeschaffung gewährleistet werden könnte. Dies hätte jedoch möglicherweise zur Folge, daß einige Straftaten nicht aufgeklärt werden könnten bzw. die Ermittlungen erheblich erschwert würden. Insbesondere wenn es sich dabei um schwere Straftaten handelt, wäre dies nicht hinnehmbar.

Ein Indiz, das gegen die Verhältnismäßigkeit einer solchen Regelung spricht, ist außerdem, daß im Interesse einer wirksamen Strafverfolgung und zur Wahrung der Beschuldigtenrechte nicht einmal das Zeugnisverweigerungsrecht und das Beschlagnahmeverbot ausnahmslos zuerkannt werden; so darf der Journalist über Eigenrecherchen grundsätzlich nicht schweigen.[943] Ein vollständiges Verbot der Postbeschlagnahme würde daher einen stärkeren Schutz als die bereits bestehenden Normen gewährleisten, obwohl anders als beim Zeugnisverweigerungsrecht und der Beschlagnahme die Strafverfolgungsbehörden die Beweismittel nur indirekt von den Medien erlangen. Auch findet kein Eingriff in die räumliche Sphäre von Presse- und Rundfunk statt, so daß angesichts dessen ein genereller Vorrang der Interessen der Medien unverhältnismäßig wäre. Maßnahmen nach § 99 StPO beeinträchtigen die Presse- und Rundfunkfreiheit nicht so stark, daß ihr vollständiges Verbot sachgerecht wäre.

2. Die allgemeine Formulierung

Fraglich ist, ob schon die Aufnahme einer Formulierung, die die Beachtung des Verhältnismäßigkeitsprinzips bei der Postbeschlagnahme von Sendungen eines Medienmitarbeiters be-

---

940 Dies liegt in erster Linie wohl daran, daß es selten vorkommt, daß die Strafverfolgungsbehörden Sendungen von Medienmitarbeitern beschlagnahmen. Bei der einzigen bekannten Postbeschlagnahme der letzten Jahre, von der die Medien betroffen waren, bezog sich die Maßnahme nur auf die eingehende Post („Mai 1987, taz, Berlin" nachzulesen bei Wilde, Fälle 05.1987). Dennoch darf die Möglichkeit weiterer Beschlagnahmen, von denen Journalisten betroffen sind, mit all ihren Konsequenzen nicht unbeachtet bleiben.

941 Siehe S. 103 ff. und 200 ff. dieser Arbeit.

942 Die praktische Umsetzbarkeit steht dem nicht entgegen. Ist bei der Postsendung eines Medienmitarbeiters von außen nicht erkennbar, wer der Absender ist, und wird sie deswegen geöffnet, so muß ein Beweisverwertungsverbot eingreifen. Mehr dazu S. 153 dieser Arbeit.

943 Vom Zeugnisverweigerungsrecht umfaßt sind Eigenrecherchen, wenn sich aus ihnen auf die Person des Verfassers, Einsenders oder Gewährsmannes schließen läßt (Kleinknecht/Meyer-Goßner § 53 Rdnr. 34; siehe S. 55, 84 f. und 87 dieser Arbeit) oder sie die Ausübung des Zeugniszwangs gemessen am Schutz der Presse- und Rundfunkfreiheit unverhältnismäßig wäre (siehe S. 104 ff. dieser Arbeit) . Auch nach der hier vorgeschlagenen Änderung des Zeugnisverweigerungsrechts wären sie nur im Falle leichter Straftaten geschützt (siehe S. 110 ff. dieser Arbeit).

sonders anmahnt, ausreicht. Eine derartige Regelung wurde jedoch beim Schutz selbstrecherchierten Materials vor der Beschlagnahme bereits als unzureichend abgelehnt.[944] Die dort aufgeführten Argumente, zum Beispiel die mangelnde Rechtsklarheit einer solchen Regelung, haben auch bei der Postbeschlagnahme Gültigkeit, so daß eine allgemeine Formulierung die Presse- und Rundfunkfreiheit nicht zufriedenstellend schützen kann.

3. Der Straftatenkatalog

Zu befürworten ist vielmehr die im Falle des selbstrecherchierten Materials gefundene Lösung. So sollten in einem Katalog genau die Straftaten festgelegt werden, bei denen die Postbeschlagnahme von Sendungen eines Medienmitarbeiters zulässig ist, das Strafverfolgungsinteresse also regelmäßig das Interesse an der Wahrung des Redaktionsgeheimnisses übersteigt. Sinnvoll ist es, auf einen der bereits bestehenden Kataloge zu verweisen. Gegen eine Anwendung des § 138 StGB oder des § 100 a StPO sprechen allerdings die bereits genannten Punkte.[945] So sind diese Kataloge teils zu weit, teils zu eng. Als eine weitere Möglichkeit bietet sich der von den Medienverbänden für § 53 StPO vorgeschlagene Straftatenkatalog an,[946] der ganz auf den Konflikt zwischen dem staatlichen Strafverfolgungsinteresse und dem Interesse an einem wirksamen Schutz des Art. 5 Abs. 1 S. 2 GG zugeschnitten ist.[947]

Fraglich ist allerdings, ob er § 99 StPO nicht zu weit beschränkt. Der Straftatenkatalog enthält ausschließlich Verbrechen und schwerste Vergehen. Ließe man eine Postbeschlagnahme von Sendungen eines Medienmitarbeiters an den Beschuldigten nur zu, wenn die Ermittlungen auf eine Tat dieses Kataloges gerichtet sind, könnten möglicherweise einfache Diebstähle oder Körperverletzungen nicht mehr aufgeklärt werden. Dies muß angesichts der überragenden Bedeutung der Presse- und Rundfunkfreiheit jedoch hingenommen werden. Der Katalog umfaßt daher nur die Taten, bei denen die Unmöglichkeit der Aufklärung nach Abwägung mit dem Grundrecht aus Art. 5 Abs. 1 S. 2 GG nicht hinnehmbar erschiene, da nur in diesen Fällen ein Eingriff in die Presse- und Rundfunkfreiheit grundsätzlich gerechtfertigt ist.

Für dieses Abwägungsergebnis spricht außerdem, daß anders als bei der Beschlagnahme durch eine Beschränkung der Postbeschlagnahme eine Beeinträchtigung der Beschuldigtenrechte nicht zu befürchten ist. Nach § 99 StPO dürfen nur Sendungen beschlagnahmt werden, die an den Beschuldigten gerichtet sind oder von diesem herrühren. Können die Strafverfolger eine Sendung aufgrund der Beschränkung des § 99 StPO nicht beschlagnahmen und sie deshalb nicht zugunsten des Beschuldigten in den Prozeß einbringen, so kann dies der Beschuldigte selbst tun. Ohne die Postbeschlagnahme hat er die Sendung erhalten.

4. Der Verdachtsgrad

Bei dem in § 53 Abs. 3 StPO einzufügenden Straftatenkatalog halten die Medienverbände es für erforderlich, daß der dringende Verdacht einer Katalogtat besteht.[948] Sowohl der Aussagezwang als auch die Beschlagnahme bei Medienmitarbeitern sind besonders erhebliche Eingriffe in die Presse- und Rundfunkfreiheit. Bei der Postbeschlagnahme ist anders als bei diesen der räumliche Bereich der Medien nicht einmal tangiert. Die Wahrscheinlichkeit, daß durch eine Maßnahme nach § 99 StPO die Vertrauenswürdigkeit der Medien geschädigt wird und sie auf-

---

944 Siehe S. 108 f. dieser Arbeit.
945 Siehe S. 109 f. dieser Arbeit.
946 Siehe Anhang 1 S. 215 ff. dieser Arbeit.
947 Siehe S. 110 ff. dieser Arbeit.
948 Siehe Anhang 1 S. 215 ff. dieser Arbeit.

grund der folglich ausbleibenden Mitteilungen ihre Informations- und Kontrollfunktion nicht mehr erfüllen können, ist geringer als bei den Maßnahmen nach §§ 53 Abs. 1 Nr. 5, 97 Abs. 5 StPO. Daher wäre es nicht sachgerecht, an die weiteren Voraussetzungen bei der Postbeschlagnahme die gleichen strengen Maßstäbe anzulegen wie an den Aussagezwang über selbstrecherchiertes Material oder dessen Beschlagnahme, so daß der einfache Verdacht einer Katalogtat bei der Anordnung der Maßnahme ausreichend ist.

Als problematisch könnte sich erweisen, daß dadurch der Mißbrauch durch die Strafverfolgungsbehörden erleichtert wird. Es besteht die Gefahr, daß der Verdacht gegen eine Person als Beschuldigten nur konstruiert wird, um an die zugesandten Informationen zu gelangen. Dieses Risiko ist allerdings auch durch einen dringenden Verdacht als Voraussetzung für die Anordnung der Maßnahme nicht gänzlich auszuschließen.[949] Auch darf wohl davon ausgegangen werden, daß die Konstruktion eines Verdachts der Ausnahmefall bei der Arbeit der Strafverfolgungsbehörden ist.

Einen dringenden Verdacht zu fordern, hieße schließlich, daß die Ermittlungen im Normalfall schon relativ weit fortgeschritten sind. Läßt man eine Postbeschlagnahme bei so schweren Straftaten, wie den im Katalog aufgeführten, nicht bereits im Anfangsstadium zu, können dadurch die Ermittlungen mehr als zum Schutz der Presse- und Rundfunkfreiheit nötig behindert werden, so daß der einfache Verdacht als ausreichend zu betrachten ist.

5. Die Subsidiaritätsklausel

Die für § 53 StPO vorgeschlagene Regelung weist zur Sicherung des als notwendig erkannten Schutzes eine Subsidiaritätsklausel auf,[950] deren Einführung auch im Falle des § 99 StPO erwägenswert ist. Danach wäre eine Postbeschlagnahme nur zulässig, „wenn die Erforschung des Sachverhalts oder die Ermittlung des Aufenthaltsortes des Beschuldigten auf andere Weise aussichtslos oder wesentlich erschwert wäre“ [951]. Das soll gewährleisten, daß die Maßnahme nur dann angeordnet wird, wenn dies erforderlich, also kein milderes Mittel vorhanden ist. Eine derartige Klausel stellt keine zusätzliche Voraussetzung auf, sondern ist lediglich eine Sicherung der Einhaltung des Verhältnismäßigkeitsgrundsatzes.[952] Aus diesem Grund ist die Subsidiaritätsklausel in die Regelung zur Beschränkung der Postbeschlagnahme zu übernehmen.

Trotz des einzufügenden Straftatenkataloges und der Subsidiaritätsklausel ist darüber hinaus die Verhältnismäßigkeit der Maßnahme in jedem Einzelfall noch einmal gesondert zu prüfen.[953] Durch die bloße Einhaltung des Wortlauts des § 99 StPO wäre noch nicht gesichert, daß das staatliche Strafverfolgungsinteresse das Interesse an der Wahrung des Redaktionsgeheimnisses überwiegt, da der Katalog lediglich die Straftaten nennt, bei denen dies regelmäßig anzunehmen ist. Es sind jedoch durchaus Fälle denkbar, in denen trotz des Verdachts einer Katalogtat die Postbeschlagnahme unverhältnismäßig wäre. Dies wäre zum Beispiel häufig dann festzustellen, wenn die Beschlagnahme nach § 99 StPO der Aufklärung eines wenig wahrscheinlichen Tatbestandes dienen soll. [954]

---

949 Siehe S. 112 ff. dieser Arbeit.

950 Siehe S. 115 f. dieser Arbeit.

951 Entnommen dem Wortlaut des § 100 a S. 1 StPO.

952 Zu den Bedenken gegen derartige Klauseln vgl. S. 115 f. dieser Arbeit.

953 Dies ist für den bei der Telekommunikationsüberwachung bereits bestehenden Straftatenkatalog strittig. Vgl. Kleinknecht/Meyer-Goßner § 100 a Rdnr. 4 m.w.N.; siehe auch S. 158 f. dieser Arbeit.

954 Für die Beschlagnahme und Durchsuchung BVerfGE 20, 162 (204) = NJW 1966, 1603 (1611); Kleinknecht/Meyer-Goßner § 102 Rdnr. 16.

6. Bedenken gegen eine Beschränkung des § 99 StPO

Eine Schutznorm, nach der Postsendungen der Medienmitarbeiter an den Beschuldigten grundsätzlich nicht mehr beschlagnahmt werden dürfen, könnte leicht mißbraucht werden. Sie ermöglicht, daß Dritte die Regelung ausnutzen, um dem Beschuldigten Informationen zukommen zu lassen. So könnte ein Helfer des Beschuldigten durch Angabe eines falschen Absenders vortäuschen, der Brief stamme von einer Redaktion. Auch die Möglichkeit, daß ein Journalist mit dem Beschuldigten zusammenwirkt und seine Sonderstellung nutzt, um ihm Sendungen von dessen Komplizen zukommen zu lassen, ist nicht von der Hand zu weisen. Durch dieses Zusammenwirken würde gesichert, daß die Sendungen nicht in die Hände der Ermittler gelangen.

Die Gefahr eines Mißbrauchs muß jedoch im Hinblick auf die herausragende Stellung der Presse- und Rundfunkfreiheit in der Verfassungsordnung hingenommen werden. Das gleiche Ergebnis kann außerdem auch mit einem Strafverteidiger als Mittelsperson erreicht werden, dessen Korrespondenz mit dem Beschuldigten schon jetzt wegen § 148 StPO von der Postbeschlagnahme ausgenommen ist. Im übrigen kann man darauf vertrauen, daß sich Journalisten im Normalfall nicht dazu bereit finden, als Helfershelfer von Straftätern zu agieren.

An der Zweckmäßigkeit einer Beschränkung der Postbeschlagnahme könnten auch deshalb Zweifel bestehen, weil anders als zum Beispiel bei der Beschlagnahme die Wahrscheinlichkeit von Zufallsfunden eher gering ist. Es kommt dementsprechend selten vor, daß Dritte aufgrund der von den Strafverfolgern erlangten Informationen mit Ermittlungen rechnen müssen.[955] Ausschlaggebend kann dieses Argument allerdings nicht sein. Auch beim Aussagezwang ist die Entstehung von Zufallsfunden eher unwahrscheinlich. Dennoch besteht für Angaben, die die Person des Informanten betreffen und für von diesem gemachte Mitteilungen ein absolutes Zeugnisverweigerungsrecht.

7. Die Strafverstrickungsklausel

Die hier vorgeschlagene Neuregelung würde das Redaktionsgeheimnis weitgehend schützen. Wenn der Journalist in irgendeiner Form an der Tat des Beschuldigten beteiligt ist, ist die Schutzbedürftigkeit bei der Postbeschlagnahme jedoch ebenso wie bei der Beschlagnahme nach § 94 StPO stark reduziert. Ist schon das Beschlagnahmeverbot derart beschränkt, das wegen des massiveren Eingriffs in die Presse- und Rundfunkfreiheit einen sehr weitreichenden Schutz bietet, müßte ein Postbeschlagnahmeverbot im Falle der subjektiven Strafverstrickung erst recht ausgeschlossen sein.[956] Dasselbe gilt, wenn Gegenstände versandt werden, die durch eine Straftat hervorgebracht oder zur Begehung einer Straftat gebraucht oder bestimmt sind. Beispielsweise wird die Vertrauenswürdigkeit der Medien nicht dadurch geschädigt, daß die Ermittler auf dem Weg über die Postbeschlagnahme eine gefälschte Urkunde erlangen. In derartigen Fällen überwiegt das staatliche Interesse an einer effektiven Strafverfolgung das Interesse am Erhalt des Redaktionsgeheimnisses.

Zur Wahrung der Kontrollfunktion der Medien müssen jedoch auch bei der Postbeschlagnahme Gegenstände, die aus einer Straftat herrühren, geschützt bleiben. Wie bei der Beschlagnahme

---

955 Wie dargestellt können beschlagnahmte Sendungen auch Informationen über Dritte enthalten, jedoch wird der Journalist meistens keinen Anlaß haben, dem Beschuldigte Angaben Dritter zur Kenntnis zu bringen.

956 Auch nach der hier vorgeschlagenen Regelung böte das Beschlagnahmeverbot noch einen weitergehenden Schutz als ein Postbeschlagnahmeverbot, da es abgesehen von der Ausnahme der Strafverstrickung für fremdrecherchierte Unterlagen absolut gilt und selbstrecherchierte Unterlagen nur im Falle des dringenden Verdachts einer Katalogtat vom Schutz ausgenommen wären.

nach § 94 f. StPO würden die häufigsten Anwendungsfälle dieser Alternative der Strafverstrickungsklausel Unterlagen betreffen, die der Journalist infolge eines Dienstgeheimnisbruchs erlangt hat. Kann sich der Informant derartige Unterlagen nicht mehr zurücksenden lassen, ohne dadurch das Risiko einer Entdeckung einzugehen, werden Mitteilungen zum Beispiel über staatliche Mißwirtschaft oder Fehlentscheidungen in der Verwaltung unterbleiben. Für die subjektive Strafverstrickung ist, um eine Umgehung der medialen Schutznormen zu verhindern, außerdem der dringende Verdacht der Tatbeteiligung zu fordern.

Daß Fälle der Postbeschlagnahme von amtlichen Dokumenten etc., die die Medien betreffen, bisher nicht aufgetreten sind und auch in Zukunft eher Seltenheitswert haben werden, ist in erster Linie darauf zurückzuführen, daß die Ermittler die Gegenstände in den Redaktionen bzw. den Wohnungen der Journalisten beschlagnahmen können. Die Wahrscheinlichkeit, bei derartigen Maßnahmen verwertbares Beweismittel zu verlangen, ist wesentlich größer. Würde die Strafverstrickungsklausel des § 97 Abs. 5 S. 2 i.V.m. Abs. 2 S. 3 StPO neu gefaßt, müßte dies auch für die Strafverstrickungsklausel des § 99 StPO gelten. Nur so könnte verhindert werden, daß die Ermittlungsbehörden die Neuregelung umgehen, indem sie Material, das sie nun nicht mehr bei den Medienmitarbeitern direkt sicherstellen dürfen, auf dem Postweg beschlagnahmen.

IV. Der Journalist als Beschuldigter

Ermitteln die Strafverfolgungsbehörden gegen einen Medienmitarbeiter, gilt für dessen Sendungen die Beschränkung des § 99 StPO nicht. Hier muß ebenfalls das bei der Beschlagnahme Gesagte gelten. Nach dem Sinn und Zweck der medialen Schutzvorschriften ist Material des selbst beschuldigten Journalisten nicht schutzbedürftig.[957]

V. Das Verwertungsverbot

Beweismittel, die unter Verletzung des Post- und Fernmeldegeheimnisses zustandegekommen sind, dürfen nicht verwertet werden.[958] Die Rechtsprechung und ein Teil der Literatur macht davon eine Ausnahme, wenn im Einzelfall bei einer Gesamtabwägung der Verstoß gegen Art. 10 GG deutlich weniger schwer wiegt als das Interesse an der Strafverfolgung.[959] Dieser Ansicht kann jedoch nicht gefolgt werden, da es nicht zulässig ist, ein Beweisverwertungsverbot durch das staatliche Aufklärungsinteresse zu relativieren.[960] Andernfalls käme man zu dem Schluß, daß der Zweck, nämlich die Aufklärung einer schweren Straftat, die Mittel, nämlich den Verstoß gegen Rechte des Betroffenen, heiligt.

Nach der hier vertretenen Auffassung muß außerdem ein Verstoß gegen die Presse- und Rundfunkfreiheit zu einem Beweisverwertungsverbot führen, da sonst durch die Verwertung im Prozeß die Verletzung des Grundrechts noch einmal vertieft würde.[961] Ist das Vertrauen in die Medien bis dahin nicht gefährdet, etwa weil der Informant die beschlagnahmte Sendung noch nicht vermißt hatte, so wird dies spätestens dann eintreten, wenn sie im Prozeß gegen ihn verwertet wird. Erlangen die Strafverfolgungsbehörden Sendungen eines Medienmitarbeiters,

---

957 Siehe S. 131 ff. dieser Arbeit.

958 BGHSt 23, 331; OLG Karlsruhe NJW 1973, 209; LG Berlin NJW 1970, 577; LG Kassel NJW 1970, 1934; LG Stuttgart NJW 1965, 595; LG Wuppertal NJW 1969, 1545; AK-Amelung § 99 Rdnr. 14; LR-Schäfer § 99 Rdnr. 47; SK-Rudolphi § 99 Rdnr. 23 m.w.N.; a.A. Evers JZ 1965, S. 661 (663).

959 BVerfGE 34, 238 (248 ff.); OLG Zweibrücken NJW 1970, 1758 (1759); LR-Schäfer § 99 Rdnr. 47.

960 Grünwald JZ 1966, 489 (497); Welp S. 218; ders. JuS 1971, 239 (244).

961 Gross-Spreitzer S. 117 f.

ohne daß der Beschuldigte einer Katalogtat verdächtig wäre, dürfen diese daher nicht als Beweismittel verwendet werden. Da es an einer Fernwirkung der Verwertungsverbote im deutschen Strafprozeßrecht fehlt, ist dadurch aber nicht ausgeschlossen, daß die Strafverfolgungsbehörden aufgrund der unzulässig erlangten Sendungen Ermittlungen anstellen und andere Beweise erbringen.[962]

VI. Verfahrensfragen

Die Postbeschlagnahme wird nach § 100 Abs. 1 StPO regelmäßig vom Richter, bei Gefahr im Verzug auch von der Staatsanwaltschaft angeordnet. Hilfsbeamte der Staatsanwaltschaft sind jedoch keinesfalls zuständig und dürfen auch nicht mit dem Vollzug der Maßnahme betraut werden.[963]

Möglicherweise ist für die Postbeschlagnahme von Sendungen des Medienmitarbeiters eine Einschränkung der Vorschrift dahingehend notwendig, daß die Maßnahme ausnahmslos vom Richter angeordnet werden darf.[964] Würde jedoch bei Gefahr im Verzug gefordert, daß zunächst eine richterliche Anordnung ergehen müßte, würden dadurch die Ermittlungen erheblich verzögert. Angesichts dessen, daß durch Maßnahmen nach § 99 StPO die Medien nur mittelbar in Anspruch genommen werden[965] und somit der Eingriff in die Presse- und Rundfunkfreiheit im Vergleich zum Zeugniszwang und zur Beschlagnahme relativ gering ausfällt, wäre dies eine unsachgemäße Beeinträchtigung der Strafrechtspflege. Hinzu kommt, daß anders als bei der Beschlagnahme die Hilfsbeamten der Staatsanwaltschaft nach § 100 Abs. 1 StPO keine Eilkompetenz haben. Dies stellt eine zusätzliche Gewähr für die Einhaltung der Voraussetzungen der Postbeschlagnahme dar, so daß die Forderung nach einer ausnahmslosen Zuständigkeit des Richters unangemessen wäre.

Gemäß § 101 Abs. 1 S. 1 StPO sind die von einer Postbeschlagnahme Betroffenen von der Maßnahme zu benachrichtigen, „sobald dies ohne Gefährdung des Untersuchungszwecks, der öffentlichen Sicherheit, von Leib und Leben einer Person sowie der Möglichkeit der weiteren Verwendung eines eingesetzten nicht offen ermittelnden Beamten geschehen kann“ [966]. Diese Voraussetzungen für eine Benachrichtigungspflicht führt unter Umständen dazu, daß der Betroffene von der Postbeschlagnahme nie erfährt. Dabei handelt es sich jedoch um seltene Einzelfälle, die angesichts des hohen Schutzgutes von Leib und Leben von Menschen hinzunehmen sind.

VII. Fazit

Die Postbeschlagnahme von Sendungen des Medienmitarbeiters an den Beschuldigten greift in Art. 5 Abs. 1 S. 2 GG ein. In einigen Fällen kann dieser Eingriff unverhältnismäßig und damit rechtswidrig sein. Daher empfiehlt sich zur Schaffung von mehr Rechtssicherheit und -klarheit die Einführung eines Straftatenkataloges, nach dem eine Postbeschlagnahme der Sendungen der Medien nur noch zulässig ist, wenn gegen den Beschuldigten der Verdacht einer Katalogtat besteht. Straftaten, bei deren Verdacht das Interesse an der Strafrechtspflege ausnahmsweise das Interesse an der Wahrung des Redaktionsgeheimnisses überwiegt, zählt der zur Einführung

---

962 Beulke Rdnr. 144, 482 ff.

963 Kleinknecht/Meyer-Goßner § 100 Rdnr. 2.

964 Zu der Bewertung dieser Problematik bei der Beschlagnahme vgl. S. 135 ff. dieser Arbeit.

965 Siehe S. 145 und 149 dieser Arbeit.

966 Wortlaut § 101 Abs. 1 S. 1 StPO.

in § 53 StPO vorgeschlagene Katalog[967] auf. Er sollte daher für die Postbeschlagnahme übernommen werden, wobei in diesem Fall der einfache Verdacht gegen den Beschuldigten für ein Überwiegen der Strafverfolgungsinteressen ausreichen würde. Das Verbot der Postbeschlagnahme kann aber dann nicht gelten, wenn der Journalist an der Tat des Beschuldigten beteiligt ist, der versendete Gegenstand der Strafverstrickungsklausel unterfällt oder der Journalist selbst der Beschuldigte ist.

B. Die Überwachung der Telekommunikation

Zur Erlangung von Beweisen mittels der Telekommunikation stehen den Strafverfolgungsbehörden zwei Wege offen: § 100 a StPO bietet die Möglichkeit, den zukünftig stattfindenden Telekommunikationsverkehr zu überwachen, während nach § 12 FAG über die Verbindungsdaten vergangener Kommunikationsvorgänge Auskunft verlangt werden kann.[968] Beide Ermittlungsinstrumente erfreuen sich in jüngster Zeit steigender Beliebtheit, eröffnen sie doch infolge des technischen Fortschritts nicht nur Möglichkeit, Kenntnis vom Zeitpunkt und Inhalt des Informationsaustausches zu erlangen, sondern zum Beispiel auch die Ermittlung des momentanen Aufenthaltsortes der Kommunikationspartner, auch wenn das Gespräch über ein Mobiltelefon geführt wird.[969]

I. Der Inhalt des § 100 a StPO

§ 100 a StPO erlaubt die Überwachung der zukünftigen[970] Telekommunikation[971], wobei man unter Telekommunikation nach § 3 Nr. 16 Telekommunikationsgesetz (TKG) den technischen Vorgang des Aussendens, Übermittelns, und Empfangens von Nachrichten jeder Art in Form von Zeichen, Sprache, Bildern oder Tönen mittels Telekommunikationsanlagen versteht. Die Überwachung umfaßt daher neben dem Abhören des Fernsprechverkehrs und dem Mitlesen des Fernschreibverkehrs[972] auch die Kenntnisnahme des Inhalts von Mailboxen. Die Vorschrift gilt auch für Funknetze.[973]

Zur Mitwirkung an der Telekommunikationsüberwachung sind nach § 100 b Abs. 3 S.1 StPO alle verpflichtet, die „geschäftsmäßig Telekommunikationsdienste" bereitstellen, was § 3 Nr. 5 TKG als das „nachhaltige Angebot von Telekommunikation mit und ohne Gewinnerzielungsabsicht" definiert. Diese Voraussetzung ist bei Nebenstellenanlagen, bei denen Mitarbeiter eines Unternehmens gegen Entgelt Privatgespräche führen,[974] also regelmäßig auch bei Presseunternehmen und Rundfunksendern erfüllt.

---

967 Siehe Anhang 1 S. 215 ff. dieser Arbeit.

968 OLG Köln NJW 1970, 1856 (1857); RiStBV Nr. 75 Abs. 4; LR-Schäfer § 99 Rdnr. 44; Welp S. 123.

969 Kiper/Ruhmann DuD 1998, 155 (156) zählen weitere Möglichkeiten auf, die die moderne Technik bietet.

970 Gemeint ist die ab dem Zeitpunkt der Anordnung stattfindende Telekommunikation (Kleinknecht/Meyer-Goßner § 100 b Rdnr. 4).

971 Durch Art. 2 Abs. 9 Ziff. 2 des Begleitgesetzes zum Telekommunikationsgesetz (BegleitG) wurde der bisherige Begriff „Fernmeldeverkehr" durch „Telekommunikation" ersetzt. Dabei handelt es sich jedoch um keine inhaltliche Änderung, sondern nur eine redaktionelle Anpassung an den Sprachgebrauch des TKG (BR-Drucksache 369/97 S. 46).

972 BT-Drucksachen 5/1880 S. 11; Eb. Kaiser NJW 1969, 18.

973 HK-Lemke § 100 a Rdnr. 5.

974 Kiper/Ruhmann DuD 1998, 155 (158).

Nach allgemeiner Meinung gestattet § 100 a StPO nicht nur die Ermittlung der Kommunikationsinhalte,[975] sondern auch der sogenannten Verbindungsdaten.[976] Unter Verbindungsdaten versteht man die näheren Umstände eines Kommunikationsvorgangs, also den Zeitpunkt und die Dauer der Verbindung, die Art des Dienstes, die übermittelten Datenmengen, sowie Rufnummer oder Kennung des anrufenden und des angerufenen Anschlusses; beim Mobilfunk zusätzlich die sogenannte Standortkennung.[977] Sie fallen bei jedem Telekommunikationsvorgang an; wird dieser über einen ISDN-Anschluß vorgenommen, werden sie in der Regel automatisch gespeichert.[978] Bei herkömmlichen Anschlüssen können sie mittels technischer Geräte aufgezeichnet werden.[979] Dadurch, daß die Eingriffsbevollmächtigung des § 100 a StPO auch die Verbindungsdaten umfaßt, ist es den Ermittlungsbehörden nicht nur möglich herauszufinden, mit welchem Anschluß die betreffende Person wie lange telefoniert hat, sondern auch, wo sie sich zu diesem Zeitpunkt aufgehalten hat. Bei Mobilfunkbenutzern kann über einen simplem Anrufversuch die Funkzelle ermittelt werden, in der sich der Angerufene gerade befinden. Innerhalb der Funkzelle sind genauere Peilungen möglich.[980]

1. Allgemeine Voraussetzungen

Die Überwachung der Telekommunikation darf nur angeordnet werden, wenn ein auf konkreten Tatsachen beruhender Verdacht einer in dem enumerativen Katalog des § 100 a StPO aufgeführten Straftat besteht. Sie darf nach § 100 a S. 2 StPO außerdem nur gegen den Beschuldigten oder die sogenannten Nachrichtenmittler durchgeführt werden, die das Gesetz als Personen, „von denen auf Grund bestimmter Tatsachen anzunehmen ist, daß sie für den Beschuldigten bestimmte oder von ihm herrührende Mitteilungen entgegennehmen oder weitergeben“[981] definiert. Gegen den Nachrichtenmittler ist die Anordnung auch dann zulässig, wenn er

---

975 § 100 a StPO erlaubt nicht das heimliche Abhören eines nichtöffentlich geführten Gesprächs außerhalb der Telekommunikation (BGHSt 34, 39 = NJW 1986, 2261 = JR 1987, 212 m. Anm. Meyer; HK-Lemke § 100 a Rdnr. 1; Bottke Jura 1987, 356). Diese Fälle sind in § 100 c StPO geregelt.

976 BGHSt 31, 296 (297); BGH NStZ 1988, 142 m. Anm. Dörig = Archiv PF 1988, 159 m. Anm. Mechtel; KK-Nack § 100 a Rdnrn. 2 und 13; LR-Schäfer § 100 a Rdnr. 18; Klesczewski StV 1993, 382 (383); Mechtel Archiv PF 1990, 246 (251); Welp NStZ 1994, 209 (213).

977 Bär CR 1998, 434 (438); Der technische Fortschritt ermöglicht sogar noch weitere Maßnahmen. So können Mobiltelefone mittels sogenannter IMSI-Catcher auch als Peilsender verwendet werden. Die IMSI-Catcher ermöglichen es, Handys mit Hilfe ihrer international eindeutigen Kennung (International Mobile Subscriber Identification = IMSI) zu identifizieren, um ihnen dann in ihrer Nähe eine Basisstation vorzuspiegeln, bei der sie sich anmelden. Anläßlich der Diskussion des Begleitgesetzes zum Telekommunikationsgesetz wurde vom Bundesrat bereits gefordert, eine Rechtsgrundlage für derartige Überwachungsmaßnahmen zu schaffen (BT-Drucksache 13/4438 S. 18).
In einer erweiterten Version eignen sich die IMSI-Catcher sogar zum Abhören von Gesprächen, indem den Handys signalisiert wird, die Verschlüsselung auszuschalten und das Gespräch im Klartext über die vorgespiegelte Basisstation zu leiten. Zwar wäre diese Maßnahme nur unter den Voraussetzungen des § 100 a StPO zulässig, es wird jedoch befürchtet, daß dies zu einem verstärkten Abhören „bei Gefahr im Verzug“, also ohne richterliche Genehmigung führen würde [ohne Verfasserangabe DSB 5/1998, 9 (10)].

978 Steinke NStZ 1992, 372; Welp NStZ 1994, 209 (210).

979 Die Zulässigkeit einer Zählervergleichseinrichtung, die alle von dem überwachten Anschluß abgehenden Telefonate nach Datum, Zeitpunkt des Beginns und des Endes, angewähltem Anschluß sowie Zahl der Gebühreneinheiten registriert, war zunächst fraglich. (BVerfGE 85, 386; KK- Nack § 100 a Rdnr. 15; Kleinknecht/Meyer-Goßner 42. Aufl. § 100 a Rdnr. 3). Durch § 10 b FAG i.V.m. der Fernmeldeverkehr-Überwachungs-VO wurde jedoch eine gesetzliche Eingriffsgrundlage geschaffen (Kleinknecht/Meyer-Goßner § 100 a Rdnr. 3).

980 KK-Nack § 100 a Rdnr. 13; Kiper/Ruhmann DuD 1998, 155 (160); Voraussetzung ist freilich, daß sich das Mobiltelefon wenigstens im „Stand-by-Modus“ befindet.

981 § 100 a S. 2 StPO.

offensichtlich gutgläubig ist. Ein Kollusionsverdacht mit dem Beschuldigten ist nicht erforderlich.[982]

Die Überwachung kann sich ebenfalls gegen solche Telefonanschlüsse richten, bei denen der Verdacht besteht, daß der Beschuldigte sie mitbenutzt.[983] In den Telefonverkehr anderer als der genannten Personen darf jedoch auch dann nicht eingegriffen werden, wenn anzunehmen ist, daß die Tat dadurch aufgeklärt werden kann. Strittig, für die in dieser Arbeit behandelte Problematik jedoch irrelevant, ist, ob ein Verzicht nur eines Kommunikationsteilnehmers auf den Schutz des Fernmeldegeheimnisses möglich ist.[984]

2. Der Verhältnismäßigkeitsgrundsatz

Der Rückgriff auf die Telekommunikationsüberwachung muß verhältnismäßig sein. Dies findet seinen Ausdruck in dem in § 100 a StPO verankerten Straftatenkatalog und der Subsidiaritätsklausel.

a. Der Straftatenkatalog

§ 100 a StPO lehnte sich zunächst an den in § 138 StGB enthaltenen Katalog an.[985] Dies stieß, da die beiden Regelungen keine vergleichbaren Ziele verfolgen, auf erhebliche Kritik.[986] Es wurde argumentiert, das Interesse an der Aufklärung einer Tat könne von Umständen abhängen, die für eine Anzeigepflicht keine Rolle spielen. Erfolgsqualifizierte Delikte zum Beispiel schieden schon deshalb aus der Anzeigepflicht aus, weil vor der Tat keine Kenntnis von der fahrlässig zu verursachenden Folge bestehe.[987] Auch wurde die Notwendigkeit der Aufnahme von politischen Straftaten in den Katalog stark bezweifelt. So könnten die meisten eine Einschränkung des Grundrechts aus Art. 10 GG nicht rechtfertigen.[988]

Die Ausweitung des Straftatenkataloges geriet ferner durch eine Reihe weiterer, oftmals weniger schwerer Delikte in die Kritik.[989] Schon 1974, also nur sechs Jahre nach Inkrafttreten der Regelung, argwöhnte *Welp*, daß der Gesetzgeber in seinem „Verlangen nach wirksamer Kriminalitätsbekämpfung" bald vergessen haben würde, daß der Katalog nur „vorsichtig zu erweitern" [990] sei. Diese Befürchtung basierte auf der Aufnahme des § 53 Abs. 1 Nr. 1 und 2 WaffenG und des § 16 Abs. 1 und 2 KriegswaffenG.[991] Mittlerweile wurde der Katalog wiederholt ausgedehnt, wobei auch so relativ leichte Delikte wie § 92a Abs. 2 Ausländergesetz[992] oder § 84 Abs. 3 Asylverfahrensgesetz[993] in ihn Eingang fanden.

---

982 BT-Drucksache 5/1880 S. 12; LR-Schäfer § 100 a Rdnr. 24; Kleinknecht/Meyer-Goßner § 100 a Rdnr. 11; Joecks JA 1983, 58 (60); Eb. Kaiser NJW 1969, 18 (19); Welp S. 76 f.; zur abweichenden Meinung bei den nach § 53 Abs. 1 StPO Zeugnisverweigerungsberechtigten siehe S. 168 f. und 172 ff. dieser Arbeit.

983 Die hier interessierenden Fälle werden jedoch meist so gelagert sein, daß der Journalist als Nachrichtenmittler des Beschuldigten abgehört wird.

984 HK-Lemke § 100 a Rdnr. 1; zustimmend: BayObIG DVBl 1974, 598 f.; Hamm StV 1988, 374; ablehnend: BVerfGE 85, 386 (399); Gusy JuS 1986, 89 (95); Krehl StV 1988, 376.

985 BT-Drucksachen 5/1880 S. 12.

986 Arzt S. 76; Lehmann S. 108 f.; Schumacher S. 164.

987 Welp S. 64 f.

988 Schüle JZ 1968, 159 (162).

989 BT-Drucksachen 13/5196.

990 BT-Drucksachen 5/1880 S. 12.

991 Welp S. 65.

992 Unerlaubte Einreise in das Bundesgebiet oder Aufenthalt darin; Unrichtige oder unvollständige Angaben zur Erlangung einer Aufenthaltsgenehmigung oder Duldung.

993 Gewerbs- oder bandenmäßige Verleitung zur mißbräuchlichen Asylantragstellung.

Inwieweit die Vorwürfe berechtigt sind, kann im Rahmen dieser Arbeit nicht im Einzelnen untersucht werden. Nicht von der Hand zu weisen ist jedoch, daß von einer vorsichtigen Erweiterung des Kataloges nach fünfzehnmaliger Ergänzung innerhalb von dreißig Jahren und einer damit einhergehenden Verdopplung der genannten Tatbestände keine Rede mehr sein kann.

b. Der Verdachtsgrad

Eine Telekommunikationsüberwachung ist nur zulässig, wenn sich der Verdacht einer Katalogtat auf „bestimmte Tatsachen" gründet, das heißt, der Verdacht muß auf bereits erwiesenen Tatsachen beruhen und ein gewisses Maß der Konkretisierung erreicht haben.[994] Teilweise wird dies nur angenommen, wenn eine hohe Wahrscheinlichkeit sowohl bezüglich der Person des Beschuldigten als Täter oder Teilnehmer als auch bezüglich des Vorliegens einer Katalogtat besteht.[995] Unter der hohen Wahrscheinlichkeit, daß der Beschuldigte der Täter oder ein Teilnehmer ist, versteht man jedoch gemeinhin den dringenden Tatverdacht.[996] Ein dringender Verdacht im Sinne des § 112 StPO ist hingegen gerade nicht erforderlich.[997]

c. Die Subsidiaritätsklausel

§ 100 a S. 1 StPO bestimmt, daß „die Erforschung des Sachverhalts oder die Ermittlung des Aufenthaltsortes des Beschuldigten auf andere Weise aussichtslos oder wesentlich erschwert" sein müsse. Die Wirksamkeit der Klausel wird wegen der damit verbundenen Auslegungsschwierigkeiten und Problemen bei der Klärung von Konkurrenzfragen stark angezweifelt.[998] Diese Zweifel können jedoch ausgeräumt werden, da die genannten Schwierigkeiten, wie bereits gezeigt, im Einzelfall zu lösen sind.[999] Zudem erhöht die Subsidiaritätsklausel die Wahrscheinlichkeit, daß bei Anordnung der Maßnahme der Verhältnismäßigkeitsgrundsatz beachtet wird.

d. Die separate Verhältnismäßigkeitsprüfung

Strittig ist, ob über den Straftatenkatalog und die Subsidiaritätsklausel hinaus die Verhältnismäßigkeit der Maßnahme beachtet werden muß. Teilweise wird argumentiert, der Gesetzgeber habe die erforderliche Abwägung bereits selbst getroffen, indem er einen klar definierten Straftatenkatalog und den Subsidiaritätsgrundsatz in die Regelung eingefügt habe. Eine Einschränkung darüber hinaus gebiete der Verhältnismäßigkeitsgrundsatz nicht.[1000] Knauth spricht von einer „gebundenen Abwägung".[1001]

---

994 LR-Schäfer § 100 a Rdnr. 12; SK-Rudolphi § 100 a Rdnr. 11 m.w.N.; An dem Begriff und der durch die Kommentarliteratur gefundenen Definition bemängelt Frister [StV 1996, 454 (455)], dieser sei zu konturlos. Der Punkt, in dem diese Voraussetzung eine Verschärfung zum Erfordernis des einfachen Tatverdachts ist, sei nicht ersichtlich. Er fragt: „...beruht der einfache Tatverdacht etwa auf „unbestimmten" oder auf gar keinen Tatsachen?...". Die Kritik geht jedoch fehl, da an den auf „bestimmten Tatsachen" beruhenden Verdacht weitergehende Anforderungen als an den einfachen Verdacht zu stellen sind (vgl. Lehmann S. 129 ff.; Schumacher S. 144 ff.).

995 Gross-Spreitzer S. 55.

996 Kleinknecht/Meyer-Goßner § 112 Rdnr. 5.

997 Kleinknecht/Meyer-Goßner § 100 a Rdnr. 6; Maunz/Dürig/Dürig Art. 10 Rdnr. 49 m.w.N.; Krückels S. 22; Lehmann S. 131; so im übrigen auch Gross-Spreitzer S. 54 selbst; a.A. Schüle JZ 1968, 159 (162).

998 Frister StV 1996, 454 (455); Welp StV 1994, 161 (164 f.).

999 Siehe S. 115 f. dieser Arbeit.

1000 Kleinknecht/Meyer-Goßner 42. Aufl. § 100 a Rdnr. 4; LR-Meyer 23. Aufl. § 100 a Rdnr. 5; Knauth NJW 1978, 741 (742); Eb. Schmidt Nachtr. II 5.

1001 Knauth NJW 1978, 741 (742).

Angesichts der Schwierigkeiten, die der Straftatenkatalog und die Subsidiaritätsklausel bereiten, ist dem aber nicht zu folgen.[1002] So kann das Konkurrenzverhältnis zwischen den unterschiedlichen, unter der Voraussetzung der Subsidiarität stehenden Maßnahmen im Einzelfall nur durch eine zusätzliche Verhältnismäßigkeitsprüfung festgestellt werden.[1003]

Außerdem enthält der Katalog bloße Vergehen, die lediglich aus kriminaltaktischen Gründen aufgenommen wurden, weil für sie eine konspirative Begehungsweise typisch ist;[1004] sogar Fahrlässigkeitsdelikte finden sich darunter.[1005] Liegen aber minder schwere Fälle dieser Delikte vor, kann dadurch der Eingriff in das Fernmeldegeheimnis unter Umständen nicht mehr gerechtfertigt werden. Letztlich ist auch nicht einzusehen, warum gerade innerhalb des § 100 a StPO eine Einzelfallabwägung nicht stattfinden soll.[1006] Daher ist, der herrschenden Meinung folgend, eine zusätzliche Verhältnismäßigkeitsprüfung vorzunehmen.[1007]

II. Der Inhalt des § 12 FAG

§ 12 FAG ermöglicht den Strafverfolgungsbehörden die Erlangung bereits in der Vergangenheit gespeicherter Verbindungsdaten.[1008] Seine allgemeinen Voraussetzungen sind denen des § 100 a StPO ähnlich. So darf sich das Auskunftsverlangen zum Beispiel nur gegen einen bestimmten Beschuldigten oder Nachrichtenmittler richten.[1009]

Die Anordnung der Maßnahme nach § 12 FAG muß ebenfalls verhältnismäßig sein.[1010] Anders als § 100 a StPO enthält die Vorschrift über das Auskunftsverlangen jedoch weder einen Straftatenkatalog noch eine Subsidiaritätsklausel, nach der die Aufklärung der Straftat auf andere Weise aussichtslos oder wesentlich erschwert sein muß. Die Eingriffsschwelle beim Auskunftsverlangen ist somit wesentlich niedriger als bei der Überwachung der Telekommunikation nach der Strafprozeßordnung, weshalb § 12 FAG in den letzten Jahren heftig umstritten war.[1011] Nach Ansicht ihrer Kritiker ist die Vorschrift überholt, weil sie den durch den technischen Fortschritt entstandenen Möglichkeiten nicht mehr in ausreichendem Maße Rechnung trägt. Da Verbindungsdaten heutzutage in der Regel bis zu drei Monate lang automatisch gespeichert werden, wird befürchtet, daß die Anordnungen der Maßnahme nach § 12 FAG so aneinandergereiht werden könnten, daß sich die Wirkung des § 100 a StPO ergebe, ohne daß jedoch dessen enge Voraussetzungen erfüllt sein müßten.[1012] Bei Schaffung der Vorschrift im

---

1002 Näheres S. 115 und 157 dieser Arbeit.

1003 S. 115 f. dieser Arbeit.

1004 Maiwald JuS 1978, 379 (382).

1005 § 97 Abs. 2 StGB (leichtfertige Preisgabe von Staatsgeheimnissen) und § 109 e Abs. 5 StGB (Sabotagehandlung mit fahrlässiger Gefährdung der Sicherheit).

1006 Prittwitz StV 1984, 302 (304).

1007 KK-Nack § 100 a Rdnr. 26; Kleinknecht/Meyer-Goßner § 100 a Rdnr. 4; LR-Schäfer § 100 a Rdnr. 14; SK-Rudolphi § 100 a Rdnr. 14; Eb. Kaiser NJW 1969, 18 (19); Maiwald JuS 1978, 379 (382) m.w.N. in Fn. 18; Prittwitz StV 1984, 302 (304); Schumacher S. 137 f.

1008 Zwar ist auch über den Inhalt der Kommunikation Auskunft zu geben, soweit dieser von dem Telekommunikationsanbieter im Zuge der betriebsbedingten Maßnahmen rechtmäßig in Erfahrung gebracht worden ist, dies ist jedoch bei den heutzutage automatisch vermittelten Nachrichtenverbindungen eine wenig wahrscheinliche Möglichkeit (LR-Schäfer § 99 Rdnr. 45; Welp S. 124 m.w.N.). In der Vergangenheit konnte ein solcher Fall eintreten, wenn „das Fräulein vom Amt" zufällig Teile eines Gesprächs oder ganze Gespräche mitgehört hatte.

1009 LR-Schäfer § 99 Rdnr. 43; vgl. S. 156 dieser Arbeit.

1010 Klesczewski StV 1993, 382 (386).

1011 Vgl. BGH NStZ 1993, 192; NStZ 1998, 92; LG Frankfurt NJW 1996, 1008; KK-Nack § 100 a Rdnr. 17 ff. m.w.N.; Bär CR 1998, 434 (437 f.); Klesczewski JZ 1997, 719; Welp NStZ 1994, 209.

1012 Klesczewski StV 1993, 382 (383); Welp NStZ 1994, 209 (213 f.).

Jahr 1928 hatte der Gesetzgeber noch handvermittelte Gespräche im Sinn, bei denen Aufzeichnungen über Verbindungsdaten nur zufällig dadurch entstanden, daß sich die vermittelnde Person Notizen gemacht und diese noch nicht vernichtet hatte. Zwar wurde eine an den Stand der Entwicklung angepaßte Neuregelung im Rahmen der Verabschiedung des TKG und des Begleitgesetzes zum TKG versucht, sie scheiterte bislang jedoch daran, daß man weder im Bundestag noch im Bundesrat eine für alle akzeptable Lösung finden konnte. Daher blieb § 12 FAG als einzige Regelung des Fernmeldeanlagengesetzes in Kraft.[1013]

Solange es die Neuregelung noch nicht gibt, erfordert das Problem der niedrigen Eingriffsschwelle in § 12 FAG nach Ansicht der Kritiker der Regelung, daß § 100 a StPO bei der Anordnung des Auskunftsverlangens ergänzend herangezogen wird; insbesondere beeinflusse dieser die Prüfung der Verhältnismäßigkeit, indem sein Straftatenkatalog Maßstäbe setze.[1014] Gegenüber dieser Ansicht ist jedoch Vorsicht geboten. Zwar kann § 100 a StPO bei der Abwägung der unterschiedlichen Interessen im Rahmen der Verhältnismäßigkeitsprüfung als Argument genannt werden, er darf jedoch nicht alleinentscheidend in dem Sinne sein, daß ein Auskunftsverlangen nur noch bei Vorliegen einer Katalogtat zulässig ist.[1015] Dafür bietet der Wortlaut des § 12 FAG keinen Anhalt. Auch kann nicht von einem Versehen des Gesetzgebers ausgegangen werden, das eine solche Angleichung der Vorschriften begründen könnte.[1016] Schließlich ist daran zu erinnern, daß das Auskunftsersuchen gerade nicht den Kommunikationsinhalt betrifft und sich nur in die Vergangenheit richtet. Insoweit ist der Eingriff in Art. 10 Abs. 1 GG nach dem Fernmeldeanlagengesetz geringer,[1017] so daß er auch bei weniger schweren Straftaten statthaft sein kann. Die herrschende Meinung hält daher ein Auskunftsersuchen nur in Bagatellfällen und bei Privatklagedelikten für unverhältnismäßig.[1018] Inwieweit eine Neuregelung durch den Gesetzgeber wünschenswert ist, ist eine andere Frage. Die durch die technische Entwicklung bedingte Steigerung der Eingriffsschwere kann jedoch (zumindest übergangsweise) von den Fachgerichten im Einzelfall bei der Prüfung der Verhältnismäßigkeit berücksichtigt werden.

III. Problemdarstellung

Bei der Überwachung der Telekommunikation fehlt ebenso wie bei der Postbeschlagnahme eine den §§ 53 Abs. 1, 97 StPO entsprechende Begrenzung.[1019] Nur bezüglich des Verteidigers wirkt sich wiederum § 148 StPO aus.[1020]

Eine Einschränkung der Möglichkeiten der Telekommunikationsüberwachung bezüglich der Medienmitarbeiter ist nur dann erforderlich, wenn die Maßnahme in die Presse- und Rundfunk-

---

1013 Zu dieser Problematik siehe S. 30 f. dieser Arbeit.

1014 Schumacher S. 189.

1015 So aber Klesczewski StV 1993, 382 (387).

1016 Welp NStZ 1994, 209 (214).

1017 BVerfGE 85, 386 (396); KK-Nack § 100 a Rdnr. 17 f.

1018 OLG Köln NJW 1970, 1856 (1857); Erbs/Kohlhaas/Lampe § 12 FAG Rdnr. 3, 7.

1019 Im Zuge der Einführung der akustischen Wohnraumüberwachung sollte die Statuierung eines Beweisverwertungsverbotes für Erkenntnisse, die bei Zeugnisverweigerungsberechtigten (§ 53 Abs. 1 StPO) im Rahmen einer Telekommunikationsüberwachung erlangt wurden, geprüft werden. Eine entsprechende Neuregelung unterblieb [Frister StV 1996, 454 (455)].

1020 BGHSt 33, 347 (350) = JR 87, 75 m. Anm. Rieß; Beulke Rdnr. 254, Jura 86, 642 und in Der Verteidiger S. 211; Roxin § 34 C IV 3c; Rudolphi FS-Schaffstein S. 440 ff.; Welp S. 198; ders. JZ 72, 423 (428); ders. FS-Gallas S. 421; Mörlein S. 111 ff.; LR-Schäfer § 100 a Rdnr. 26 m.w.N.; SK-Rudolphi § 100 a Rdnr. 19; auch hier ist der Umfang des Schutzes aber strittig: Kleinknecht/Meyer-Goßner § 100 a Rdnr. 13 m.w.N.

freiheit eingreift und sich dieser Eingriff als unverhältnismäßig erweist. Dies könnte sowohl dadurch möglich sein, daß die Strafverfolger vom Inhalt der Telekommunikation Kenntnis nehmen, als auch dadurch, daß sie die Verbindungsdaten erlangen und auswerten.

1. Die Überwachung des Anschlusses des Medienmitarbeiters

a. Kommunikationsinhalte

Durch die Wahrnehmung und Aufzeichnung der Kommunikationsinhalte mittels technischer Geräte, die am Telefonanschluß einer Redaktion oder eines Journalisten anknüpfen, wird gezielt ein Teil der journalistischen Arbeit überwacht. Darin ist dann ein Eingriff in den Schutzbereich des Art. 5 Abs. 1 S. 2 GG zu sehen, wenn durch die Telekommunikationsüberwachung die Informationsbeschaffung der Journalisten möglicherweise auch nur potentiell behindert wird. Das wäre zu befürchten, wenn durch die Maßnahme das Ansehen der Medien geschädigt würde.

aa. Die Gefährdung des Vertrauens

Gelangen Nachrichten darüber, daß bei einer Redaktion alle eingehenden Anrufe abgehört werden, an die Öffentlichkeit, hat dies für die Arbeit in der Redaktion schwerwiegende Konsequenzen. Die Redaktion erhält weniger Anrufe von Informanten, weil diese damit rechnen müssen, daß die von ihnen gemachten Mitteilungen nicht nur zu Ohren der Journalisten, sondern auch der Ermittler gelangen. Aufgrund des Inhalts eines abgehörten Telefonats ist es den Strafverfolgungsbehörden unter Umständen außerdem möglich, die Identität des Gesprächspartners des Journalisten festzustellen. Jedenfalls könnte eine eventuelle Stimmanalyse im Prozeß als Beweismittel verwertet werden. Da jedoch viele Gesprächspartner der Journalisten auf die Geheimhaltung ihrer Person vertrauen, insbesondere darauf, daß nicht bekannt wird, von wem der Journalist seine Informationen erhalten hat, schädigen Maßnahmen nach § 100 a StPO das Ansehen der Redaktion.

Es läßt sich auch nicht verhindern, daß andere Informanten außer dem Beschuldigten in Mitleidenschaft gezogen werden, da es technisch und praktisch ausgeschlossen ist, nur einzelne, für die Verbrechensaufklärung wirklich ergiebige Telefonate abzuhören.[1021] Vielmehr muß der gesamte Fernsprechverkehr des Medienmitarbeiters aufgezeichnet werden. Kaum eines der mit anderen Informanten geführten Telefongespräche wird jedoch Mitteilungen enthalten, die für das Verfahren, in dem die Überwachung angeordnet wurde, relevant sind. Demgegenüber besteht aber die Gefahr, daß Informanten über andere Katalogtaten berichten. Diese Beweise sind für die Staatsanwaltschaft von höchstem Interesse, da sie nach § 100 b Abs. 5 StPO verwertbar sind, obwohl die ursprüngliche Anordnung wegen einer anderen Tat erfolgte.[1022]

Zudem ist eine Individualisierung der Überwachung schwer, weil die Ermittler meist alle Telefone einer Redaktion bzw. eines Senders überwachen müssen. Nur so können sie absichern, nach Möglichkeit sämtliche relevanten Informationen, die zwischen den Betroffenen ausge-

---

1021 Rudolphi S. 434 f.; Welp S. 77; Aufzeichnungsgeräte, die auf bestimmte Stichworte reagieren, werden vor allem im geheimdienstlichen Bereich für den internationalen Telekommunikationsverkehr verwendet. Sie sind jedoch für die Aufklärung von im innerdeutschen Bereich begangenen Straftaten ungeeignet, da beim Abhören eines bestimmten Anschlusses jedes Gespräch von Bedeutung sein kann, auch wenn die programmierten Stichwörter nicht fallen. Außerdem bieten auch diese Geräte keine Gewähr dafür, daß nur die Kommunikation mit strafrechtlich relevantem Inhalt überwacht werden.

1022 Zur Verwertbarkeit von Zufallsfunden siehe Seite 176 ff. dieser Arbeit.

tauscht werden, auch wirklich zu hören. Andernfalls könnten Ihnen Beweise dadurch entgehen, daß der Journalist das Telefon eines Kollegen verwendet oder sich über ein solches kontaktieren läßt.

Neben der nahezu vollständigen Fernsprechüberwachung einer Redaktion oder eines Senders macht außerdem die Tatsache, daß die einzelnen Mitarbeiter oft nicht wissen, worüber ihre Kollegen gerade recherchieren, die Wahrung des Redaktionsgeheimnisses illusorisch. Besonders in großen Medienunternehmen besteht praktisch ständig die Wahrscheinlichkeit, daß ein Mitarbeiter durch seine Recherchen die Aufmerksamkeit der Strafverfolger auf sich gezogen hat und die Telefone deshalb überwacht werden. Für die Kollegen ist nie abschätzbar, ob sie durch den Austausch von Informationen am Telefon die Vertraulichkeit der Angaben des Gewährsmannes gefährden. Die Kontrolle, wer die für die Medien bestimmten Informationen erlangt und wofür diese genau verwendet werden, ist den Journalisten aus den Händen genommen, ein wirksamer Schutz der Vertraulichkeitssphäre nicht möglich. Darunter leidet das Ansehen der Medien erheblich.

Das könnte mit dem Argument bezweifelt werden, daß es in der täglichen Arbeit eher selten vorkommen mag, daß ein Informant am Telefon über eine Katalogtat berichtet bzw. sich aus einem Telefongespräch des Journalisten der Verdacht einer solchen Tat ergibt. Bei Erlaß des § 100 a StPO entsprach dies zweifellos den Tatsachen. Durch die sich verbreitende Form des investigativen Journalismus häufen sich aber gerade in letzter Zeit die Fälle, in denen Kenntnisse über schwere Straftaten an Medienmitarbeiter herangetragen werden.[1023] Selbst wenn der Informant am Telefon aber nicht über eine Katalogtat berichtet, genügt oft allein schon die Tatsache, daß Richter, Staatsanwälte und Hilfsbeamte der Staatsanwaltschaft die Gespräche möglicherweise mithören, um viele Informanten abzuschrecken. Sie werden sich scheuen, auch über strafrechtlich nicht relevante Dinge zu berichten. Allein die Telekommunikationsüberwachung als solche, schadet dem Ansehen der Medien in der Öffentlichkeit, auch wenn Informanten dadurch nicht von späteren Ermittlungsmaßnahmen betroffen sind. Die Wahrung der Vertraulichkeit der Angaben ist nicht glaubhaft, so daß die Informationsbeschaffung der Medien gefährdet ist.

bb. Der Vergleich mit Zeugniszwang, Beschlagnahme und akustischer Wohnraumüberwachung

In Teilen der Literatur wird versucht, aus Berührungspunkten aber auch Unterschieden zwischen den Zwangsmaßnahmen, die durch eine mediale Schutznorm begrenzt sind, und der Überwachung der Telekommunikation Rückschlüsse auf einen Eingriff in Grundrechte zu ziehen.[1024] Da die Erlangung bestimmter Informationen[1025] durch die Strafverfolgungsbehörden bei einem gegen die Medienmitarbeiter ausgeübten Zeugniszwang, einer Beschlagnahme in

---

1023 Nicht selten sind die Journalisten den Ermittlern bei der Aufklärung von Straftaten einen Schritt voraus, was nicht zuletzt darauf zurückzuführen ist, daß sich insbesondere die sogenannte Boulevardpresse Informationen erkauft. Diesen Zustand mag man beklagen. Da sich eine Unterteilung der Medien in „gut" und „böse", schützenswert oder nicht schützenswert aber verbietet, sind alle vom Schutzbereich des Art. 5 Abs. 1 S. 2 GG umfaßt (Sachs/Bethge Art. 5 Rdnr. 69).

1024 K.-H. Groß StV 1996, 559 (564); Gross-Spreitzer S. 159 f.; Werle JZ 1991, 482 (485); Zuck NJW 1969, 911.

1025 Nach der derzeitigen Gesetzesfassung betrifft dies zunächst Informationen über die Person des Verfassers, Gewährsmannes oder Einsenders bzw. die von diesen gemachten Mitteilungen, Eigenrecherchen nur in Einzelfällen. Zu der vorgeschlagenen Gesetzesfassung siehe S. 110 ff. sowie Anhang 1 S. 215 ff. dieser Arbeit.

einer Redaktion oder deren akustische Überwachung eine Verletzung des Schutzbereichs des Art. 5 Abs. 1 S. 2 GG ist, könnte dies auch für eine Telekommunikationsüberwachung gelten.

Auf einen Eingriff könnte zunächst die Art der erlangten Information hindeuten, da die Strafverfolger durch die Telekommunikationsüberwachung Kenntnisse erlangen, die ihnen sonst aufgrund der medialen Schutznormen verschlossen blieben. So können die Behörden unter Umständen die Person des Informanten sowie die von ihm gemachten Mitteilungen feststellen.[1026] Diese Gleichartigkeit mit den nach § 53 Abs. 1 Nr. 5 StPO geschützten Informationen ist jedoch kein Argument für einen Eingriff in Art. 5 Abs. 1 S. 2 GG, da allein die Frage entscheidend ist, ob durch die Maßnahme das Vertrauen in die Presse und den Rundfunk erschüttert wird. Dafür kann nicht pauschal auf die Art der erlangten Information abgestellt werden, auch die Art und Weise der Erlangung selbst muß Berücksichtigung finden. Daß sich die Ermittler Kenntnisse verschaffen, die ihnen die Journalisten nicht preisgeben müßten, führt noch nicht zwangsläufig zu einem Ansehensverlust der Medien in der Öffentlichkeit. So steht es den Ermittlern beispielsweise frei, den Informanten zu vernehmen oder dessen Post zu beschlagnahmen, obwohl sie auch auf diese Weise Feststellungen machen könnten, die ihnen durch andere Zwangsmaßnahmen wegen der §§ 53 Abs. 1 Nr. 5, 97 Abs. 5, 100 d Abs. 3 S. 1 StPO nicht möglich wären. Zu einem Vertrauensverlust führt erst die Inanspruchnahme der Medien zur Beweisbeschaffung, so daß maßgeblich ist, auf welchem Weg die Ermittler die Informationen erlangt haben, nicht ob es sich dabei um von Dritten mitgeteilte Tatsachen oder Informationen über diese Dritten handelt. Daß die Ermittler Informationen erlangen, die von den medialen Schutznormen umfaßt werden, ist daher kein Beleg für einen Eingriff in Art. 5 Abs. 1 S. 2 GG.

Karl-Heinz Groß begründet eine Vergleichbarkeit zwischen Zeugniszwang, Beschlagnahme und akustischer Überwachung damit, daß sich die Informationen bei allen angesprochenen Zwangsmaßnahmen, auch bei der Telekommunikationsüberwachung, im räumlichen Einflußbereich des Journalisten befänden und die Ermittler sie durch einen Eingriff in diesen erlangten. Aus seinen Ausführungen ist die Ansicht zu lesen, daß, da die Verletzung der räumlichen Sphäre im Fall des Zeugniszwangs und der Beschlagnahme ein Eingriff in die Presse- und Rundfunkfreiheit sei, dies auch für die Überwachung der Telekommunikation gelten müsse. Um diese Parallele ziehen zu können, führt er aus: „Der Telefonanschluß ist, bildlich gesprochen, das verlängerte Ohr, der speichernde Anrufbeantworter das vorweggenommene Gedächtnis des ... Journalisten. Es handelt sich um unmittelbar zur Kontaktierung anderer Personen geschaffene und ihrem Inhaber personal zuzurechnende technische Instrumente. Ihre Inanspruchnahme zu Ermittlungszwecken käme der Inanspruchnahme des ... Journalisten selbst gleich."[1027]

Dem kann jedoch nicht zugestimmt werden. Bei der Telekommunikationsüberwachung erlangen die Ermittler die Informationen nicht erst, wenn sie das Ohr des Journalisten oder seinen Anrufbeantworter erreicht haben. Mitteilungen, die der Informant macht, werden vielmehr schon auf dem Weg in die Redaktion bzw. den Sender überwacht. Der Journalist hat daher zu keinem Zeitpunkt eine Nachricht in seiner räumlichen Sphäre gehabt, die den Ermittlern nicht bekannt war. Macht der Medienmitarbeiter Angaben, die verwertet werden, so erlangen die Ermittler diese erst dann, wenn sie seinen Bereich bereits verlassen haben. Der Mitarbeiter hat sich dieser Informationen sozusagen freiwillig entäußert. Ein „Gewahrsam" kann daher nicht

1026 Diese Umgehung des Zeugnisverweigerungsrechts und des Beschlagnahmeverbots wird für andere der in § 53 Abs. 1 StPO genannten Berufsgruppen bereits diskutiert (Gross-Spreitzer S. 159 f.; Zuck NJW 1969, 911).

1027 K.-H. Groß StV 1996, 559 (564).

konstruiert werden, so daß auch dahingestellt bleiben kann, ob eine Verletzung der räumlichen Sphäre einen Eingriff in die Presse- und Rundfunkfreiheit impliziert.

Aus der freiwilligen Aufgabe der Einflußmöglichkeit auf die Information ist jedoch ebenso wie bei der Postbeschlagnahme nicht auf einen Verzicht - vergleichbar dem beim Zeugnisverweigerungsrecht und Beschlagnahmeverbot möglichen - zu schließen. Gibt der Journalist den Schutz aus den §§ 53 Abs. 1 Nr. 5, 97 Abs. 5 StPO preis, weiß er, daß die Mitteilungen zumindest zum Teil als Beweismittel dienen sollen, und hat dem zugestimmt. Die Wirksamkeit der Telekommunikationsüberwachung hängt hingegen ganz entscheidend davon ab, daß sie geheim bleibt und den Mitarbeitern der Redaktion bzw. des Rundfunksenders nicht bekannt wird. Daher nimmt es der Journalist nur gezwungenermaßen in Kauf, daß die Informationen in die Hände der Ermittler gelangen, ohne daß er in irgendeiner Weise eingewilligt hätte. Daraus kann somit kein Argument für die unbeschränkte Zulässigkeit der Telekommunikationsüberwachung von Medienmitarbeitern gezogen werden.[1028]

Gibt es keine Berührungspunkte zwischen den einzelnen Zwangsmaßnahmen, die für einen Eingriff in die Presse- und Rundfunkfreiheit sprechen, könnten bestehende Unterschiede ein Indiz dafür sein, daß ein Eingriff nicht stattfindet. Werle sieht einen solchen Unterschied darin, daß die medialen Schutzvorschriften von dem Zwang zur aktiven Mitwirkung an der Aufklärung der Tatvorwürfe befreiten, während die Medienmitarbeiter durch eine Telekommunikationsüberwachung jedoch nur passiv in Anspruch genommen würden.[1029] Diese Argumentation greift zu kurz, da auch das Beschlagnahmeverbot davor schützt, Maßnahmen der Ermittlungsbehörden dulden zu müssen. Hierdurch soll dem Eindruck entgegengewirkt werden, die Medien würden mit den Strafverfolgungsbehörden zusammenarbeiten. Der Gesetzgeber hat also schon 1975 erkannt, daß die Vertrauenswürdigkeit der Medien auch dann leiden kann, wenn diese nur passiv an der Aufklärung beteiligt sind, was er durch die Vorschrift über das Abhören innerhalb der Wohnung bestätigte. Die damit verbundene Ausnahmeregelung des § 100 d Abs. 3 S. 1 StPO, nach der Medienmitarbeiter innerhalb der von Art. 13 GG geschützten Räume nicht abgehört werden dürfen, schützt ebenso vor dem Zwang zur Duldung von Ermittlungsmaßnahmen.[1030] Allein in der Passivität der Medienmitarbeiter bei der Maßnahme kann daher der Grund für eine unterschiedliche Behandlung der Telekommunikationsüberwachung und der durch mediale Schutznormen beschränkten Maßnahmen nicht gesehen werden.

Somit bestehen zwischen der Überwachung der Telekommunikation und dem Zeugniszwang, der Beschlagnahme sowie der akustischen Wohnraumüberwachung eine Reihe von Gemeinsamkeiten aber auch Unterschiede. Aus diesen kann, wie dargestellt, weder der Eingriff in die Presse- und Rundfunkfreiheit begründet noch das Gegenteil abgeleitet werden. Sie lassen keinen Schluß auf eine Beeinträchtigung der Arbeit der Medien zu. Es bleibt jedoch bei der Feststellung, daß sich ein Eingriff in Art. 5 Abs. 1 S. 2 GG aufgrund des zu befürchtenden Vertrauensverlustes ergibt.

b. Verbindungsdaten

Auch durch die gezielte Inanspruchnahme der Verbindungsdaten des Anschlusses eines Medienmitarbeiters wird die Vertrauenswürdigkeit der Medien in den Augen der Öffentlichkeit ebenfalls gefährdet.

1028 Vgl. zu der parallelen Problematik bei der Postbeschlagnahme S. 146 f. dieser Arbeit.
1029 Werle JZ 1991, 482 (485).
1030 Siehe hierzu S. 202 ff. dieser Arbeit.

aa. Die Ermittlung des Aufenthaltsortes des Informanten

Die Verbindungsdaten des Anschlusses des Journalisten enthalten die Information, mit welchen Anschlüssen telefoniert wurde. Dies ermöglicht es den Strafverfolgungsbehörden zu ermitteln, wo sich der Gesprächspartner im Zeitpunkt des Anrufs aufhielt. Bei Festanschlüssen genügt schon eine Nachfrage bei der Telekom, um den Standort des Apparats zu ermitteln.[1031]

Aber auch bei Mobiltelefonen läßt sich der Aufenthaltsort des Anrufers relativ genau bestimmen. Bei einem Gespräch über ein solches wird das Signal zur nächstgelegenen Sendestation übermittelt, die es weiterleitet. Mit Hilfe der Verbindungsdaten kann festgestellt werden, von welcher Sendestation das Signal ausging, so daß die Ermittlung zumindest des ungefähren Aufenthaltsortes des Informanten den Strafverfolgungsbehörden ein Leichtes ist.[1032]

Dies wollten sich die Ermittler bei der Suche nach dem untergetauchten Ex-Terroristen Hans-Joachim Klein zunutze machen. Durch die Auswertung der Verbindungsdaten des Telefons einer „Stern"-Journalistin sollte dessen Aufenthaltsort in Frankreich festgestellt werden.[1033] Auch im Fall des Immobilienmaklers Dr. Jürgen Schneider[1034] wurden die Verbindungsdaten eines Journalisten zu Ermittlungszwecken verwendet. Die Ermittler hatten in Erfahrung gebracht, daß Dr. Schneider zu Mitarbeitern des ZDF-Magazins „Frontal" Kontakt aufgenommen hatte. Er hatte dem ZDF Mitteilungen auf einem Tonband zukommen lassen, das die Journalisten an die Staatsanwaltschaft übergaben. Daraufhin sicherte die Staatsanwaltschaft die Daten eines Handy-Telefonanschlusses des ZDF beim Betreiber des D1-Netzes, DeTe-Mobil.

Das ZDF legte dagegen mit dem Argument Beschwerde ein, die Auskunftserteilung verletze seine Rechtsposition aus Art. 5 Abs. 1 S. 2 GG und greife in das daraus abgeleitete journalistische Zeugnisverweigerungsrecht in einer Weise ein, die das Vertrauensverhältnis zwischen der Redaktion und potentiellen Informanten erheblich störe. Das Landgericht Frankfurt am Main wies die Beschwerde wegen prozessualer Überholung als unzulässig ab und erachtete sie in einem obiter dictum als unbegründet.[1035]

(a) Keine Garantie ungestörten Kontakts

Das Gericht führt aus, daß es keinen über § 53 Abs. 1 Nr. 5 StPO hinausgehenden Anspruch der Medien auf ungestörten Kontakt zu potentiellen Straftätern gebe. Fälschlicherweise behauptet es, § 53 Abs. 1 Nr. 5 StPO regele das berufliche Zeugnisverweigerungsrecht abschließend; es sei nicht aus Art. 5 Abs. 1 S. 2 GG erweiterbar. Dies widerspricht der Rechtsprechung des Bundesverfassungsgerichts, wonach § 53 Abs. 1 Nr. 5 StPO gerade keine abschließende Regelung enthält, sondern immer eine gesonderte Abwägung unter Berücksichtigung der Bedeutung der Presse- und Rundfunkfreiheit erfolgen muß.[1036]

1031 Mit Grundkenntnissen der Informatik läßt sich auch aus den auf einer „Telefonbuch-CD-ROM" enthaltenen Daten der zu einer bestimmten Nummer gehörige Anschluß feststellen.

1032 Im Regelfall ist sogar noch eine genauere Ortung innerhalb der Funkzelle möglich (KK-Nack § 100 a Rdnr. 13).

1033 Journalist Heft 10/1998, 6 (Nachricht ohne Verfasserangabe); Nicht bekannt ist, ob diese Maßnahme auf § 100 a StPO oder § 12 FAG gestützt worden war. Sie führte nicht zum Erfolg. Hans-Joachim Klein wurde aufgrund anderer Ermittlungen am 8. September 1998 in einem Dorf in der Normandie (Frankreich) verhaftet (DIE WELT vom 10. September 1998 S. 1).

1034 Dr. Jürgen Schneider und seine Frau Claudia Schneider wurden wegen Kreditbetruges in Milliardenhöhe, betrügerischen Bankrotts und Steuerhinterziehung weltweit gesucht und schließlich durch die Verfolgung eines Geldboten in Miami (Florida/USA) aufgespürt (DIE WELT vom 20. Mai 1995 S. 1).

1035 LG Frankfurt a. M. NJW 1996, 1008.

1036 Siehe 104 f. dieser Arbeit; BVerfGE 77, 65 (81 f.).

Nach Ansicht des Landgerichts greift § 53 Abs. 1 Nr. 5 StPO auch deshalb nicht, weil ein Zeugnisverweigerungsrecht dann nicht bestehe, wenn die Medien die Identität des Informanten selbst preisgegeben haben. Dem kann nicht zugestimmt werden. Gibt der Informant seinen Aufenthaltsort zu erkennen, so ermöglicht er damit bewußt eine Beobachtung durch den Journalisten. Die so ermöglichten Beobachtungen zählen jedoch zu den „gemachten Mitteilungen", über die dem Journalisten ein Zeugnisverweigerungsrecht zusteht.[1037]

Zuzugeben ist dem Gericht allerdings, daß § 53 Abs. 1 Nr. 5 StPO nicht direkt herangezogen werden konnte. Die Vorschrift betrifft einen gänzlich anderen Fall, als den hier vorliegenden. Bei § 53 Abs. 1 Nr. 5 StPO geht es darum, daß der Journalist etwas, wovon er Kenntnis hat, nicht aussagen muß, während § 12 FAG den Fall betrifft, daß ein Dritter, nämlich der Telekommunikationsdienst, etwas, wovon er Kenntnis hat, den Strafverfolgungsbehörden mitteilen muß.[1038]

(b) Das Gewahrsams-Argument

Als drittes stützt sich das Gericht auf eine Art „Erst-Recht-Schluß". Es zeigt, daß nach dem reinen Wortlaut des Gesetzes nicht nur die Frage nach den Verbindungsdaten, sondern sogar die Beschlagnahme der Daten selbst zulässig gewesen wäre. Das Beschlagnahmeverbot nach § 97 Abs. 5 StPO besteht nur für solche Mitteilungen, die sich im Gewahrsam des Journalisten befinden. An den Verbindungsdaten hat jedoch nicht der Journalist, sondern der Telekommunikationsdienst Gewahrsam.[1039]

Karl-Heinz Groß ist hingegen der Ansicht, der Journalist habe eine Art Mitgewahrsam an den Verbindungsdaten. Er bemüht erneut die Metapher vom „verlängerten Ohr".[1040] Noch weniger als bei der Kenntnisnahme vom Inhalt der Kommunikation kann jedoch im Fall der Verbindungsdaten ein „Gewahrsam" der Medien angenommen werden, da sie lediglich beim Telekommunikationsdienst gespeichert werden und sich nie in der räumlichen Sphäre des Journalisten befunden haben.

Überlegenswerter ist *Pöppelmanns* Argumentation. Er sieht den Telekommunikationsdienst als Hilfsorgan der Medienschaffenden ähnlich den Berufshelfern gemäß § 53a StPO.[1041] Nach dieser Vorschrift haben auch die Gehilfen der nach § 53 Abs. 1 Nr. 1 bis 4 StPO Zeugnisverweigerungsberechtigten und die Personen, „die zur Vorbereitung auf den Beruf an der berufsmäßigen Tätigkeit teilnehmen", ein Zeugnisverweigerungsrecht. Folglich gilt auch bei ihnen das Beschlagnahmeverbot nach § 97 StPO. Bei dem Zeugnisverweigerungsrecht der Medienmitarbeiter sind die für die anderen berechtigten Gruppen gesondert aufgeführten Hilfspersonen jedoch schon durch den weiten Begriff der „berufsmäßigen Mitwirkung" umfaßt.[1042] Außerdem könnte auch bei den nach § 53 Abs. 1 Nr. 1 bis 4 StPO Zeugnisverweigerungsberechtigten der Telekommunikationsdienst nicht als Hilfsperson im Sinne des § 53a StPO angesehen werden, setzt dies doch einen unmittelbaren Zusammenhang zwischen der Tätigkeit des Gehilfen und der Tätigkeit des Hauptberufsträgers voraus.[1043] Für einen derartigen Zusammenhang

---

1037 BGHSt 36, 298; siehe S. 60 und 83 ff. dieser Arbeit.

1038 Möglicherweise hätte jedoch der hinter dem journalistischen Zeugnisverweigerungsrecht stehende Gedanke, nämlich der Schutz der Presse- und Rundfunkfreiheit, im Rahmen der Verhältnismäßigkeitsprüfung besonders berücksichtigt werden müssen. Dies wird im folgenden zu klären sein.

1039 So auch Jacob DuD 1998, 65 (67).

1040 K.-H. Groß StV 1996, 559 (565); siehe auch S. 163 dieser Arbeit.

1041 Pöppelmann AfP 1997, 485 (493).

1042 Siehe S. 46 f. dieser Arbeit.

1043 LR-Dahs § 53 a Rdnr. 2.

müßte der Telekommunikationsdienst an der journalistischen Arbeit mitwirken. Es kann nicht ausreichen, daß die Medien heutzutage ohne die Inanspruchnahme eines Telekommunikationsdienstes nicht mehr effektiv arbeiten können, da man andernfalls zum Beispiel auch den Kfz-Händler für zeugnisverweigerungsberechtigt halten müßte, der dem Journalisten zu dessen Berufsausübung ein Auto verkauft. Ein hinreichender Zusammenhang zwischen der Tätigkeit der Medien und der Tätigkeit der Telekommunikationsdienste ist somit nicht festzustellen. Nach dem derzeitigen Gesetzeswortlaut ist dem Landgericht Frankfurt am Main daher zuzustimmen, daß die Beschlagnahme von Verbindungsdaten grundsätzlich zulässig gewesen wäre.[1044]

bb. Die Ermittlung der Identität des Informanten

Häufiger als der Fall, daß der Anrufer seinen Aufenthaltsort geheimhalten will, ist der Fall, daß er für Außenstehende gänzlich unerkannt bleiben möchte. Da das Auskunftsverlangen die Ermittlung des Anschlusses ermöglicht, mit dem der Journalist telefoniert, ist es den Strafverfolgungsbehörden im Normalfall aber ein Leichtes, die Identität des Anrufers festzustellen. Entweder ist der Informant selbst der Anschlußinhaber oder aber der Anschlußinhaber kann den Informanten benennen.[1045]

So wurde vom Hamburger Amtsgericht am 6. Mai 1996 gemäß § 12 FAG angeordnet, daß die Telekom darüber Auskunft erteilen müsse, welche Telefongespräche vom ISDN-Anschluß eines Journalisten über sechs Wochen hinweg geführt worden waren.[1046] Auf diesem Weg sollte ermittelt werden, welcher Polizeibeamte das nichtveröffentlichte Foto einer entführten Person an die Presse weitergeleitet hatte.[1047] Durch die Möglichkeiten der Überwachung der Telekommunikation ist die Geheimhaltung der Identität der Informanten nicht gesichert.

cc. Die Gefährdung des Vertrauens

Die aufgrund der neuen Telefonübermittlungstechniken beim Telekommunikationsanbieter anfallenden Daten erlauben es, Rückschlüsse zu ziehen, die den Informantenschutz weitgehend leerlaufen lassen.[1048] Der Informant muß damit rechnen, daß sowohl seine Identität als auch sein Aufenthaltsort ermittelt werden. Durch die Verbindungsdaten läßt sich zumindest die Region feststellen, in der er sich befindet. Dies ist dann problematisch, wenn sich der Informant vor den Strafverfolgern versteckt hält, da er, um nicht entdeckt zu werden, auf eine telefonische Kontaktaufnahme mit den Medien verzichten müßte. Aber auch die Ermittlung der Identität des Kommunikationspartners des Journalisten kann zum Verlust vieler Informanten führen, da nicht nur Straftäter davor zurückscheuen, den Medien Mitteilungen zu machen, wenn sie infolge eines Telefonats mit der Feststellung ihrer Person rechnen müssen.

1044 Im konkreten Fall würden allerdings erhebliche Bedenken an der Verhältnismäßigkeit der Maßnahme bestehen.

1045 Dies ist nur dann nicht möglich, wenn der Informant so vorausschauend war, von einem öffentlichen Fernsprecher zu telefonieren. Davon kann jedoch im Regelfall nicht ausgegangen werden.

1046 Pöppelmann AfP 1997, 485 (493).

1047 Die BILD-Zeitung hatte ein Foto des entführten Jan P. Reemtsma veröffentlicht. Der Beamte, der das Foto an die Zeitung verkauft hatte, wurde rasch ausfindig gemacht (Zeit Nr. 34/1996 S. 12). Zwar war das Auskunftsverlangen nach dem Rechtsgefühl in diesem Fall eine durchaus angebrachte Maßnahme, nicht vergessen werden darf jedoch, daß sie ebenfalls dann, wenn es um die Aufdeckung von Mißständen geht, zur Anwendung kommen könnte. Auch infolge dieses Falles werden zukünftig aus Angst vor Entdeckung weniger Informanten den Medien Mitteilungen machen.

1048 Stellungnahme von ARD und ZDF vom 3./9. Dezember 1996.

Die Ermittlung des Aufenthaltsortes und der Identität von Informanten über die Verbindungsdaten eines Journalisten wirkt sich negativ auf das Vertrauen in die Medien aus. Insbesondere da derartige Fälle nicht mehr nur vereinzelt auftreten, werden die Medien in der Öffentlichkeit als Gehilfen der Strafverfolgungsbehörden wahrgenommen. Dies führt zu einem Vertrauensverlust und folglich letzten Endes dazu, daß die Journalisten weniger Mitteilungen erhalten. Da die Informationsbeschaffung als notwendige Voraussetzung dafür, daß die Medien ihrer Unterrichtungs- und Kontrollfunktion nachkommen, vom Schutzbereich des Art. 5 Abs. 1 S. 2 GG umfaßt ist, stellt ihre Störung einen Eingriff in die Presse- und Rundfunkfreiheit dar.

2. Die Überwachung des Anschlusses des Informanten

Wenn die Maßnahme nicht am Telefonanschluß des Journalisten, sondern des Informanten ansetzt, ist der Schutzbereich des Art. 5 Abs. 1 S. 2 GG tangiert, da durch sie der Informantenschutz nicht gefährdet wird. Wird nur dieser Anschluß überwacht, können andere Informanten mit dem Journalisten telefonieren, ohne daß die Ermittler davon Kenntnis erlangen. Die Geheimhaltung ihrer Identität und ihrer Mitteilungen ist durch eine solche Maßnahme nicht gefährdet. Aus diesem Grund hält das Bekanntwerden der Überwachung des Anschlusses eines Informanten andere Personen nicht davon ab, auch künftig ihre Informationen an die Medienschaffenden weiterzugeben. Sie können sich vielmehr darauf verlassen, daß ihre Identität und der Inhalt ihrer Mitteilungen den Strafverfolgungsbehörden zumindest nicht auf diesem Wege bekannt werden. Das Vertrauen in die Medien wird nicht erschüttert; die Informationsbeschaffung nicht beeinträchtigt.[1049]

3. Fazit

Festzuhalten ist, daß die zwangsweise Erlangung von Beweismitteln auf dem Weg der Telekommunikationsüberwachung die Vertrauenswürdigkeit der Medien erheblich gefährden kann. Die Eingriffsintensität bei der Überwachung des Anschlusses einer Redaktion oder eines Journalisten geht über die „bloße" Beeinträchtigung des Fernmeldegeheimnisses hinaus.[1050] Zusätzlich ist ein Eingriff in die Presse- und Rundfunkfreiheit zu verzeichnen.

Dies betrifft jedoch nur die Überwachung des Anschlusses des Medienmitarbeiters, nicht eines Informanten. Nur in diesen Fällen besteht daher Anlaß, die Verfassungsmäßigkeit der Norm am Maßstab des Art. 5 Abs. 1 S. 2 GG zu prüfen und nach der Notwendigkeit einer Beschränkung der Befugnisse der Strafverfolgungsbehörden zu fragen.

4. Die Überwachung der Telekommunikation als allgemeines Gesetz

Der Eingriff in den Schutzbereich des Art. 5 Abs. 1 S. 2 GG führt nicht zwangsläufig zu einem vollständigen Verbot der Telekommunikationsüberwachung bei Medienmitarbeitern. Vielmehr sind auch hier neben der Presse- und Rundfunkfreiheit die ebenfalls grundgesetzlich geschützten Strafverfolgungsinteressen sowie die Beschuldigtenrechte zu berücksichtigen.

a. § 100 a StPO

Die Regelung des § 100 a StPO ist ein allgemeines Gesetz im Sinne des Art. 5 Abs. 2 GG, da sie sich nicht als Sonderrecht gegen Presse und Rundfunk richtet, sondern jedermann von ihr

1049 Vgl. auch zu dem parallelen Problem bei der Postbeschlagnahme S. 146 dieser Arbeit.
1050 Vgl. Degener S. 227.

potentiell betroffen ist.[1051] Da sie jedoch für die in § 53 Abs. 1 StPO genannten Berufsgruppen keine Beschränkung der Befugnisse der Strafverfolgungsbehörden enthält, wurden insbesondere unmittelbar nach ihrer Aufnahme in die Strafprozeßordnung Bedenken gegen ihre Grundgesetzmäßigkeit laut.[1052] In der fehlenden Ausnahmeregelung liege ein Verstoß gegen die nach Art. 12 GG geschützte Berufsfreiheit.[1053] § 100 a StPO sei deshalb dahingehend verfassungskonform auszulegen, daß die in § 53 Abs. 1 StPO Genannten nur überwacht werden dürften, wenn es sich bei ihnen um dolose Nachrichtenmittler handelt.[1054] „Dolos" bedeutet dabei nicht schon das bloße Wissen des Zeugnisverweigerungsberechtigten um die Straftat; gemeint ist vielmehr der auf Teilnahme oder Begünstigung gerichtete Vorsatz.[1055]

Diese Regelung entspräche in etwa der Klausel zur subjektiven Strafverstrickung in § 97 Abs. 2 S. 3 StPO, wonach das Vertrauensverhältnis zwischen Straftätern nicht schützenswert ist.[1056] Teilweise wird deswegen unmittelbar eine analoge Anwendung des § 97 Abs. 2 S. 3 StPO gefordert. Ist davon auszugehen, daß die dem Betroffenen zugehenden Mitteilungen solche sind, die nach § 53 StPO dem Berufsgeheimnis unterliegen, so wäre nach dieser Meinung eine gegen einen in § 53 Abs. 1 StPO genannten Berufsträger gerichtete Fernmeldeüberwachung nur unter den Voraussetzungen des § 97 Abs. 2 S. 3 StPO zulässig.[1057]

Zu Recht wird dagegen jedoch vorgebracht, daß der Gesetzgeber die Regelung des § 97 StPO bei der Einführung der Telekommunikationsüberwachung kannte und auch bei den zahlreichen Änderungen des § 100 a StPO nie eine Beschränkung für bestimmte Berufsgruppen einführte. Eine planwidrige Regelungslücke liegt damit nicht vor, so daß eine analoge Anwendung des § 97 StPO ausscheidet.[1058]

Eine verfassungskonforme Auslegung, nach der nur der dolose Nachrichtenmittler abgehört werden dürfte, stünde außerdem im Widerspruch zum Wortlaut des § 100 a StPO und zum eindeutigen Willen des Gesetzgebers.[1059] Aus der Tatsache, daß bei Schaffung des § 100 a StPO das Zeugnisverweigerungsrecht nach § 53 Abs. 1 Nr. 5 und 6 StPO[1060] und das Beschlagnahmeverbot nach § 97 Abs. 5 StPO bereits bestanden, läßt sich entnehmen, daß der Gesetzgeber bei der Telekommunikationsüberwachung eine derartige Begrenzung nicht für notwendig hielt. Auch weist der Wortlaut des § 100 a StPO keine Lücke, Mehrdeutigkeit oder sonstige Unklarheit auf, die eine verfassungskonforme Auslegung begründen könnten.

Der Gesetzgeber hat außerdem, indem er damit den Interessen des Beschuldigten und dem staatlichen Strafverfolgungsinteresse grundsätzlich den Vorrang vor der Presse- und Rundfunkfreiheit eingeräumt hat, Art. 5 Abs. 1 S. 2 GG nicht verletzt. Dadurch, daß die Medien durch Maßnahmen nach § 100 a StPO indirekt in Anspruch genommen werden, ist zwar ein

---

1051 Zur Definition des „allgemeinen Gesetzes": Sachs/Bethge Art. 5 Rdnr. 143.

1052 Suppert S. 233 ff.; Zuck NJW 1969, 911 (913).

1053 Zuck NJW 1969, 911 (912) für Verteidiger. Da er sich bei seiner Argumentation auf § 53 StPO und nicht auf § 148 StPO stützt, kann sich aber für die anderen Zeugnisverweigerungsberechtigten nichts anderes ergeben.

1054 Suppert S. 236 f.; Zuck NJW 1969, 911 (913).

1055 Suppert S. 237 Fn. 541; Unter Teilnahme ist hier ebenso wie bei § 97 Abs. 2 S. 3 StPO die Anstiftung und Beihilfe aber auch die Mittäterschaft zu verstehen. Vgl. S. 120 dieser Arbeit.

1056 LR-Schäfer § 97 Rdnr. 23; Fezer JuS 1978, 765 (768).

1057 HK-Lemke § 100 a Rdnr. 14; SK-Rudolphi § 100 a Rdnr. 21; Rudolphi FS-Schaffstein S. 444.

1058 LR-Schäfer § 100 a Rdnr. 25; Werle JZ 1991, 482 (485).

1059 Die Möglichkeit einer solchen Auslegung besteht gerade nicht entgegen dem Wortlaut der Regelung [BVerfGE 18, 97 (111); 63, 131 (147 f.); a.A. BVerfGE 30, 83 (88)] und ebensowenig entgegen dem Willen des Gesetzgebers [BVerfGE 8, 28; 9, 194 (200); 18, 97 (111); 20, 162 (218)].

1060 Heute zusammengefaßt in § 53 Abs. 1 Nr. 5 StPO.

Vertrauensverlust und damit eine Beeinträchtigung bei der Wahrnehmung ihrer Unterrichtungs- und Kontrollfunktion zu befürchten, diese Gefahr ist jedoch in der Regel nicht präsent genug, um eine vollständige Verdrängung der Interessen des Beschuldigten und der Strafverfolgung zu rechtfertigen. Zudem ist der Gesetzgeber in der Ausgestaltung des Schutzes des Redaktionsgeheimnisses frei.[1061] Bis auf wenige Ausnahmen[1062] halten auch die Kritiker der Regelung diese letztlich für mit dem Grundgesetz vereinbar.[1063] Trotz der generellen Verfassungsmäßigkeit des § 100 a StPO kann sich jedoch die Anordnung einer Telekommunikationsüberwachung bei einem Journalisten im Einzelfall als unverhältnismäßig erweisen.

b. § 12 FAG

Auch die Vorschrift über das Auskunftsverlangen ist kein speziell die Medien betreffendes Sonderrecht und entspricht damit als allgemeines Gesetz der Schrankenregelung des Art. 5 Abs. 2 GG. Wie die Diskussion im Bundestag zeigt, in deren Verlauf es den Parlamentariern nicht gelungen ist, sich auf eine Neuregelung zu einigen, ist die Verfassungsmäßigkeit des § 12 FAG jedoch wegen des Fehlens einer ausdrücklichen Regelung zum Schutz der nach § 53 Abs. 1 StPO geschützten Vertrauensverhältnisse umstritten.[1064] Es liegt aber im Ermessen des Gesetzgebers, ob und inwieweit der Schutz der Vertrauensverhältnisse ausdrücklich in die Vorschrift aufgenommen werden muß. Deshalb würde lediglich eine gänzlich ungeeignete Regelung gegen Art. 5 Abs. 1 S. 2 GG verstoßen. Dies ist bei § 12 FAG jedoch nicht der Fall, da der Gesetzgeber grundsätzlich davon ausgehen durfte, daß die Fachgerichte immer dann, wenn die Presse- und Rundfunkfreiheit vor den Interessen der Strafrechtspflege Vorrang genießt, die Auskunft nicht anordnen.

5. Die Anwendung des Verhältnismäßigkeitsgrundsatzes

Wie bei allen staatlichen Zwangsmaßnahmen ist auch bei Anordnung der Telekommunikationsüberwachung die Gebotenheit im Einzelfall zu prüfen.[1065] Im Falle der Überwachung der Medien muß dabei neben dem Eingriff in das Fernmeldegeheimnis der Eingriff in die Presse- und Rundfunkfreiheit, die im System der Grundrechte einen herausragenden Stellenwert hat,[1066] beachtet werden. So entspricht eine Überwachung des Anschlusses von Medienmitarbeitern nur dann den Anforderungen, wenn es keine andere, nicht in die Presse- und Rundfunkfreiheit eingreifende Möglichkeit zur Sachverhaltsaufklärung gibt.

Außerdem kann der Verdacht leichterer Straftaten einen Eingriff in Art. 5 Abs. 1 S. 2 GG nicht rechtfertigen. Fraglich ist, ob der Straftatenkatalog des § 100 a S. 1 StPO bereits eine ausreichende Beschränkung darstellt, die die Presse- und Rundfunkfreiheit angemessen schützt. Für § 12 FAG haben ARD und ZDF in ihrer Stellungnahme vom Dezember 1996 jedenfalls ange-

---

1061 BVerfGE 20, 162 (216); v. Mangoldt/Klein/Starck Art. 5 Rdnr. 77.

1062 Zuck NJW 1969, 911 (913).

1063 Blei JA 1969 StR S. 133 (411 f.); Suppert S. 236; bezüglich der Zweifel der Zweckerreichung des Eingriffs in das Fernmeldegeheimnis und die Zunahme der Überwachungen in den letzten Jahren vgl. Kiper/Ruhmann DuD 1998, 155; Kubicek DuD 1995, 656 (659).

1064 BT-Drucksache 13/8776 S. 36; 13/8016 S. 26; vgl. BR-Drucksache 860/97 S. 12; siehe auch S. 30 f. dieser Arbeit.

1065 Siehe S. 42 f. und 158 dieser Arbeit.

1066 Sachs/Bethge Art. 5 Rdnr. 65.

regt, das Auskunftsverlangen zuzulassen, wenn gegen den Beschuldigten wegen einer im Katalog des § 100 a StPO genannten Tat ermittelt wird.[1067]

Durch den Straftatenkatalog und die Subsidiaritätsklausel hat der Gesetzgeber das rechtsstaatliche Interesse an einer effektiven Strafverfolgung mit dem Fernmeldegeheimnis im Wege der praktischen Konkordanz zum Ausgleich gebracht.[1068] Jedoch muß bezüglich der Interessen der Medien der Straftatenkatalog des § 100 a StPO als zu weit betrachtet werden, da er minder schwere Vergehen, wie zum Beispiel die verfassungsfeindliche Sabotage (§ 88 StGB), die Störpropaganda gegen die Bundeswehr (§ 109 d StGB) oder die einfache Erpressung (§ 253 StGB) enthält, bei denen im Einzelfall sogar die Verhängung einer Geldstrafe ausreichend sein kann. Derart leichte Straftaten können nicht genügen, die Medienfreiheit, die ein Wesenselement unserer Demokratie und dafür „schlechthin konstituierend“ [1069] ist, hinter die Interessen der Strafverfolgung zurücktreten zu lassen.[1070]

Die Inanspruchnahme der Medien, durch die das Vertrauen in sie geschädigt und damit die Informationsbeschaffung beeinträchtigt wird, kann nur im Falle des Verdachts schwerer und schwerster Straftaten, vor allem also beim Verdacht eines Verbrechens zulässig sein. Eine Maßnahme nach § 100 a StPO ist für die Medien mit schwersten Konsequenzen verbunden, da der Eingriff in die Presse- und Rundfunkfreiheit dazu führen kann, daß die Medien durch den Verlust des ihnen entgegengebrachten Vertrauens ihrer verfassungsmäßigen Aufgabe der Information und Kontrolle nicht mehr gerecht werden können. Die Folgen, die eine Telekommunikationsüberwachung für sie hat, gehen somit über das bei anderen Betroffenen gewöhnlich erreichte Maß weit hinaus. Die Telekommunikationsüberwachung bedarf daher ebenso wie der Zeugniszwang und die Beschlagnahme einer zusätzlichen Beschränkung, die der Sicherung des Vertrauens in die Medien dient.

6. Die Zweckmäßigkeit einer ausdrücklichen Regelung

Obwohl bei der Telekommunikationsüberwachung anders als bei der Postbeschlagnahme im Schrifttum auf die Erforderlichkeit der Beachtung der Presse- und Rundfunkfreiheit im Einzelfall hingewiesen wird,[1071] ist zur ausdrücklichen Aufnahme einer entsprechenden Regelung in § 100 a StPO und § 12 FAG zu raten. Nach den bei den §§ 53 Abs. 1 Nr. 5, 97 Abs. 5 StPO gesammelten Erfahrungen beziehen die Fachgerichte Art. 5 Abs. 1 S. 2 GG in ihre Verhältnis-

---

1067 Der Vorschlag in seinem genauen Wortlaut: „Die Auskunft über die Telekommunikation (§ 12 Satz 1 FAG) der in Satz 1 Genannten darf nur verlangt werden, soweit die Ermittlungen auf eine in § 100 a StPO aufgeführte Straftat gerichtet sind und sich die Maßnahme als unverzichtbar zum Schutz anderweitiger, überragend wichtiger Gemeinschaftsgüter im Rahmen des Verhältnismäßigkeitsgrundsatzes erweist.“ (Stellungnahme von ARD und ZDF vom 3./9. Dezember 1996) Problematisch ist allerdings, daß dies als Satz 2 an § 53 Abs. 1 Nr. 5 StPO angefügt werden soll. Dies ist systematisch betrachtet falsch, da die Ausnahmevorschrift in dasselbe Gesetz gehört, das die Strafverfolgungsbehörden zu der Maßnahme berechtigt. Die Regelung müßte daher als Absatz 2 an § 12 FAG bzw. dessen Neuregelung angefügt werden.

1068 BT-Drucksache 5/1880 S. 7.

1069 BVerfGE 12, 205 (260); 35, 202 (221 f.); 83, 238 (296); Sachs/Bethge Art. 5 Rdnr. 17 und 66.

1070 Ob das Strafverfolgungsinteresse das Interesse an der Wahrung des Redaktionsgeheimnisses überwiegt, muß auch für die anderen in § 100 a S. 1 StPO genannten Vergehen, wie zum Beispiel den Bandendiebstahl (§ 244 StGB), die gewerbsmäßige Hehlerei und Bandenhehlerei (§ 260 StGB) oder die gewerbsmäßige oder bandenmäßige Verleitung zur mißbräuchlichen Asylantragstellung (§ 84 Abs. 3 AsylVfG) bezweifelt werden.

1071 LR-Schäfer § 100 a Rdnr. 1 und 25; Joecks JA 1983, 58 (60); vgl. S. 157 f. dieser Arbeit.

mäßigkeitsprüfung nicht oder in nicht ausreichendem Maße ein.[1072] Dies ist erst recht für die Überwachung der Telekommunikation zu befürchten, so daß eine Präzisierung des Verhältnismäßigkeitsgrundsatzes, die auf den besonderen Konflikt zwischen dem Schutz des Redaktionsgeheimnisses und den Interessen der Strafverfolgung abgestimmt ist, geboten erscheint.[1073]

IV. Regelungsvorschläge

Die in der Literatur zu findenden Abhandlungen befassen sich fast ausschließlich jeweils nur mit einer der beiden die Telekommunikationsüberwachung ermöglichenden Vorschriften.[1074] Dadurch bedingt gibt es kaum Vorschläge, die sowohl § 12 FAG als auch § 100 a StPO betreffen. Soweit jedoch eine Übertragung der empfohlenen Neuregelung auf die jeweils andere Vorschrift möglich ist, geschieht dies im folgenden.

1. Das absolute Überwachungsverbot

Um die Presse- und Rundfunkfreiheit vollständig zu schützen, wäre ein absolutes Überwachungsverbot der Anschlüsse von Medienmitarbeitern vonnöten. Nur so kann gesichert werden, daß das Redaktionsgeheimnis in allen Fällen gewahrt bleibt. Ein solches absolutes Verbot ließe jedoch die Interessen der staatlichen Strafverfolgung ebenso wie die des Beschuldigten völlig außer acht. Dies wäre nicht sachgerecht.[1075] Beim Verdacht schwerer Kriminalität muß es zulässig sein, die Straftat anhand der Verbindungsdaten und der Kommunikationsinhalte aufzuklären.

Dies wird auch durch einen Blick auf die bereits bestehenden medialen Schutznormen deutlich. Beim Aussagezwang und bei der Beschlagnahme wird direkt in die Sphäre der Medien eingegriffen, wodurch das Vertrauen wesentlich stärker gefährdet wird als durch die Überwachung der Telekommunikation. Dennoch bieten auch das Zeugnisverweigerungsrecht und das Beschlagnahmeverbot keinen absoluten Schutz.[1076] Dies muß erst recht für § 100 a StPO und § 12 FAG gelten, so daß ein absolutes Überwachungsverbot ebenso wie im Fall der Postbeschlagnahme als Lösungsmöglichkeit abzulehnen ist.

2. Die Beschränkung auf kollusives Zusammenwirken

Einige Autoren sprechen sich für die ausdrückliche Aufnahme eines Verweises auf § 97 Abs. 2 S. 3 StPO in § 100 a StPO aus, wonach eine Überwachung nur dann möglich sein soll, wenn der Nachrichtenmittler im Verdacht steht, kollusiv mit dem Beschuldigten zusammenzuwirken.[1077] Zusätzlich müßte eine Katalogtat im Sinne des § 100 a StPO vorliegen. Nach dieser Ansicht wäre die Strafverstrickungsklausel also eine weitere Voraussetzung für einen Eingriff und würde ihn nicht wie bei § 97 Abs. 2 S. 3 StPO ausnahmsweise zulassen. Ihr käme eine gänzlich andere Funktion zu.

Es muß bezweifelt werden, daß eine derart weitgehende Beschränkung der Überwachungsmöglichkeiten tatsächlich notwendig ist und den Anforderungen an eine effektive Strafverfol-

1072 Siehe S. 104 ff. und S. 148 dieser Arbeit.

1073 Nicht erfolgversprechend wäre die Aufnahme einer allgemeinen Formulierung, die lediglich die Einhaltung des Verhältnismäßigkeitsgrundsatzes anmahnt. Vgl. S. 149 dieser Arbeit.

1074 Eine der seltenen Ausnahmen ist zum Beispiel K.-H. Groß StV 1996, 559.

1075 Siehe ergänzend hierzu auch S. 107 f. dieser Arbeit.

1076 Zum Fehlen des Zeugnisverweigerungsrechts für selbstrecherchiertes Material siehe S. 81 ff. und zum Ausschluß der Beschlagnahmeverbots bei Strafverstrickung siehe S. 120 ff. dieser Arbeit.

1077 AK-Maiwald § 100 a Rdnr. 12; KK-Nack § 100 a Rdnr. 31.

gung gerecht würde. Kaum denkbar ist, daß unter diesen engen Voraussetzungen das Abhören einer Redaktion jemals zulässig wäre. Anders als bei § 97 StPO werden die Möglichkeiten der Strafverfolgungsbehörden im Fall des § 100 a StPO schon durch den darin enthaltenen Katalog erheblich eingeschränkt. Während die Strafverstrickungsklausel gemäß § 97 Abs. 5 S. 2 i.V.m. Abs. 2 S. 3 StPO bei allen Straftaten des Journalisten dazu führt, daß die Ermittler gegen ihn vorgehen dürfen, ist dies bei § 100 a StPO nur bei Katalogtaten der Fall.

Journalisten machen sich zwar gelegentlich der Beteiligung an der Straftat eines Informanten schuldig, dabei handelt es sich aber fast ausnahmslos um minder schwere Taten, die nicht im Katalog des § 100 a StPO enthalten sind.[1078] Eine Begünstigung oder Strafvereitelung zugunsten eines Täters, der eine Katalogtat begangen hat, wird ein Medienmitarbeiter nur in den seltensten Fällen begehen, da vor allem allein in einer Veröffentlichung über eine Katalogtat weder eine Strafvereitelung[1079] noch eine Begünstigung[1080] zu sehen ist. Würde man verlangen, für die Zulässigkeit der Überwachungsmaßnahme müsse der Medienmitarbeiter an der Katalogtat des Informanten teilgenommen haben, wäre das Abhören des Fernsprechverkehrs einer Redaktion oder eines Journalisten daher nahezu immer unzulässig. Selbst in den Fällen schwerster Kriminalität müßte das Strafverfolgungsinteresse meist hinter dem Interesse an der Wahrung des Redaktionsgeheimnisses zurücktreten.

Daß dies nicht sachgerecht wäre, wird an dem Fall der tödlichen Schüsse auf einen Polizisten bei einer Demonstration gegen die Startbahn West des Frankfurter Flughafens deutlich. Die „tageszeitung" (taz) hatte den Brief eines Verdächtigen auszugsweise veröffentlicht, in dem dieser seine Mutter bat, über das taz-Büro in Frankfurt mit ihm Kontakt aufzunehmen. Daraufhin wurden die Anschlüsse der Frankfurter und der Berliner Redaktion der Zeitung überwacht,[1081] was nach § 100 a S. 2 StPO möglich war, da die Redakteure für den Beschuldigten bestimmte Mitteilungen weitergeben sollten. Folgte man der oben geäußerten Ansicht, wäre eine Überwachung hingegen nicht zulässig gewesen, weil in der bloßen Weitergabe von Informationen zumindest in diesem Fall keine Begünstigung oder Strafvereitelung und erst recht keine Beteiligung an der Tat gesehen werden kann. Den Strafverfolgungsbehörden wären die Hände gebunden gewesen.

Daß in Fällen derart schwerer Kriminalität eine Ermittlung der Täter zur Sicherung der Informationsbeschaffung durch die Medien eventuell nicht möglich sein soll, kann nicht hingenommen werden. Ein faktisch absolutes Überwachungsverbot hieße, den Schutz der Presse- und Rundfunkfreiheit zu überdehnen. Bei Schwerstkriminalität muß das staatliche Strafverfolgungsinteresse das Interesse an der Wahrung des Redaktionsgeheimnisses überwiegen.

§ 12 FAG würde hingegen durch eine Regelung, nach der die Anordnung einer Auskunft nur noch im Falle eines Kollusionsverdachts gegen den Journalisten zulässig wäre, wegen des fehlenden Straftatenkataloges nicht so stark beschränkt. Dennoch wäre auch diese Lösung ungeeignet, da der Schutz der Presse- und Rundfunkfreiheit es nicht rechtfertigen, daß Maßnahmen nach § 12 FAG auch im Falle von Schwerstkriminalität grundsätzlich unterbleiben müssen, obwohl diese einen relativ geringen Eingriff darstellen.

1078 Siehe insbesondere zur Beteiligung am Dienstgeheimnisbruch S. 122 ff. dieser Arbeit.

1079 Die Strafvereitelung verlangt eine Besserstellung des Vortäters, die aber durch eine Veröffentlichung oder die Zusammenarbeit für eine solche noch nicht eintritt (Lackner § 258 Rdnr. 3).

1080 Eine Begünstigung würde voraussetzen, daß der Journalist handelt, um dem Vortäter die Tatvorteile zu sichern. Da es dem Journalisten normalerweise nicht darauf ankommt, „die Wiederherstellung des gesetzmäßigen Zustandes zu verhindern oder zu erschweren" (BGH Düsseldorf NJW 1979, 2320 (2321); Lackner § 257 Rdnr. 5 m.w.N.), kann dies nicht angenommen werden.

1081 Wilde, Fälle 11.1987.

3. Der Rechtsgedanke aus § 97 Abs. 5 StPO

Für § 12 FAG schlagen die Medienverbände in ihrem Entwurf eines Gesetzes zur Sicherung des Zeugnisverweigerungsrechts eine Regelung vor, die sich an § 97 Abs. 5 StPO anlehnt. Nach einem an § 12 FAG anzufügenden Abs. 2 soll das Auskunftsverlangen über die Telekommunikation der Medienschaffenden soweit unzulässig sein, wie das Zeugnisverweigerungsrecht nach § 53 Abs. 1 Nr. 5 StPO reicht. Diese Beschränkung soll nur dann nicht gelten, wenn der dringende Verdacht besteht, daß der Medienschaffende an einer den Gegenstand der Untersuchung bildenden Katalogtat[1082] teilgenommen hat oder zu dieser eine Begünstigung, Strafvereitelung oder Hehlerei begangen hat.[1083]

Problematisch an dieser Regelung wäre, daß die Medienschaffenden über alle Mitteilungen ein Zeugnisverweigerungsrecht haben, die auch nur mittelbar auf die Person des Informanten schließen lassen,[1084] was auch dann der Fall ist, wenn der Name des Informanten preisgegeben wurde.[1085] Es ist aber gerade der Regelfall, daß durch das Auskunftsersuchen der Informant ermittelt werden soll. Dies kann mit Hilfe des sich aus den Verbindungsdaten ergebenden Anschlusses geschehen, von dem aus der Informant telefoniert hat.[1086] Ist die Identität und der Aufenthaltsort des Informanten bekannt, besteht kein Anlaß, bei dem Telekommunikationsdienst die Verbindungsdaten herauszuverlangen. Da gerade für diese Daten jedoch ein Zeugnisverweigerungsrecht besteht, wäre daher ein Auskunftsverlangen nach § 12 FAG immer nur dann zulässig, wenn es für die Strafverfolger wertlos ist. Eine Ausnahme bestünde lediglich in den seltenen Fällen, in denen sich ein Medienmitarbeiter an einer Katalogtat beteiligt hat. Dann ist es den Strafverfolgern jedoch ohnehin leicht möglich, den verdächtigen Journalisten zum Beschuldigten zu machen, was zur Folge hätte, daß der Weg über § 12 FAG immer gegeben wäre, da sich beschuldigte Journalisten nicht auf die medialen Schutzrechte berufen können.[1087] Der Vorschlag der Medienverbände kommt damit dem absoluten Verbot des Auskunftsverlangens gleich. Dies ist jedoch angesichts des beträchtlichen Interesses an einer effektiven Strafverfolgung nicht sachgerecht, so daß der Vorschlag abgelehnt werden muß.

Fraglich ist, ob der Gedanke der Medienverbände für § 100 a StPO nutzbar zu machen ist. Auch § 100 a StPO würde in seinem Anwendungsbereich stark reduziert, da aus dem oben genannten Grund bei der Überwachung des Anschlusses eines Medienmitarbeiters nur noch die Kenntnisnahme vom Inhalt der Kommunikation zulässig wäre; Verbindungsdaten dürften nicht festgestellt werden. Auch von den Kommunikationsinhalten dürften jedoch diejenigen nicht verwertet werden, die fremdrecherchierte Mitteilungen betreffen.[1088] Auch im Falle von Schwerstkriminalität blieben daher nur Informationen, die Eigenrecherchen des Journalisten sind, als Beweismittel im Prozeß nutzbar. Angesichts des im Vergleich zum Zeugniszwang und

1082 Gemeint ist der von den Medienverbänden geforderte Straftatenkatalog in § 53 StPO, durch den ein teilweises Zeugnisverweigerungsrecht für selbstrecherchiertes Material statuiert wird.

1083 Siehe zum genauen Wortlaut Anhang 1 S. 215 ff. dieser Arbeit.

1084 BGHSt 36, 298; Kleinknecht/Meyer-Goßner § 53 Rdnr. 34; LR-Dahs § 53 Rdnr. 47; siehe S. 55, 84 f. und 87 dieser Arbeit.

1085 Siehe zu der Frage des Zeugnisverweigerungsrechts über den Informanten S. 55 ff. dieser Arbeit.

1086 Siehe S. 167 dieser Arbeit.

1087 Siehe S. 131 ff. dieser Arbeit.

1088 Ein Beweiserhebungsverbot ist aus praktischen Gründen nicht möglich, da sich erst bei der Auswertung herausstellt, ob es sich bei den aufgezeichneten Informationen um Eigen- oder Drittrecherchen handelt. Die für die akustische Wohnraumüberwachung gegebene Empfehlung, einen Beamten die Gespräche mithören und gegebenenfalls das Aufzeichnungsgerät ausschalten zu lassen (KK-Nack § 100 d Rdnr. 12), ist bei der Überwachung der Telekommunikation nicht realisierbar. Auch könnte dies zum Beispiel die Fälle der Kenntnisnahme vom Fernschreibverkehrs und von Mailboxen-Inhalten nicht lösen.

der Beschlagnahme geringen Eingriffs in die Presse- und Rundfunk wäre eine so weitgehende Beschränkung nicht sachgemäß.

4. Der spezielle Straftatenkatalog

Erneut bietet sich als Lösung des Interessenkonflikts der durch die Medienverbände für § 53 StPO vorgeschlagene Straftatenkatalog an.[1089] Dieser ist weniger weitgehend als der Katalog des § 100 a StPO, berücksichtigt die Notwendigkeit einer effektiven Strafverfolgung aber in ausreichendem Maße. Telekommunikationsüberwachungen, die besonders schwere Straftaten betreffen (wie zum Beispiel bei der taz in Frankfurt und Berlin im November 1987)[1090], wären nach wie vor möglich.

Wie beim Zeugnisverweigerungsrecht und dem Beschlagnahmeverbot kann aber auch bei der Telekommunikationsüberwachung die Ausprägung des Verhältnismäßigkeitsgrundsatzes die Prüfung jeder einzelnen Maßnahme auf ihre Verhältnismäßigkeit nicht ersetzen. Diese ist trotz des speziellen für die Medienmitarbeiter geltenden Straftatenkataloges weiter zu beachten.[1091]

5. Der Verdachtsgrad

Nach der hier vertretenden Auffassung wird für einen Ausschluß des Zeugnisverweigerungsrechts über selbstrecherchiertes Material der dringende Verdacht einer Katalogtat gefordert. Würde man dies auch im Fall des § 100 a StPO und des § 12 FAG annehmen, ließe man außer acht, daß durch eine Telekommunikationsüberwachung nicht in die räumliche Sphäre der Medien eingegriffen wird und sie nicht unmittelbar in Anspruch genommen werden. Deshalb ist durch eine Maßnahme nach § 100 a StPO die Schädigung der Vertrauenswürdigkeit der Medien weniger wahrscheinlich als durch eine Maßnahme nach den §§ 53 Abs. 1 Nr. 5, 97 Abs. 5 StPO, so daß eine derart enge Voraussetzung nicht sachgemäß wäre.[1092] Es ist daher ausreichend, daß gegen den Beschuldigten der einfache Verdacht besteht, eine Katalogtat begangen zu haben bzw. die in § 100 a StPO verwendete Formulierung beibehalten wird, wonach sich der Verdacht auf bestimmte Tatsachen gründen muß.

6. Die Subsidiaritätsklausel

Fraglich ist, ob die bereits in § 100 a StPO enthaltene Subsidiaritätsklausel auch für die Sonderregelung der Medienschaffenden beibehalten und in § 12 FAG übernommen werden soll.[1093] Die Klausel enthält als Ausprägung des Verhältnismäßigkeitsgrundsatzes die „Erforderlichkeit", durch die gesichert werden soll, daß die Überwachungsmaßnahmen nur dann angeordnet werden, wenn kein milderes Mittel zur Verfügung steht. Diese Voraussetzung muß erst recht dann erfüllt sein, wenn neben dem Eingriff in das Fernmeldegeheimnis auch ein Eingriff in das Redaktionsgeheimnis erfolgt. Daher darf der Subsidiaritätsgrundsatz neben dem speziellen Straftatenkatalog nicht fehlen.

1089 Siehe S. 110 ff. sowie Anhang 1 S. 263 ff. dieser Arbeit.

1090 Vgl. S. 173 dieser Arbeit und Wilde, Fälle 11.1987.

1091 Siehe auch S. 114 und 158 f. dieser Arbeit.

1092 Siehe auch S. 163 dieser Arbeit.

1093 Zu den Bedenken gegen diese Klausel siehe S. 115 f. dieser Arbeit.

7. *Die Strafverstrickungsklausel*

Wie schon bei der Postbeschlagnahme muß auch bei der Überwachung der Telekommunikation als Gegengewicht zur Beschränkung der Möglichkeiten der Strafverfolgungsbehörden durch den einzufügenden Straftatenkatalog eine Strafverstrickungsklausel in das Gesetz aufgenommen werden.[1094] Ist der Journalist an der Straftat des Verdächtigten beteiligt, überwiegt das Interesse an der Wahrung der Vertrauenswürdigkeit der Medien das staatliche Strafverfolgungsinteresse nicht länger. Dies ergibt sich aus einem argumentum a maiore ad minus: Ist schon die Strafverstrickungsklausel im Falle des § 97 Abs. 5 S. 2 i.V.m. Abs. 2 S. 3 StPO eine notwendige Einschränkung der medialen Schutznorm, muß dies erst recht für § 100 a StPO gelten, der weniger in die Presse- und Rundfunkfreiheit eingreift als eine Beschlagnahme nach § 94 StPO. Allerdings müssen auch bei der Telekommunikationsüberwachung die bei der Beschlagnahme geäußerten Bedenken durchgreifen.[1095]

V. Der Journalist als Beschuldigter

Die Medienschaffenden sind in aller Regel als Nachrichtenmittler von Maßnahmen nach § 100 a StPO und § 12 FAG betroffen. Ist der Journalist selbst Beschuldigter, stellen sich die gleichen Fragen wie beim Beschlagnahmeverbot nach § 97 Abs. 5 StPO. Sie sind parallel zu dieser Vorschrift zu beantworten.

Wie dort kann auch hier für den beschuldigten Journalisten die Beschränkung zum Schutz des Redaktionsgeheimnisses nicht gelten. Er hat kein Zeugnisverweigerungsrecht nach § 53 Abs. 1 Nr. 5 StPO, sondern ist ein Beschuldigter wie jeder andere auch.[1096] Auch dann, wenn nur ein Mitarbeiter einer Redaktion Beschuldigter ist, bedarf die Telekommunikationsüberwachung keiner Beschränkung. Ließe man sie nur zu, wenn alle Mitarbeiter einer Redaktion beschuldigt sind, würde dies den Interessen der Strafverfolgung nicht gerecht.[1097]

VI. Verwertungsverbote

Zur Ergänzung des Schutzes ist möglicherweise ein Beweisverwertungsverbot für bestimmte Erkenntnisse zu statuieren. Ob und in welchen Fällen bei § 12 FAG ein Verwertungsverbot besteht, wurde bisher wenig diskutiert. Bei § 100 a StPO wird ein solches bejaht, wenn dessen Voraussetzungen nicht vorliegen, jedoch willkürlich angenommen wurden.[1098] Dies kann auf die Regelung des § 12 FAG übertragen werden und muß auch für eventuelle Neuregelungen oder Neufassungen der Vorschriften gelten.

Wurde eine Telekommunikationsüberwachung vorgenommen, um den Verdacht des Vorliegens einer Straftat im Sinne des § 100 a StPO erst zu begründen, führt dies dazu, daß die so erlangten Beweismittel nicht im Prozeß verwendet werden dürfen.[1099] Wegen der fehlenden

---

1094 Der Unterschied zu der auf S. 172 ff. abgelehnten Regelung ist folgender: Nach dieser Ansicht sollte eine Maßnahme auch beim Vorliegen einer Katalogtat des § 100 a StPO nur zulässig sein, wenn gegen den Journalisten außerdem ein Kollusionsverdacht besteht.
Hingegen ist nach der jetzt vorgeschlagenen Lösung eine Überwachung einer Tat nach dem speziellen Katalog des § 53 StPO erlaubt. Davon unabhängig dürfen Maßnahmen nach § 100 a StPO und § 12 FAG immer, also auch im Fall minder schwerer Straftaten, angeordnet werden, wenn der Journalist der Beteiligung an einer Katalogtat des § 100 a StPO verdächtig ist.

1095 Siehe S. 120 ff. dieser Arbeit; vgl. außerdem S. 152 f. dieser Arbeit.

1096 Zur näheren Begründung siehe S. 131 ff. dieser Arbeit.

1097 Vgl. S. 121 und Fn. 841 auf S. 132 dieser Arbeit.

1098 LR-Schäfer § 100 a Rdnr. 41 m.w.N.

1099 Schumacher S. 143; Peters in Verhandlungen des 46. Deutschen Juristentages, F 1 (F 143).

Fernwirkung der Verwertungsverbote ist es jedoch auch in diesen Fällen möglich, daß die Strafverfolgungsbehörden aufgrund der unzulässig erlangten Beweise weitere Ermittlungen anstellen.

Ausgesprochen wichtig ist für Medienschaffende die Frage der Verwertbarkeit von Zufallsfunden.[1100] Gerade in Zeiten des sich ausbreitenden investigativen Journalismus werden Redaktionen in zunehmendem Maße von Privaten[1101] über Straftaten informiert. Durch die Überwachung der Telefongespräche einer Redaktion erlangen die Ermittler daher zwangsläufig auch Kenntnis von anderen Straftaten, als die, derentwegen die Maßnahme angeordnet worden war.

Die einen Verdacht auf andere Straftaten begründenden Zufallsfunde sind nach § 100 b Abs. 5 StPO unstreitig verwertbar, wenn sich durch die Verwertung Erkenntnisse zur Aufklärung einer Katalogtat ergeben. Nach allgemeiner Meinung sind außerdem auch Beweise für Nichtkatalogtaten verwertbar, die im Zusammenhang mit der Tat nach § 100 a StPO stehen,[1102] wobei allerdings Voraussetzung ist, daß sich im Prozeß der Verdacht der Katalogtat bestätigt.[1103] Die Aufnahme der Regelung des § 100 b Abs. 5 S. 1 StPO in das Gesetz sollte lediglich der Klarstellung dienen und bestätigte die in Rechtsprechung und Literatur bereits vorherrschende Ansicht.[1104]

Die Frage, ob damit auch Beweise für Nichtkatalogtaten verwertet werden können, wenn sich der Verdacht der Katalogtat nicht bestätigt, ist allerdings umstritten. Nach Ansicht der Rechtsprechung kommt es auf die Erweislichkeit der Katalogtat nicht an. Voraussetzung für die Verwertbarkeit der erlangten Erkenntnisse ist lediglich ein enger Bezug zu der in der Anordnung aufgeführten Katalogtat.[1105] Dieser Ansicht kann nicht gefolgt werden, da danach der Straftatenkatalog aufgeweicht und sein Schutzzweck umgangen würde.[1106] Das Gesetz erlaubt eine Überwachung der Telekommunikation nur bei den in § 100 a StPO genannten Straftaten; wegen anderer Taten dürfte eine Überwachung nicht angeordnet werden. Da die Verwertung der rechtmäßig erlangten Überwachungsergebnisse einen erneuten Grundrechtseingriff darstellt,[1107] muß auch sie sich nach den gesetzlichen Wertungen des § 100 a StPO als berechtigt erweisen.[1108] Das wäre sie aber nur, würde sie eine Katalogtat betreffen, weshalb die zufällig über Nichtkatalogtaten erlangten Erkenntnisse unverwertbar sind.[1109] Andernfalls wäre die Versuchung für die Ermittler groß, den Verdacht einer Katalogtat etwas voreilig zu bejahen, um die scheinbar damit im Zusammenhang stehende Nichtkatalogtat beweisen zu können.[1110]

1100 Dies betrifft ausschließlich die Feststellung der Kommunikationsinhalte nach § 100 a StPO, da sich aus Verbindungsdaten keine Zufallsfunde ergeben können.

1101 Nicht durch offizielle Stellen wie die Pressestelle der Polizei oder der Staatsanwaltschaft.

1102 HK-Lemke § 100 a Rdnr. 21; KK-Nack § 100 a Rdnr. 41 ff.; Beulke Rdnr. 476.

1103 Kretschmer StV 1999, 221 (223 f.) m.w.N.

1104 BGHSt 28, 122 (125); BGHSt 32, 10 (15) = NStZ 1984, 372 m. Anm. Schlüchter; BGH NJW 1979, 1371; BGH NJW 1983, 2396; BayObLG JR 1983, 124; LR-Schäfer § 100 a Rdnr. 35 ff.; Gössel NJW 1981, 649 (655); Schlüchter Rdnr. 352.2; Rieß JR 1979, 167 (168); ders. JR 1983, 125 (126); differenzierend: Welp Jura 1981, 472 ff.; a.A. Maiwald JuS 1978, 379 (382); Odenthal NStZ 1982, 390; Peters § 49 I 1S. 452 f.; Prittwitz StV 1984, 302 (308).

1105 BGH StV 1998, 247 (248) = NStZ 1998, 426 (427); BGHSt 28, 122.

1106 Frister StV 1996, 454 (457); Meier S. 173 ff.

1107 Gross-Spreitzer S. 117 ff.; Lehmann S. 206; Rudolphi FS-Schaffstein S. 446 f.; Schumacher S. 283 ff.; Vogel NJW 1979, 2524; Welp S. 210 f. m.w.N.; ders. JZ 1973, 289 (290), ders. Jura 1981, 472 (474); a.A. Evers JZ 1965, 661 (666); Schünemann NJW 1978, 406 (407).

1108 SK-Rudolphi § 100 a Rdnr. 27.

1109 Prittwitz StV 1984, 302 (311).

1110 Frister StV 1996, 454 (457); Grünwald S. 151 f. m.w.N.

Strittig ist auch, inwieweit abgehörte Gespräche, die von Dritten geführt wurden, gegen den Beschuldigten als Beweis im Verfahren verwendet werden dürfen.[1111] Diese Frage stellt sich zum Beispiel dann, wenn ein nicht mit dem betreffenden Fall befaßter Redakteur[1112] über diesen von dem abgehörten Anschluß aus spricht. Der BGH hat die Verwertung eines solchen Gesprächs für zulässig gehalten;[1113] hingegen besteht nach anderer Ansicht für auf diesem Wege erlangte Erkenntnisse ein Verwertungsverbot. Zunächst wird auf den Text des § 100 a S. 2 StPO verwiesen, wonach eine Telekommunikationsüberwachung nur gegen den Beschuldigten und dessen Nachrichtenmittler zulässig ist.[1114] Dem Wortlaut ist jedoch nicht zu entnehmen, daß eine Überwachung des Anschlusses des Beschuldigten und des Nachrichtenmittlers zulässig und somit alle von diesen Anschlüssen geführten Gespräche verwertbar sind.[1115] Daß sämtliche Gespräche zunächst einmal abgehört werden müssen, ist aus technischen und praktischen Gründen nicht anders zu lösen. Dies sagt jedoch nichts über die Zulässigkeit von deren Nutzung aus.[1116]

Eine Verwertbarkeit dieser Aussagen kann auch nicht daraus hergeleitet werden, daß die Angaben eines sich selbst belastenden Dritten im Verfahren verwertbar sind, obwohl auch gegen ihn noch keine Überwachungsanordnung ergangen ist. Im Gegensatz zu dem sich selbst belastenden Dritten war eine solche gegen den andere belastenden Dritten nie möglich, da er keine der in § 100 a StPO genannten Personen ist. Gerade aus der hypothetischen Zulässigkeit einer Anordnung zieht die herrschende Meinung jedoch das Argument dafür, daß die Äußerungen sich selbst belastender Dritter verwertbar sind. Die Erklärung *Nacks*, der Anspruch des Dritten auf Beachtung des Fernmeldegeheimnisses müsse zurückstehen, wenn seine Äußerungen zur Feststellung der verfolgten Katalogtat bedeutsam seien,[1117] ist eine bloße Behauptung und kann als Begründung nicht ausreichen. Die Äußerungen Dritter, die selbst weder aktuell noch potentiell Personen im Sinne des § 100 a S. 2 StPO sind, dürfen daher nicht verwertet werden, auch wenn sie Katalogtaten betreffen.[1118]

VII. Verfahrensfragen

Nach § 100 b Abs. 1 StPO darf nur ein Richter die Überwachung der Telekommunikation nach § 100 a StPO anordnen. Bei Gefahr im Verzug genügt die Anordnung durch die Staatsanwaltschaft,[1119] die allerdings durch das zuständige Gericht bestätigt werden muß. Nach dem Muster des § 98 Abs. 1 S. 2 StPO könnte eine ausnahmslose Anordnungsbefugnis durch den

---

1111 Ausführlich zu dieser Problematik Meier S. 56 ff.

1112 Dieser Redakteur ist kein Nachrichtenmittler im Sinne des § 100 a S. 2 StPO.

1113 BGHSt 29, 23.

1114 Prittwitz StV 1984, 302 (308).

1115 So aber BGHSt 29, 23 (24).

1116 Bottke JA 1980, 748; Kretschmer StV 1999, 221 (227).

1117 KK-Nack § 100 a Rdnr. 48.

1118 Erlaubt ist jedoch, diese Erkenntnisse indirekt zu verwerten, indem sie zur Grundlage für weitere Ermittlungen gemacht werden [BGHSt 27, 355; BGH StV 1998, 247 (248); Kleinknecht/Meyer-Goßner § 100 a Rdnr. 19; Lehmann ArchPF 1979, 113 (126); a.A. SK-Rudolphi § 100 a Rdnr. 32; Knauth NJW 1978, 741 (743); einschr. auch Eb. Kaiser NJW 1974, 350; Maiwald JuS 1978, 379 (385); Wolter NStZ 1984, 276 (277 f.)]. Möglich wird dies dadurch, daß im deutschen Rechtssystem für Beweisverwertungsverbote keine Fernwirkung anerkannt ist. Die Fraktion Bündnis 90/Die Grünen versuchte dies in dem Gesetzgebungsverfahren durch ein ausdrückliches Verbot zu ändern, konnte sich mit ihrem Vorschlag jedoch nicht durchsetzen (BT-Drucksache 13/5196 S. 2, 6; BT-Drucksache 13/9661 S. 5).

1119 Die Anordnung durch die Hilfsbeamten der Staatsanwaltschaft genügt nicht.

Richter angeregt werden. Die damit verbundene Verzögerung würde dem Gewicht des Strafverfolgungsinteresses gemessen an der Schwere des Eingriffs jedoch nicht gerecht.[1120]

Auch das Auskunftsersuchen nach § 12 FAG kann nur von einem Richter und bei Gefahr im Verzug von der Staatsanwaltschaft angeordnet werden.[1121] Anders als bei der Überwachung nach § 100 a StPO bedarf die Anordnung durch die Staatsanwaltschaft jedoch nicht der richterlichen Bestätigung,[1122] was damit begründet wird, daß das Ersuchen um Auskunft nur eine gewöhnliche Ermittlungshandlung, jedoch keine Zwangsmaßnahme sei.[1123] Dadurch, daß die Vorschrift Auskünfte an die Staatsanwaltschaft ausdrücklich vorsehe, könne bei Versagung der richterlichen Bestätigung die bereits erteilte Auskunft auch ohnehin nicht mehr rückgängig gemacht werden.[1124]

Die Ansicht, § 12 FAG fehle der Eingriffscharakter, ist nicht länger haltbar. Sie war vor der Digitalisierung der Fernmeldenetze entwickelt worden und entbehrte nicht einer gewissen Berechtigung, da das Auskunftsersuchen als eine Präzisierung der zur Postbeschlagnahme entwickelten Sicht angesehen wurde, wonach es im Verhältnis zur Beschlagnahme ein von der Ermächtigung mit umfaßtes Minus war.[1125] Durch die Weiterentwicklung der Technik erhält das Auskunftsersuchen jedoch eine völlig neue Qualität, da die Strafverfolger Kenntnis von einer ungleich größeren Menge von Daten erhalten und diese auch nicht mehr zufällig anfallen, sondern systematisch erfaßt werden.[1126] Dadurch wird neben dem Fernmeldegeheimnis auch in das Grundrecht auf informationelle Selbstbestimmung eingegriffen, so daß das Auskunftsersuchen nicht lediglich eine „neutrale" Ermittlungshandlung, sondern eine Zwangsmaßnahme ist, für die die allgemeinen Grundsätze gelten müssen.[1127] Dies macht die Einführung einer richterlichen Bestätigungspflicht für § 12 FAG notwendig.

Das Erfordernis der richterlichen Bestätigung binnen drei Tagen ist nicht deshalb überflüssig, weil die Auskunft in der Regel innerhalb dieser Frist bereits erteilt worden ist.[1128] Wird die Bestätigung versagt, muß dies zu einem Verbot der weiteren Verwertung der Verbindungsdaten führen, wobei freilich auch hier problematisch ist, daß aufgrund der im deutschen Strafrecht nicht vorhandenen „Fernwirkung" von Beweisverwertungsverboten mittelbar erlangte Beweise davon nicht umfaßt sind. Auch werden die Strafverfolgungsbehörden sich die Kenntnis vom so ermittelten Aufenthaltsort des Beschuldigten zunutze machen.

Gemäß § 101 Abs. 1 StPO müssen die Beteiligten von einer Überwachung der Telekommunikation nach § 100 a StPO unterrichtet werden. Unter den in § 101 Abs. 1 StPO genannten Bedingungen darf die Maßnahme aber auch dauerhaft unterbleiben,[1129] beispielsweise wenn anders die Gefährdung von Leib oder Leben einer Person nicht zu verhindern ist. Seit der

---

1120 Ausführlich dazu S. 154.

1121 Auch hier sind Hilfsbeamte der Staatsanwaltschaft in keinem Fall zuständig.

1122 Kleinknecht/Meyer-Goßner § 100 Rdnr. 11; Stenglein/Schneidewin § 12 FAG Rdnr. 4; Welp S. 123 m.w.N.

1123 LR-Schäfer § 100 Rdnr. 34; Wolcke S. 64 ff.

1124 Lengning S. 31.

1125 Erbs/Kohlhaas/Lampe § 12 FAG Rdnr. 3; Lengning S. 30; ähnlich Stenglein/Schneidewin § 12 FAG Rdnr. 2.

1126 Bär CR 1993, 634 (637); Kubicek DuD 1995, 656 (658); Palm/Roy NJW 1996, 1791 (1796).

1127 Welp S. 131.

1128 So aber Lengning S. 31.

1129 Kleinknecht/Meyer-Goßner § 101 Rdnr. 4a.

Neufassung des § 12 FAG gilt diese Regelung auch für das Auskunftsverlangen bezüglich Verbindungsdaten.[1130]

C. Zusammenfassung

Sowohl die Postbeschlagnahme von Sendungen der Medienmitarbeiter als auch die Überwachung ihres Fernmeldeanschlusses sind ein Eingriff in Art. 5 Abs. 1 S. 2 GG. Die §§ 99 f., 100 a f. StPO und § 12 FAG entbehren gesonderter Regelungen zum Schutz der Presse- und Rundfunkfreiheit, so daß nach ihrem Wortlaut grundsätzlich dem verfassungsrechtlich verankerten Interesse an einer wirksamen Strafverfolgung und den Beschuldigtenrechten der Vorrang gebührt. Häufig ist ein Eingriff in das Grundrecht aus Art. 5 Abs. 1 S. 2 angesichts dessen herausragender Stellung in der verfassungsmäßigen Ordnung jedoch unverhältnismäßig.

Zur Erhöhung der Rechtssicherheit ist zu empfehlen, einen Straftatenkatalog in § 99, § 100 a StPO und § 12 FAG aufzunehmen, der Taten aufzählt, bei deren Verdacht der Eingriff in die Presse- und Rundfunkfreiheit grundsätzlich gerechtfertigt ist. Dieser Katalog trüge erheblich zur Vereinheitlichung der Vorschriften über Zwangsmaßnahmen, die Eingriffe in Art. 5 Abs. 1 S. 2 GG zulassen, und damit zur Verständlichkeit auch für juristische Laien bei. So wären die Fälle, in denen das Interesse an der Strafrechtspflege die Interessen von Presse und Rundfunk prinzipiell überwiegt, klar von denen getrennt, in denen das Interesse an der Wahrung des Redaktionsgeheimnisses andere Gemeinschaftsinteressen verdrängt.

Außerdem sollte auch in § 99 StPO und § 12 FAG, die bisher keine Subsidiaritätsklausel enthalten, eine solche für den speziellen Fall, daß die Maßnahme gegen Journalisten angeordnet wird, aufgenommen werden. Sonstiger Verschärfungen der Voraussetzungen, etwa einer Erhöhung des Verdachtsgrades oder einer Beschränkung der Anordnungsbefugnis bedarf es wegen des im Vergleich zum Zeugniszwang und der Beschlagnahme relativ geringen Eingriffs in die Presse- und Rundfunkfreiheit nicht. Lediglich § 12 FAG muß wegen seines Charakters als Zwangsmaßnahme an die Regelung der §§ 100 a, 100 b StPO angeglichen werden.

1130 BGBl. I 1999 Nr. 55 S. 2492; BT-Protokoll 14/77 S. 7109; BT-Drucksache 14/2258.

Kapitel 5: Der Einsatz technischer Mittel nach § 100 c StPO

§ 100 c StPO ermöglicht es den Strafverfolgungsbehörden, Personen unter Zuhilfenahme technischer Mittel zu observieren und Gespräche abzuhören. Bis 1998 waren nach § 100 c StPO nur Maßnahmen außerhalb von Wohnungen und diesen gleichgestellten Räumen zulässig. Zwar ergibt sich dies nicht unmittelbar aus dem Wortlaut des § 100 c Abs. 1 Nrn. 1 und 2 StPO, jedoch muß die Vorschrift insoweit anhand des Art. 13 GG verfassungskonform ausgelegt werden.[1131] Dies folgt auch aus der Entstehungsgeschichte der Vorschrift. Der Gesetzgeber hielt aufgrund der verfassungskonformen Auslegung eine Klarstellung für überflüssig.[1132]

Durch eine Grundgesetzänderung wurde das Abhören von Wohnungen für die Strafverfolgungsbehörden zulässig.[1133] In Art. 13 GG wurden die Absätze 3 bis 6 eingefügt, die die akustische Wohnraumüberwachung regeln; der bisherige Absatz 3 ist nun Absatz 7. Im Gegensatz zur akustischen Überwachung verbietet Art. 13 GG allerdings weiterhin die visuelle Überwachung von Wohnungen.[1134]

A. Der Einsatz technischer Mittel außerhalb des durch Art. 13 GG geschützten Bereiches

I. § 100 c Absatz 1 Nummer 1 StPO

1. Der Inhalt der Regelung

a. Die Herstellung von Lichtbildern und Bildaufzeichnungen

Mit der Herstellung von Lichtbildern und Bildaufzeichnungen ist die Herstellung zu Zwecken der Observation gemeint. Dies ergibt sich aus dem Zusammenhang mit Abs. 1 Nr. 1b, der sich auf sonstige „für Observationszwecke bestimmte technische Mittel" bezieht.[1135] Die Maßnahme ist hinsichtlich der verfolgten Straftat an keine besonderen Voraussetzungen geknüpft, sondern vielmehr bei Verdacht jeder Straftat zulässig. Das wird deshalb für vertretbar gehalten, weil in der Öffentlichkeit niemand vor den Beobachtungen durch andere geschützt sei, ein Grundrechtseingriff deshalb verneint werden müßte.[1136] Eine Einschränkung könne sich nur aus dem Verhältnismäßigkeitsgrundsatz ergeben.[1137]

1131 Pfeiffer § 100 c Rdnr. 2; SK-Rudolphi § 100 c Rdnr. 3; Eisenberg NJW 1993, 1033 (1038); Hilger NStZ 1992, 457 (462) Fn. 95; Krey VE Rdnr. 368; Krey/Haubrich JR 1992, 309 (313); Martin JuS 1999, 87; Möhrenschlager wistra 1992, 326 (329); Wolter StV 1989, 358 (364).

1132 BT-Drucksachen 12/2720 S. 46; KK-Nack § 100 c Rdnr. 3.

1133 BT-Drucksache 13/8650, 13/9642, 13/9660; Schon vorher war gemäß Art. 13 Abs. 3 GG die Überwachung zu präventiven Zwecken zulässig, weshalb die akustische und optische Überwachung geschützter Räume auch zur Sicherheit eines Verdeckten Ermittlers angeordnet werden durfte. Die dabei gewonnenen Erkenntnisse waren, soweit die Maßnahme rechtmäßig war, im Strafverfahren verwertbar. Dies wird jetzt in Art. 13 Abs. 5 GG ausdrücklich geregelt. Die Verwertungsmöglichkeit wurde jedoch durch § 100 f Abs. 2 StPO eingeschränkt (siehe S. 208 dieser Arbeit).

1134 BT-Drucksache 13/8651 S. 13; Pfeiffer § 100 c Rdnr. 3.

1135 KK-Nack § 100 c Rdnr. 16; Hilger NStZ 1992, 457 (462); a.A. König Kriminalistik 1998, 349.

1136 V. Hippel/Weiß JR 1992, 316 (322); krit. Wolter StV 1989, 358 (369).

1137 Kleinknecht/Meyer-Goßner § 100 c Rdnr. 1; LR-Rieß § 163 Rdnr. 45.

b. Die Verwendung sonstiger technischer Mittel

Als sonstige Mittel gelten die, die weder die Herstellung von Lichbildern und Bildaufzeichnungen noch die akustische Überwachung betreffen, wie zum Beispiel Bewegungsmelder, Peilsender oder Nachtsichtgeräte.[1138] Der Einsatz dieser gegenüber Nr. 1 a schwerwiegenderen Mittel ist nur zur Erforschung des Sachverhalts oder zur Ermittlung des Aufenthaltsortes des Täters und nur bei einer Straftat von erheblicher Bedeutung zulässig.

2. Der Verhältnismäßigkeitsgrundsatz

a. Allgemein

Da die Maßnahmen nach § 100 c Abs. 1 Nr. 1 StPO nur leicht in die Rechte der Betroffenen eingreifen, hat der Gesetzgeber eine Konkretisierung durch einen Straftatenkatalog nicht für erforderlich gehalten. Nach Nr. 1 a genügt der Verdacht irgendeiner Straftat, während Mittel nach Nr. 1 b nur eingesetzt werden dürfen, wenn Gegenstand der Untersuchung eine Straftat von erheblicher Bedeutung ist.

Straftaten von erheblicher Bedeutung sind solche, die mindestens in den mittleren Kriminalitätsbereich fallen, den Rechtsfrieden empfindlich stören und geeignet sind, das Gefühl der Rechtssicherheit der Bevölkerung erheblich zu beeinträchtigen.[1139] Daneben enthält § 100 c Abs. 1 Nr. 1 b StPO keinen generalisierenden Straftatenkatalog ähnlich dem § 98 a Abs. 1 StPO, so daß die Voraussetzung der „Straftat von erheblicher Bedeutung“ unbestimmt ist.[1140] Teilweise wird sie deshalb auch für kaum bestimmbar gehalten.[1141] Es lasse sich nicht genau sagen, wann von einer erheblichen Bedeutung gesprochen werden könne. Daß dieses Merkmal erfüllt ist, ergebe sich zudem meist erst im Verlaufe der Ermittlungen.[1142] Ob diese Zweifel mit dem Hinweis darauf, daß der Begriff bereits in den Polizeigesetzen einiger Länder etabliert ist[1143] und er sich in der Praxis bewährt habe,[1144] ausgeräumt werden können, kann hier nicht geklärt werden.

b. Der Verdachtsgrad

§ 100 c Abs. 1 Nr. 1 StPO trifft keine besonderen Bestimmungen über den Grad des zu Anordnung der Maßnahme erforderlichen Verdachts. Es ist daher davon auszugehen, daß der einfache Verdacht des Vorliegens der Straftat genügt.

c. Die Subsidiaritätsklausel

Die Maßnahmen nach Nr. 1 dürfen nur angeordnet werden, wenn das Ergebnis auf andere Weise weniger erfolgversprechend oder erschwert zu erreichen wäre. Es wird auch hier (wie bei der Telefonüberwachung) bemängelt, daß diese Voraussetzung, dadurch, daß der Einsatz auf die bloße Erschwernis beschränkt ist, weitgehend leerläuft.[1145] Das gilt hier um so mehr,

---

1138 Kleinknecht/Meyer-Goßner § 100 c Rdnr. 2; Hilger NStZ 1992, 457 (461 f.) Fn. 89.

1139 KK-Nack § 110 a Rdnr. 21; Hilger NStZ 1992, 457 (462) Fn. 93; Benfer MDR 1994, 12 (12); Möhrenschlager wistra 1992, 326 (327).

1140 Hilger NStZ 1992, 457 (462).

1141 Kleinknecht/Meyer-Goßner § 100 c Rdnr. 3; SK-Rudolphi § 100 c Rdnr. 7.

1142 Kleinknecht/Meyer-Goßner § 98a Rdnr. 5; Bottke Meyer-GedSchr. S. 43.

1143 Hilger NStZ 1992, 457 (462).

1144 BT-Drucksache 12/989 S. 39.

1145 Kleinknecht/Meyer-Goßner § 100 c Rdnr. 13; vgl. Rieß Meyer-GedSchr. S. 385.

als die einfache Erschwerung ausreichend ist und keine wesentliche Erschwerung gefordert wird.

Dies ist jedoch nur bei Maßnahmen gegen den Beschuldigten selbst der Fall. Journalisten werden aber in den seltensten Fällen selbst Beschuldigte einer Katalogtat sein. Vielmehr ist anzunehmen, daß sie als Kontaktperson des Beschuldigten die Aufmerksamkeit der Ermittlungsbehörden auf sich ziehen,[1146] weshalb sie von Maßnahmen nach § 100 c StPO in erster Linie als „andere Personen" im Sinne des § 100 c Abs. 2 StPO betroffen sein werden.

Nach Abs. 2 S. 2 ist für Maßnahmen nach Abs. 1 Nr. 1 a gegen andere Personen erforderlich, daß die Erforschung des Sachverhalts oder die Ermittlung des Aufenthaltsortes des Täters auf andere Weise erheblich weniger erfolgversprechend oder wesentlich erschwert wäre. Eingriffe nach Nr. 1 b dürfen sogar nur dann angeordnet werden, wenn anzunehmen ist, daß die andere Person mit dem Beschuldigten in Verbindung steht oder eine solche Verbindung hergestellt wird. Außerdem muß zu erwarten sein, daß der Eingriff zur Erforschung des Sachverhalts oder Ermittlung des Aufenthaltsortes des Täters führt. Zusätzlich müßte eine andere Maßnahme nicht nur erheblich weniger erfolgversprechend, sondern aussichtslos sein. Erforderlich ist schließlich, daß aufgrund bestimmter Tatsachen anzunehmen ist, daß die Kontaktperson „mit dem Täter in Verbindung steht oder eine solche Verbindung hergestellt wird".[1147] Nicht zulässig ist also, eine Redaktion oder einen Medienmitarbeiter in der Hoffnung zu überwachen, ein Täter werde sich dort melden.

II. Das Abhören des nichtöffentlich gesprochenen Wortes

1. Der Inhalt der Regelung

Das Abhören des nichtöffentlich gesprochenen Wortes außerhalb des durch Art. 13 GG geschützten Raumes wird allgemein als „Kleiner Lauschangriff" bezeichnet.[1148] Nach anderer Ansicht versteht man unter dem „Kleinen Lauschangriff" das nach dieser Vorschrift nicht zulässige Abhören in der Wohnung im Beisein eines Verdeckten Ermittlers.[1149] Da es sich hier lediglich um eine terminologische Frage handelt, soll darauf nicht näher eingegangen werden.

Nichtöffentlich sind alle außerhalb des Schutzbereichs des Art. 13 GG gesprochenen Worte, die für keinen anderen als den Gesprächspartner bestimmt sind. Der Begriff deckt sich mit dem in § 201 Abs. 1 S. 1 Nr. 1 StGB verwendeten Tatbestandsmerkmal.[1150] Als technische Mittel, die Schallwellen übertragen oder aufzeichnen, kommen vor allem Wanzen, versteckte Mikrophone und Aufzeichnungsgeräte in Betracht. Das Wort „abhören" weist auf die Heimlichkeit der Maßnahme hin. Das Mithören ohne technische Mittel ist auch dann zulässig, wenn die Voraussetzungen des § 100 c Abs. 1 Nr. 2 StPO nicht vorliegen.[1151]

1146 Zu dem Fall des beschuldigten Journalisten siehe S. 192 f. dieser Arbeit.
1147 Wortlaut § 100 c Abs. 2 S. 2 StPO.
1148 Beulke Rdnr. 265.
1149 Glauben DRiZ 1993, 41.
1150 Hilger NStZ 1992, 457 (462) Fn. 96.
1151 BT-Drucksache 12/989 S. 39; Kleinknecht/Meyer-Goßner § 100 c Rdnr. 8.

2. Der Verhältnismäßigkeitsgrundsatz

a. Der Straftatenkatalog

Der Verweis in § 100 c Abs. 1 Nr. 2 StPO auf den Katalog des § 100 a StPO ist eine Konkretisierung des Verhältnismäßigkeitsgrundsatzes. Durch diesen trifft der Gesetzgeber eine Abwägung zwischen den bei einer Abhörmaßnahme kollidierenden Interessen. Zu nennen sind vor allem das staatliche Strafverfolgungsinteresse und die Beschuldigtenrechte, die in Konflikt mit dem Recht am eigenen gesprochenen Wort sowie dem allgemeinen Persönlichkeitsrecht geraten können.[1152]

Der Verweis auf § 100 a StPO ist legitim, da man die Telefonüberwachung und die Aufnahme des nichtöffentlich gesprochenen Wortes nach ihrer Art und Eingriffsintensität für miteinander vergleichbar hält. In beiden Fällen gehe der Betroffene davon aus, daß seine Worte nur von seinem Gesprächspartner gehört werden.[1153] Diese Argumentation ist überzeugend. Werden Gespräche überwacht, bei denen sich die Personen nicht eines Telefons oder Computers[1154] bedienen, kann man den Eingriff in deren Rechte sogar noch für erheblicher halten. Wer seine Informationen keinen technischen Einrichtungen anvertraut, muß nicht mit deren Kenntnisnahme Dritter rechnen, so daß es sachgerecht ist, dem § 100 c Abs. 1 Nr. 2 StPO den Straftatenkatalog des § 100a StPO zugrunde zu legen.

b. Der Verdachtsgrad

Da Maßnahmen nach Nr. 2 einen schwereren Eingriff in die Rechte der Betroffenen als Maßnahmen nach Nr. 1 darstellen, erfordert deren Anordnung, daß sich der Verdacht auf „bestimmte Tatsachen" begründet. Er muß somit auf bereits erwiesenen Tatsachen beruhen und eine gewisse Konkretisierung erreicht haben.[1155]

c. Die Subsidiaritätsklausel

Gegen den Beschuldigten dürfen Maßnahmen nach § 100 c Abs. 1 Nr. 2 StPO außerdem nur angeordnet werden, wenn die Erforschung des Sachverhalts oder die Ermittlung des Aufenthaltsortes des Täters auf andere Weise aussichtslos oder wesentlich erschwert wäre. Da Journalisten jedoch grundsätzlich nicht als Beschuldigte, sondern als andere Personen von Abhörmaßnahmen betroffen sind, darf gegen sie als Dritte gemäß § 100 c Abs. 2 S. 3 eine derartige Maßnahme nur angeordnet werden, wenn auf Grund bestimmter Tatsachen anzunehmen ist, daß sie mit dem Täter in Verbindung stehen oder eine solche Verbindung hergestellt wird. Es muß außerdem damit zu rechnen sein, daß die Maßnahme zur Erforschung des Sachverhalts oder zur Ermittlung des Aufenthaltsortes des Täters führt. Dies muß auf andere Weise unverhältnismäßig erschwert oder aussichtslos erscheinen.[1156]

d. Die separate Verhältnismäßigkeitsprüfung

Auch bei § 100 c Abs. 1 Nr. 2 StPO ist trotz des Straftatenkataloges und der Subsidiaritätsklausel eine Prüfung der Verhältnismäßigkeit der Maßnahme im Einzelfall erforderlich,[1157] da

---

1152 SK-Rudolphi § 100 c Rdnr. 1.

1153 BT-Drucksache 12/989 S. 39.

1154 Gegenstand der Überwachung nach § 100 a StPO ist die gesamte Telekommunikation.

1155 Kleinknecht/Meyer-Goßner § 100 a Rdnr. 6; LR-Schäfer § 100 a Rdnr. 12; vgl. S. 158 dieser Arbeit.

1156 Zu den Bedenken gegen die Wirksamkeit von Subsidiaritätsklauseln siehe S. 115 f. dieser Arbeit.

1157 Pfeiffer § 100 c Rdnr. 2.

nur auf diesem Wege zu ermitteln ist, welche von mehreren möglichen Maßnahmen bei gleicher Wirksamkeit jeweils am wenigsten in die Rechte des Betroffenen eingreift. Eine derartige Prüfung ist insbesondere dann vonnöten, wenn mehrere Maßnahmen in Betracht kommen, die Subsidiaritätsklauseln enthalten.[1158]

III. Problemdarstellung

§ 100 c Abs. 1 Nrn. 1 und 2 StPO enthält keine explizite Ausnahmeregelungen, die die Möglichkeit von Maßnahmen gegen Medienschaffende beschränken. Auch für sämtliche anderen Zeugnisverweigerungsberechtigten existiert keine Sondervorschrift.[1159] Jedoch ergibt sich für Strafverteidiger aus § 148 Abs. 1 StPO, daß gegen sie Maßnahmen nach § 100 c Abs. 1 Nrn. 1 und 2 StPO nur dann angeordnet werden dürfen, wenn sie selbst Beschuldigte sind.[1160]

Zur Prüfung der Erforderlichkeit einer Beschränkung der Möglichkeiten nach § 100 c Abs. 1 Nrn. 1 und 2 StPO muß wiederum zwischen Maßnahmen, die bei dem Informanten, und Maßnahmen, die bei dem Journalisten anknüpfen, unterschieden werden. Zwar ist bei dem Einsatz technischer Mittel nach § 100 c StPO häufig nicht auf den ersten Blick ersichtlich, welche Person davon betroffen ist, jedoch ergibt sich dies aus der Anordnung. Nach § 100 d Abs. 1 S. 2 i.V.m. § 100 b Abs. 2 StPO muß die schriftliche Anordnung der Maßnahme „Namen und Anschrift des Betroffenen enthalten, gegen die sie sich richtet“[1161].

1. Der Einsatz technischer Mittel gegen den Medienmitarbeiter

Auch die Observation und das Abhören von Medienmitarbeitern ist nach § 100 c Abs. 1 Nrn. 1 und 2 StPO unbeschränkt zulässig, solange die allgemeinen Voraussetzungen erfüllt sind. Eine Ausnahme wird nur dann gemacht, wenn der Journalist von einem Verdeckten Ermittler vernehmungsähnlich befragt wird. Nur zu diesem Zweck darf der Einsatz technischer Mittel nicht angeordnet werden.[1162]

Die nahezu uneingeschränkte Einsatzmöglichkeit von technischen Mitteln auch gegen Journalisten wird für problematisch gehalten.[1163] Ob und inwieweit eine Begrenzung erforderlich ist, hängt erneut zunächst davon ab, ob die optische und akustische Überwachung außerhalb von Wohnungen respektive der Redaktion einen Eingriff in die Presse- und Rundfunkfreiheit darstellt. Dies beurteilt sich danach, ob die Medien infolge der Überwachung mit einem Ansehensverlust zu rechnen haben.[1164]

Die Maßnahmen nach § 100 c Abs. 1 Nrn. 1 und 2 StPO ermöglichen den Ermittlern das Eindringen in ihnen sonst verschlossene Geheim- und Vertrauenssphären.[1165] So können durch

1158 Siehe auch S. 42 f., 158 f. dieser Arbeit.

1159 Krit. K.-H. Groß StV 1996, 559 (565 f.). Im Zuge der Einführung der akustischen Wohnraumüberwachung sollte die Statuierung eines Beweisverwertungsverbots für Erkenntnisse, die bei gemäß § 53 Abs. 1 StPO Zeugnisverweigerungsberechtigten im Rahmen einer Maßnahme nach § 100 c StPO erlangt wurden, geprüft werden. Eine entsprechende Neuregelung unterblieb [Frister StV 1996, 454 (455)].

1160 Krey VE Rdnr. 347.

1161 § 100 b Abs. 2 S. 2 StPO.

1162 KK-Nack 3. Aufl. § 100 c Rdnr. 16; zum vernehmungsähnlichen Gespräch KK-Nack § 110 c Rdnr. 18.

1163 SK-Rudolphi § 100 c Rdnr. 14; K.-H.- Groß StV 1996, 559 (566).

1164 Siehe S. 35 ff. dieser Arbeit.

1165 SK-Rudolphi § 100 c Rdnr. 14.

eine Observation des Journalisten die Identität,[1166] das äußere Erscheinungsbild und der Aufenthaltsort des Informanten ermittelt werden; durch eine akustische Überwachung erlangen die Ermittler Kenntnisse über Gesprächsinhalte.

Maßnahmen nach § 100 c Abs. 1 Nr. 1 StPO, die gegen eine andere Person als den Beschuldigten angeordnet werden, dienen in erster Linie der Ermittlung der Identität des Beschuldigten und seines Aufenthaltsortes. Kaum einen anderen Zweck, als herauszufinden, wo sich der Informant aufhält, kann man zum Beispiel mit dem nach Nr. 1 b zulässigen Einsatz von Peilsendern gegen Journalisten verfolgen. Gehen die Strafverfolgungsbehörden davon aus, daß der Journalist Verbindung mit dem Täter hat oder Kontakt zu ihm aufnimmt, was nach § 100 c Abs. 2 S. 3 StPO Voraussetzung für die Anordnung der Maßnahme ist, so können sie dem betroffenen Journalisten zu dem Treffen mit Informanten folgen.[1167] Dadurch werden sie in die Lage versetzt, Fotos anzufertigen, die die Identifizierung des Informanten ermöglichen, und festzustellen, ob es sich bei dem Informanten möglicherweise um den Beschuldigten handelt.

Derartige Maßnahmen ziehen die Vertrauenswürdigkeit von Presse und Rundfunk beträchtlich in Mitleidenschaft. Haben sich Personen an die Medien gewandt und werden daraus Beweise gewonnen, so führt dies dazu, daß sich in Zukunft weniger Informanten finden. So wird es schnell bekannt, wenn gegen einen Amtsträger, der mit Hilfe der Medien Mängel oder Fehlentscheidungen aufgedeckt hat, ebenfalls mit, wenn auch nur indirekter Hilfe der Medien, ermittelt wird und Beweise gesammelt werden. Die Folge ist, daß sich Amtsträger nicht mehr an die Medien wenden und diese so nicht mehr die Mitteilungen erhalten, derer sie zur Erfüllung ihrer Konktroll- und Informationsfunktion bedürfen. Andere Informanten werden ebenso reagieren, so daß den Medien eine erhebliche Fülle von Informationen verlorengeht.

Aber auch Informanten, die gar nicht über eine Straftat berichten wollen, können sich bei einem Treffen mit dem Journalisten nicht sicher sein, daß kein Dritter die Zusammenkunft überwacht. Es ist denkbar, daß die Ermittler zur Feststellung der Identität Fotos von allen Informanten eines Journalisten machen, wodurch sich jedoch viele Personen beeinträchtigt fühlen. Gerade die Tatsache, daß die Treffen außerhalb der Redaktionen stattfinden, läßt darauf schließen, daß der Informant nicht wollte, daß sein Kontakt mit den Medien bekannt wird.[1168] Auch oder vielleicht sogar gerade die Kenntnis der Strafverfolgungsbehörden dürfte sich schädlich auswirken, möchten doch die meisten mit „der Polizei" nichts zu tun haben. Müssen Informanten damit rechnen, daß ihr Kontakt zu den Medienmitarbeitern bekannt wird und das Redaktionsgeheimnis nicht gewahrt bleibt, verlieren sie und auch potentielle Informanten ihr Vertrauen in die Medien.

Auch mit einer akustischen Überwachung des Journalisten müssen Informanten jederzeit rechnen. Durch diese erlangen die Ermittler Kenntnis von sämtlichen Mitteilungen, die der Informant dem Medienmitarbeiter macht, sowohl solchen, die die Katalogtat betreffen, derentwegen die Maßnahme angeordnet wurde, als auch bezüglich anderer Taten. Da bei der Überwachung

---

1166 Die Medienmitarbeiter dürfen überwacht werden, wenn anzunehmen ist, daß sie Kontakt mit dem Täter haben. Daß es sich dabei schon um einen konkreten Beschuldigten handelt, ist nicht erforderlich, so daß die Identität des Täters noch nicht feststehen muß.

1167 Dies wäre zwar theoretisch auch ohne den Einsatz technischer Mittel und damit, ohne die strengen Voraussetzungen nach § 100 c StPO zu erfüllen, möglich, problematisch ist jedoch, daß durch die Verwendung der Observations- und Aufzeichnungsgeräte der Eingriff erheblich schwerer wiegt.

1168 Er kann dann nicht beim Betreten der Redaktion gesehen werden. Daß er bei einem Treffen in der Öffentlichkeit mit dem Journalisten gesehen wird, schadet nicht. Regelmäßig ist davon auszugehen, daß die Gesichter der recherchierenden Medienmitarbeiter nicht bekannt sind.

erlangte Zufallskenntnisse grundsätzlich verwertet werden dürfen,[1169] kann sich keine Person der Geheimhaltung ihrer Informationen sicher sein, weiß sie doch nicht, in welchen Fällen ihr Gesprächspartner gerade recherchiert. Hat der Journalist die Aufmerksamkeit der Strafverfolger auf sich gezogen, werden unter Umständen alle seine Treffen mit Informanten sowohl visuell als auch akustisch überwacht. Auch der Informant, der sich vorsichtshalber mit dem Journalisten nur innerhalb der Redaktion trifft, hat keine Garantie dafür, daß der Journalist nicht außerhalb der Redaktion gegenüber einem Dritten über die erlangten Informationen spricht und dabei abgehört wird. Auch genügt wie bei der Telefonüberwachung schon die theoretische Möglichkeit, daß die Strafverfolgungsbehörden die Gespräche mithören, um viele Informanten vor einer Kontaktaufnahme mit den Medienmitarbeitern zurückschrecken zu lassen,[1170] so daß der Informationsfluß zu den Medien stark behindert wird. Darin liegt ein Eingriff in die Presse- und Rundfunkfreiheit.

2. Der Einsatz technischer Mittel gegen den Informanten

Knüpft die Maßnahme bei dem Informanten an, ist der Journalist „Dritter" im Sinne des § 100 c Abs. 3 StPO. Nach dieser Vorschrift dürfen technische Mittel auch dann zum Einsatz kommen, wenn dadurch die Rechte Dritter beeinträchtigt werden. Dritte im Sinne des § 100 c Abs. 3 StPO sind nicht nur rein zufällig von der Maßnahme Betroffene, wie zum Beispiel Passanten, sondern auch der Gesprächspartner des Betroffenen.[1171] Voraussetzung ist allerdings, daß sich die Beeinträchtigung nicht vermeiden läßt. Die Vorschrift verlangt dem Dritten im Interesse der Bekämpfung der Kriminalität ein „persönliches Sonderopfer" ab,[1172] jedoch würden Abs. 1 Nrn. 1 und 2 ohne Abs. 3 nahezu sinnlos, da die Anordnung zum Einsatz technische Mittel fast nie ergehen könnte.[1173]

Einer Beschränkung des § 100 c Abs. 3 StPO für Journalisten bedürfte es, wenn dadurch, daß der Informant observiert oder abgehört wird, in die Presse- und Rundfunkfreiheit eingegriffen wird. Ein Eingriff durch eine Observation oder akustische Überwachung ist überhaupt nur dann denkbar, wenn sich der Betroffene mit dem Medienmitarbeiter trifft. Dann ist es nicht der Medienmitarbeiter, sondern der Informant, dessen Person die Strafverfolgungsbehörden bei der Aufklärung nutzen.

Knüpft die Maßnahme bei dem Informanten an, erlangen die Strafverfolgungsbehörden ihre Beweise nicht, auch nicht indirekt, auf dem Weg über die Medienmitarbeiter. Die Medien werden folglich nicht als Helfer der Ermittler wahrgenommen.[1174] Ein Vertrauensverlust ist nicht zu befürchten, so daß für eine Beschränkung des § 100 c Abs. 1 Nrn. 1 und 2 StPO insoweit kein Anlaß besteht.

3. Fazit

Durch die akustische und visuelle Überwachung eines Medienmitarbeiters wird die Vertrauenswürdigkeit der Medien in den Augen der Öffentlichkeit geschädigt. Wird den Journalisten

1169 Selbst dann, wenn es sich um eine durch einen Dritten begangene Straftat handelt. Siehe S. 192 dieser Arbeit.
1170 Siehe S. 162 dieser Arbeit.
1171 Kleinknecht/Meyer-Goßner § 100 c Rdnr. 19.
1172 HK-Lemke § 100 c Rdnr. 21.
1173 BT-Drucksachen 12/989 S. 40; Kleinknecht/Meyer-Goßner § 100 c Rdnr. 19; Hilger NStZ 1992, 457 (463).
1174 Zur ausführlichen Begründung siehe S. 146 und 168 dieser Arbeit.

die Wahrung des Redaktionsgeheimnisses nicht zugetraut, werden sie weniger Informationen erhalten; der Informationsfluß ist gestört. Den Medien wird die Wahrnehmung ihrer verfassungsmäßigen Aufgabe dadurch zumindest erheblich erschwert, so daß ein Eingriff in die Presse- und Rundfunkfreiheit zu verzeichnen ist. Zu einem solchen Eingriff kommt es jedoch dann nicht, wenn nicht der Journalist, sondern sein Informant der Überwachte ist, da in diesen Fällen ein Verlust des allgemeinen Vertrauens in die Medien nicht zu befürchten ist.

4. § 100 Abs. 1 Nrn. 1 und 2 StPO als allgemeine Gesetze

Die Regelungen zur visuellen und zur akustischen Wohnraumüberwachung sind ein allgemeines Gesetz im Sinne des Art. 5 Abs. 2 GG, da sie sich nicht speziell gegen die Medien richten, sondern ohne Rücksicht auf diese dem Allgemeingut der Strafrechtspflege dienen[1175] und somit eine zulässige Schranke der Presse- und Rundfunkfreiheit sind. Wie auch bei anderen Zwangsmaßnahmen stand es dem Gesetzgeber bei der Überwachung mittels technischer Einrichtungen frei, dem Interesse an einer effektiven Strafverfolgung sowie den Rechten des Beschuldigten grundsätzlich den Vorrang vor dem Interesse an der Wahrung des Redaktionsgeheimnisses einzuräumen.[1176]

5. Der Verhältnismäßigkeitsgrundsatz und dessen ausdrückliche Regelung

Die Observation und die akustische Überwachung eines Medienmitarbeiters können im Einzelfall jedoch unverhältnismäßig sein. Wie bei allen staatlichen Zwangsmaßnahmen ist deshalb auch bei der Überwachung nach § 100 c Abs. 1 Nrn. 1 und 2 StPO die Beachtung des Übermaßverbotes zu prüfen, wobei bei der Anordnung von Zwangsmaßnahmen gegen Medienmitarbeiter neben dem Eingriff in das allgemeine Persönlichkeitsrecht auch der Eingriff in die Presse- und Rundfunkfreiheit zu berücksichtigen ist.[1177] So kann das staatliche Strafverfolgungsinteresse eine Beschränkung der Presse- und Rundfunkfreiheit nicht rechtfertigen, wenn die Anordnung wegen leichter Delikte erfolgt und der Eingriff in Art. 5 Abs. 1 S. 2 GG als schwer zu bezeichnen ist, etwa weil die Maßnahme über mehrere Tage andauert. Grundsätzlich dürfte auch die Observation eines Journalisten zur Aufklärung eines Amtsdelikts unangemessen sein; das gleiche ist im Einzelfall von der akustischen Überwachung eines Journalisten zur Aufklärung einer Erpressung zu sagen, insbesondere wenn nur ein einfacher Verdacht vorliegt.

Wie schon bei der Postbeschlagnahme und der Telefonüberwachung ist zu bezweifeln, daß die Rechtsprechung bei der Abwägung der kollidierenden Interessen im Rahmen des Verhältnismäßigkeitsgrundsatzes der Presse- und Rundfunkfreiheit genügend Gewicht gibt bzw. sie überhaupt in die Abwägung einbezieht.[1178] Deshalb sollte in der Strafprozeßordnung zum Schutz des Grundrechts aus Art. 5 Abs. 1 S. 2 GG eine ausdrückliche Regelung verankert werden.[1179]

1175 Vgl. S. 41 f. dieser Arbeit.

1176 Vgl. S. 147 f. und 168 ff. dieser Arbeit.

1177 KK-Nack § 100 c Rdnr. 30; vgl. S. 42 f., 104 f. und 182 ff. dieser Arbeit.

1178 Ausführlich hierzu siehe S. 148 und 171 dieser Arbeit.

1179 K.-H. Groß StV 1996, 559 (566).

IV. Regelungsvorschläge

1. Das absolute Verbot des Einsatzes technischer Mittel

Um zu verhindern, daß die Strafverfolgungsorgane nach §§ 53 Abs. 1 Nr. 5, 97 Abs. 5 StPO geschützte Informationen über den Umweg des § 100 c Abs. 1 Nrn. 1 bis 2 StPO erlangen, könnte ein absolutes Verbot des Einsatzes technischer Mittel gegen Medienmitarbeiter statuiert werden. Nur so wäre vollständig gewährleistet, daß das Redaktionsgeheimnis aufrechterhalten wird.

Dies ließe jedoch unberücksichtigt, daß bei Maßnahmen nach § 100 c Abs. 1 Nrn. 1 und 2 StPO die Strafverfolgungsbehörden die Beweise nur mittelbar von den Medien erlangen und diese anders als beim Zeugnisverweigerungsrecht oder der Beschlagnahme nicht direkt in Anspruch nehmen. Außerdem wird durch die visuelle und akustische Überwachung nicht in den räumlich-gegenständlichen Bereich der Medien eingegriffen, da § 100 c Abs. 1 Nrn. 1 und 2 StPO gerade nur die außerhalb geschützter Räume ansetzenden Maßnahmen erfaßt. Deshalb ist ein Vertrauensverlust bei Maßnahmen nach § 100 c Abs. 1 Nrn. 1 und 2 StPO weniger wahrscheinlich als bei einem Aussagezwang oder einer Beschlagnahme. Selbst bei jenen Maßnahmen sind jedoch nur bestimmte Informationen absolut geschützt, da zum Beispiel Eigenrecherchen weder vom Zeugnisverweigerungsrecht noch vom Beschlagnahmeverbot erfaßt sind.[1180] Ein vollständiges Überwachungsverbot hätte aber zur Folge, daß den Behörden bei Maßnahmen nach § 100 c Abs. 1 Nrn. 1 und 2 StPO auch die selbstrecherchierten Tatsachen zur Gänze entzogen wären. Angesichts des geringeren Eingriffs in die Presse- und Rundfunkfreiheit wäre ein stärkerer Schutz als beim Zeugniszwang oder der Beschlagnahme jedoch nicht sachgerecht.

2. Die Nutzung der bereits bestehenden medialen Schutznormen

Als Lösung wird wie bei § 100 a StPO vorgeschlagen, die Lücke in Analogie zu den Regeln über das Zeugnisverweigerungsrecht und das Beschlagnahmeverbot zu schließen. Danach soll die Überwachung außerhalb von geschützten Räumen nur in dem Fall zulässig sein, daß der Medienmitarbeiter einer Beteiligung im Sinne des § 97 Abs. 2 S. 3 StPO verdächtig ist.[1181] Hiergegen sprechen jedoch die schon bei § 100 a StPO genannten Argumente,[1182] so zum Beispiel die Systematik des § 97 Abs. 2 S. 3 StPO. In § 97 StPO erfüllt die Regelung die Funktion einer Strafverstrickungsklausel, also einer Begrenzung des medialen Schutzrechts, während sie hier zur Begründung eines solchen Schutzrechts verwendet werden soll.

Zumindest im Fall der akustischen Überwachung würde außerdem wegen des ohnehin zu beachtenden Straftatenkataloges die Voraussetzung eines kollusiven Zusammenwirkens zwischen dem Journalisten und dem Beschuldigten zu einem nahezu vollständigen Überwachungsverbot führen. Nur beim Zeugniszwang und der Beschlagnahme, bei denen die Medien direkt in Anspruch genommen werden, ist eine solche Beschränkung der Möglichkeiten der Strafverfolgung aber gerechtfertigt. Bei der Überwachung von Medienmitarbeitern außerhalb der nach Art. 13 GG geschützten Räume wäre ein so weitgehender Schutz der Presse- und Rundfunkfreiheit nicht sachgemäß.

1180 Nach der in dieser Arbeit vorgeschlagenen Lösung sind selbstrecherchierte Informationen allerdings auch bei Ermittlungen zu leichten Straftaten geschützt.

1181 SK-Rudolphi § 100 c Rdnr. 14, § 100 a Rdnr. 21; Weigend in Verhandlungen des 62. Deutschen Juristentages, C 1 (C 119).

1182 Siehe S. 172 ff. dieser Arbeit.

3. Die Ausgestaltung des Verhältnismäßigkeitsgrundsatzes

Als letzte Variante bleibt, da ein gewisser Schutz der Presse- und Rundfunkfreiheit als notwendig erkannt wurde, die Verankerung einer Form des Verhältnismäßigkeitsgrundsatzes. Wie bei den bereits erörterten Zwangsmaßnahmen ist eine allgemeine Formulierung nach dem Muster des § 81 Abs. 2 S. 2 StPO oder § 120 Abs. 1 S. 1 StPO untauglich.[1183] Im Interesse der Rechtssicherheit ist es sinnvoll, die Verhältnismäßigkeitsprüfung durch einen Straftatenkatalog zu konkretisieren.

a. Der Straftatenkatalog

Erneut bietet sich der von den Medienverbänden vorgeschlagene Katalog an,[1184] bei dessen Anwendung sowohl die visuelle als auch die akustische Überwachung gegen die in § 53 Abs. 1 Nr. 5 StPO Genannten nur angeordnet werden dürfte, wenn bestimmte Tatsachen den Verdacht begründen, daß jemand eine der bezeichneten Straftaten begangen hat. Dieser Katalog wird den miteinander kollidierenden Interessen der Strafverfolgung und der Wahrung des Redaktionsgeheimnisses am ehesten gerecht,[1185] da er genau auf diese Konstellation zugeschnitten ist. Deshalb sollte eine Klausel aufgenommen werden, die die visuelle und akustische Überwachung von Journalisten außerhalb von Wohnungen regelt und in die ein Verweis auf den Straftatenkatalog eingefügt wird.

b. Der Verdachtsgrad

In dem Gesetzentwurf der Medienverbände wird als Voraussetzung für die Ausübung von Zeugniszwang der dringende Verdacht einer Katalogtat genannt.[1186] Durch eine Observation nach § 100 c Abs. 1 Nr. 1 StPO wird jedoch nicht in die Sphäre der Medien eingegriffen. Zwar können durch eine visuelle Überwachung die Identität des Informanten und möglicherweise auch sein Aufenthaltsort ermittelt werden, von diesen Informationen kann jedoch nicht im eigentlichen Sprachgebrauch gesagt werden, daß sie sich in der Sphäre des Journalisten befinden. Außerdem werden die Beweismittel bei Maßnahmen nach § 100 c Abs. 1 Nr. 1 StPO nur indirekt erlangt. Daher genügt wie bei den anderen Maßnahmen, bei denen die Medien nur mittelbar in Anspruch genommen werden, der einfache Tatverdacht.[1187]

Bei Maßnahmen nach § 100 c Abs. 1 Nr. 2 StPO wird hingegen ähnlich der Beschlagnahme in die Sphäre der Medien eingegriffen. Weder der Informant noch der Journalist vertrauen ihre Mitteilungen der Post oder einer technischen Einrichtung an; im persönlichen Gespräch gibt es zwischen dem die Information Abgebenden und dem Empfänger kein Zwischenglied. Mitteilungen, die der Informant dem Journalisten macht, gelangen daher unmittelbar in dessen Sphäre. Umgekehrt verlassen Mitteilungen des Journalisten an den Informanten den Einflußbereich des Journalisten erst, wenn sich der Gesprächspartner entfernt. Dann sind sie aber für die Ermittler durch eine gegen den Journalisten gerichtete Maßnahme nach § 100 c Abs. 1 Nr. 2 StPO nicht mehr wahrnehmbar.[1188] Die Beweismittel stammen somit aus der Sphäre des Jour-

---

1183 Siehe S. 108 und 149 dieser Arbeit.

1184 Siehe Anhang 1 S. 215 ff. dieser Arbeit.

1185 Zur näheren Begründung siehe S. 110 ff. dieser Arbeit.

1186 Siehe Anhang 1 S.215 ff. dieser Arbeit.

1187 Siehe S. 150 f. und 175 und dieser Arbeit.

1188 Die Ermittler können die Informationen nur noch erlangen, indem sie den Gesprächspartner als Zeugen vernehmen. Dadurch wird jedoch die Sphäre des Journalisten nicht berührt.

nalisten.[1189] Dies rechtfertigt die Forderung, daß der Journalist nur dann abgehört werden darf, wenn der Beschuldigte einer Katalogtat dringend verdächtig ist.

Andererseits ist die akustische Überwachung insoweit mit der Postbeschlagnahme, der Telefonüberwachung und dem Auskunftsverlangen nach § 12 FAG verwandt, als sich die Journalisten dabei ihrer Mithilfe zu Aufklärung von Straftaten nicht bewußt sind. Es handelt sich um heimliche Maßnahmen, von denen die Betroffenen erst nach ihrer Beendigung unterrichtet werden.[1190] Dem wurde jedoch schon dadurch Rechnung getragen, daß bei der Anwendung des Straftatenkataloges auch Informationen über die Person des Informanten und Eigenrecherchen nur im Falle leichter Delikte geschützt sind. Anders als beim Zeugnisverweigerungsrecht und dem Beschlagnahmeverbot sind diese Informationen nicht absolut geschützt. Es ist somit sachgerecht, wenn die akustische Überwachung eines Medienmitarbeiters nach § 100 c Abs. 1 Nr. 2 StPO nur bei dringendem Tatverdacht angeordnet werden darf.

c. Die Subsidiaritätsklausel

Wie bereits bei sämtlichen bisher untersuchten Maßnahmen ist auch bei der visuellen und akustischen Überwachung die ausdrückliche Erwähnung der Subsidiarität sinnvoll.[1191] § 100 c Abs. 1 Nrn. 1 und 2 i.V.m. Abs. 2 S. 2 und 3 StPO enthalten bereits nach der Schwere des Eingriffs gestufte Subsidiaritätsklauseln. Es spricht nichts dagegen, diese auch dann gelten zu lassen, wenn der Betroffene der Maßnahme ein Medienmitarbeiter ist.

d. Die Strafverstrickungsklausel

Das Interesse am Schutz der Presse- und Rundfunkfreiheit überwiegt das staatliche Strafverfolgungsinteresse nicht länger, wenn sich der Journalist einer Teilnahme oder einer Begünstigung, Strafvereitelung oder Hehlerei dringend verdächtig gemacht hat.[1192] Deshalb ist in diesen Fällen das Überwachungsverbot auszuschließen.[1193]

1189 Streng physikalisch gesehen ist dies freilich anders. Bei einem persönlichen Gespräch dient die Luft zwischen den Gesprächspartnern, über die die Information in Form von Schallwellen übertragen wird, als Medium. Diese Schallwellen werden von den Strafverfolgern zum Beispiel mit Hilfe eines Richtmikrophons wahrgenommen und verstärkt, dann meist umgewandelt und aufgezeichnet. Insoweit kann die akustische Überwachung nach § 100 c Abs. 1 Nr. 2 StPO mit der Überwachung der Telekommunikation nach § 100 a StPO verglichen werden. Bei der Telekommunikation werden die Informationen zur Übertragung in elektromagnetische Wellen umgewandelt und beim Empfänger wieder entschlüsselt, so daß dieser die Information visuell (zum Beispiel bei Übertragung von E-Mails) oder akustisch (bei Telefongesprächen) wahrnehmen kann. Die Überwachung erfolgt, indem die Leitung „angezapft" und die elektromagnetischen Wellen aufgezeichnet bzw. bei den Ermittlern in akustisch bzw. visuell wahrnehmbare Signale umgewandelt werden. Sowohl bei der akustischen Überwachung als auch bei der Überwachung der Telekommunikation könnte man daher sagen, daß die Strafverfolgungsbehörden die Mitteilungen auf dem Weg vom Journalisten zum Informanten bzw. vom Informanten zum Journalisten erlangen.
Physikalisch gesehen könnte man daher einen Eingriff der Strafverfolger in die Sphäre des Journalisten verneinen (siehe S. 163 dieser Arbeit). Praktisch wird die die Schallwellen übertragende Luft nicht als Medium angesehen, weil es sich hierbei nicht um ein Kommunikationsmittel im allgemeinen Sprachgebrauch handelt, so daß eine akustische Überwachung direkt in die Sphäre des Journalisten eingreift.

1190 § 101 StPO; Daß der Betroffenen von der Maßnahme bei Gefährdung von Leib und Leben einer Person nicht unterrichtet werden muß, kann dazu führen, daß die Unterrichtung nie erfolgt (Kleinknecht/Meyer-Goßner § 101 Rdnr. 4a). Für die visuelle Überwachung nach § 100 c Abs. 1 Nr. 1 a StPO besteht von Vornherein keine Benachrichtigungspflicht.

1191 Siehe insbesondere S. 115 dieser Arbeit.

1192 Wortlaut nach § 97 Abs. 2 S. 3 StPO.

1193 Ausführlich dazu S. 120 ff. und 152 dieser Arbeit.

V. Der Journalist als Beschuldigter

Wie bereits bei den vorhergehend diskutierten Zwangsmaßnahmen, bedarf es auch für den beschuldigten Journalisten keiner Beschränkung der Überwachungsmöglichkeiten. Für einen Schutz besteht keine Notwendigkeit, da solche Maßnahmen nicht dazu führen, daß das Vertrauen der Allgemeinheit in die Wahrung des Redaktionsgeheimnisses geschädigt werden kann.[1194]

VI. Verwertungsverbote

Durch Maßnahmen nach § 100 c Abs. 1 Nrn. 1 und 2 StPO erlangte Beweismittel dürfen grundsätzlich nicht verwertet werden, wenn die Anordnung der Maßnahme rechtswidrig war. Dies ist insbesondere dann der Fall, wenn gegen ein Überwachungsverbot verstoßen wurde.[1195] Nach der in dieser Arbeit vorgeschlagenen Lösung bestünde bei der Überwachung von Medienschaffenden daher ein Verwertungsverbot, wenn die Anordnung keine der im Katalog des § 53 StPO genannten Taten betraf.[1196]

Ergeben sich bei Maßnahmen nach § 100 c Abs. 1 Nr. 2 StPO Zufallsfunde, dürfen nach § 100 d Abs. 5 S. 1 StPO Erkenntnisse über Katalogtaten und mit ihnen im Zusammenhang stehende Nichtkatalogtaten verwertet werden.[1197] Für Zufallserkenntnisse über Nichtkatalogtaten besteht, um die Umgehung der gesetzlichen Regelung zu vermeiden, allerdings dann ein Verwertungsverbot, wenn sich der Verdacht der Katalogtat nicht bestätigt.[1198]

§ 100 d StPO gilt nur für Maßnahmen nach § 100 c Abs. 1 Nr. 2 StPO, so daß Erkenntnisse, die bei Maßnahmen nach § 100 c Abs. 1 Nr. 1 StPO gewonnen werden, grundsätzlich unbeschränkt verwertbar sind.[1199] Jedoch gilt der spezielle in § 53 StPO einzufügende Straftatenkatalog ebenfalls für den Einsatz technischer Mittel nach § 100 c Abs. 1 Nr. 1 StPO. Somit sind Erkenntnisse auch hier nur verwertbar, soweit sie eine Katalogtat im Sinne des § 53 StPO betreffen oder mit ihr im Zusammenhang stehen.

Wurde die Maßnahme gegen den Journalisten als Beschuldigten durchgeführt, bestätigt sich dieser Verdacht jedoch nicht, muß ebenso ein Verwertungsverbot eingreifen.[1200]

VII. Sonstige Verfahrensfragen

Observationen werden selbständig durch die Staatsanwaltschaft oder auch die Polizei angeordnet.[1201] Für die Anordnung der akustischen Überwachung außerhalb von Wohnungen ist nach § 100 d Abs. 1 StPO grundsätzlich der Richter zuständig. Bei Gefahr im Verzug haben die Staatsanwaltschaft und ihre Hilfsbeamten eine Eilkompetenz; diese Anordnungen bedürfen allerdings gemäß § 100 d Abs. 1 S. 2 i.V.m. §§ 98 b Abs. 1 S. 2, 100 b Abs. 1 S. 3 StPO binnen drei Tagen der richterlichen Bestätigung.

1194 Ausführlich dazu S. 131 ff. dieser Arbeit.

1195 SK-Rudolphi § 100 c Rdnr. 19; § 100 a Rdnr. 26.

1196 Siehe Anhang 1 S. 215 ff. dieser Arbeit.

1197 Kleinknecht/Meyer-Goßner § 100 d Rdnr. 11; SK-Rudolphi § 100 d Rdnr. 18.

1198 Siehe S. 176 ff. dieser Arbeit.

1199 Kleinknecht/Meyer-Goßner § 100 d Rdnr. 11; Hilger NStZ 1992, 457 (463) Fn. 117.

1200 Siehe S. 133 ff. dieser Arbeit.

1201 HK-Lemke § 100 d Rdnr. 1; KK-Nack § 100 d Rdnr. 2; a.A. Kleinknecht/Meyer-Goßner der die Zuständigkeit auf die Staatsanwaltschaft und ihre Hilfsbeamten beschränkt.

Diese Regelung steht im Widerspruch zu den bei der Postbeschlagnahme und der Telefonüberwachung getroffenen Regelungen, bei denen die Anordnung bei Gefahr im Verzug nur durch die Staatsanwaltschaft, nicht aber durch ihre Hilfsbeamten zulässig ist.[1202] Die akustische Überwachung ist ein wesentlich weitergehender Eingriff in die Rechte des Betroffenen,[1203] so daß hier erst recht eine Beschränkung der Eilkompetenz auf die Staatsanwaltschaft zu fordern ist. Dafür spricht auch, daß die Anordnung einer akustischen Überwachung die Subsumtion unter einen Straftatenkatalog verlangt, was vertiefte Rechtskenntnisse erfordert, die von Hilfsbeamten grundsätzlich nicht erwartet werden können. Die Sicherstellung der Beachtung der Eingriffsvoraussetzungen dürfte auch die Motivation des Gesetzgebers für den Ausschluß der Hilfsbeamten in § 100 Abs. 1 StPO und § 100 b Abs. 1 S. 2 StPO gewesen sein.[1204]

In der Konsequenz ist auch für Maßnahmen nach § 100 c Abs. 1 Nr. 1 StPO zu fordern, daß sie grundsätzlich von einem Richter angeordnet werden und die Eilkompetenz auf die Staatsanwaltschaft beschränkt wird, wenn Journalisten betroffen sind. Auch in diesen Fällen bedarf es nach der hier vorgeschlagenen Gesetzesänderung einer Subsumtion unter verschärfte Voraussetzungen, insbesondere einen Straftatenkatalog. Die Zulassung einer Eilkompetenz der Staatsanwaltschaft trägt allerdings dem berechtigten Interesse an einer effektiven Strafverfolgung Rechnung und beeinträchtigt die Arbeit der Medienmitarbeiter nicht unverhältnismäßig.

Nicht unerwähnt bleiben soll auch hier, daß die Staatsanwaltschaft[1205] unter den Voraussetzungen des § 101 Abs. 1 S. 1 StPO zur Benachrichtigung der Betroffenen verpflichtet ist. Lediglich für die Herstellung von Lichbildern und Bildaufzeichnungen nach § 100 c Abs. 1 Nr. 1 a StPO ist eine Information entbehrlich.

VIII. Fazit

Die Möglichkeiten der Strafverfolgungsbehörden zur visuellen und akustischen Überwachung bedürfen zum Schutz der Presse- und Rundfunkfreiheit der Beschränkung. So empfiehlt sich die Aufnahme eines Überwachungsverbots unter Verweis auf § 53 StPO und den dort für die Eigenrecherchen vorgeschlagenen Straftatenkatalog ebenso wie eine Verschärfung der Zuständigkeitsregeln. Um die Ausgewogenheit zwischen den kollidierenden Interessen zu erhalten, ist jedoch eine Strafverstrickungsklausel einzufügen,[1206] nach der das Überwachungsverbot bei einem Beteiligungsverdacht gegen den Journalisten entfällt.

1202 § 100 Abs. 1 StPO; § 100 b Abs. 1 S. 2 StPO.

1203 Siehe S. 184 f. dieser Arbeit.

1204 Weder in den Materialien zur StPO (Hahn, Materialien 3,1 S. 126) noch in der amtlichen Begründung zum G 10 (BT-Drucksache 5/1880 S. 12) ist hierfür ein ausdrücklicher Hinweis zu finden.

1205 Kleinknecht/Meyer-Goßner § 101 Rdnr. 8

1206 Auch der Verweis auf eine bereits bestehende Strafverstrickungsklausel genügt.

B. Das Abhören innerhalb des durch Art. 13 GG geschützten Bereiches

I. Der Inhalt der Vorschrift

1. Allgemeines

Nach § 100 c Abs. 1 Nr. 3 StPO dürfen auch innerhalb von Wohnungen geführte Gespräche überwacht werden.[1207] Dabei versteht man unter dem Begriff „Wohnung" jeden nach Art. 13 GG geschützten Raum.[1208] Wohnung ist somit das befriedete Besitztum, das dem Menschen zum auf längere Zeit angelegten Aufenthalt dient.[1209] Hierzu zählen neben der Wohnung im eigentlichen Sinn auch Geschäfts- und Betriebsstätten,[1210] so daß auch Redaktionen als nach Art. 13 GG geschützte Räume gelten. Im Übrigen gleichen die Voraussetzungen denen des § 100 c Abs. 1 Nr. 2 StPO.[1211]

2. Der Verhältnismäßigkeitsgrundsatz

Auch bei der akustischen Wohnraumüberwachung ist der Verhältnismäßigkeitsgrundsatz vom Gesetzgeber speziell ausgestaltet worden.

a. Der Straftatenkatalog

§ 100 c Abs. 1 Nr. 3 StPO verweist nicht auf § 100 a StPO, sondern enthält einen speziellen Straftatenkatalog. Dieser ist enger gefaßt als der in § 100 a StPO enthaltene Katalog, da in ihn nur besonders schwere Straftaten und solche, die für die Organisierte Kriminalität typisch sind, aufgenommen wurden.[1212] Einige leichtere Delikte, wie zum Beispiel die Straftaten gegen die Landesverteidigung (§§ 109 d bis 109 h StGB), beinhaltet § 100 c Abs. 1 Nr. 3 StPO im Gegensatz zu § 100 a StPO nicht.

Trotzdem wurde gegen den Umfang des Kataloges erhebliche Kritik laut.[1213] Er sei mit über fünfzig Straftaten sehr weit.[1214] Auch könnten einige der genannten Straftaten, wie zum Beispiel das Vergehen nach § 85 StGB, bei dem im Einzelfall sogar die Verhängung einer Geldstrafe ausreichend sei, einen so schweren Eingriff in das Grundrecht aus Art. 13 GG nicht rechtfertigen.[1215] Teilweise wird versucht, dies durch eine „verfassungskonforme Auslegung" zu kompensieren, wonach die Tat im konkreten Fall „besonders schwer" [1216] sein muß[1217] und die Anwendung der Maßnahme auf Fälle „Organisierter Kriminalität" zu beschränken ist.[1218] Hierzu müßte § 100 c Abs. 1 Nr. 3 StPO verschiedene Möglichkeiten der Interpreta-

---

1207 Mit dem Abhören notwendigerweise verbundene Maßnahmen sind erlaubt; z.B. heimliches Betreten der Wohnung zum Anbringen der Abhöreinrichtung [J. Meyer/Hetzer NJW 1998, 1017 (1026)].

1208 BT-Drucksache 13/8651 S. 13.

1209 Model/Müller Art. 13 Rdnr. 1; Martin JuS 1999, 87.

1210 BVerfGE 32, 54; v. Münch/Kunig/Kunig Art. 13 Rdnr. 11; Gentz S. 25.

1211 Siehe S. 183 dieser Arbeit.

1212 BT-Drucksache 13/8651 S. 13.

1213 Bachmaier/Kuhlwein/u.a. BT-Protokoll 13/222 S. 20376; Such BT-Protokoll 13/222 S. 20378; Bachmaier BT-Protokoll 13/214 S. 19538.

1214 Bachmaier BT-Protokoll 13/197 S. 17701 f.; Kleinknecht/Meyer-Goßner § 100 c Rdnr. 11.

1215 Frister StV 1996, 454 (455).

1216 Art. 13 Abs. 3 S. 1 GG.

1217 Dittrich NStZ 1998, (337 f.).

1218 KK-Nack § 100 c Rdnr. 44; Momsen ZRP 1998, 459: de lege ferenda.

tion bieten.[1219] Sowohl der Wortlaut der Vorschrift als auch die Intention des Gesetzgebers sind jedoch eindeutig: Besteht der Verdacht einer der genannten Straftaten, soll die akustische Überwachung innerhalb der Wohnung zulässig sein. Schon aus der zeitlichen Nähe zwischen der Grundgesetzänderung und dem Erlaß des § 100 c Abs. 1 Nr. 3 StPO ist zu schließen, daß eine Einschränkung, wäre sie gewollt gewesen, in den Wortlaut der Vorschrift Eingang gefunden hätte. Die Anwendung der Maßnahme ist außerdem ohnehin durch allgemeine Verfassungsprinzipien begrenzt. Daß Wohnraum auch im Falle von Bagatelltaten akustisch überwacht wird, verhindert der im Einzelfall jedenfalls zu beachtende Grundsatz der Verhältnismäßigkeit.[1220]

b. Der Verdachtsgrad

Der Verdacht, daß eine der Katalogtaten vorliegt, muß sich auf „bestimmte Tatsachen" stützen. Er entspricht dem bei §§ 100 a, 100 c Abs. 1 Nr. 2 StPO erforderlichen Verdachtsgrad.[1221] Wie sich auch aus den Protokollen zum Erlaß des Gesetzes ergibt, ist ein dringender Verdacht, daß der Beschuldigte die Tat begangen hat, nicht erforderlich.[1222]

Insbesondere von den Gegnern der akustischen Wohnraumüberwachung wurde dagegen vehement ein dringender Tatverdacht gefordert,[1223] da ein einfacher Verdacht zu leicht entstehen könne, als daß durch ihn der „größtmögliche Eingriff in die Privatsphäre der Menschen"[1224] zu rechtfertigen wäre. Je gravierender der staatliche Eingriff ausfiele, desto höher müsse die rechtsstaatliche Hürde sein. Dieser Grundsatz könne nur bedeuten, daß ein einfacher Tatverdacht nicht ausreiche.[1225]

Dem wird entgegen gehalten, daß dann, wenn bereits ein dringender Tatverdacht vorliegt, die akustische Überwachungsmaßnahme gar nicht mehr zulässig sein soll, da anderenfalls das Prinzip der ultima ratio verletzt würde. Bei einem dringenden Tatverdacht könnte der Beschuldigte in Untersuchungshaft genommen und sogar angeklagt werden. Eine akustische Überwachungsmaßnahme komme dann überhaupt nicht in Betracht, da diese immer das letzte aller zulässigen Mittel sein solle.[1226]

Diese Ansicht läßt jedoch unberücksichtigt, daß die Untersuchungshaft bei den Ermittlungen nicht in jedem Fall weiterhelfen kann. Es handelt sich nicht um eine Aussageerzwingungshaft, da dies dem Grundsatz widersprechen würde, daß niemand sich selbst belasten muß. Vielmehr dient die Untersuchungshaft der Sicherung der Anwesenheit des Beschuldigten, der Ermittlungen sowie der Vollstreckung.[1227] Die Untersuchungshaft ist insbesondere dann völlig untauglich, wenn gegen den dringend Verdächtigen verdeckt ermittelt werden soll, etwa weil man sich davon Erkenntnisse über dessen Hintermänner oder eventuelle Auftraggeber erhofft. Auch ist die Untersuchungshaft nur bei Flucht-, Verdunklungs- oder Wiederholungsgefahr zulässig. Liegt ein dringender Tatverdacht vor, ohne daß eine der genannten Gefahren besteht, darf die

1219 Bettermann S. 19.
1220 Denninger StV 1998, 401 (404).
1221 BT-Drucksache 13/8651 S. 13; zur Definition siehe S. 158 dieser Arbeit.
1222 Müller BT-Protokoll 13/222 S. 20297.
1223 Bachmaier/Kuhlwein/u.a. BT-Protokoll 13/222 S. 20376; Hirsch BT-Protokoll 13/222 S. 20300.
1224 Braun BT-Protokoll 13/222 Anlage 6 S. 20379.
1225 Braun BT-Protokoll 13/214 S. 19585.
1226 Schily BT-Protokoll 13/214 S. 19548.
1227 Peters § 47 A I S. 419.

Anordnung nicht ergehen.[1228] Daher kann auch dann, wenn der dringende Verdacht einer Katalogtat bestehen muß, die akustische Überwachung das letzte zulässige Mittel zur Beweisgewinnung sein. Die Einwände der Verfechter des einfachen Tatverdachts greifen nicht durch.

Hingegen sind die Argumente, die für einen dringenden Verdacht sprechen, überzeugend. Ein einfacher Verdacht läßt sich zu leicht begründen, unter Umständen sogar konstruieren. Daß dieser auf „bestimmten Tatsachen" beruhen muß, stellt kaum eine Hürde bei der Antragsbegründung dar, so daß für die Anordnung der akustischen Wohnraumüberwachung zur Sicherung von deren Ausnahmecharakter der dringende Tatverdacht Voraussetzung sein sollte.

c. Die Subsidiaritätsklausel

§ 100 c Abs. 1 Nr. 3 StPO enthält ebenso wie die Regelungen zum Einsatz technischer Mittel außerhalb der von Art. 13 GG geschützten Räume eine Subsidiaritätsklausel, die allerdings beträchtlich höhere Anforderungen stellt, als die in Nrn. 1 und 2 enthaltenen. Nach ihr muß „die Erforschung des Sachverhalts oder die Ermittlung des Aufenthaltsortes des Täters auf andere Weise unverhältnismäßig erschwert oder aussichtslos" sein. Mit der „Ermittlung des Aufenthaltsortes des Täters" kann nur der Aufenthaltsort eines Mittäters gemeint sein, da nach Abs. 1 allein der Täter akustisch überwacht werden darf, was voraussetzt, daß sein Verbleib bereits bekannt ist.[1229]

Soll die Maßnahme gegen Dritte angeordnet werden, muß es nach § 100 c Abs. 2 S. 5 StPO außerdem unwahrscheinlich sein, daß schon eine Überwachung der Wohnung des Beschuldigten zum Erfolg führt. Auch muß anzunehmen sein, daß sich der Beschuldigte in der Wohnung des Dritten aufhält.

Diese Subsidiaritätsklausel stößt nicht nur als solche,[1230] sondern auch wegen ihrer konkreten Ausgestaltung auf erhebliche Kritik.[1231] So könne von einer effektiven Begrenzung des Abhörens innerhalb von Wohnungen nur die Rede sein, wenn andere Maßnahmen zur Ermittlung aussichtslos seien. Die „wesentliche Erschwerung" sei nicht ausreichend, da diese problemlos zu begründen sei. Es liege nun einmal in der Natur der Sache, daß Ermittlungen dadurch wesentlich vereinfacht würden, daß man den Beschuldigten, der von seinem Schweigerecht Gebrauch macht, auf etwaige einem Geständnis gleichkommende Gespräche hin belauscht.[1232]

Dem kann nicht gefolgt werden, da für die Anordnung der akustischen Wohnraumüberwachung gerade gefordert wird, daß die Erforschung des Sachverhalts auf andere Weise „unverhältnismäßig" erschwert wäre. Die wesentliche Erschwerung der Erforschung genügt hingegen nicht. Da der Eingriff in die Grundrechte des Betroffenen gravierend ist, werden die Ermittlungen in der Regel nur dann unverhältnismäßig erschwert sein, wenn die Erforschung des Sachverhalts auf andere Weise nahezu aussichtslos ist.

Eine gänzliche Aussichtslosigkeit zu verlangen, hieße jedoch, die Anforderung zu hoch anzusetzen. Nicht in jedem Einzelfall kann die Wirksamkeit anderer Maßnahmen von vornherein

---

1228 Nach dem Wortlaut des § 112 Abs. 3 StPO genügt es, daß der Beschuldigte einer Katalogtat dringend verdächtig ist. Das Bundesverfassungsgericht hat die Vorschrift jedoch verfassungskonform ausgelegt. Die Untersuchungshaft darf danach nur angeordnet werden, wenn neben die Voraussetzungen des § 112 Abs. 3 StPO der Haftgrund der Flucht-, Wiederholungs- bzw. Verdunklungsgefahr tritt [BVerfGE 19, 342 (350)].

1229 BT-Drucksache 13/8651 S. 13.

1230 Zu diesem Problem siehe S. 115 f. dieser Arbeit.

1231 Such BT-Protokoll 13/222 S. 20378.

1232 Frister StV 1996, 454 (455).

ausgeschlossen werden. Dennoch würde es oft eine unnötige Verzögerung der Aufklärung von Straftaten sein, zunächst Maßnahmen anzuordnen, die sich später als nicht erfolgreich herausstellen. Unter Umständen könnte dies dazu führen, daß einzelne schwere Verbrechen nicht mehr aufklärbar wären. Für die Anordnung einer akustischen Wohnraumüberwachung muß es daher ausreichen, daß ohne die Maßnahme die Ermittlungen unverhältnismäßig erschwert sind. Der Nachweis der Aussichtslosigkeit anderer Maßnahmen kann hingegen nicht verlangt werden, da er nicht in jedem Fall erbracht werden kann.

Trotz der konkreten Ausgestaltung des Verhältnismäßigkeitsgrundsatzes in Form des Straftatenkataloges und der Subsidiaritätsklausel ist die Verhältnismäßigkeit der Maßnahme in jedem Einzelfall noch einmal gesondert zu prüfen.[1233] Nur so kann gesichert werden, daß dem verfassungsrechtlichen Grundsatz, daß staatliche Zwangsmaßnahmen nicht unangemessen in die Grundrechte eingreifen dürfen, Rechnung getragen ist.

II. Problemdarstellung

Ob die Einführung der akustischen Wohnraumüberwachung verfassungsrechtlich zulässig und tatsächlich zur erfolgreichen Bekämpfung der organisierten Kriminalität erforderlich und geeignet ist, ist umstritten.[1234]

1. Der Eingriff in die Grundrechte aus Art. 2 Abs. 1 und Art. 13 GG

Die Gegner der akustischen Wohnraumüberwachung bezweifeln die Verfassungsmäßigkeit der Grundgesetzänderung, durch die der Erlaß des § 100 c Abs. 1 Nr. 3 StPO ermöglicht wurde. Sie machen geltend, der Gesetzgeber habe verfassungswidriges Verfassungsrecht geschaffen, da die Änderung des Art. 13 GG den Kern des Grundrechts auf Unverletzlichkeit der Wohnung aushöhle.[1235] Der absolute Schutz eines Innenraumes, der der Einwirkung der öffentlichen Gewalt entzogen ist,[1236] sei nicht länger gewährleistet,[1237] da es anders als bei anderen Ermittlungsmaßnahmen für den Betroffenen keine weitere Rückzugsmöglichkeit gebe.[1238] Das Grundrecht auf Unverletzlichkeit der Wohnung sei praktisch abgeschafft, wenn die intimste Privatsphäre des Bürgers abgehört werde.[1239]

Außerdem werde durch den mit der akustischen Überwachung von Wohnräumen einhergehenden Verlust an Privatsphäre die Menschenwürde beeinträchtigt.[1240] Es müsse Rückzugsräume

---

1233 Pfeiffer § 100 c Rdnr. 2.

1234 Bejahend Krey VE Rdnr. 332; Schelter ZRP 1994, 52 (54 ff.); Zachert DRiZ 1992, 355 verneinend Eisenberg NJW 1993, 1033 (1038 f.); Hassemer DRiZ 1992, 357; Raum/Palm JZ 1994, 447 (450 ff.); Wolter NStZ 1993, 1 (2) Fn. 20; zweifelnd Kleinknecht/Meyer-Goßner § 100 c Rdnr. 11; Böttger/Pfeiffer ZRP 1994, 7, (17) und Glauben DRiZ 1993, 41: Verfassungsänderung höchstens unter bestimmten Voraussetzungen verantwortbar; Lisken ZRP 1993, 121 (122 ff.); vgl. vor allem auch die unterschiedlichen, teilweise völlig gegensätzlichen Ansichten der Sachverständigen bei der Anhörung im Rechtsausschuß des Deutschen Bundestages am 21. No-vember 1997, Protokoll des Rechtsausschusses Nr. 101 (nachzulesen bei Lisken KritJ 1998, 107).

1235 Bachmaier BT-Protokoll 13/214 S. 19537; Heuer BT-Protokoll 13/222 S. 20301; Köhne BT-Protokoll 13/222 S. 20302; Krey JR 1998, 1 (6); Wolter NStZ 1993, 1 (2) Fn. 20; Gemäß Art. 79 Abs. 3 GG ist eine Änderung der Artikel 1 und 20 GG nicht zulässig. Nach allgemeiner Meinung ist damit auch der Kernbestand aller Grundrechte unabänderlich (Model/Müller Art. 79 Rdnr. 6; Hesse Rdnr. 704).

1236 BVerfGE 34, 238 (245).

1237 Heuer BT-Protokoll 13/214 S. 19559; Leutheusser-Schnarrenberger BT-Protokoll 13/222 S. 19543.

1238 Leutheusser-Schnarrenberger ZRP 1998, 97 (88).

1239 Müller BT-Protokoll 13/222 S. 20297.

1240 Such BT-Protokoll 13/214 S. 19524.

geben, in denen man vor heimlichen staatlichen Zugriffen sicher sein könne. Allein die Tatsache, daß der Einbau einer Wanze in ihre Wohnung zulässig sei, verunsichere die Bürger zutiefst.[1241]

Dem wird entgegengehalten, es sei Aufgabe der Politik, die Bürger vor der organisierten Kriminalität zu schützen. Dabei handele es sich um eine „Bringschuld des Staates" [1242]. Bei der Frage von Leben und Tod könne es letzte Refugien in Form von Wohnungen nicht geben. Angesichts der durch die organisierte Kriminalität entstandenen Dimension der Bedrohung sei es nicht mehr vertretbar, die Unverletzlichkeit der Wohnung als vor jeglichem staatlichen Eingriff zu Zwecken der Strafverfolgung geschützten privaten Bereich weiterhin unbegrenzt zu gewährleisten.[1243]

Auch sei das unabweisbare Bedürfnis einer wirksamen Strafverfolgung und Verbrechensbekämpfung dem Grundrecht auf freie Entfaltung der Persönlichkeit gleichgestellt, was um so mehr gelten müsse, wenn nicht nur die Funktionsfähigkeit der Strafrechtspflege, sondern sogar der Bestand des Rechtsstaates insgesamt auf dem Spiel stehe.[1244] Die Abwägungen zwischen den kollidierenden Interessen seien verfassungskonform vorgenommen worden. Die Unverletzlichkeit der Wohnung gelte nicht absolut, sie könne vielmehr unter äußerst eng begrenzten Voraussetzungen eingeschränkt werden.[1245]

Bei der Frage um die Zulässigkeit der akustischen Überwachung des innerhalb von geschützten Räumen gesprochenen Wortes treffen somit zwei grundverschiedene Verfassungsverständnisse aufeinander. Nach dem einen steht der Schutz des Bürgers vor der organisierten Kriminalität im Vordergrund, für den die Ausübung seiner Grundrechte gewahrt werden soll. Nach der anderen Ansicht können die Schutzpflichten des Staates nur soweit gehen, wie sie nicht in Grundrechte der Bürger eingreifen. Kurz gesagt, geben die Befürworter der akustischen Wohnraumüberwachung den Schutzpflichten des Staates deren Gegner den Abwehrrechten den Vorrang.

Die Klärung der Frage, ob die akustische Überwachung von Wohnungen nach dem Grundgesetz zulässig ist, würde den Rahmen dieser Arbeit sprengen. Gegen die Neuregelung sind allerdings Bedenken anderer Art anzumelden. Zum einen erscheint die allgemeine Begründung, das Mittel solle der verbesserten Bekämpfung der steigenden organisierten Kriminalität dienen, nicht ausreichend.[1246] Bis heute ist ungeklärt, wie der Begriff „organisierte Kriminalität" genau zu definieren ist.[1247] Auch deshalb konnten zur Begründung der Notwendigkeit der akustischen Wohnraumüberwachung keine Zahlen vorgelegt werden. Der Anstieg dieser Kriminalitätsform wurde in den Debatten und den amtlichen Begründungen lediglich behauptet.[1248]

1241 Such BT-Protokoll 13/214 S. 19524.

1242 Kanther BT-Protokoll 13/214 S. 19549.

1243 Amtliche Begründung des Gesetzentwurfes BT-Drucksache 13/8651 S. 13.

1244 Zachert DRiZ 1992, 355 (356).

1245 Scholz BT-Protokoll 13/214 S. 19540.

1246 Asbrock Protokoll des Rechtsausschusses Nr. 101, Stellungnahmen 120 (121).

1247 Eisenberg NJW 1993, 1033 (1033 f. Fn. 10 m.w.N.); Körner NJW 1993, 233 (235); Leutheusser-Schnarrenberger ZRP 1998, 87 (88); Die in den „Gemeinsamen Richtlinien..." der verantwortlichen Minister der Länder gebrauchte Definition konnte sich wegen der Vielzahl der Tatbestandsmerkmale und deren zum Teil schwieriger Subsumtion nicht durchsetzen (abgedruckt in Kleinknecht/Meyer-Goßner A 15 Anl. E).

1248 Vgl. BT-Drucksache 13/8651 S. 13; J. Meyer/Hetzer NJW 1998, 1017 (1024); Dabei soll hier nicht bestritten werden, daß die Bevölkerung sich stärker bedroht fühlt, als dies noch vor einigen Jahren der Fall war. Das dürfte unter anderem aber auch darauf zurückzuführen sein, daß in den Medien überproportio-

Zum anderen ist die Effektivität der akustischen Überwachung zur Bekämpfung der organisierten Kriminalität mehr als fraglich, da die Abhörmaßnahmen von derartigen Straftätern technisch abgewehrt oder unterlaufen werden können.[1249] Daß die Effektivität der Strafverfolgung durch die akustische Wohnraumüberwachung tatsächlich erhöht, die Aufklärungschancen verbessert und Straftaten erschwert werden, ist bislang nicht belegt.[1250]

2. Der Eingriff in das Grundrecht aus Art. 5 Abs. 1 S. 2 GG

Im Gesetzgebungsverfahren war besonders umstritten, inwieweit die nach § 53 StPO Zeugnisverweigerungsberechtigten von Maßnahmen nach § 100 c Abs. 1 Nr. 3 StPO ausgenommen werden müssen.[1251] Gegen die akustische Überwachung von Medienmitarbeitern sprechen die schon bei den anderen Zwangsmaßnahmen aufgeführten Argumente:

Durch eine solche Maßnahme erlangen die Strafverfolgungsbehörden sowohl Kenntnis von dem, was der Informant dem Medienmitarbeiter mitteilt, als möglicherweise auch von der Identität des Informanten. Der Informant, der in eine Redaktion oder die Wohnung eines Journalisten kommt, vertraut aber darauf, daß nur die Mitteilungen nach außen gelangen, von denen er es wünscht. Er erwartet in diesen Fällen noch viel weniger, als wenn er den Journalisten an einem anderen Ort trifft, daß ein Dritter unmittelbar Kenntnis von dem Gesprochenen erlangt.[1252]

Die akustische Überwachung der Redaktion läßt sich außerdem noch viel weniger auf einzelne Informanten der Medienmitarbeiter ausrichten als zum Beispiel eine Postbeschlagnahme oder eine Überwachung der Telekommunikation. Wird die Redaktion abgehört, so betrifft dies alle Gespräche, auch solche, bei denen der Informant nicht die Zielperson der Maßnahme ist. Auch würde ein viel größere Anzahl an Gesprächen abgehört, da auch der Austausch unter den Journalisten und jedes noch so belanglose Pausengespräch von den Strafverfolgern wahrgenommen und aufgezeichnet würde. Es bestünde auch keine Möglichkeit mehr, den Medien Mitteilungen zu machen, ohne daß die Strafverfolgungsbehörden von ihnen Kenntnis erlangen könnten, da durch die bereits erörterten Maßnahmen auch der Weg über die Post und Telekommunikationsdienstleistungen versperrt ist. Die Tatsache, daß auch das Innere der Redaktion akustisch überwacht werden darf, würde endgültig dazu führen, daß die Informanten mit ihren für die Medien so wichtigen Mitteilungen ausblieben. Dieser Vertrauensverlust hätte eine erhebliche Beeinträchtigung, wenn nicht teilweise sogar eine Unterbrechung des Informationsflusses von „inoffiziellen Stellen“ zu Presse und Rundfunk zur Folge.

Auch durch die akustische Wohnraumüberwachung wird daher in das Grundrecht aus Art. 5 Abs. 1 S. 2 GG eingegriffen; ein Eingriff, der unmittelbar den engsten Bereich journalistischer Tätigkeit berührt. Da sich § 100 c Abs. 1 Nr. 3 StPO jedoch nicht speziell gegen die Medien richtet, ist die Regelung als allgemeines Gesetz eine zulässige Schranke im Sinne des Art. 5 Abs. 2 GG. Deshalb müssen im Rahmen der Wechselwirkungslehre die Interessen der Presse-

---

nal häufig über Gewaltverbrechen wie Mord, Totschlag etc. berichtet wird [vgl. Scharf/Mühlenfeld/Stockmann Kriminalistik 1999, 87 (92) mit einer Analyse der größten deutschen Zeitungen und Zeitschriften]. Insgesamt wird in dem Beitrag von Scharf u.a. der Presse für ihre Berichterstattung jedoch ein positives Zeugnis ausgestellt. Zum Beispiel liegt die Kriminalitätsberichterstattung in den Blättern bei unter 10 Prozent.

1249 Bachmaier BT-Protokoll 13/214 S. 19538; Such BT-Protokoll 13/222 S. 20377.

1250 HK-Lemke § 100 c Rdnr. 4.

1251 Vgl. die BT-Protokolle 12/214 und 13/222.

1252 Bachmaier/Kuhlwein/u.a. BT-Protokoll 13/222 S. 20376.

und Rundfunkfreiheit mit dem staatlichen Strafverfolgungsinteresse, aber auch dem Interesse an der Wahrung der Beschuldigtenrechte abgewogen werden.[1253]

III. Lösungsvorschläge

1. Die Begrenzung der Überwachung durch einen Straftatenkatalog

a. Der Katalog des § 100 c Abs. 1 Nr. 3 StPO

Ob die Vertrauensverhältnisse zu Zeugnisverweigerungsberechtigten trotz der engen Voraussetzungen des § 100 c Abs. 1 Nr. 3 StPO eines zusätzlichen Schutzes bedürfen, war im Gesetzgebungsverfahren heftig umstritten. Die erste Fassung des Entwurfs der Fraktionen der CDU/CSU, SPD und F.D.P. sah für Zeugnisverweigerungsberechtigte keine Sonderregelung vor.[1254]

Zur Begründung wurde angeführt, eine solche sei weder notwendig noch durch die Verfassung geboten. Speziell bezogen auf die Pressefreiheit wurde argumentiert, diese besitze zwar einen hohen Verfassungsrang, wie die anderen Grundrechte sei jedoch auch sie beschränkt. Sie finde ihre Grenzen im Vorbehalt der allgemeinen Gesetze, wozu auch die Strafprozeßordnung zähle.[1255] Außer den Zeugnisverweigerungsrechten und den damit zusammenhängenden Beschlagnahmeverboten seien dem geltenden Recht im Hinblick auf die durch §§ 53 und 53 a StPO geschützten Vertrauensverhältnisse keine Schutznormen zu entnehmen.[1256] Diese Argumentation geht jedoch an der Sache vorbei, ging es doch in dem Gesetzgebungsverfahren gerade darum, ein neues Zwangsmittel zu schaffen. Daß in der Strafprozeßordnung diesbezüglich keine Beschränkungen existieren können, solange das Mittel noch nicht besteht, liegt auf der Hand.

Weiterhin wurde erklärt, jede Beschränkung von Beweismitteln berge die Gefahr von materiell unrichtigen und ungerechten Verfahrensergebnissen in sich und könne die Funktionsfähigkeit der Strafrechtspflege, deren Aufrechterhaltung von Verfassungs wegen geboten sei, beeinträchtigen. Dabei gehe es nicht nur um das Aufklärungsinteresse des Staates, sondern ganz wesentlich auch um das Aufklärungsinteresse eines möglicherweise Unschuldigen.[1257] Dem ist nicht zu widersprechen. Dennoch ist dies kein Argument gegen einen gesonderten Schutz der Presse- und Rundfunkfreiheit, da auch die Interessen der Medien nach dem Grundgesetz zu schützen, so daß auf einen sachgerechten Ausgleich zwischen den kollidierenden Interessen ankommt. Dieser muß die Presse- und Rundfunkfreiheit schützen, ohne die Möglichkeiten der Strafverfolgung unverhältnismäßig einzuschränken.

Gegen einen besonderen Abhörschutz der Wohnung der Zeugnisverweigerungsberechtigten wurden auch rechtspolitischen Bedenken laut. Durch einen solchen Schutz würde eine Stufung der Schutzwürdigkeit des räumlich-gegenständlichen Rückzugsbereichs nach der Zugehörigkeit zu einer bestimmten Berufsgruppe eingeführt.[1258] Anders als aus dieser Ansicht herauszulesen, sind es jedoch nicht die Mitglieder der Berufsgruppen, die durch eine Beschränkung der akustischen Wohnraumüberwachung geschützt werden sollen. Schutzvorschriften, wie zum

1253 Schmidt-Jortzig BT-Protokoll 13/214 S. 19534.
1254 Vgl. BT-Drucksache 13/8651 S. 4 f.
1255 Scholz BT-Protokoll 13/214 S. 19541.
1256 Schily BT-Protokoll 13/214 S. 19545.
1257 Froschauer Protokoll des Rechtsausschusses Nr. 101, Stellungnahmen S. 12 (17).
1258 Herdegen Protokoll des Rechtsausschusses Nr. 101, Stellungnahmen S. 32 (35).

Beispiel das Zeugnisverweigerungsrecht oder das Beschlagnahmeverbot, bestehen vielmehr zugunsten der die Berufsträger kontaktierenden Personen bzw. im Falle der Medienmitarbeiter zugunsten der Presse- und Rundfunkfreiheit.[1259] Der stille Vorwurf, bestimmte Berufe würden sich durch die Beschränkung der Überwachung Privilegien verschaffen, ist daher nicht gerechtfertigt. Im übrigen gilt § 100 c Abs. 1 Nr. 3 StPO unbeschränkt, wenn der Berufsträger selbst der Beschuldigte ist.[1260]

b. Der in § 53 StPO einzufügende Katalog

In § 53 StPO ist zum Schutz des selbstrecherchierten Materials ein speziell auf den Konflikt zwischen den Interessen der Strafrechtspflege und den Interessen der Medien zugeschnittener Katalog einzufügen, dessen Anwendung auch für den Einsatz technischer Mittel außerhalb von Wohnungen und die Anwendung anderer Zwangsmaßnahmen gegen Medienmitarbeiter vorgeschlagen wird.[1261] Allerdings genügt der durch ihn gewährte Schutz im Falle der akustischen Überwachung von durch Art. 13 GG geschützten Räumen nicht. Werden Gespräche, die innerhalb einer Redaktion oder der Wohnung des Journalisten geführt werden, abgehört, ist der drohende Vertrauensverlust wesentlich größer als bei außerhalb dieser Räume oder am Telefon geführten Gesprächen. Bei letzteren weiß der Informant, daß die Mitteilungen die räumliche Sphäre der Redaktion verlassen. Er ist sich der gesteigerten Gefahr, daß ein Dritter von den Mitteilungen Kenntnis erlangt, bewußt.

Wie schon beim Zeugniszwang und der Beschlagnahme ist somit durch eine akustische Überwachung der Redaktionsräume oder der Wohnung eines Medienmitarbeiters der Eingriff in die Presse- und Rundfunkfreiheit erheblich schwerer als bei den anderen Zwangsmaßnahmen. Daher genügt es nicht, nur in Fällen leichterer Delikte die Überwachung zu beschränken. Bei einem Eingriff in die räumliche Sphäre der Medien kann auch im Falle schwerer Delikte das staatliche Interesse an der Aufklärung und Verfolgung von Straftaten die Interessen der Presse- und Rundfunkfreiheit nicht überwiegen.

2. Das Verwertungsverbot

Die durch den Rechtsausschuß modifizierte Fassung des Gesetzentwurfs sah neben anderen Berufsgruppen auch für die durch Journalisten geführten Gespräche in bestimmten Fällen ein Verwertungsverbot der erlangten Beweise vor.[1262] Nach dem in dieser Fassung enthaltenen § 100 d Abs. 3 S. 3 StPO durften bei Medienmitarbeitern gewonnene Erkenntnisse nur verwertet werden, „wenn dies unter Berücksichtigung des zugrunde liegenden Vertrauensverhältnisses nicht außer Verhältnis zum Interesse an der Erforschung des Sachverhalts oder der Ermittlung des Aufenthaltsortes des Täters steht“ [1263]. Bezüglich der Berufsgruppen der Strafverteidiger, der Geistlichen und der Abgeordneten wurde ein absolutes Überwachungsverbot statuiert.

Diese Abstufung unter den Berufsträgern wurde damit begründet, daß sich für die nach § 53 Abs. 1 Nr. 1, 2 und 4 StPO zeugnisverweigerungsberechtigten Gruppen der Schutz direkt aus dem Grundgesetz ergebe. Dieser resultiere für Abgeordnete aus Art. 38 Abs. 1 S. 2 und Art. 47 GG. Die Beschränkung bei Geistlichen folge aus der Religionsfreiheit nach Art. 4 GG,

---

1259 Braun BT-Protokoll 13/222 S. 20379; vgl. S. 35 f. dieser Arbeit.
1260 Siehe S. 207 f. dieser Arbeit.
1261 Siehe S.150 f. und 190 dieser Arbeit.
1262 BT-Drucksache 13/9644.
1263 BT-Drucksache 13/9644 S. 8.

die der Strafverteidiger aus dem grundgesetzlich verankerten Rechtsstaatsprinzip.[1264] Das absolute Abhörverbot rechtfertige sich daher aus der Sonderstellung, die die Verfassung diesen Berufsgruppen einräume.

Da auch die Presse- und Rundfunkfreiheit im Grundgesetz verankert ist, ist jedoch nicht einzusehen, warum Journalisten nicht in das absolute Überwachungsverbot einbezogen werden sollten.[1265] Die vorgeschlagene Lösung unterscheidet außerdem in nicht sachgemäßer Weise zwischen Abgeordneten und Journalisten. Diese beiden Berufsgruppen sind insofern vergleichbar, als nicht das einzelne Vertrauensverhältnis geschützt werden soll, sondern ihre Vertrauenswürdigkeit allgemein; dies liegt bei beiden im öffentlichen Interesse, nicht im Interesse einzelner.[1266] Das Vertrauensverhältnis der Bürger zu den Angehörigen dieser Berufe ist verfassungsrechtlich in gleichartiger Weise geschützt, so daß für die Berufsgruppen auch eine einheitliche Lösung gefunden werden müßte.[1267] Eine Unterscheidung in der Intensität des Schutzes läßt sich nicht rechtfertigen.

Auch kann die Begründung, der Schutz aller Abgeordneten und damit die Notwendigkeit eines absoluten Überwachungsverbots ergebe sich aus dem Grundgesetz, nicht überzeugen. Die Verfassung meint, wie sich aus den Art. 38 ff. GG ergibt, nur die Bundestagsabgeordneten, nicht jedoch die von der Regelung des § 53 Abs. 1 Nr. 4 StPO ebenfalls erfaßten Abgeordneten der Länderparlamente, des Europaparlaments und einer eventuellen zweiten Kammer.[1268] Daher folgt nur für einen Teil der Abgeordneten der Schutz aus dem Grundgesetz. Wird das absolute Überwachungsverbot aber auf den verfassungsrechtlichen Sonderstatus gestützt, müßten hiervon konsequenterweise die Abgeordneten der Länderparlamente und des Europaparlaments ausgeschlossen bleiben, so daß der Lösungsvorschlag insofern in sich nicht schlüssig.

Das letztlich ausschlaggebende Argument ist jedoch, daß ein Beweisverwertungsverbot allein zum Schutz der Presse- und Rundfunkfreiheit nicht ausreicht. Werden die Gespräche zwischen den Medienmitarbeitern und ihren Informanten zunächst mitgehört, finden sie nicht mehr in der Atmosphäre absoluter Vertraulichkeit statt.[1269] Die Informanten der Medien erwarten, daß der Inhalt ihrer Mitteilungen nicht an die Ohren Dritter, auch nicht die der Strafverfolgungsorgane gelangt.[1270] Werden die Gespräche jedoch abgehört, um dann erst über ihre Verwertbarkeit zu entscheiden, wird dieses Vertrauen verletzt, was letztlich dazu führt, daß den Medien weniger Mitteilungen gemacht werden. Das Beweisverwertungsverbot setzt somit erst ein, wenn das schützenswerte Vertrauensverhältnis schon verletzt ist.[1271]

3. Das absolute Überwachungsverbot

Aus dieser Erkenntnis heraus wurde vom Vermittlungsausschuß eine Lösung vorgeschlagen, gemäß der bezüglich aller nach § 53 Abs. 1 StPO Zeugnisverweigerungsberechtigten das Ab-

---

1264 BT-Drucksache 13/9661 S. 7; Geis BT-Protokoll 13/214 S. 19520; Blens BT-Protokoll 13/222 S. 20295 f.

1265 Bachmaier/Kuhlwein/u.a. BT-Protokoll 13/214 S. 19591; Bürsch BT-Protokoll 13/214 S. 19592; Gysi BT-Protokoll 13/214 S. 19530; Koppelin BT-Protokoll 13/214 S. 19587.

1266 Siehe S. 35 f. und 100 dieser Arbeit.

1267 Kröning BT-Protokoll 13/214 S. 19588.

1268 Kleinknecht/Meyer-Goßner § 53 Rdnr. 23.

1269 Stadler/Graf Lambsdorff/Genscher BT-Protokoll 13/214 S. 19590.

1270 Bachmaier/Kuhlwein/u.a. BT-Protokoll 13/222 S. 20376.

1271 Leutheusser-Schnarrenberger ZRP 1998, 87 (91).

hören innerhalb eines durch Art. 13 GG geschützten Raumes unzulässig ist.[1272] Es handelt sich hierbei um ein absolutes Überwachungsverbot, das auch in den Fällen schwerster Kriminalität gilt.

a. Bedenken

Vielen ist dies zu weitgehend. So lehnte die CDU/CSU-Bundestagsfraktion diese „maßlose und unsinnige Ausweitung der Ausnahmen ohne jedes Wenn und Aber ab“ [1273]. Durch sie würde ein wahres Zweiklassensystem geschaffen. Wenn der Gesetzgeber Ausnahmen von einer gesetzlichen Regelung zulasse, dürfe er das nach dem Willkürverbot des Art. 3 GG nur, wenn es dafür sachbezogenen Gründe gebe. Diese lägen aber außer im Fall der Geistlichen, der Abgeordneten und der Strafverteidiger nicht vor.[1274]

Daß dies nicht korrekt ist, da auch die Presse- und Rundfunkfreiheit grundgesetzlich geschützt sind, wurde schon erörtert.[1275] Diese durch die Verfassung eingeräumte Sonderstellung rechtfertigt es, daß auch die Medienmitarbeiter nicht abgehört werden dürfen. Würde man der oben genannten Meinung folgen, hieße dies außerdem, daß auch die Zeugnisverweigerungsrechte nach § 53 Abs. 1 StPO sowie die Beschlagnahmeverbote nach § 97 StPO gegen Art. 3 GG verstießen. Jedoch sind die §§ 53, 97 StPO seit Jahrzehnten geltendes Recht, ohne daß sich ein Anhaltspunkt für ihre Verfassungswidrigkeit ergeben hätte oder der Gesetzgeber eine Veranlassung gesehen hätte, sie zu ändern.[1276]

Die Notwendigkeit eines besonderen Schutzes ergibt sich für die genannten Berufsgruppen aus dem Vertrauen, das ihnen entgegengebracht wird.[1277] Dadurch wird die andere Behandlung der Mitglieder dieser Gruppen im Vergleich zu den übrigen Bürgern gerechtfertigt. In einem absoluten Überwachungsverbot bei allen nach § 53 Abs. 1 StPO Zeugnisverweigerungsberechtigten ist somit kein Verstoß gegen Art. 3 GG zu sehen.

Schon schwerer wiegen die Bedenken hinsichtlich der eingeschränkten Wirksamkeit der Maßnahme, wenn die nach § 53 Abs. 1 StPO Zeugnisverweigerungsberechtigten nicht mehr überwacht werden dürfen.[1278] Es wird darauf aufmerksam gemacht, daß die Schaffung absoluter Beweiserhebungsverbote geradezu eine „Handlungsanleitung“ [1279] dafür biete, wie Verbrechen ungehindert von staatlichen Ermittlungen geplant werden könnten.[1280] Wer absolute Beweiserhebungsverbote für alle Zeugnisverweigerungsberechtigten fordere, müsse die Garantie

---

1272 Die Fraktion Bündnis 90/Die Grünen wollte alle Zeugnisverweigerungsberechtigten von Maßnahmen nach § 100 c Abs. 1 Nr. 3 StPO ausnehmen - auch Angehörige nach § 52 StPO und Berufshelfer nach § 53 a StPO (BT-Drucksache 13/9663; Müller BT-Protokoll 13/222 S. 20297; Such BT-Protokoll 13/222 S. 20378). Die Ausnahmeregelung kann aber nicht auf § 52 StPO ausgedehnt werden, weil das die akustische Überwachung als Ermittlungsinstrument wirkungslos machen würde (Schily BT-Protokoll 13/222 S. 20302).

1273 Blens BT-Protokoll 13/222 S. 20295.

1274 Geis BT-Protokoll 13/214 S. 19520; Blens BT-Protokoll 13/222 S. 20295 f.

1275 Siehe S. 202 f. dieser Arbeit.

1276 Schily BT-Protokoll 13/222 S. 20302.

1277 Kleinknecht/Meyer-Goßner § 53 Rdnr. 1; LR-Dahs § 53 Rdnr. 1.

1278 Blens BT-Protokoll 13/222 S. 20295.

1279 Glogowski BT-Protokoll 13/214 S. 19552.

1280 Geis BT-Protokoll 13/214 S. 19519 f.; Kleinert BT-Protokoll 13/214 S. 19528; Krombacher Protokoll des Rechtsausschusses Nr. 101, Stellungnahmen S. 38 (50); Froschauer Protokoll des Rechtsausschusses Nr. 101, Stellungnahmen S. 12 (20).

dafür geben können, daß diese nicht als staatlich garantierte Schutzzone für Schwerverbrecher mißbraucht werden können.[1281]

Die Ausnutzung der Überwachungsverbote wird jedoch durch die in § 100 d Abs. 3 S. 4 StPO verankerte Strafverstrickungsklausel[1282] verhindert. Bietet der Medienmitarbeitern Beschuldigten die Redaktion oder seine Wohnung als „abhörsicheren“ Raum an, so macht er sich regelmäßig der Teilnahme, Begünstigung oder Strafvereitelung verdächtig. Dann aber entfällt das Überwachungsverbot. Ein Fall, in dem die Beschuldigten die geschützten Räume ohne Wissen des Journalisten benutzen, so daß eine Überwachung nicht zulässig wäre, ist kaum denkbar. Ein Mißbrauch dieser medialen Schutzvorschrift steht somit nicht zu befürchten. Im übrigen dürfte nach der oben angeführten Argumentation bezüglich keiner Berufsgruppe ein absolutes Überwachungsverbot statuiert werden, bestünde doch die Mißbrauchsgefahr bei Abgeordneten, Strafverteidigern oder Geistlichen im gleichen Maße.

Um einen möglichst weitgehenden Schutz der Vertrauensverhältnisse zu erzielen, war von der Fraktion Bündnis 90/Die Grünen gefordert worden, das Abhörverbot „verfassungsfest“ auszugestalten.[1283] Dies erscheint jedoch nicht geboten, da eine Aufhebung der bereits bestehenden Schutzvorschriften nie drohte oder auch nur diskutiert wurde, obgleich sowohl das Zeugnisverweigerungsrecht als auch das Beschlagnahmeverbot ebenfalls nur einfachgesetzlich verankert sind. Eine verfassungsändernde Mehrheit wurde auch im Falle dieser Regelungen nicht für erforderlich gehalten. Dies ist unter dem Gesichtspunkt, daß die Verfassung weder jede Einzelheit regeln kann noch soll, zugleich die einzig richtige Lösung. Schon jetzt werden die letzten Verfassungsänderungen für ihre Ausführlichkeit kritisiert. So sei die wortreiche Änderung des Art. 13 GG kein Ausdruck für deren Präzision, sondern für den mühsam im Bundestag gefundenen Kompromiß.[1284] Eine Aufnahme der Überwachungsverbote in Art. 13 GG hätte nur weiter dazu beigetragen, Vorschriften, die der Sache nach einfachgesetzlich zu regeln sind, in die Verfassung hineinzutragen.

b. Die Regelung

Das Überwachungsverbot für die nach § 53 Abs. 1 StPO Zeugnisverweigerungsberechtigten wurde dem Vorschlag des Rechtsausschusses und des Vermittlungsausschusses entsprechend in § 100 d Abs. 3 S. 1 StPO verankert.

Hieran ist zunächst zu kritisieren, daß dies aus systematischer Sicht verfehlt ist, da § 100 d StPO Regelungen über die Zuständigkeit und andere Verfahrensfragen enthält. Das Überwachungsverbot hätte an § 100 c StPO angefügt werden müssen. Alternativ hätte der besseren Übersichtlichkeit wegen für das Überwachungsverbot ein eigenständiger Paragraph eingefügt werden können.

Auch ist die Regelung unklar. § 100 d Abs. 3 S. 1 StPO spricht lediglich unspezifiziert von „dem Fall“ des § 53 Abs. 1 StPO, unterscheidet also nicht zwischen Maßnahmen in der Wohnung des Beschuldigten, die die Zeugnisverweigerungsberechtigten unvermeidbar betreffen, und der Inanspruchnahme der Räume der Zeugnisverweigerungsberechtigten selbst.[1285] Frag-

---

1281 Glogowski BT-Protokoll 13/214 S. 19552.

1282 Siehe S. 205 dieser Arbeit.

1283 Änderungsantrag der Fraktion Bündnis 90/Die Grünen BT-Drucksache 13/9663; Bachmaier/Kuhlwein/u.a. BT-Protokoll 13/214 S. 19591.

1284 Ruthig JuS 1998, 506; Vgl. Scholz BT-Protokoll 13/197 S. 17682, der auch die Ausführung der vorhergehenden Änderungen der Art. 16 a und 23 GG bemängelt.

1285 Ruthig JuS 1998, 506 (515).

lich ist daher, ob ein Abhörverbot auch dann besteht, wenn sich der Medienmitarbeiter nicht in der Redaktion oder seiner als Arbeitsplatz dienenden Wohnung aufhält, ob sich das Überwachungsverbot also auf die Räume oder die betroffene Person bezieht.

Nach dem Sinn und Zweck des Überwachungsverbots dürfen nur die Räumlichkeiten der Medienmitarbeiter nicht abgehört werden, so daß die Beschränkung durch § 100 d Abs. 3 S. 1 StPO nicht gilt, wenn sich der Mitarbeiter in der Wohnung eines Dritten aufhält. Geschützt ist das allgemeine Vertrauen in die Medien, so daß der Informant darauf vertrauen können muß, nicht abgehört zu werden, wenn er in eine Redaktion oder zu einem Journalisten geht. Dort hält er sich in deren räumlicher Sphäre auf, die diesen auch zurechenbar ist. Wird dieser Bereich akustisch überwacht, so erscheint dies als ein Abhören der Medien. Erfährt die Öffentlichkeit davon, schädigt dies das Vertrauen in die Medien erheblich. Anders ist es, wenn sich der Journalist in den nach Art. 13 GG geschützten Räumen eines anderen aufhält, da die Maßnahme dann nicht bei den Medien, sondern bei dem Dritten ansetzt. Nicht der Journalist, sondern der Dritte wird abgehört, so daß der Journalist von der Maßnahme nur zwangsläufig und mehr oder minder zufällig betroffen ist. Darunter kann der gute Ruf der Medien jedoch nicht leiden.[1286]

Wird das von einem Medienmitarbeiter in einer anderen Wohnung gesprochene Wort abgehört, so ist diese Situation wie ein Fall des § 100 c Abs. 1 Nr. 2 StPO zu bewerten. Die in dieser Arbeit vorgeschlagene Beschränkung zum Schutz der Presse- und Rundfunkfreiheit außerhalb geschützter Räumlichkeiten[1287] kann nicht dadurch entfallen, daß sich der Journalist in der Wohnung des Beschuldigten anstatt in ungeschützten Räumen oder im Freien aufhält. Dann würde der Schutz der Presse- und Rundfunkfreiheit außerhalb „fremder" Wohnungen größer sein als innerhalb, was eine unlogische Folge wäre. In einem solchen Fall müssen daher der durch die mediale Schutzvorschrift beschränkte § 100 c Abs. 1 Nr. 2 StPO und § 100 c Abs. 1 Nr. 3 StPO kumulativ angewendet werden. Es darf also nur abgehört werden, wenn gegen den Beschuldigten der Verdacht einer Straftat besteht, die in beiden Katalogen enthalten ist. Bleibt der in dem Entwurf der Medienverbände vorgeschlagenen Straftatenkatalog unverändert, bedeutet dies, daß bei Anwesenheit eines Journalisten die Gespräche innerhalb der Wohnung des Beschuldigten nur abgehört werden dürfen, wenn er einer Katalogtat nach § 53 StPO dringend verdächtig ist.[1288]

IV. Der vom Überwachungsverbot erfaßte Personenkreis

Da das Überwachungsverbot nur bezüglich der in § 53 Abs. 1 StPO aufgeführten Gruppen besteht, ist der davon erfaßte Personenkreis den bereits beim Zeugnisverweigerungsrecht diskutierten Beschränkungen unterworfen. Vom Schutz des § 100 d Abs. 3 S. 1 StPO sind somit Mitarbeiter nicht periodisch erscheinender Druckwerke, nur gelegentliche Veröffentlichende sowie Filmschaffende nicht erfaßt, da § 53 Abs. 1 Nr. 5 StPO lediglich die berufsmäßigen Mitarbeiter periodischer Druckwerke und des Rundfunks nennt. Das ist, wie ebenfalls bereits beim

---

1286 Dies sagt nichts darüber aus, wie die Situation bei den anderen in § 53 Abs. 1 StPO genannten Berufsgruppen zu bewerten ist. Insbesondere, wenn das Überwachungsverbot dem Schutz des konkreten Vertrauensverhältnisses zwischen dem Berufsgruppenmitglied und seinem Gesprächspartner dient, erscheint eine Anknüpfung an die Vertrauensperson gerechtfertigt. Gespräche dürften danach auch dann nicht abgehört werden, wenn sie zum Beispiel nicht in einer Kirche, Beratungsstelle oder Arztpraxis, sondern der Wohnung des Beschuldigten stattfinden.

1287 Siehe S. 190 ff. dieser Arbeit.

1288 Setzt sich diese Ansicht nicht durch, besteht bei Unverhältnismäßigkeit der Maßnahme ein Überwachungsverbot jedenfalls von Verfassungs wegen [J. Meyer/Hetzer NJW 1998, 1017 (1027)].

Zeugnisverweigerungsrecht erörtert, insbesondere bezüglich der damit ungenannt bleibenden Buchautoren nicht einleuchtend.[1289]

V. Die Strafverstrickungsklausel

§ 100 d Abs. 3 S. 4 StPO enthält eine Strafverstrickungsklausel, die an die in § 97 Abs. 2 S. 3 StPO enthaltene Klausel angelehnt ist.[1290] Nach ihr gilt das Abhörverbot dann nicht, wenn der Zeugnisverweigerungsberechtigte einer Teilnahme oder einer Begünstigung, Strafvereitelung oder Hehlerei verdächtig ist. Wie schon beim Beschlagnahmeverbot nach § 97 StPO findet sich auch im diesem Fall in den amtlichen Unterlagen keine Begründung für diese Ausnahme. Offensichtlich wurde der Hinweis darauf, daß eine vergleichbare Regelung in § 97 Abs. 2 S. 3 StPO bereits existiert, für ausreichend gehalten.[1291]

Da die Strafverstrickungsklausel in § 100 d Abs. 3 S. 4 StPO der Regelung zur subjektiven Strafverstrickung in § 97 Abs. 2 S. 3 StPO entspricht, sind auch ihre Tatbestandsmerkmale entsprechend definiert.[1292] Der Begriff der Tatbeteiligung ist im weitesten Sinne zu verstehen, so daß neben der Anstiftung und der Beihilfe auch die Mittäterschaft davon umfaßt wird.[1293] Da kein anderer Verdachtsgrad genannt ist, genügt für den Ausschluß des Überwachungsverbots der einfache Teilnahmeverdacht.[1294]

Wie schon beim Beschlagnahmeverbot wird auch bei der akustischen Wohnraumüberwachung gegen die Strafverstrickungsklausel eingewendet, daß die Ermittlungsbehörden den Vorwurf einer Beteiligung des Zeugnisverweigerungsberechtigten leicht konstruieren und so das Abhörverbot umgehen könnten.[1295] Freilich gibt es im Fall der akustischen Wohnraumüberwachung hierfür noch keine Beispielsfälle. Die geäußerten Befürchtungen sind jedoch auch bei § 100 d Abs. 3 S. 4 StPO nicht ganz von der Hand zu weisen, da die Strafverstrickungsklausel sich zur Umgehung des Abhörverbotes anbietet. Die Mißbrauchsmöglichkeit wird jedoch durch den engen Straftatenkatalog des § 100 c Abs. 1 Nr. 3 StPO erheblich eingeschränkt, da es wesentlich schwerer ist, den Journalisten in den Verdacht der Beteiligung zum Beispiel an einem Mord oder einem Raub mit Todesfolge zu bringen, als beispielsweise den Verdacht einer Beteiligung an der Verletzung eines Dienstgeheimnisses, wie sie bei § 97 Abs. 2 S. 3 StPO ausreicht, zu konstruieren. Dennoch ist dies bei Delikten wie der gewerbsmäßigen Hehlerei, der Bestechlichkeit oder der Bestechung durchaus vorstellbar. In den Verdacht der Beteiligung an den beiden letztgenannten Taten kann der Journalist etwa schon dann kommen, wenn sein Informant ein der Bestechlichkeit beschuldigter Amtsträger ist.

Um auch im Falle der akustischen Überwachung zu vermeiden, daß das Abhörverbot allzu leicht ausgeschlossen wird, ist ein erhöhter Verdachtsgrad zu fordern. Wie bei der subjektiven Strafverstrickung des § 97 Abs. 2 S. 3 StPO muß der Journalist dringend verdächtig sein, sich der Teilnahme, Begünstigung, Strafvereitelung oder Hehlerei strafbar gemacht zu haben, da weder der einfache, noch der hinreichende Verdacht den Anforderungen an den Schutz der Presse- und Rundfunkfreiheit genügen können.[1296] Ein Ausschluß des Abhörverbots ist nur

---

1289 Siehe S. 49 ff. dieser Arbeit.

1290 Aus der Natur der Sache ergibt sich freilich das Fehlen der objektiven Strafverstrickung (vgl. S. 124 ff. dieser Arbeit).

1291 BT-Drucksache 13/9661 S. 7.

1292 Siehe S. 120 ff. dieser Arbeit.

1293 Löffler/Achenbach § 23 Rdnr. 114; LR-Schäfer § 97 Rdnr. 25.

1294 Kleinknecht/Meyer-Goßner § 97 Rdnr. 20; LR-Schäfer § 97 Rdnr. 27.

1295 Such BT-Protokoll 13/222 S. 20378.

1296 Siehe S. 130 f. dieser Arbeit.

gerechtfertigt, wenn eine hohe Wahrscheinlichkeit besteht, daß der Journalist an der Katalogtat des Beschuldigten beteiligt ist.

Außerdem ist - so wie bei § 97 Abs. 5 S. 2 i.V.m. Abs. 2 S. 3 StPO - bei § 100 d Abs. 3 S. 4 StPO im Einzelfall zu prüfen, inwieweit der Ausschluß des Überwachungsverbots verhältnismäßig erscheint.[1297] Eine ausdrückliche Aufnahme des Verhältnismäßigkeitsgrundsatzes in den Wortlaut der Vorschrift ist hier jedoch ebenfalls nicht notwendig.[1298]

VI. Der Journalist als Beschuldigter

Ist der Journalist selbst Beschuldigter einer der in § 100 c Abs. 1 Nr. 3 StPO genannten Straftaten, gilt das Überwachungsverbot nach § 100 d Abs. 3 S. 1 StPO nicht. Er unterliegt dann wie jeder andere Beschuldigte den Ermittlungsmaßnahmen der Strafverfolgungsbehörden.[1299]

Dies läßt sich erneut damit begründen, daß durch das Abhören eines beschuldigten Journalisten das Vertrauen in die Wahrung des Redaktionsgeheimnisses durch die Medien nicht verletzt wird. Ist der Journalist selbst Beschuldigter und deshalb Betroffener eine Maßnahme nach § 100 c Abs. 1 Nr. 3 StPO, beeinträchtigt das nur den Glauben an seine Redlichkeit, nicht jedoch seine Verschwiegenheit, so daß der Informationsfluß beeinträchtigt wird.

Auch kann - zumindest nach der derzeitigen Gesetzeslage - bei der akustischen Überwachung wie schon bei der Beschlagnahme das argumentum a maiore ad minus zur Begründung herangezogen werden. Wenn schon der Verdacht der Tatbeteiligung gegen den Journalisten genügt, um das Abhörverbot entfallen zu lassen, kann es dann erst recht nicht bestehen, wenn zu dem Verdacht die Begründung der Beschuldigteneigenschaft hinzutritt.

VII. Verwertungsverbote

Ein Verstoß gegen das Abhörverbot führt zur Unverwertbarkeit der erlangten Erkenntnisse. Dies ergibt ein Vergleich mit den bereits bestehenden medialen Schutzvorschriften und den bei diesen geltenden Verwertungsverboten.[1300]

Zwangsläufig wird sich auch bei der akustischen Überwachung früher oder später die Frage stellen, ob bei einem Verstoß gegen § 100 d Abs. 3 S. 1 StPO dann ein Verwertungsverbot anzunehmen ist, wenn Gründe eintreten, bei deren Vorliegen die Maßnahme von Anfang an zulässig gewesen wäre. Mit der schon beim Beschlagnahmeverbot gegebenen Begründung ist dies zu bejahen. Da die akustische Überwachung im Zeitpunkt der Verwertung rechtmäßig wäre, ist auch die Verwertung selbst rechtmäßig. Jedoch darf sich der Verdacht gegen den Journalisten nicht erst aus der Überwachung ergeben. Dies wäre eine mißbräuchliche Umgehung der Schutzvorschrift.[1301]

War die Maßnahme statthaft, ergeben sich aber Umstände, durch die sie im Zeitpunkt der Verwertung unstatthaft wäre, unterliegen die durch die Maßnahme gewonnenen Beweise

---

1297 Siehe S. 129 dieser Arbeit; § 100 d Abs. 3 S. 4 HS. 2 StPO besagt, daß der Umstand der Tatbeteiligung auch bei der Verhältnismäßigkeitsprüfung zu berücksichtigen ist. Dies bezieht sich jedoch nicht auf den Ausschluß des Überwachungsverbots aus § 100 d Abs. 3 S. 1 StPO, sondern auf die eingeschränkte Verwertbarkeit der gewonnenen Erkenntnisse bei anderen Zeugnisverweigerungsberechtigten nach § 100 Abs. 3 S. 3 StPO.

1298 Siehe S. 130 f. dieser Arbeit.

1299 Siehe ausführlich zu dieser Problematik 131 ff. dieser Arbeit.

1300 Siehe S. 76 und 133 dieser Arbeit.

1301 Vgl. S. 133 dieser Arbeit.

einem Verwertungsverbot. Dies ist damit zu begründen, daß konsequenterweise auch bei dieser Fallgruppe auf die Zulässigkeit der Maßnahme im Zeitpunkt der Verwertung abgestellt werden muß.[1302]

Auch Zufallsfunde spielen bei der akustischen Überwachung von nach Art. 13 GG geschützten Räumen eine wesentliche Rolle. So besteht bei der Überwachung von sogenannten „Gangsterwohnungen“ [1303] die Wahrscheinlichkeit, daß die Strafverfolger auch Erkenntnisse über andere Straftaten als die erlangen, derentwegen die Maßnahme angeordnet worden war. Bei der Überwachung einer Redaktion wegen des Verdachts der Tatbeteiligung eines Mitarbeiters können sich Hinweise auf Taten Dritter ergeben.

In einem anderen Verfahren als dem, in dem die Maßnahme angeordnet worden ist, dürfen die gewonnenen personenbezogenen Informationen nach der ausdrücklichen Regelung des § 100 d Abs. 5 S. 2 StPO jedoch nur verwertet werden, wenn sich aus ihnen Erkenntnisse über eine Katalogtat nach § 100 c Abs. 1 Nr. 3 StPO ergeben. Die Vorschrift entspricht § 100 b Abs. 5 StPO sowie der bereits bestehenden Verwertungsregel für die akustische Überwachung außerhalb von Wohnungen nach § 100 d Abs. 5 S. 1 StPO.[1304] Ausweislich der amtlichen Begründung wurde die Regelung im Hinblick auf die Rechtsprechung des Bundesgerichtshofes zur Verwertung von Zufallsfunden bei den anderen verdeckten Zwangsmaßnahmen gewählt.[1305] Daher ist auch jede andere Verwertungsfrage so zu entscheiden, wie bei den bereits untersuchten Maßnahmen. So sind Zufallserkenntnisse über weitere Straftaten des Beschuldigten, die das gleiche Strafverfahren betreffen, nur verwertbar, wenn es sich dabei um Katalogtaten im Sinne des § 100 c Abs. 1 Nr. 3 StPO oder mit ihnen im Zusammenhang stehende Taten handelt.[1306]

§ 100 d Abs. 5 S. 2 StPO darf nicht mit § 100 f Abs. 1 StPO verwechselt werden, der die Verwertbarkeit der gewonnenen Ergebnisse in anderen Verfahren als Strafverfahren, also zum Beispiel in Zivilverfahren ausschließt. In Frage kommt lediglich eine Verwendung zur „Abwehr einer im Einzelfall bestehenden Gefahr für Leben, Leib oder Freiheit einer Person oder erhebliche Sach- oder Vermögenswerte“ [1307].

§ 100 f Abs. 2 StPO regelt den Fall, in dem personenbezogene Informationen durch eine präventiv-polizeiliche Maßnahme, die nicht ausschließlich der Eigensicherung verdeckt ermittelnder Beamter diente,[1308] erlangt worden sind. Diese Erkenntnisse dürfen auf der Grundlage des Gedankens des hypothetischen Ersatzeingriffs nur verwendet werden, wenn sie Aufschluß über eine Katalogtat des § 100 c Abs. 1 Nr. 3 StPO geben. Die Verwendung der Erkenntnisse ist daher nur zulässig, wenn die Maßnahme durch einen Richter genehmigt oder bewilligt wurde und sie außerdem auch in dem Strafverfahren, in dem die Beweise genutzt werden sollen, hätte angeordnet werden dürfen.[1309]

Alle diese Bestimmungen verbieten jedoch nicht die mittelbare Verwertung der erlangten Kenntnisse über Straftaten, die nicht im Katalog des § 100 c Abs. 1 Nr. 3 StPO enthalten sind. Die Strafverfolgungsbehörden dürfen daher auch bei Nichtkatalogtaten aufgrund der durch

---

1302 Vgl. S. 134 dieser Arbeit.

1303 Vgl. BT-Protokolle 13/ 197, 13/214 und 13/222 (z.B. Scholz 13/197 S. 17682); Im Hinblick auf die im deutschen Strafprozeß geltende Unschuldsvermutung ist dieser Begriff allerdings bedenklich.

1304 Vorher § 100 d Abs. 2 StPO.

1305 BT-Drucksache 13/8651 S. 14; siehe S. 177 ff. und 192 dieser Arbeit.

1306 KK-Nack § 100 d Rdnr. 22; § 100 a Rdnr. 41 ff.

1307 Wortlaut § 100 f Abs. 1 StPO.

1308 J. Meyer/Hetzer NJW 1998, 1017 (1028).

1309 BT-Drucksache 13/8651 S. 15.

eine unzulässige Überwachung gewonnenen Ergebnisse weitere Ermittlungen anstellen und die so erlangten Beweise im Verfahren verwerten.

VIII. Sonstige Verfahrensfragen

Dadurch, daß das Abhörverbot nach § 100 d Abs. 3 S. 4 StPO entfallen kann, sind verfahrensrechtliche Fragen auch für die Medienmitarbeiter von Bedeutung.

1. Zuständigkeit

Gemäß § 100 d Abs. 2 S. 1 StPO sind für die Anordnung der akustischen Wohnraumüberwachung die Staatsschutzkammern im Sinne des § 74 a GVG zuständig. Diese sind gemäß § 76 GVG mit drei Richtern besetzt. Nach § 100 d Abs. 3 S. 5 StPO entscheiden sie auch über die Verwertbarkeit der bei der Überwachung erlangten Erkenntnisse, so daß eine doppelte gerichtliche Kontrolle gegeben ist. Durch die Konzentration der Kompetenz bei diesen Strafkammern, die jeweils für einen Oberlandesgerichtsbezirk zuständig sind, soll eine „Bündelung der Erkenntnisse und Erfahrungen“ [1310] erzielt werden. Bei Gefahr im Verzug kann die Anordnung durch den Vorsitzenden Richter allein getroffen werden. Sie muß aber nach § 100 d Abs. 2 S. 3 StPO binnen drei Tagen durch die Kammer bestätigt werden.

An der Zuständigkeitsregelung wurde heftige Kritik geübt. Zwar werde durch die Regelzuständigkeit einer mit drei Richtern besetzten Strafkammer gewährleistet, daß die Anordnung durch ein sachverständiges Richterkollegium ergeht, aber dies allein reiche nach den bisherigen Erfahrungen mit dem Richtervorbehalt nicht aus, um eine extensive Anordnungspraxis zu verhindern.[1311] Die Telefonüberwachung zeige, daß der Richtervorbehalt bei strafprozessualen Eingriffen faktisch wirkungslos sei.[1312]

Der Verweis auf die Überwachung der Telekommunikation kann jedoch nicht überzeugen, da dort die Anordnung durch nur einen Richter - möglicherweise einen Richter, „der zufällig gerade Nachtdienst hat und von Strafrecht vielleicht nichts versteht“ [1313], ergeht. Dies soll durch die Neuregelung gerade vermieden werden. Schon weil Maßnahmen nach § 100 c Abs. 1 Nr. 3 StPO sogar im Fall der Eilbedürftigkeit mindestens vom Vorsitzenden Richter der Staatsschutzkammer angeordnet werden, kann zu der verfahrensrechtlichen Situation bei der Überwachung der Telekommunikation keine Parallele gezogen werden.[1314]

Gegen die Bedenken an der Effektivität des Richtervorbehalts wird auch eingewendet, eine exzessive Anordnungspraxis der akustischen Wohnraumüberwachung sei schon deshalb nicht zu befürchten, weil dieses Mittel aus Kosten- und Personalgründen nicht massenhaft eingesetzt werden könne. Als Beispiel für eine Beschränkung aufgrund der praktischen Gegebenheiten wird ausgerechnet die Telefonüberwachung angeführt, bei der man für eine Minute Aufzeichnung im Schnitt etwa drei Minuten für die Auswertung benötige.[1315] Diese Argumentation ist nicht schlüssig, konnten doch die hohen Kosten nicht verhindern, daß sich bei der Telefonüberwachung die Genehmigungen von 1994 bis 1996 auf über 8000 verdoppelten.[1316] Gerade

1310 BT-Drucksache 13/9661 S. 6.
1311 Frister StV 1996, 454 (456).
1312 Such BT-Protokoll 13/214 S. 19526.
1313 J. Meyer (Ulm) BT-Protokoll 13/214 S. 19522.
1314 Kleinert BT-Protokoll 13/214 S. 19528.
1315 Glogowski BT-Protokoll 13/214 S. 19552; Körper BT-Protokoll 13/214 S. 19558.
1316 Such BT-Protokoll 13/214 S. 19526; Die Zahlen aus den USA und der Bundesrepublik sind jedoch, anders als oft behauptet, nicht vergleichbar. Die Statistik in den USA geht davon aus, daß pro Kriminalfall

an Maßnahmen nach § 100 a StPO wird bemängelt, daß diese viel zu leichtfertig eingesetzt würden und der Richtervorbehalt nahezu wirkungslos sei.[1317] Deshalb ist ein Vergleich mit der Überwachung der Telekommunikation letztlich nicht nur unzulässig, sondern auch zweckwidrig.

Ob die Bedenken gegen den Richtervorbehalt auch in seiner verschärften Form letztlich gerechtfertigt sind, muß sich erst herausstellen. Bis zum Beweis des Gegenteils ist jedoch davon auszugehen, daß drei Berufsrichter in einer Strafkammer die kollidierenden Interessen korrekt miteinander abwägen. Andernfalls, so bemerkte der damalige *Bundesjustizminister Prof. Schmidt-Jortzig* in der Bundestagsdebatte treffend, muß man sich fragen, inwieweit man überhaupt noch mit den Mitteln des Gesetzes und des Rechts Schranken ziehen kann.[1318]

Nachzudenken wäre höchstens darüber, die Anforderungen an den Richter nach der erfolgten Anordnung zu erhöhen. So könnte eine Berichtspflicht eingeführt werden, die sich am Beispiel der USA orientiert. Dort, so wird behauptet, sichere schon die Tatsache, daß der Richter ständig mit seiner Anordnung konfrontiert wird, bei einer Ablehnung aber keine Begründung geben muß, einen restriktiven Umgang mit dem Mittel der akustischen Wohnraumüberwachung.[1319] Da Maßnahmen nach § 100 d Abs. 1 Nr. 3 StPO nur in seltenen Ausnahmefällen angeordnet werden sollen, könnte hiergegen jedenfalls nicht die Arbeitsüberlastung der Justiz sprechen.

2. Gerichtliche Überprüfung

Nach § 100 d Abs. 6 StPO hat der Betroffene die Möglichkeit, die Rechtmäßigkeit der Anordnung einer Maßnahme nach § 100 c Abs. 1 Nr. 3 StPO trotz Erledigung gerichtlich überprüfen zu lassen. Diese Regelung geht über die neue Rechtsprechung des Bundesverfassungsgerichts[1320] insofern hinaus, als es hier nicht der Feststellung eines Grundrechtseingriffes bedarf, was wegen der hohen Eingriffsintensität der Maßnahme geboten ist.[1321] Im übrigen dürfte im Normalfall in einer akustischen Wohnraumüberwachung ohnehin ein Grundrechtseingriff von solcher Schwere liegen, daß eine gerichtliche Klärung der Rechtmäßigkeit der Maßnahme erforderlich ist.

Nach § 100 d Abs. 6 S. 3 StPO hat das Gericht die Wahl, erst in der Entscheidung, die das Verfahren abschließt oder, soweit es geboten ist,[1322] schon früher über die Rechtmäßigkeit der Maßnahme zu befinden.[1323]

3. Benachrichtigung

Auch im Falle des § 100 c Abs. 1 Nr. 3 StPO gilt § 101 StPO, wonach der Betroffene von der Maßnahme zu unterrichten ist, „sobald dies ohne Gefährdung des Untersuchungszwecks, der öffentlichen Sicherheit, von Leib oder Leben einer Person sowie der Möglichkeit der weiteren

---

eine Zählung registriert wird, während in Deutschland jeder einzelne Überwachungsantrag als je ein Fall gezählt wird (Beckstein BT-Protokoll 13/214 S. 19554).

1317 Such BT-Protokoll 13/214 S. 19526; siehe auch zu den Bedenken bei anderen Zwangsmitteln S. 135 ff., 154 und 178 dieser Arbeit.

1318 Schmidt-Jortzig BT-Protokoll 13/214 S. 19534 f.

1319 Beck BT-Protokoll 13/214 S. 19546.

1320 BVerfGE 96, 27.

1321 BT-Drucksache 13/8651 S. 14.

1322 Ein solcher Fall kann zum Beispiel dann vorliegen, wenn der Betroffene ein nicht beschuldigter Wohnungsinhaber ist.

1323 BT-Drucksache 13/8651 S. 14.

Verwendung eines eingesetzten nicht offen ermittelnden Beamten geschehen kann". Nach § 101 Abs. 1 S. 2 StPO bedarf es jedoch der richterlichen Zustimmung, wenn die Benachrichtigung nicht binnen sechs Monaten nach Beendigung der Maßnahme erfolgt.

Die Pflicht zur richterlichen Überprüfung der weiteren Zurückstellung der Unterrichtung war im ursprünglichen Gesetzentwurf nicht enthalten, sondern wurde erst durch den Rechtsausschuß empfohlen.[1324] Der Vermittlungsausschuß verkürzte die zunächst vorgesehene Frist von einem Jahr auf sechs Monate.[1325] Die Regelung ist gegenüber der bei der visuellen und akustischen Überwachung außerhalb von Wohnungen bestehenden Regelung eine wesentliche Verschärfung.[1326] Die Forderung einiger Parlamentarier, den Betroffenen jedenfalls von der Maßnahme zu unterrichten,[1327] konnte sich hingegen nicht durchsetzen. Im Interesse des Schutzes von Menschenleben ist dies auch sachgerecht.

C. Zusammenfassung

Die unbeschränkte Anwendung der Vorschriften zum Einsatz technischer Mittel außerhalb der durch Art. 13 GG geschützten Räume kann im Einzelfall zu einem unverhältnismäßigen Eingriff in die Presse- und Rundfunkfreiheit führen. Maßnahmen nach § 100 c Abs. 1 Nrn. 1 und 2 StPO sollten daher nur zulässig sein, wenn die Ermittlungen eine Straftat des in § 53 StPO einzufügenden Kataloges betreffen. Dieser Katalog ist speziell auf den Konflikt zwischen der Presse- und Rundfunkfreiheit, dem staatlichen Strafverfolgungsinteresse sowie dem Interesse an der Wahrung der Beschuldigtenrechte abgestimmt. Da er auch schon für die anderen verdeckten Ermittlungsmaßnahmen vorgeschlagen wurde, dient seine Anwendung der Rechtsvereinfachung und damit der Rechtssicherheit.

Bei Maßnahmen nach Nr. 1 genügt der einfache Verdacht des Vorliegens einer Katalogtat. Da die Wahrscheinlichkeit des Vertrauensverlustes bei Maßnahmen nach § 100 c Abs. 1 Nr. 2 StPO gegenüber der bei Nr. 1 gesteigert ist, wird vorgeschlagen, in diesen Fällen eine Überwachung nur beim dringenden Verdacht einer Tat im Sinne des § 53 StPO zuzulassen. Durch eine Subsidiaritätsklausel wird abgesichert, daß die Maßnahmen tatsächlich nur dann eingesetzt werden, wenn sie erforderlich sind. Außerdem sind sie in jedem Einzelfall noch einmal gesondert auf ihre Verhältnismäßigkeit zu überprüfen.

Um den Interessen der Strafverfolgung in ausreichendem Maße gerecht zu werden, muß für die Observation und die akustische Überwachung außerhalb von Wohnungen eine Strafverstrickungsklausel eingefügt werden. Beim dringenden Verdacht der Tatbeteiligung des Journalisten gilt die Beschränkung auf den Straftatenkatalog des § 53 StPO daher nicht.

Es ist interessengerecht, die akustische Wohnraumüberwachung nach § 100 c Abs. 1 Nr. 3 StPO bei Medienmitarbeitern grundsätzlich nicht zuzulassen. Die Ausnahme im Falle der Strafverstrickung muß jedoch, um eine Umgehung der Schutzvorschrift so weit wie möglich zu vermeiden, weiter eingeschränkt werden. So sollte auch hier das Abhörverbot nur entfallen, wenn der Journalist der Beteiligung an der Tat des Beschuldigten dringend verdächtig ist.

1324 BT-Drucksache 13/9644 S. 10.
1325 BT-Drucksache 13/10004 S. 2.
1326 Stadler/Graf Lambsdorff/Genscher BT-Protokoll 13/222 S. 20380.
1327 Hirsch BT-Protokoll 13/222 S. 20300; Such BT-Protokoll 13/222 S. 20378.

Schluß

Der Schutz der journalistischen Recherche im Strafprozeßrecht ist zur Sicherung des Vertrauens in die Medien notwendig. Dieses Vertrauens bedürfen die Medien, da sie nur dann die zur Erfüllung ihrer Unterrichtungs- und Kontrollfunktion notwendigen Mitteilungen erhalten werden, wenn sich der Informant auf die Wahrung des Redaktionsgeheimnisses verlassen kann. Inwieweit dieses Ziel durch die Regelungen der Strafprozeßordnung erreicht wird und wie der sich dabei ergebende Konflikt mit dem staatlichen Strafverfolgungsinteresse und den Beschuldigtenrechten zu lösen ist, läßt sich wie folgt zusammenfassen:

1. Das Zeugnisverweigerungsrecht weist Schwachstellen auf, die sich über den Verweis auf § 53 Abs. 1 StPO auch auf das Beschlagnahmeverbot nach § 97 Abs. 5 StPO und das Verbot der akustischen Wohnraumüberwachung nach § 100 d Abs. 3 S. 1 StPO auswirken.

2. Empfohlen wird die Aufnahme einer ausdrücklichen Regelung zum Schutz der Eigenrecherchen der Medienmitarbeiter in § 53 StPO. Dadurch, daß die Strafverfolgungsbehörden bei ihren Ermittlungen auf diese Recherchen zurückgreifen, wurde das Vertrauen in die Medien in den letzten Jahren erheblich geschädigt. Die in jedem Einzelfall bei Anordnung der Maßnahme vorzunehmende Verhältnismäßigkeitsprüfung, die derzeit den einzigen Schutz der Eigenrecherchen bildet, fällt oftmals zu oberflächlich aus oder wird insgesamt nicht durchgeführt. Als Lösung des Problems ist, wie vom Bundesrat[1328] und den Medienverbänden[1329] vorgeschlagen, die Einführung eines Straftatenkataloges zu befürworten, der auf die Interessenkollision zwischen der Strafrechtspflege sowie der Presse- und Rundfunkfreiheit zugeschnitten ist und durch den der Verhältnismäßigkeitsgrundsatz näher ausgestaltet wird. Danach würde das Zeugnisverweigerungsrecht nur noch beim dringenden Verdacht einer der im Katalog genannten Straftaten entfallen.

3. Es ist nicht nachvollziehbar, warum die medialen Abwehrrechte zwar die Mitarbeiter periodisch erscheinender, nicht jedoch die Mitarbeiter nicht periodisch erscheinender Druckwerke schützen. Nicht periodisch erscheinende Druckwerke erfüllen die Informations- und Kontrollfunktion nahezu in gleichem Maße, so daß ihre Mitarbeiter ebenfalls des Schutzes vor vertrauensschädigenden Zwangsmaßnahmen der Ermittlungsbehörden bedürfen. Anders ist dies bei Filmschaffenden, deren Produkte eher der Unterhaltung denn der Unterrichtung dienen. Bei diesen gebührt dem staatlichen Strafverfolgungsinteresse der Vorrang vor den durch Art. 5 Abs. 1 S. 2 GG geschützten Interessen.

4. Die Rechtsprechung, nach der das Zeugnisverweigerungsrecht dann ausgeschlossen ist, wenn die Medien die Identität des Informanten bzw. die Informationsinhalte preisgeben, beeinträchtigt die Wirksamkeit der medialen Schutznormen zusätzlich. Eine derartige Beschränkung ist weder dem Gesetz zu entnehmen noch entspricht sie dem Sinn und Zweck der Abwehrrechte.

5. Die in § 97 Abs. 5 S. 2 i.V.m. Abs. 2 S. 3 StPO und § 100 d Abs. 3 S. 4 StPO enthaltenen Strafverstrickungsklauseln sind zwar im Hinblick auf den staatlichen Strafverfolgungsanspruch grundsätzlich interessengerecht, bedürfen jedoch einiger Modifikationen. So sollten das Beschlagnahmeverbot und das Verbot der akustischen Wohnraumüberwachung nur dann entfallen, wenn der Verdacht, daß der Journalist an der Straftat seines Informanten beteiligt war, dringend ist. Anderenfalls ist eine Umgehung der medialen Schutznormen zu leicht möglich.

1328 BT-Drucksache 13/195 S. 4.

1329 Gesetzentwurf der Medienverbände (siehe Anhang 1 S. 215 ff. dieser Arbeit).

Um die Information über Mißstände innerhalb staatlicher Stellen zu gewährleisten, sollte die Strafverstrickungsklausel außerdem dahingehend geändert werden, daß Gegenstände, die aus einer Straftat herrühren, vom Beschlagnahmeverbot umfaßt bleiben.

6. Nicht nur der Zeugniszwang, die Beschlagnahme und die akustische Wohnraumüberwachung greifen in die Presse- und Rundfunkfreiheit ein, sondern auch die Postbeschlagnahme von Sendungen der Medienmitarbeiter, die Überwachung ihres Telekommunikationsanschlusses und ihre akustische und visuelle Überwachung außerhalb des durch Art. 13 GG geschützten Bereiches. Dieser Eingriff kann im Einzelfall gemessen an der Bedeutung der Presse- und Rundfunkfreiheit unverhältnismäßig ausfallen. Um die Beachtung der Verhältnismäßigkeit zu gewähren, wird die Einführung eines Straftatenkataloges bzw. der Verweis auf den in § 53 StPO einzufügenden Katalog angeregt. Die Zwangsmaßnahmen wären danach gegen Journalisten nur zulässig, wenn der Verdacht besteht, daß eine der Katalogtaten begangen worden ist. Da jedoch nicht unberücksichtigt bleiben darf, daß durch die genannten Maßnahmen im Gegensatz zum Zeugniszwang, der Beschlagnahme und der akustischen Wohnraumüberwachung nur mittelbar in die Sphäre des Journalisten eingegriffen wird, genügt in diesen Fällen der einfache Verdacht des Vorliegens einer Katalogtat. Anders verhält es sich lediglich bei der akustischen Überwachung von außerhalb geschützter Räume geführten Gesprächen, für deren Anordnung deshalb ein dringender Verdacht zu fordern ist.

7. Um das staatliche Strafverfolgungsinteresse und die Interessen des Beschuldigten zu wahren, müssen jedoch neben dem Straftatenkatalog in die Normen jeweils Strafverstrickungsklauseln eingefügt werden, die das Postbeschlagnahme- bzw. Überwachungsverbot entfallen lassen, wenn gegen den Journalisten der dringende Verdacht besteht, an der Tat des Informanten beteiligt zu sein.

Der Schutz der journalistischen Recherche ist in seiner aktuellen Ausprägung somit in vielen Punkten wenig zufriedenstellend. Dennoch verstößt keines der untersuchten Gesetze in verfassungswidriger Weise gegen die Presse- und Rundfunkfreiheit. Der Gesetzgeber war nur dazu verpflichtet, einen „Minimalschutz" [1330] des Redaktionsgeheimnisses zu sichern. Dies ist zum Schutz der Presse- und Rundfunkfreiheit ausreichend, da auch die Interessen der staatlichen Strafverfolgung und des Beschuldigten nicht unbeachtet bleiben dürfen und in jedem Einzelfall bei Anordnung der Maßnahme eine Interessenabwägung erfolgen müßte. Da die Fachgerichte jedoch dem Eingriff in das Grundrecht aus Art. 5 Abs. 1 S. 2 GG häufig nicht oder nicht in ausreichendem Maße Rechnung tragen, ist zur Wahrung der Verhältnismäßigkeit die Einführung weiterer ausdrücklicher Schutzregeln sowie eine Änderung der bestehenden Normen angebracht. Insoweit sind die hier vorgeschlagenen Lösungen als Anregung zu betrachten, wie ein sachgerechter Schutz der journalistischen Recherche erreicht werden kann, ohne dabei andere verfassungsrechtlich geschützte Interessen zu verletzen.

1330 V. Mangold/Klein/Starck Art. 5 Rdnr. 78.

Anhang 1 - Der Gesetzentwurf der Medienverbände

ARD - BDZV - DJV - Deutscher Presserat
IG Medien - VDZ - VPRT - ZDF

Entwurf eine Gesetzes zur Sicherung des Zeugnisverweigerungsrechtes für Mitarbeiter/ -innen von Presse, Rundfunk, Film sowie Informations- und Kommunikationsdiensten und des entsprechenden Beschlagnahmeverbotes

Der Bundestag hat das folgende Gesetz beschlossen:

Art. 1

Änderung der Strafprozeßordnung

§ 53 der StPO i. d. F. der Bekanntmachung vom 7. April 1987 (BGBl. I S. 1074), zuletzt geändert durch ..., wird wie folgt geändert

1. Absatz 1 Nr. 5 erhält folgende Fassung

„5. Personen, die bei der Vorbereitung, Herstellung oder Verbreitung von

a) periodischen Druckwerken,

b) anderen der Unterrichtung oder Meinungsbildung dienenden Druckwerken,

c) Informations- und Kommunikationsdiensten, soweit sie der Berichterstattung dienen und Informationsangebote enthalten,

d) Filmberichten oder

e) Rundfunksendungen

berufsmäßig mitwirken oder mitgewirkt haben, über die Person des Verfassers, Einsender oder Gewährsmannes von Beiträgen und Unterlagen sowie über die ihnen im Hinblick auf ihre Tätigkeit gemachten Mitteilungen, über deren Inhalt sowie über den Inhalt selbst erarbeiteter Unterlagen; dies gilt nur, soweit es sich um Beiträge, Unterlagen und Mitteilungen für den redaktionellen Teil handelt."

2. Nach Absatz 2 wird folgender Absatz 3 angefügt:

„(3) Die Berechtigung zur Zeugnisverweigerung über den Inhalt selbst erarbeiteter Unterlagen entfällt, wenn bestimmte Tatsachen den dringenden Verdacht begründen, daß jemand als Täter oder Teilnehmer

1. einen Mord, einen Totschlag oder einen Völkermord (§§ 211, 212, 220 a des Strafgesetzbuches*),

2. eine absichtliche schwere Körperverletzung oder eine Körperverletzung mit Todesfolge (§§ 225 Abs. 2, 226 des Strafgesetzbuches)

---

* Gemeint ist das StGB in seiner bis zum 31. März 1998 geltenden Fassung.

3. einen besonders schweren Fall des sexuellen Mißbrauchs von Kindern, einen sexuellen Mißbrauch von Kindern mit Todesfolge, eine Vergewaltigung oder eine sexuelle Nötigung (§ 176 Abs. 3 und 4, §§ 177, 178 des Strafgesetzbuches),

4. einen schweren Menschenhandel (§ 181 des Strafgesetzbuches),

5. eine Straftat gegen die persönliche Freiheit in den Fällen der §§ 234, 234 a, 239 a, 239 b des Strafgesetzbuches,

6. einen Raub in dem Fällen der §§ 250, 251 oder eine räuberische Erpressung nach § 255 in Verbindung mit §§ 250 oder 251 des Strafgesetzbuches,

7. eine gemeingefährliche Straftat in den Fällen der §§ 306, 307, 310 b Abs. 1 bis 3, § 311 Abs. 1 bis 3, § 311 a Abs. 1 bis 3, §§ 311 b, 312, 315 Abs. 3, § 315 b Abs. 3, §§ 316 a, 316 c oder 319 des Strafgesetzbuches,

8. eine schwere Umweltgefährdung oder eine schwere Gefährdung durch Freisetzung von Giften (§§ 330, 330 a Abs. 1 des Strafgesetzbuches)

9. eine Straftat des Friedensverrats, des Hochverrats, des Landesverrats oder der Gefährdung der äußeren Sicherheit in den Fällen der §§ 80, 81 bis 83, 94 bis 96, 97 a, 100 des Strafgesetzbuches oder eine Straftat gegen die öffentliche Ordnung in den Fällen der §§ 129, 129 a des Strafgesetzbuches,

10. eine Straftat nach § 52 a Abs. 1 und 2, § 53 Abs. 1 Satz 1 Nr. 1 und 2 des Waffengesetzes oder nach §§ 19 Abs. 1 und 2, 20 Abs. 1 des Gesetzes über die Kontrolle von Kriegswaffen,

11. eine Straftat nach § 29 Abs. 3 oder § 30 Abs. 1 Nr. 1, 2 oder eine gewerbsmäßige oder als Mitglied einer Bande begangene Straftat nach § 30 Abs. 1 Nr. 4 oder § 30 a des Betäubungsmittelgesetzes oder

12. eine gewerbsmäßige Bandenhehlerei (§ 260 a des Strafgesetzbuches)

begangen hat, und wenn die Erforschung des Sachverhalts oder die Ermittlung des Aufenthaltsortes des Beschuldigten auf andere Weile aussichtslos oder wesentlich erschwert wäre. Das Zeugnis kann verweigert werden, wenn aus den selbst erarbeiteten Unterlagen auf die Person des Verfassers, Einsenders oder Gewährsmannes sowie auf von diesen gemachte Mit teilungen und deren Inhalt geschlossen werden kann."

3. Nach Absatz 3 wird folgender neuer Absatz 4 eingefügt:

„(4) Soweit die in Abs. 1 Nr. 5 genannten Personen von ihrem Recht zur Verweigerung des Zeugnisses über den Inhalt selbst erarbeiteter Unterlagen Gebrauch machen, dürfen Aussagen, die diese Personen in anderen als strafgerichtlichen Verfahren gemacht haben, nicht verwertet werden."

§ 97 Abs. 5 Satz 2 wird wie folgt neu gefaßt und durch die Sätze 3 und 4 ergänzt:

„Die Beschränkungen der Beschlagnahme gelten nicht, wenn und solange bestimmte Tatsachen den dringenden Verdacht begründen, daß die zur Verweigerung des Zeugnisses Berechtigten an der den Gegenstand der Untersuchung bildenden Tat i. S. des § 53 Abs. 3 StPO teilgenommen oder hierzu eine Begünstigung, Strafvereitelung oder Hehlerei begangen haben. Betätigt sich der dringende Verdacht im Laufe des weiteren Verfahrens nicht, so sind die Gegenstände zurückzugeben und dürfen nicht als Beweismittel verwertet werden. Schriftliche Auskünfte, Abschriften oder Kopien dazu sind unter Aufsicht der Staatsanwaltschaft unverzüglich zu vernichten."

Art. 2

Änderung des Gesetzes über Fernmeldeanlagen

In § 12 des Gesetzes über Fernmeldeanlagen in der Fassung der Bekanntmachung vom 03. Juli 1989 (BGBl. I S. 1455), zuletzt geändert durch § 99 des Telekommunikationsgesetzes vom 25. Juli 1996 (BGBl. I S. 1120), wird folgender neuer Absatz 2 angefügt:

„(2) soweit das Zeugnisverweigerungsrecht der in § 53 Abs. 1 Nr. 5 der Strafprozeßordnung genannten Personen reicht, ist das Verlangen einer Auskunft über die Telekommunikation der zur Verweigerung des Zeugnisses Berechtigten unzulässig. Die Beschränkungen des Auskunftsverlangens gelten nicht, wenn und solange bestimmte Tatsachen den dringenden Verdacht begründen, daß die zur Verweigerung des Zeugnisses Berechtigten an der den Gegenstand der Untersuchung bildenden Tat i. S. des § 53 Abs. 3 StPO teilgenommen oder hierzu eine Begünstigung, Strafvereitelung oder Hehlerei begangen haben. Bestätigt sich der dringende Verdacht im Laufe des weiteren Verfahrens nicht, so darf die Auskunft über die Telekommunikation nicht als Beweismittel verwertet werden. Schriftliche Auskünfte, Abschriften oder Kopien dazu sind unter Aufsicht der Staatsanwaltschaft unverzüglich zu vernichten.“

Art. 3

Inkrafttreten

Dieses Gesetz tritt am Tage nach der Verkündung in Kraft.

Anhang 2 - Der Pressekodex

Publizistische Grundsätze -

Richtlinien für die publizistische Arbeit nach Empfehlungen des Deutschen Presserates

1. Die Achtung vor der Wahrheit, die Wahrung der Menschenwürde und die wahrhaftige Unterrichtung der Öffentlichkeit sind oberste Gebote der Presse.
2. Zur Veröffentlichung bestimmte Nachrichten und Informationen in Wort und Bild sind mit der nach den Umständen gebotenen Sorgfalt auf ihren Wahrheitsgehalt zu prüfen. Ihr Sinn darf durch Bearbeitung, Überschrift oder Bildbeschriftung weder entstellt noch verfälscht werden. Dokumente müssen sinngetreu wiedergegeben werden. Unbestätigte Meldungen, Gerüchte und Vermutungen sind als solche erkennbar zu machen. Symbolfotos müssen als solche kenntlich sein oder erkennbar gemacht werden.
3. Veröffentlichte Nachrichten oder Behauptungen, die sich nachträglich als falsch erweisen, hat das Publikationsorgan, das sie gebracht hat, unverzüglich von sich aus in angemessener Weise richtigzustellen.
4. Bei der Beschaffung von Nachrichten, Informationsmaterial und Bildern dürfen keine unlauteren Methoden angewandt werden.
5. Die vereinbarte Vertraulichkeit ist grundsätzlich zu wahren.
6. Jede in der Presse tätige Person wahrt das Ansehen und die Glaubwürdigkeit der Medien sowie das Berufsgeheimnis, macht vom Zeugnisverweigerungsrecht Gebrauch und gibt Informationen ohne deren ausdrückliche Zustimmung nicht preis.
7. Die Verantwortung der Presse gegenüber der Öffentlichkeit gebietet, daß redaktionelle Veröffentlichungen nicht durch private oder geschäftliche Interessen Dritter beeinflußt werden. Verleger und Redakteure wehren derartige Versuche ab und achten auf eine klare Trennung zwischen redaktionellem Text und Veröffentlichungen zu werblichen Zwecken.
8. Die Presse achtet das Privatleben und die Intimsphäre des Menschen. Berührt jedoch das private Verhalten öffentliche Interessen, so kann es im Einzelfall in der Presse erörtert werden. Dabei ist zu prüfen, ob durch eine Veröffentlichung Persönlichkeitsrechte Unbeteiligter verletzt werden.
9. Es widerspricht journalistischem Anstand, unbegründete Behauptungen und Beschuldigungen, insbesondere ehrverletzender Natur, zu veröffentlichen.
10. Veröffentlichungen in Wort und Bild, die das sittliche oder religiöse Empfinden einer Personengruppe nach Form und Inhalt wesentlich verletzen können, sind mit der Verantwortung der Presse nicht zu vereinbaren.
11. Die Presse verzichtet auf eine unangemessen sensationelle Darstellung von Gewalt und Brutalität. Der Schutz der Jugend ist in der Berichterstattung zu berücksichtigen.
12. Niemand darf wegen seines Geschlechts oder seiner Zugehörigkeit zu einer rassischen ethnischen, religiösen, sozialen oder nationalen Gruppe diskriminiert werden.

13. Die Berichterstattung über schwebende Ermittlungs- und Gerichtsverfahren muß frei von Vorurteilen erfolgen. Die Presse vermeidet deshalb vor Beginn und während der Dauer eines solchen Verfahrens in Darstellung und Überschrift jede präjudizierende Stellungnahme. Ein Verdächtiger darf vor einem gerichtlichen Urteil nicht als Schuldiger hingestellt werden. Über Entscheidungen von Gerichten soll nicht ohne schwerwiegende Rechtfertigungsgründe vor deren Bekanntgabe berichtet werden.

14. Bei Berichten über medizinische Themen ist eine unangemessen sensationelle Darstellung zu vermeiden, die unbegründete Befürchtungen oder Hoffnungen beim Leser erwecken könnte. Forschungsergebnisse, die sich in einem frühen Stadium befinden, sollten nicht als abgeschlossen oder nahezu abgeschlossen dargestellt werden.

15. Die Annahme und Gewährung von Vorteilen jeder Art, die geeignet sein könnten, die Entscheidungsfreiheit von Verlag und Redaktion zu beeinträchtigen, sind mit dem ansehen, der Unabhängigkeit und der Aufgabe der Presse unvereinbar. Wer sich für die Verbreitung oder Unterdrückung von Nachrichten bestechen läßt, handelt unehrenhaft und berufswidrig.

16. Es entspricht fairer Berichterstattung, vom Deutschen Presserat öffentlich ausgesprochene Rügen abzudrucken, insbesondere in den betroffenen Publikationsorganen.

Literaturverzeichnis

Achenbach, Hans „Verfahrenssichernde und vollstreckungssichernde Beschlagnahme im Strafprozeß" in NJW 1976, S. 1068

AK-Bearb. Kommentar zur Strafprozeßordnung, Reihe Alternativkommentare, herausgegeben von Rudolph Wassermann, Neuwied, 1992

AK-GG/Bearb. Kommentar zum Grundgesetz für die Bundesrepublik Deutschland, Reihe Alternativkommentare, 2. Auflage, Neuwied, 1989

Alsberg, Max/ Nüse, Karl-Heinz/ Meyer, Karlheinz Der Beweisantrag im Strafprozeß, 5. Auflage, München, 1983

Amelung, Knut „Der Grundrechtsschutz der Gewissenserforschung und die strafprozessuale Behandlung von Tagebüchern" in NJW 1988, S. 1002

„Grenzen der Beschlagnahme notarieller Urkunden" in DNotZ 1984, S. 195

Arzt, Gunther Der strafrechtliche Schutz der Intimsphäre, Tübingen, 1970

Asbrock, Bernd „Der Richtervorbehalt - prozessuale Grundrechtssicherung oder rechtsstaatliches Trostpflaster?" in ZRP 1998, S. 17

Badewitz, Hans Der Zeugniszwang gegen die Presse, München, 1952

Baisch, Gerhard Anmerkung zum Urteil des Landgerichts Bremen vom 30. 10. 1979 - II Qs 735/79 - in StV 1981, S. 17

Bandisch, Günter „Mandant und Patient, schutzlos bei Durchsuchung von Kanzlei und Praxis?" in NJW 1987, S. 2200

Bär, Peter Die verfassungsrechtliche Filmfreiheit und ihre Grenzen: Filmzensur und Filmförderung, Frankfurt am Main, 1984

Bär, Wolfgang „EDV-Beweissicherung im Strafverfahrensrecht" in CR (Computer und Recht) 1998, S. 434

„Zugriff auf Fernmeldedaten der Bundespost, Telekom oder Dritter" in CR (Computer und Recht) 1993, S. 634

Barton, Dirk Michael „Gefahren für eine freie und unabhängige Presse" in Zeitungen '94, hrsg. vom BDZV, S. 74

Baumbach, Adolf/ Lauterbach, Wolfgang/ Albers, Jan/ Hartmann, Peter Zivilprozeßordnung, 56. Auflage, München, 1998

Beckmann, Horst „Staatsanwaltliche Ermittlungstätigkeit als Grenze der Freiheit der Berichterstattung?" in FuR (Film und Recht) 1982, S. 73

Benfer, Jost „Verdeckte Ermittlungen durch Polizeibeamte" in MDR 1994, S. 12

Berg, Klaus „Fahndung und Ermittlung mir Hilfe der Medien“ in AfP (Archiv für Presserecht) 1989, S. 416

Bettermann, Karl August Die verfassungskonforme Auslegung - Grenzen und Gefahren, Heidelberg, 1986

Beulke, Werner Strafprozeßrecht, 3. Auflage, Heidelberg, 1998

„Überwachung des Fernsprechanschlusses eines Verteidigers“ in Jura 1986, S. 642

Der Verteidiger im Strafverfahren, Frankfurt am Main, 1980 (zitiert: Beulke in Der Verteidiger)

Birmanns, Martin „Die Beschlagnahme von Buchführungsunterlagen bei dem Steuerberater“ in MDR 1981, S. 102

BK-Bearb. Bonner Kommentar zum Grundgesetz, Loseblattkommentar, Heidelberg, Stand: 90. Lieferung/April 1999

Blei, Hermann Strafrecht, Allgemeiner Teil, 18. Auflage, München, 1983

„Aufsätze in Zeitschriften“ in JA 1969 StR S. 133 (411)

Böttger, Andreas/ Pfeiffer, Christian „Der Lauschangriff in den USA und in Deutschland“ in ZRP 1994, S. 7

Bottke, Wilfried „Polizeiliche Ermittlungsarbeit und Legalitätsprinzip“ in Gedächtnisschrift für Karlheinz Meyer, Berlin, 1990, S. 37

„Anfertigung und Verwertung heimlicher Wort- und Stimmaufzeichnungen auf Tonträger außerhalb des Fernmeldeverkehrs“ in Jura 1987, S. 356

Anmerkung zum Urteil des BGH vom 20. Juni 1979 - 2 StR 63/79 - (NJW 1980, 67) in JA 1980, S. 748

Brendel, Detlef/ Grobe, Bernd Journalistisches Grundwissen, München, 1976

Bringewat, Peter „Grenzen der Beschlagnahmefreiheit im Ermittlungsverfahren nach dem GWB“ in BB 1974, S. 1559

Brosius-Gersdorf, Frauke „Dienstgeheimnis versus Presse- und Rundfunkfreiheit“ in AfP (Archiv für Presserecht) 1998, S. 25

Creifelds, Carl „Die Beschlagnahme von Handakten des Verteidigers“ in GA 1960, S. 65

Dahs, Hans „Die Beschlagnahme von Verteidigungsmaterial und die Ausforschung der Verteidigung“ in Gedächtnisschrift für Karlheinz Meyer, Berlin, 1990, S. 61

Anmerkung zum Beschluß des LG Hamburg vom 15. Februar 1982 - (34) Qs 3/82 - in NStZ 1983, S. 183

Dallinger, Wilhelm „Gerichtsverfassung und Strafverfahren“ in JZ 1953, S. 432

Damm, Renate Presserecht, Percha am Starnberger See, 1985

Degener, Wilhelm Grundsatz der Verhältnismäßigkeit und strafprozessuale Zwangsmaßnahmen, Hamburg, Berlin, 1985

Degenhart, Christoph Staatsrecht I, 14. Auflage, Heidelberg, 1998

Delitz, Manfred „Zweifelsfragen zum neuen strafprozessualen Zeugnisverweigerungsrecht der Presse" in AfP (Archiv für Presserecht) 1976, S. 106

Dencker, Friedrich Verwertungsverbote im Strafprozeß, Köln, 1977

Denninger, Erhard „Lauschangriff - Anmerkungen eines Verfassungsrechtlers" in StV 1998, S. 401

Dittrich, Joachim „Der 'Große Lauschangriff' - diesseits und jenseits der Verfassung" in NStZ 1998, S. 336

Dörig, Harald Anmerkung zum Urteil des BGH vom 6. August 1988 - 4 StR 333/87 - in NStZ 1988, S. 143

Dörr, Dieter „Durchsuchungen und Beschlagnahmen bei Medienunternehmen" in AfP (Archiv für Presserecht) 1995, S. 378

Dreher, Eduard/ Tröndle, Herbert Strafgesetzbuch und Nebengesetze, 48. Auflage, München 1997

Dunkhase, Dirk Das Pressegeheimnis, Göttingen, Berlin, 1997

Eberhardt, Waldemar Ursprung und Entwicklung des Brief- und Postgeheimnisses im weiteren Sinne, Frankfurt am Main, 1930

Eisenberg, Ulrich Persönliche Beweismittel in der StPO, München, 1993

„Straf(verfahrens-)rechtliche Maßnahmen gegenüber 'Organisiertem Verbrechen'" in NJW 1993, S. 1033

Erbs, Georg/ Kohlhaas, Max Strafrechtliche Nebengesetze, München, Stand: 132. Ersatzlieferung (zitiert: Erbs/Kohlhaas/Bearbeiter)

Erhard, Benno „Mediales Zeugnisverweigerungsrecht und Beschlagnahmeverbot im Spannungsverhältnis zwischen Medienfreiheit und Strafverfolgung" in Medienfreiheit und Strafverfolgung, S. 5, München, 1985 (zitiert: Erhard, Medienfreiheit)

Evers, Hans-Ulrich „Verletzung des Postgeheimnisses (Art. 10 GG) und Beweisverwertungsverbot im Strafprozeß" in JZ 1965, S. 661

Faller, Hans Joachim „Die öffentliche Aufgabe von Presse und Rundfunk" in AfP (Archiv für Presserecht) 1981, S. 430

Fezer, Gerhardt Strafprozeßrecht I und II, München, 1986 (zitiert: Fezer Strafprozeßrecht Bandnr./Fallnr./Rdnr.)

Anmerkung zum Beschluß des Bundesverfassungsgerichts vom 10. Mai 1983 - 1 BvR 385/ 82 - (BVerfGE 64, 108 ff. - Chiffregeheimnis) in JZ 1983, S. 797

„Grundfälle zum Verlesungs- und Verwertungsverbot im Strafprozeß" in JuS 1978, S. 765

Freund, Herbert „Wirtschaftskriminalität und Beschlagnahmeprivileg" in NJW 1976, S. 2002

Freyberg, Rolf-Jürgen Über die Beschlagnahme, München, 1971

Frister, Helmut „Das Gesetzesvorhaben der Bundesregierung zur Einführung des großen Lauschangriffs" in StV 1996, S. 454

Fuhrmann, Hans „Reform des Presserechts" in JR 1963, S. 459

Gehre, Horst „Wirtschaftskriminalität und Beschlagnahmeprivileg" in NJW 1977, S. 710

Gehrhardt, Erwin „Einschränkung des Zeugnisverweigerungsrechtes der Publizisten durch die Rechtsprechung" in AfP (Archiv für Presserecht) 1979, S. 234

„Grundgesetz und publizistisches Zeugnisverweigerungsrecht" in FuR (Film und Recht) 1975, S. 154

„Das neue Zeugnisverweigerungsrecht der Publizisten" in AfP (Archiv für Presserecht) 1975, S. 843

Gentz, Manfred Die Unverletzlichkeit der Wohnung, Berlin, 1968

Geppert, Klaus „Kontroll- und Förderungspflicht des Ermittlungsrichters" in DRiZ 1992, S. 411

„Der Zeugenbeweis" in Jura 1991, S. 132

„Das Beweisverbot des § 252 StPO" in Jura 1988, S. 305

Gerschel, Alfred „DJV zur Reform" in journalist 1/88 S. 14

Anmerkung zum Beschluß des Bundesverfassungsgerichts vom 1. Oktober 1987 - 2 BvR 1434/86 - (BVerfGE 77, 65) in AfP (Archiv für Presserecht) 1987, S. 683

Giesen, Alexander Der Zeugniszwang gegen die Presse, Frankfurt am Main, 1906

Gillmeister, Ferdinand Ermittlungsrechte im deutschen und europäischen Kartellordnungswidrigkeitenverfahren, Baden-Baden, 1985

Glauben, Paul J. „Kann der 'Große Lauschangriff' zulässig sein?" in DRiZ 1993, S. 41

„Beschlagnahme von Filmmaterial für polizeiliche Ermittlungen" in DRiZ 1988, S. 352

Göggerle, Werner „Durchsuchungen und Beschlagnahmen bei den Angehörigen der rechts- und steuerberatenden Berufe" in BB 1986, S. 41

Gössel, Karl Heinz „Der Schutz der Medienfreiheit im Strafverfahren" in Medienfreiheit und Strafverfolgung, S. 49, München, 1985 (zitiert: Gössel, Medienfreiheit)

„Kritische Bemerkungen zum gegenwärtigen Stand der Lehre von den Beweisverboten im Strafverfahren" in NJW 1981, S. 649

Groß, Karl-Heinz „Verteidiger, Abgeordnete und Journalisten als verbotene unfreiwillige Medien zur strafprozessualen Aufklärung" in StV 1996 S. 559

Groß, Rolf „Zum journalistischen Zeugnisverweigerungsrecht" in ZUM 1994, S. 214

Presserecht, 2. Auflage, Wiesbaden, 1987

„Zum Zeugnisverweigerungsrecht der Mitarbeiter von Presse und Rundfunk" in Festschrift für Gerhard Schiedermair, München, 1976, S. 223

„Neuregelung des journalistischen Zeugnisverweigerungsrechts" in NJW 1975, S. 1763

Gross-Spreitzer, Gabriele Die Grenzen der Telefonüberwachung nach §§ 100 a, 100 b StPO unter Berücksichtigung der Aussageverweigerungsrechte im Strafprozeß, Heidelberg, 1987

Grünwald, Gerald Das Beweisrecht der Strafprozeßordnung, Baden-Baden, 1993

„Beweisverbote und Verwertungsverbote im Strafverfahren" in JZ 1966, S. 489

Günter, Hans Helmut „Einführung in das Recht des Zeugenbeweises" in JA 1979, S. 427

Gusy, Christoph „Das Grundrecht des Post- und Fernmeldegeheimnisses" in JuS 1986, S. 89

Haeberlin, Carl Franz Wilhelm Jerome Sammlung der neuen deutschen Strafprocessordnungen, Greifswald, 1852

Haffke, Bernhard „Zum Rechtsschutz bei bevorstehender richterlicher Durchsuchung beschlagnahmefreier Papiere" in NJW 1974, 1983

Hahn, Carl Die gesammten Materialien zur Strafprozeßordnung

- Dritter Band, Erste Abtheilung, Berlin, 1880 (zitiert: Hahn, Materialien 3,1)

- Dritter Band, Zweite Abtheilung, Berlin, 1881 (zitiert: Hahn, Materialien 3,2)

Haller, Michael Recherchieren - Ein Handbuch für Journalisten, 3. Auflage, München 1989

Hassemer, Winfried „Warum man den 'Großen Lauschangriff' nicht führen sollte" in DRiZ 1992, S. 357

Hau, Helmut Die Beendigung der Straftat und ihre rechtlichen Wirkungen, Freiburg, Berlin, 1974

Henkel, Heinrich Strafverfahrensrecht, 2. Auflage, Stuttgart, 1968

Hennemann, Ludwig Pressefreiheit und Zeugnisverweigerungsrecht, Berliner Abhandlungen zum Presserecht, Heidelberg, Berlin, 1978

Herdegen, Gerhard „Zur Beschlagnahme und Verwertung schriftlicher Mitteilungen im Gewahrsam von Angehörigen des Beschuldigten" in GA 1963, S. 141

Herrmann, Günter Rundfunkrecht, München, 1994

Herzberg, Rolf Dietrich Täterschaft und Teilnahme, München, 1977

Hesse, Konrad Grundzüge des Verfassungsrechts der Bundesrepublik Deutschland, 20. Auflage, 1995, Heidelberg

Hilger, Hans „Über den 'Richtervorbehalt' im Ermittlungsverfahren" in Gedächtnisschrift für Karlheinz Meyer, Berlin, 1990, S. 209

„Über den 'Richtervorbehalt' im Ermittlungsverfahren" in JR 1990, S. 485

„Neues Strafverfahrensrecht durch das OrgKG" in NStZ 1992 S. 457 (1. Teil), S. 523 (2. Teil)

HK-Bearb. Heidelberger Kommentar zur Strafprozeßordnung von Lemke, Krehl, Rautenberg, Julius, Kurth, Temming, 2. Auflage, Heidelberg, 1999

v. Hippel, Reinhard/ Weiß, Axel „Eingriffsqualität polizeilicher Observierungen" in JR 1992, S. 316

Höbermann, Frauke „Medien mit Januskopf" in journalist Heft 1, 1988, S. 9

Holtmeier, Friedrich Gerhard Presse- und Rundfunkfreiheit: Zeugnisverweigerungsrecht, Beschlagnahme- und Durchsuchungsfreiheit bei selbstrecherchiertem Material?, Freiburg, Frankfurt am Main, 1991

Holtz, Günter „Aus der Rechtsprechung des Bundesgerichtshofs in Strafsachen" in MDR 1980, S. 812

Hörle, Ulrich Anmerkung zum Urteil des BGH vom 20. Juni 1972 - VI ZR 26/71 - in AfP (Archiv für Presserecht) 1972, S. 321

Höser, Jürgen „Nochmals: Die Beschlagnahme von Buchführungsunterlagen bei dem Steuerberater - Entgegnung auf den Beitrag von Birmanns, MDR 1981, D. 102 f.", in MDR 1982, S. 535

Hoth, Jürgen Anmerkung zum Urteil des BGH vom 30. Juni 1972 - I ZR 1/71 (OLG Karlsruhe) in GRUR (Gewerblicher Rechtsschutz und Urheberrecht) 1973, S. 205

Huppertz, Herbert Zeugnisverweigerungsrecht, Beschlagnahme- und Durchsuchungsverbot zugunsten des Rundfunks im Strafprozeß, München, 1971

Jarass, Hans „Konflikte zwischen Polizei und Presse bei Demonstrationen" in JZ 1983, S. 280

„Rechtsfragen der Öffentlichkeitsarbeit" in NJW 1981, S. 193

„Grenzen des Zugriffs der Strafverfolgungsbehörden auf Presse- und Rundfunkmaterial" AfP (Archiv für Presserecht) 1977, S. 214

Jarass, Hans/ Pieroth, Bodo Grundgesetz für die Bundesrepublik Deutschland, 4. Auflage, München, 1997

Joecks, Wolfgang „Die strafprozessuale Telefonüberwachung" in JA 1983, S. 58

Jung, Dieter „Durchsuchung und Beschlagnahme in Medienangelegenheiten" in AfP (Archiv für Presserecht) 1995, S. 375

Kaiser, Eberhard „Verwertbarkeit von Äußerungen Dritter während überwachter Telefongespräche (§ 100a StPO)" in NJW 1974, S. 349

„Das Postgeheimnis und seine erlaubte Durchbrechung" in NJW 1969, S. 18

„Die Verfassungsmäßigkeit des Zeugnisverweigerungsrechts der Presse" in NJW 1968, S. 1260

Kaiser, Ulrike „Schutz der Obrigkeit" in journalist Heft 10, 1996, S. 38

„Geballte Macht - Staatsgewalt gegen Medien" in journalist Heft 4, 1994, S. 10

Keller, Fritz Die Haftung für Pressdelikte insbesondere der Zeugniszwang gegen den verantwortlichen Redakteur, Bern, Luzern, 1913

Kilz, Hans Werner/ Darnstadt, Thomas „Reporter sind keine Büttel der Polizei - Der Koblenzer Generalstaatsanwalt Hans-Joachim Ulrich über Beschlagnahmeaktionen in Redaktionen" in DER SPIEGEL, Nr. 51, 1987, S. 53

Kiper, Manuel/ Ruhmann, Ingo „Überwachung der Telekommunikation" in DuD (Datenschutz und Datensicherheit) 1998, S. 155

KK-Bearb. Karlsruher Kommentar zur Strafprozeßordnung, herausgegeben von Gerd Pfeiffer, 4. Auflage, München, 1999 (ohne Angabe der Auflage zitiert)

Karlsruher Kommentar zur Strafprozeßordnung, herausgegeben von Gerd Pfeiffer, 3. Auflage, München, 1993 (zitiert: KK-Bearbeiter 3. Aufl.)

Kleinknecht, Theodor/Meyer, Karlheinz Strafprozeßordnung, 39. Auflage, München, 1989 (zitiert: Kleinknecht/Meyer-Goßner 39. Aufl.)

Kleinknecht, Theodor/ Meyer-Goßner, Lutz Strafprozeßordnung, 44. Auflage, München, 1999 (ohne Angabe der Auflage zitiert)

Strafprozeßordnung, 42. Auflage, München, 1995 (zitiert: Kleinknecht/Meyer-Goßner 42. Aufl.)

Klesczewski, Diethelm „Das Ende des Auskunftsersuchens nach § 12 FAG" in JZ 1997, S. 719

„Das Auskunftsersuchen an die Post: die wohlfeile Dauerkontrolle von Fernmeldeanschlüssen?" in StV 1993, S. 382

Klug, Ulrich Presseschutz im Strafprozeß, Neuwied, 1965

KMR-Bearb. Kommentar zur Strafprozeßordnung, Loseblattkommentar, begründet von Kleinknecht, Müller, Reitberger, Neuwied, Stand: 18. Ersatzlieferung Januar 1999

Knapp, Wolfgang Anmerkung zum Beschluß des BVerfG vom 24. Mai 1977 - 2 BvR 988/75 - (NJW 1977, 1489) in NJW 1977, S. 2119

Knauth, Alfons „Beweisrechtliche Probleme bei der Verwertung von Abhörmaterial im Strafverfahren“ in NJW 1978, S. 741

Köcher, Renate Spürhund und Missionar, München, Allensbach, 1985

Kohlhaas, Max „Das Zeugnisverweigerungsrecht des Journalisten“ in Festschrift für Löffler, München, 1980, S. 134

„Herausgabepflicht und Beschlagnahme ärztlicher Aufzeichnungen“ in NJW 1964, S. 1162

„Das Zeugnisverweigerungsrecht der Journalisten“ in NJW 1958, S. 41

König, Josef „Einsatz technischer Mittel nach § 100c StPO“ in Kriminalistik 1998, S. 349

Körner, Harald Hans „Die Strafrechtspraxis im Labyrinth neuer Betäubungsmittelrechtsbestimmungen“ in NJW 1993, S. 233

Kramer, Bernhard Ermittlungen bei Wirtschaftsdelikten, Stuttgart, 1987

Krause, Dietmar/ Nehring, Günther Strafverfahrensrecht in der Polizeipraxis, Köln, 1978

Krehl, Christoph Anmerkung zum Urteil des OLG Hamm vom 13. 1. 1988 - 1 Ss 811/87 - in StV 1988, S. 376

Krekeler, Wilhelm „Zufallsfunde bei Berufsgeheimnisträgern und ihre Verwertbarkeit“ in NStZ 1987, S. 199

„Beeinträchtigungen der Rechte des Mandanten durch Strafverfolgungsmaßnahmen gegen den Rechtsanwalt“ in NJW 1977, S. 1417

Kretschmer, Joachim „Die Verwertung sogenannter Zufallsfunde bei der strafprozessualen Telefonüberwachung“ in StV 1999, S. 221

Krey, Volker „Rechtsprobleme beim Einsatz Verdeckter Ermittler einschließlich der elektronischen Überwachung (Lauschangriff) zu ihrem Schutz und als Instrument der Strafverfolgung in Deutschland“ in JR 1998, S. 1

„Rechtsprobleme des strafprozessualen Einsatzes Verdeckter Ermittler“, Sonderband der BKA-Forschungsreihe, Wiesbaden, 1993 (zitiert: Krey VE)

„Probleme des Zeugenschutzes im Strafverfahrensrecht“ in Gedächtnisschrift für Karlheinz Meyer, Berlin, 1990, S. 239

Studien zum Gesetzesvorbehalt im Strafrecht, Berlin, 1977

Krey, Volker/ Haubrich, Edgar „Zeugenschutz, Rasterfahndung, Lauschangriff, Verdeckte Ermittler“ in JR 1992, S. 309

Krone, Gunnar Anmerkung zum Beschluß des LG Berlin vom 16. Juli 1981 - 512 Qs 47-49/81 - in AfP (Archiv für Presserecht) 1981, S. 420

Krückels, Wolfgang Der Eingriff in das Brief-, Post- und Fernmeldegeheimnis des Beschuldigten des § 100 a StPO und des Verdächtigen des Artikels 1 § 2 G 10, Köln, 1974

Krüger, Ralf „Das OrgKG - Ein Gesetz unter falscher Flagge" in Kriminalistik 1992, S. 594

„Das Recht am eigenen Bild und Belange der öffentlichen Sicherheit im Spannungsfeld zwischen Polizei und Medien" in AfP (Archiv für Presserecht) 1981, S. 331

„Rechtsfragen zur Dokumentation und Beweissicherung der Polizei bei Großveranstaltungen" in Die Polizei 1977, S. 284

Kubicek, Herbert „Der Schutz des Fernmeldegeheimnisses auf dem Telekommunikationsmarkt" in DuD (Datenschutz und Datensicherheit) 1995, S. 656

Kübler, Friedrich „Aktuelle Probleme des Zeugnisverweigerungsrechts von Presse und Rundfunk und des Verhältnisses von Presse und Polizei bei Demonstrationen - Bericht über die 52. Tagung des Studienkreises für Presserecht und Pressefreiheit am 22./23. Oktober 1982 in Baden-Baden" in AfP (Archiv für Presserecht) 1982, S. 214

Kühl, Kristian Anmerkung zum Beschluß des Bundesgerichtshofes für Strafsachen vom 28. 12 1978 - 1 BJs 92/75 StB - (BGHSt 28, 240) in JA 1980 S. 683

Kühne, Hans-Heiner Strafprozeßlehre, 4. Auflage, Heidelberg, 1993

Kunczik, Michael Journalismus als Beruf, Köln, 1988

Kunert, Heinz „Das Gesetz über das Zeugnisverweigerungsrecht der Mitarbeiter von Presse und Rundfunk" in MDR 1975, S. 885

Lackner, Karl Strafgesetzbuch, 22. Auflage, München, 1997

Larenz, Karl/Canaris, Claus-Wilhelm „Methodenlehre der Rechtswissenschaft", 3. Auflage, München, 1995

Lehmann, Peter „Die Grenzen der strafprozessualen Fernmeldeüberwachung" in ArchPF 1979, S. 113

Die Grenzen der Überwachung des Fernmeldeverkehrs als strafprozessuale Maßnahme nach den §§ 100a ff. StPO, Regensburg, 1978

Lengning, Kurt Post- und Fernmeldegeheimnis, Bonn, 1957

Leutheusser-Schnarrenberger, Sabine „Der 'große Lauschangriff '- Sicherheit statt Freiheit" in ZRP 1998, S. 87

Lisken, Hans „Anhörung zum 'Großen Lauschangriff' - Eine Dokumentation der Stellungnahmen einiger Sachverständiger im Rechtsausschuß des Deutschen Bundestages am 21. November 1997" in KritJ 1998, S. 106

„Befugnis zum Belauschen?" in ZRP 1993, S. 121

„Pressefreiheit und Strafprozeß" in ZRP 1988, S. 193

LK-Bearb. Leipziger Kommentar, Strafgesetzbuch, 10. Auflage, Berlin, 1985

Löffler, Martin	Presserecht, 4. Auflage, München, 1997 (zitiert: Löffler/Bearbeiter)
	Presserecht, 3. Auflage, München, 1983 (zitiert: Löffler 3. Aufl.)
	Presserecht, Band II, 2. Auflage, München, 1968 (zitiert: Löffler Band II 2. Aufl.)
	„Lücken und Mängel im neuen Zeugnisverweigerungs- und Beschlagnahmerecht von Presse und Rundfunk" in NJW 1978, S. 913
	„Das Chiffregeheimnis und die Unteilbarkeit der Pressefreiheit" in AfP (Archiv für Presserecht) 1975, 730
	„Das Standesrecht der Massenmedien in weltweiter Sicht" in AfP (Archiv für Presserecht) 1971, S. 16
	„Die Sorgfaltspflichten der Presse und des Rundfunks" in NJW 1965, S. 942
	„Der Zeugniszwang gegen Presse und Rundfunk" in NJW 1958, S. 1215
Löffler/Ricker	Handbuch des Presserechts, 3. Auflage, München, 1994
LR-Bearb. (Löwe-Rosenberg)	Die Strafprozeßordnung und das Gerichtsverfassungsgesetz, 24. Auflage, Berlin, 1988 (ohne Angabe der Auflage zitiert)
	Die Strafprozeßordnung und das Gerichtsverfassungsgesetz, 23. Auflage, Berlin, 1976 (zitiert: LR-Bearbeiter 23. Aufl.)
Lüttger, Hans/ Kaul, Felix	„Ist die gerichtliche Beschlagnahme künftiger Ausgaben von erfahrungsgemäß staatsgefährdenden Schriften zulässig?" GA 1961, S. 74
Maiwald, Manfred	„Zufallsfunde bei zulässiger strafprozessualer Telephonüberwachung" in JuS 1978, S. 379
v. Mangoldt, Hermann/ Klein, Friedrich	Das Bonner Grundgesetz, Band 1, 2. Auflage, Berlin, 1966 (zitiert: v. Mangoldt/Klein 2. Aufl.)
v. Mangoldt, Herrmann/ Klein, Friedrich/ Achterberg Norbert/ Schulte, Martin	Das Bonner Grundgesetz, Band 6, 3. Auflage, München, 1991 (ohne Angabe der Auflage zitiert)
v. Mangoldt, Herrmann/ Klein, Friedrich/ Starck, Christian	Das Bonner Grundgesetz, Band 1, 4. Auflage, München, 1999 (ohne Angabe der Auflage zitiert)
	Das Bonner Grundgesetz, Band 1, 3. Auflage, München, 1985 (zitiert: v. Mangoldt/Klein/Starck 3. Aufl.)
Martin, Siegmund P.	Anmerkung zum Urteil des BGH vom 24. Juli 1998 - 3 StR 78/98 (LG Lübeck) - (NJW 1998, 3284) in JuS 1999, S. 87
Maunz, Theodor/Dürig, Günter	Grundgesetzkommentar, Loseblattkommentar, München, Stand: 34. Lieferung/Juni 1998 (zitiert: Maunz/Dürig/Bearbeiter)

Mechtel, Karl-Heinz „ISDN und Datenschutz“ in Archiv PF 1990, S. 246

Anmerkung zum Urteil des BGH vom 6. August 1987 - 4 StR 333/87 - in Archiv PF 1988, S. 161

Meier, Wolf Die strafprozessuale Verwertbarkeit von Zufallsfunden über unbeteiligte und die von unbeteiligten Dritten herrühren bei Abhörmaßnahmen nach § 100a StPO, Tübingen, 1988

Meyer, Jürgen „Zur prozeßrechtlichen Problematik des V-Mannes“ in ZStW 1995, S. 834

Anmerkung zum Beschluß des Bundesgerichtshofes für Strafsachen vom 20. 11. 1989 - II Bgs 355/89 - (BGHSt 36, 298) in JR 1990, S. 433

„Zur Beschlagnahme selbstrecherchierten Materials von Journalisten“ in Festschrift für Herbert Tröndle, Berlin, 1989, S. 837

Meyer, Jürgen/ Hetzer, Wolfgang „Neue Gesetze gegen die Organisierte Kriminalität“ in NJW 1998, S. 1017

Meyer, Karlheinz Anmerkung zum Urteil des BGH vom 9. 4. 1986 - 3 StR 551/85 - in JR 1987, S. 215

Model, Otto/ Müller, Klaus Grundgesetz für die Bundesrepublik Deutschland, 11. Auflage, Köln, 1996

Möhl, Hans-Peter Zeugnisverweigerungsrecht, Bad Godesberg, 1963

Möhrenschlager, Manfred „Das OrgKG - eine Übersicht nach amtlichen Materialien“ in wistra 1992, S. 326

Molketin, Rüdiger „Belehrungspflicht des Gerichts bei einem als Zeuge vernommenen Arzt (§ 53 Abs. 1 Nr. 3 StPO)?“ in MDR 1982, S. 98

Momsen, Carsten „Der „große Lauschangriff“ in ZRP 1998, S.459

Mörlein, Wolfgang Der Schutz des Vertrauensverhältnisses zwischen Verteidiger und Beschuldigtem im Rahmen des § 100a StPO, München, 1993

v. Münch/Kunig Grundgesetz-Kommentar, Band 1, 4. Auflage, München, 1992 (zitiert: v. Münch/Kunig/Bearbeiter)

Nelles, Ursula „Ein 'kleines U-Haft-Recht' für Polizei und Staatsanwaltschaft?“ in StV 1992, S. 385

Neupert, Dieter W. Die Filmfreiheit und ihre verfassungsmäßigen Schranken, Zürich, 1976

Odenthal, Hans-Jörg Anmerkung zum Urteil des BGH vom 22. 12. 1981 - 5 StR 540/81 - (NStZ 1982, 125) in NStZ 1982, S. 390

Ollendorff, Martin Der Schutz der Recherche im strafprozessualen Zeugnisverweigerungsrecht der Medienschaffenden in der Bundesrepublik Deutschland, Frankfurt am Main, 1991

Ostermeyer, Helmut Anmerkung zum Beschluß des BGH vom 2. April 1968 - 5 StR 153/68 (LG Berlin) - (BGHSt 22, 113) in NJW 1968, S. 1789

Palm, Franz/ Roy, Rudolf „Mailboxen: Staatliche Eingriffe und andere rechtliche Aspekte" in NJW 1996, S. 1791

Pauli, Andreas Der Schutz von Presse und Rundfunk vor dem Zugriff staatlicher Verfolgungsorgane, München, 1988

Pelchen, Georg Anmerkung zum Urteil des BGH vom 26. Oktober 1983 - 3 StR 251/83 - (BGHSt 32, 140) in JR 1985, S. 71

Peters, Karl „Beweisverbote im deutschen Strafverfahren" Gutachten in Verhandlungen des 46. Deutschen Juristentages, Band I, Teil 3 A, Essen, 1966

Strafprozeß, 4. Auflage, Heidelberg, 1985

Pfeiffer, Gerd Strafprozeßordnung und Gerichtsverfassungsgesetz, 2. Auflage, München, 1999

Pieroth, Bodo/ Schlink, Bernhard Grundrechte, Staatsrecht II, 14. Auflage, Heidelberg, 1999

Polley, Rainer Die Kurhessische Verfassung von 1831, Marburg, 1981

Pöppelmann, Benno H. „Kunstgriffe der Justiz" in AfP (Archiv für Presserecht) 1997, S. 485

Prittwitz, Cornelius „Die Grenzen der Verwertbarkeit von Erkenntnissen aus der Telefonüberwachung gemäß § 100a StPO" in StV 1984, S. 302

Ranft, Otfried Strafprozeßrecht, 2. Auflage, Stuttgart, 1995

Rath-Glawatz, Michael Anmerkung zum Beschluß des Bundesverfassungsgerichts vom 10. Mai 1983 - BvR 385/ 82 - (BVerfGE 64, 108 ff. - Chiffregeheimnis) in AfP (Archiv für Presserecht) 1983, S. 387

Raum, Bertram/ Palm, Franz „ Zur verfassungsrechtlichen Problematik des 'Großen Lauschangriffs'" in JZ 1994, S. 447

Rebmann, Kurt „Aktuelle Probleme des Zeugnisverweigerungsrechts von Presse und Rundfunk und des Verhältnisses von Presse und Polizei bei Demonstrationen" in AfP (Archiv für Presserecht) 1982, S. 189

„Beschlagnahme von terroristischen 'Bekennerschreiben' bei Presseunternehmen" in Festschrift für Gerd Pfeiffer, Köln, 1988, S. 225

Rebmann, Kurt/Ott, Martin/Storz, Werner Das badenwürttembergische Gesetz über die Presse, Stuttgart, 1964

Rehbinder, Manfred „Aktuelle Probleme aus dem Recht der Massenmedien" in FuR (Film und Recht) 1980, S. 113

„Rechtspolitisches zum Quellenschutz der Medien durch Zeugnisverweigerungsrecht im Strafprozeß" in Festschrift für Oehler, Köln, 1985, S. 411

Reissenberger, Michael „ZDF-Beschluß - unzumutbar" in DRiZ 1988, S. 189

Rengier, Rudolf Die Zeugnisverweigerungsrechte im geltenden und künftigen Strafverfahrensrecht, Freiburg, 1979

„Die Reichweite des § 53 Abs. 1 Nr. 5 StPO zum Schutze des namentlich preisgegebenen. aber unauffindbaren Zeugen“ in JZ 1979, S. 797

Reupert, Christine „Die Filmfreiheit - Der verfassungsrechtliche Schutz des Films“ in NVwZ 1994, S. 1155

Rieß, Joachim Regulierung und Datenschutz im europäischen Telekommunikationsrecht, Braunschweig, 1996

Rieß, Peter „Über Subsidiaritätsverhältnisse und Subsidiaritätsklauseln im Strafverfahren“ in Gedächtnisschrift für Karlheinz Meyer, Berlin, 1990, S. 367

Anmerkung zum Urteil des BGH vom 5. 11. 1985 - 2 StR 279/85 - (BGHSt 33, 347) in JR 1987, S. 77

Anmerkung zum Urteil des BGH vom 22. 2. 1978 - 2 StR 334/77 - (BGHSt 27, 355) und zum Urteil des BGH vom 30. 8. 1978 - 3 StR 255/78 - (BGHSt 28, 122) in JR 1979, S.167

Rogall, Klaus „Gegenwärtiger Stand und Entwicklungstendenzen der Lehre von den strafprozessualen Beweisverboten“ in ZStW 91 (1979) S. 1

„Der neue strafrechtliche Schutz der staatlichen Geheimsphäre“ in NJW 1980, S. 751

Roßnagel, Alexander „Vom informationellen zum kommunikativen Selbstbestimmungsrecht“ in Telekommunikation und Gesellschaft, S. 86, Karlsruhe, 1991 (zitiert: Roßnagel, Telekommunikation)

Roxin, Claus Strafverfahrensrecht, 23. Auflage, München, 1993

Rübenach, Heinz-Uwe „Der Gesetzgeber ist gefordert - Zur Novellierung des Zeugnisverweigerungsrechts“ in Zeitungen ‘97, hsrg. vom BDZV, S. 170

Rudolphi, Hans-Joachim „Grenzen der Überwachung des Fernmeldeverkehrs nach den §§ 100 a, b StPO“ in Festschrift für Friedrich Schaffstein, Göttingen, 1975, S. 433

„Die zeitlichen Grenzen der sukzessiven Beihilfe“ in Festschrift für Hans-Heinrich Jescheck, Berlin, 1985, S. 559

Rüping, Hinrich Grundriß der Strafrechtsgeschichte, 3. Auflage, München, 1998

Theorie und Praxis des Strafverfahrens, Bonn, 1979 (zitiert: Rüping, Theorie und Praxis des Strafverfahrens)

Ruthig, Josef „Die Unverletzlichkeit der Wohnung (Art. 13 GG n.F.)“ in JuS 1998, S. 506

Sachs, Michael Grundgesetzkommentar, 2. Auflage, München, 1999 (zitiert: Sachs/Bearbeiter)

Scharf, Wilfried/ Mühlenfeld, Hanns-Ulrich/ Stockmann, Ralf „Zur Kriminalitätsberichterstattung in der Presse“ in Kriminalistik 1999, S. 87

Schelter, Kurt „Verbrechensbekämpfung mit elektronischen Mitteln - ein Tabu?" in ZRP 1994, S. 52

Scheuner, Ulrich „Pressefreiheit" in VVDStRL (Veröffentlichungen der Vereinigung der Deutschen Staatsrechtslehrer), Heft 22, S. 1, Berlin, 1965

Schiller, Wolf D. „Unzulässige Einschränkungen des Anwaltsprivilegs bei der Beschlagnahme?" in StV 1985, S. 169

Schippan, Martin „Anforderungen an die journalistische Sorgfaltspflicht" in ZUM 1996, S. 398

Schiwy, Peter/ Schütz, Walter Medienrecht - Lexikon für Wissenschaft und Praxis, 3. Auflage, Neuwied, 1994 (zitiert: Schiwy/Schütz/Bearbeiter)

Schlüchter, Ellen Das Strafverfahren, 2. Auflage, Köln, 1983 (zitiert: Schlüchter, Das Strafverfahren)

Strafprozeßrecht, 2. Auflage, Thüngersheim, 1995

Schmidt, Eberhard Lehrkommentar zur Strafprozeßordnung und zum Gerichtsverfassungsgesetz,

- Teil I, 2. Auflage, Göttingen, 1964 (zitiert: Eb. Schmidt I)

- Teil II, Göttingen, 1957 (zitiert: Eb. Schmidt II)

- Nachträge und Ergänzungen zu Teil II, Nachtragsband I, Göttingen, 1967 (zitiert: Eb. Schmidt Nachtr.)

- Nachträge und Ergänzungen zu Teil II, Nachtragsband II, Göttingen, 1970 (zitiert: Eb. Schmidt Nachtr. II)

„Der Strafprozeß - Aktuelles und Zeitloses" in NJW 1969, S. 1137

Einführung in die Geschichte der deutschen Strafrechtspflege, 3. Auflage, Göttingen, 1965 (zitiert: Eb. Schmidt, Einführung in die Geschichte)

Anmerkung zum Urteil des BGH vom 20. November 1962 - 5 StR 426/62 - in JR 1963, S. 267

Schmidt, Rolf Die Ausnahme vom Beschlagnahmeverbot gemäß § 97 Absatz 2 Satz 3 1. HS StPO, Bayreuth, Frankfurt am Main, 1989

„Die Beschlagnahme von (Geschäfts-) Unterlagen beim Zeugnisverweigerungsberechtigten" in wistra 1991, S. 245

Schmidt, Walter Die Rundfunkgewährleistung, Frankfurt am Main, 1980

Schmidt-Bleibtreu, Bruno/Klein, Franz Kommentar zum Grundgesetz, 8. Auflage, Neuwied, 1995

Schmidt-Leonhardt, Hans/Gast Peter Das Schriftleitergesetz vom 4. Oktober 1933, Berlin, 1934

Schneider, Franz Presse- und Meinungsfreiheit nach dem Grundgesetz, München, 1961

Schnur, Roman „Pressefreiheit" in VVDStRL (Veröffentlichungen der Vereinigung der Deutschen Staatsrechtslehrer), Heft 22, S. 101, 1965, Berlin

Schomburg, Wolfgang „Presse - Polizei - Justiz; Bildberichterstattung im Spannungsverhältnis von Pressefreiheit und staatlichem Strafverfolgungsanspruch“ in AfP (Archiv für Presserecht) 1984, S. 80

Schönke, Adolf/ Schröder, Horst Strafgesetzbuch, 25. Auflage, München, 1997 (zitiert: Schönke/Schröder/Bearbeiter)

Schüle, Adolf „Notstandsverfassung und Grundrechtseinschränkungen“ in JZ 1968, S. 159

Schulenberg, Matthias „Anmerkung zu BGH, Beschluß vom 20. November 1989 Aktenzeichen II BGs 355/89 - StPO 1975 § 53 I Nr. 5 Journalistisches Zeugnisverweigerungsrecht“ in ZUM 1990, S. 466

Schuller, Axel „Was sie so alles sehen“ in journalist Heft 10, 1996, S. 39

Schulze, Volker Wege zum Journalismus/Ein Ratgeber für die Praxis, 2. Auflage, Bonn, 1997

Schumacher, Karlheinz Die Überwachung des Fernmeldeverkehrs im Strafverfahren, Hamburg, Hamburg, 1976

Schünemann, Wolfgang „Die strafprozessuale Verwertbarkeit von Zufallserkenntnissen bei der Telefonüberwachung“ in NJW 1978, S. 406

Schuster, Rudolf Alle deutschen Verfassungen, München, 1985

v. Schwarze, Friedrich Oskar Erörterung praktisch wichtiger Materien aus dem Deutschen Strafprozeßrechte, Erster Band, Leipzig, 1881

Seifert, Karl-Heinz/ Hömig, Dieter Grundgesetz für die Bundesrepublik Deutschland, Taschenkommentar, 4. Auflage, Baden-Baden, 1991

SK-Bearb. Systematischer Kommentar zur Strafprozeßordnung, Neuwied, Stand: Dezember 1997

Staechlin, Gregor „§ 100 a StPO als Seismograph der jüngeren Strafrechts- und Strafverfahrensrechtsgeschichte“ in KritJ 1995, S. 466

Steinke, Wolfgang „Telefondatenspeicherung - Neue Perspektiven für die Polizei -“ in NStZ 1992, S. 372

Stengel, Eckhard „Briefe als Tatmittel“ in journalist Heft 10, 1995, S. 44

Stenglein, Melchior Kommentar zu den Strafrechtlichen Nebengesetzen des Deutschen Reiches, 5. Auflage, Berlin, 1931 (zitiert: Stenglein/Bearbeiter)

Stümper, Alfred „Fahndung und Ermittlung mit Hilfe von Presse und Rundfunk“ in AfP (Archiv für Presserecht) 1989, S. 409

Suppert, Hartmut Studien zur Notwehr und „notwehrähnlichen Lage“, Bonn, 1973

Vogel, Günter Anmerkung zum Urteil des BGH vom 30. August 1978 - 3 StR 255/78 - (NJW 1989, 990) in NJW 1979, S. 2524

Volk, Klaus „Durchsuchung und Beschlagnahme von Geschäftsunterlagen beim Steuerberater“ in DStR 1989, S. 339

Wallraf, Georg „Das neue saarländische Gegendarstellungsrecht - Durchsuchung und Beschlagnahme in Medienangelegenheiten“ in AfP (Archiv für Presserecht) 1995, S. 390

Wasmuth, Johannes „Beschlagnahme von Patientenkarteien und Krankenscheinen im Strafverfahren wegen Abrechnungsbetruges des Arztes“ in NJW 1989, S. 2297

Weigend, Thomas „Empfehlen sich gesetzliche Änderungen, um Zeugen und andere nicht beschuldigte Personen im Strafprozeßrecht besser vor Nachteilen zu bewahren?“ Gutachten in Verhandlungen des 62. Deutschen Juristentages, Band I, Teil C, Bremen, 1998

Welp, Jürgen „Strafprozessuale Zugriffe auf Verbindungsdaten des Fernmeldeverkehrs“ in NStZ 1994, S. 209

„Der SPD-Entwurf eines Zweites Gesetzes zur Bekämpfung der organisierten Kriminalität“ in StV 1994, S. 161

„Zufallsfunde bei der Telefonüberwachung“ in Jura 1981, S. 472

Die strafprozessuale Überwachung des Post- und Fernmeldeverkehrs, Heidelberg, 1974

Anmerkung zum Beschluß des BGH vom 13. 8. 1973 - 1 BJs 6/71, StB 34/73 - in JZ 1974 S. 423

„Die Geheimsphäre des Verteidigers in ihren strafprozessualen Funktionen“ in Festschrift für Wilhelm Gallas, S. 391, Berlin, 1973

Anmerkung zum Beschluß des OLG Hamburg vom 11. Oktober 1972 - 2 Ws 386/72 - in JZ 1973, S. 289

„‘Vereinfachter’ Geheimnisschutz im Strafverfahren“ in JZ 1972, S. 423

„Beschlagnahme und Verwertung unzüchtiger Postsendungen - BGHSt 23, 329“ in JuS 1971, S. 239

Werle, Gerhard „Schutz von Vertrauensverhältnissen bei der strafprozessualen Fernmeldeüberwachung?“ in JZ 1991, S. 482

Wessels, Hans/ Beulke, Werner Strafrecht, Allgemeiner Teil: Die Straftat und ihr Aufbau, 28. Auflage, Heidelberg, 1998

Weyand, Raimund „Arzt- und Steuergeheimnis als Hindernis für die Strafverfolgung?“ in wistra 1990, S. 4

Wild, Claudia Ethik im Journalismus, Wien, 1990

Wilde, Lutz Pressefreiheit in Gefahr? (Fälle gesammelt von Lutz Wilde), Hannover, 1997, Publikation des Deutschen Journalistenverband e.V. (zitiert: Wilde, Fälle)

Wolcke, Alfred Der Schutz des Brief- und Telegraphengeheimnisses im Post- und Telegraphenverkehr, Leipzig, 1905

Wolter, Jürgen „Verfassungsrecht im Strafprozeß- und Strafrechtssystem" in NStZ 1993, S. 1

„Freiheitlicher Strafprozeß, vorbeugende Straftatenbekämpfung und Verfassungsschutz - zugleich Besprechung des Entwurfs eines StVAG 1988 -" in StV 1989, S. 358

Anmerkung zum Urteil des BGH vom 24. August 1983 - 3 StR 136/83 - in NStZ 1984, S. 276

Zachert, Hans-Ludwig „Elektronische Überwachung der Wohnung als Mittel zur Bekämpfung Organisierter Kriminalität" in DRiZ 1992, S. 355

Zuck, Rüdiger „Abhörgesetz und Anwaltschaft" in NJW 1969, S. 911

ohne Angabe des Verfassers „Der Entwurf des Bundesrates zur Erweiterung des Zeugnisverweigerungsrechts" in Jahrbuch des Deutschen Presserates 1994, S. 26

ohne Angabe des Verfassers „Landesdatenschutzbeauftragter kritisiert neue Abhörmöglichkeiten" in DSB (Datenschutz-Berater) 1998, Heft 5, S. 9

ohne Angabe des Verfassers Meyers Enzyklopädisches Lexikon, Band 19, 9. Auflage, Mannheim, 1977

ohne Angabe des Verfassers „Telefonate ausgewertet" in journalist Heft 10/98 S. 6

Sachregister

(Die Zahlen bedeuten Seitenzahlen)

Robert Jofer

Strafverfolgung im Internet

Phänomenologie und Bekämpfung kriminellen Verhaltens in internationalen Computernetzen

Frankfurt/M., Berlin, Bern, New York, Paris, Wien, 1999. 252 S.
Europäische Hochschulschriften: Reihe 2, Rechtswissenschaft. Bd. 2555
ISBN 3-631-34335-3 · br. DM 84.–*

Das Internet hat Straftätern neue Betätigungsfelder eröffnet, mit denen sich Justiz und Gesetzgeber zunehmend auseinandersetzen müssen. Nach der Darstellung der bisher aufgetretenen Kriminalitätsphänomene und der zugehörigen Erkenntnisquellen widmet sich ein zweiter Schwerpunkt materiell-rechtlichen Fragestellungen. Unter anderem werden die Anwendbarkeit deutschen Strafrechts und die Strafbarkeit des Providers – unter Berücksichtigung des neuen TDG – intensiv erörtert. Im dritten Teil werden die technischen und prozessualen Probleme der Strafverfolgung in Computernetzen sowie die Möglichkeiten und Grenzen der Strafverfolgung untersucht. Schwierigkeiten bereitet die Internationalität des Mißbrauchs und der Auslandsbezug von Ermittlungen. Der staatliche Zugriff auf Mailboxen ist mit dem vorhandenen rechtlichen Instrumentarium kaum zu rechtfertigen. Verschlüsselungsverbote werden ausführlich behandelt.

Aus dem Inhalt: Erscheinungsformen des Verbrechens im Internet · Strafbarkeit von Providern und Nutzern · Technische und strafprozessuale Probleme der Strafverfolgung im Internet · Überwachung von Mailboxen · Das Kryptographieproblem

FSC
www.fsc.org
MIX
Papier | Fördert
gute Waldnutzung
FSC® C083411

Kolibri 360 GmbH
Ferdinand-Jühlke-Straße 7
99095 Erfurt, Deutschland
produktsicherheit@kolibri360.de

Druck:
CPI Druckdienstleistungen GmbH
im Auftrag der
Kolibri 360 GmbH
Ferdinand-Jühlke-Str. 7
99095 Erfurt